Dominique Temple

TEORÍA
DE LA RECIPROCIDAD

TOMO III

EL FRENTE DE CIVILIZACIÓN

Segunda Edición: 2024

Edición: Dominique Temple

Segunda Edición: Julio de 2024

Impresión bajo demanda: Francia, Lulu Press, Inc.

ISBN : 979-10-97505-25-7

Depósito legal: Julio de 2024

Francia

Primera Edición: La Paz, 2003

TEORÍA
DE LA RECIPROCIDAD

TOMO III

EL FRENTE DE CIVILIZACIÓN

Segunda Edición:

Collection « *Réciprocité* », n° 26, 2024

ÍNDICE DEL TOMO III

PREFACIO A LA EDICIÓN DE 2024

Hace 20 años, en Bolivia, estalló una revuelta popular que iba a derrocar al gobierno liberal, llevando la voz de los pueblos originarios a la escena política. En octubre de 2003, la sangre corrió en El Alto. Los aymaras descendieron sobre La Paz. Dos investigadores bolivianos, Javier Medina, filósofo, y Jacqueline Michaux, antropóloga, se ofrecieron a traducir y publicar mis escritos sobre la reciprocidad. Los documentos, recogidos desde Francia, fueron impresos apresuradamente por José Antonio Quiroga, en La Paz, bajo el nombre de *Teoría de la Reciprocidad*[1].

La publicación fue financiada por la Cooperación alemana en Bolivia[2], que también dio su consentimiento para que estos libros fueran distribuidos gratuitamente a las bibliotecas e instituciones de América del Sur.

El tomo I es la traducción integral de *La réciprocité et la naissance des valeurs humaines* (Paris, 1995), mientras el tomo II expone los fundamentos lógicos necesarios para la base de esta teoría y propone varias aplicaciones. El tomo III recoge todas mis contribuciones a las luchas de las comunidades indígenas de América del Sur, que abordan la cuestión colonial y el frente de civilización según sus propias categorías y no solo las del análisis marxista-leninista u occidental en general[3].

---

[1] *Teoría de la Reciprocidad*, (3 vol.), La Paz, Padep-GTZ, Artes Gráficas Editorial "Garza Azul", Bolivia, 2003.

[2] Cooperación Técnica Alemana PADEP/GTZ - Programa de Apoyo a la Gestión Pública Descentralizada y Lucha contra la Pobreza.

[3] Ya no eran los lemas habituales los que motivaban las luchas de los campesinos de los Andes, sino expresiones indígenas que recordaban a las de las comunidades de la Amazonía peruana, organizadas en consejos étnicos, en los años 70, para obtener el reconocimiento del Estado.

Sin embargo, las circunstancias dramáticas del levantamiento de 2003 en Bolivia impidieron la distribución de esta obra y la *Teoría de la Reciprocidad* desapareció. Sólo unas pocas instituciones bolivianas poseen un ejemplar.

El primer tomo de la *Teoría de la Reciprocidad* contiene tres ensayos: sobre la reciprocidad positiva, la reciprocidad negativa y la reciprocidad simétrica. El primero es la continuación de *La dialéctica del don*, publicado por un grupo de estudiantes bolivianos en París, en 1983. El segundo es un análisis teórico de la reciprocidad de venganza, basado en el estudio de Michael Harner sobre la reciprocidad de homicidio en la sociedad shuar de Ecuador. El tercero aborda la reciprocidad simétrica en la *Ética* de Aristóteles y a partir de las obras de Homero: la *Ilíada*, para la reciprocidad negativa; la *Odisea*, para la reciprocidad positiva.

Este libro 1, inicialmente propuesto bajo el título: *L'être contradictoriel*, fue rechazado por los editores franceses a los que se envió, y finalmente fue aceptado a condición de que se redujera a la mitad; lo que suponía suprimir la parte teórica que exponía sus presupuestos lógicos. Así pues, fue publicado por L'Harmattan, con el título: *La réciprocité et la naissance des valeurs humaines*[4]. Estos preliminares, necesarios para liberar el principio de reciprocidad de las garras del imaginario, habían sido traducidos al castellano y publicados por una revista de apoyo a la lucha de liberación del pueblo mapuche: *Huerrquen-Admapu*[5], en Alemania en 1986.

---

[4] Dominique Temple et Mireille Chabal, *La réciprocité et la naissance des valeurs humaines*, Paris, L'Harmattan, 1995.

[5] Ver D. Temple, «Estructura comunitaria y reciprocidad», *Huerrquen-Admapu*, Comité Exterior Mapuche, 1986, republicado por Pedro Portugal y Javier Medina, La Paz, Hisbol-Chitakolla, 1989.

Le Quiproquo historique (1992) no tuvo mejor acogida en Francia, pero cuando fue traducido en Bolivia (1997), se hizo un nombre en el mundo hispanohablante[6].

La contradicción entre intercambio y reciprocidad, revelada por el *Quid pro quo histórico*, se dramatizó durante las revueltas bolivianas de 2003, y se hizo más evidente en la contradicción entre dos concepciones del valor: la del *precio del librecambio*, y la del *precio justo*. Pero, ¿quién podía definir el *precio justo*? ¿Era la competencia por el poder entre algunos o la consideración de las condiciones de vida de los más desfavorecidos?

El análisis crítico de una situación concreta transformó el antagonismo de civilización en interfaz de sistema. Así es como los acontecimientos obligaron a dar al *Quid pro quo histórico*, reeditado en el tercer volumen de la *Teoría*, los fundamentos lógicos de la reciprocidad, que encontraremos en el segundo.

Es a partir del principio de reciprocidad y de la interfaz de sistemas que la reflexión teórica ha permitido precisar las dos modalidades fundamentales de la función simbólica: *Las dos Palabras* (que se leerá también en el tomo II) son, después del *principio de reciprocidad* y del *principio de lo contradictorio*, la gran novedad de la *Teoría de la Reciprocidad*.

Se comprenderá que esta obra resulta de la colaboración de numerosos investigadores que no todos podríamos nombrar: Pedro Portugal, Jacqueline Michaux, Javier Medina, Bartomeu Melià, Robert Jaulin, Antonio Colomer Viadel…

---

[6] D. Temple, *El Quid-pro-quo histórico. El malentendido recíproco entre dos civilizaciones antagónicas*, La Paz, Aruwiyiri, 1997.

El *Quid pro quo histórico* es el origen de otra idea progresista desarrollada por Bartomeu Melià durante la celebración de lo que los occidentales llamaron «El Encuentro de los Dos Mundos»: «América no fue descubierta sino recubierta». Y en una visión más profética: «Las estructuras de reciprocidad de las comunidades de América son las semillas del futuro».

han traducido o difundido esas ideas. Que reciban aquí toda mi gratitud, así como todos los que trabajaron para la publicación de esta segunda edición de la *Teoría* en 2024.

Dominique Temple

INTRODUCCIÓN

Javier Medina

Los medios de comunicación masivos nos ofrecen, simultáneamente, dos visiones contrapuestas del mundo en que vivimos; por un lado, la noción de "globalización" sugiere que hay un solo mundo, regido por el Intercambio y la hegemonía del capitalismo liberal (y calla el hecho de que, en la mayoría del Tercer Mundo, el capitalismo liberal no acaba de funcionar, justamente, porque su gente vive también bajo el principio de la Reciprocidad); por otro lado, la noción de "choque de civilizaciones" sugiere una visión maniquea de un mundo polarizado y en conflicto que, ahora, se focaliza en la guerra que lleva a cabo el occidente judeo-cristiano, el imperio del Bien, contra el Islam, el imperio del Mal (y calla un Frente de civilización más decisivo y fundamental: el que enfrenta al Monoteísmo y al Animismo, al Intercambio y a la Reciprocidad, pues el actual "choque de civilizaciones" no es sino un enfrentamiento cainita entre los tres fundamentalismos abrahámicos; por tanto, una guerra fratricida al interior del Monoteísmo en su propia cuna: Ur de Caldea: en la Mesopotamia del Tigris y el Éufrates).

En este tercer tomo de la *Teoría de la Reciprocidad*, Temple nos muestra este Frente de civilización, que atraviesa y constituye a la Edad moderna de principio a fin: desde el primer encuentro de Cristóbal Colon con los amerindios del Caribe, hasta los terribles genocidios en la región de los Grandes Lagos africanos: Ruanda, Burundi...y que se basa en un gran malentendido entre ambas civilizaciones y que Temple llama el *Quid pro quo* histórico: la confusión de la Reciprocidad y el Intercambio: los europeos piensan que los amerindios pertenecen al mundo del Intercambio y los amerindios suponen que los europeos pertenecen al mundo de la Reciprocidad. Este malentendido epocal jugó favor del Intercambio: el trasvase del oro y la plata amerindias para forjar la Acumulación primitiva, que hizo posible el despliegue de la industrialización, y en desmedro de la Reciprocidad que tuvo que replegarse en la familia y el ayllu, la tenta, el cabildo indigenal.

He aquí, empero, que este malentendido, entre Occidente y la Indianidad, no ha terminado todavía y tiene que ver con lo medular de la crisis estatal, social, económica, espiritual ... que en este momento aflige a Bolivia. En efecto, el capitalismo no acaba de implantarse y funcionar (de ahí el fracaso del Estado Nación que debería haber vehiculizado su puesta en escena) y la sociedad amerindia de la Reciprocidad, después de haber sido descabezada políticamente (*politicidio* lo llama Temple), reprimida su economía (*economicidio* según Temple), diezmada su población (genocidio) bautizada y convertida el resto (etnocidio), sigue en la resistencia y la sobrevivencia. Los dos sistemas se bloquean mutuamente. Los dos sistemas son antagónicos. Los dos sistemas, sin embargo, nos constituyen como colectividad y los amerindios (por la lógica del Tercero incluido) ya han construido interfaces de sistema que precisamos conocer mejor, para negociar y consensuar un Contrato Intercivilizatorio en nuestra próxima Constitución Política del Estado.

Podemos ver la mundialización del siglo XXI como la complementariedad de la globalización del Intercambio y la globalización de la Reciprocidad. De esta forma el Frente de civilización (todo frente es *unheimlich*) se podrá convertir en un frente a frente, en un cara a cara, entre las dos fuerzas primordiales que constituyen la Vida: la fuerza fermiónica hacia la disyunción, fragmentación, objetivación... el Intercambio: la Palabra de Oposición; y la fuerza bosónica hacia la conjunción, la unión, la subjetivación... de la Reciprocidad: la Palabra de Unión. Llamaremos "Casa común planetaria" o *Oikumene* al efecto, al Tercero incluido que resulta de este encuentro contradictorio.

Ahora bien, si en algún país del mundo este Frente de civilización (Animismo-Monoteísmo: Reciprocidad-Intercambio) se da con tanta fuerza y contundencia es en Bolivia. Esta polaridad va a existir siempre; es la manifestación, a nivel de sociedad y civilización, de las fuerzas materiales y energéticas que conocemos por la física cuántica como Bosón y Fermión. Es más, estas fuerzas contradictorias nos constituyen como personas; están paradigmáticamente presentes en nuestros dos lóbulos cerebrales. La enfermedad ("el malestar en la cultura", Freud) es la represión de nuestra otra polaridad.

Nuestra desgracia ha sido reprimir la Reciprocidad y el Animismo para que se impongan el Intercambio y el Monoteísmo, siguiendo la lógica del Principio de identidad aristotélico: si el Monoteísmo es la verdad, entonces el Animismo es falso y hay que extirparlo; si el Intercambio es verdad, entonces la Reciprocidad es falsa y hay que aniquilarla. Históricamente, la supremacía de un sistema sobre el otro, sólo ha sido posible mediante el genocidio. En América, el capitalismo ha florecido donde los amerindios han sido aniquilados; donde no, el capitalismo no acaba de funcionar: la humanidad indígena es un obstáculo objetivo a la absolutización de una sola polaridad.

Pues bien, si esto es así, nuestra gran desventaja, en el concierto de las naciones de la modernidad, se puede convertir en nuestra gran ventaja comparativa de cara a la mundialización a la que la humanidad del siglo XXI ha entrado cojitranca. Las bodas entre Oriente y Occidente ya han empezado por el acercamiento de la física cuántica y la mística oriental ("El Tao de la física"). Los movimientos juveniles antiglobalización, en el Primer mundo, expresan la búsqueda de la Reciprocidad como principio para equilibrar el mundo ("Otro mundo es posible"). La Ecología profunda se

13

acerca al chamanismo amerindio... En fin, las señales en busca de la complementariedad civilizatoria son innumerables.

En este punto de inflexión planetario, se agazapa nuestra gran oportunidad; ya no histórica, sino epocal. Podemos, como país, ser el Proyecto piloto mundial de una Casa común planetaria. Es más, esa oportunidad, nos la ha acercado vertiginosamente la celebración de una Asamblea Constituyente en la actual gestión presidencial de Carlos Mesa. Tenemos el privilegio y la responsabilidad de poder ser los primeros en darnos una Constitución Política, donde las dos civilizaciones que nos constituyen se expresen como una complementariedad de opuestos y donde el Frente de civilización se pueda convertir en un cara a cara, un frente a frente, de las dos Bolivias que producen un Tercero incluido (la Nueva Constitución, justamente) que los opone y los une, al mismo tiempo, lejos de los principios lógicos de la modernidad (inclusión, por ejemplo) y cerca de los principios de incertidumbre y complementariedad de opuestos, del nuevo paradigma científico, que regirán esta nueva andadura de la humanidad.

Esperamos que estos tres tomos de la *Teoría de la Reciprocidad* sean un instrumento conceptual para sincerarnos mutuamente y para poder resolver creativamente las aporías que hasta ahora nos han hecho inviables como una colectividad organizada políticamente.

Javier Medina

La Paz, noviembre de 2003

PREFACIO A LA EDICIÓN DE 2003

En el primer tomo de esta edición, hemos explorado tres formas de reciprocidad. En el segundo tomo, hemos descubierto el principio de lo contradictorio en el seno mismo de la reciprocidad y cómo la palabra permite expresar los sentimientos humanos en un imaginario que refleja sus actos.

Hemos distinguido entonces dos niveles de reciprocidad: el uno que da cuenta de la vida cotidiana, el otro en el cual la palabra engendra mayor sentido (la Palabra de oposición, pero también la Palabra de unión). Estas dos Palabras conducen a dos principios de organización de la ciudad, uno del mercado (de reciprocidad) y otro de la redistribución.

Pero como sus imaginarios no coinciden fácilmente, los hombres quieren llegar a un nivel simbólico en el cual las ideas sean puras (¡un tercer nivel!). ¿Cómo pasar del imaginario a los valores ideales? Las Reducciones de los Guaraní del Paraguay han constituido en el siglo XVII un espacio privilegiado en donde esta cuestión fue el meollo de duras luchas. La primera parte de este libro comenta la confrontación de una palabra guaraní nacida de la reciprocidad a una palabra jesuita que parece diferenciarse de la primera sólo por su pasión para la pureza simbólica (*El imaginario y lo simbólico en la confrontación de los chamanes guaraní y los misioneros jesuitas según la Relación de la Conquista Espiritual del Padre Antonio Ruiz de Montoya*). Desgraciadamente, esta experiencia histórica fue truncada por la intervención brutal de la economía de intercambio. Tenemos entonces que estudiar la *interfaz* de la reciprocidad y del intercambio.

¡1492! La contradicción de los sistemas, de reciprocidad y de intercambio, es espectacular. *El Quid pro quo Histórico entre los Caribes, El Quid pro quo entre los Guaraní* y *El Quid pro quo entre los Aztecas* presentan tres versiones de esta contradicción. El *Quid pro quo* entre los Guaraní nos presentan la versión de un

15

testigo de origen alemán, Ulrico Schmidl. El *Quid pro quo entre los Caribes* es la versión de Cristóbal Colón y de un crítico que toma conciencia de la contradicción teórica de ambos sistemas; explican, sin embargo, por qué la aniquilación de la civilización precolombina le parecía necesaria. El *Quid pro quo entre los Aztecas* da el punto de vista de los pueblos de América.

Mientras los defensores del sistema capitalista *postulan* la universalidad de su primacía, Lévi-Strauss propone un análisis *racional* que reduce la reciprocidad a una herramienta psicológica puesta al servicio del intercambio... La antropología llegó así a volverse la llanta de auxilio de la economía política. Discutimos esta tesis bajo el título *El Quid pro quo entre los Occidentales.*

Si los sistemas de reciprocidad y de intercambio obedecen a leyes diferentes y específicas, su enfrentamiento no puede ser sino sistémico y, por lo tanto, perenne a lo largo de la historia: es lo que muestran los editores de este libro publicando tres artículos sobre el genocidio en Ruanda. La similitud es llamativa entre la tragedia del Nuevo Mundo y la que observamos hoy en los mismos términos (economicidio, etnocidio y genocidio) en África. El motivo es lo mismo: la instalación de un sistema de librecambio que permita la afluencia de riquezas en beneficio del más fuerte o, más exactamente, de aquel que pertenece al sistema capitalista. La interfaz es la misma (reciprocidad-intercambio). El Quid pro quo es lo mismo, aunque parezca más complejo (pero ¿acaso el tiempo no borra la complejidad?). La actualidad nos hace percibir con más precisión el papel atribuido a cada una de las dos Palabras: la tragedia en Ruanda pone en evidencia el rol importante de la Palabra de unión. La generalización de la tragedia se extiende con la misma velocidad hoy que ayer. Dos millones de muertos en Congo se han sumado al millón de Ruanda y Burundi desde la redacción de estos artículos. Y todos los esfuerzos de Nelson Mandela no bastan para frenar el proceso que amenaza a todas las sociedades africanas, desde los reinos más grandes a las más humildes chozas, como amenazó y destruyó a todas las sociedades precolombinas, de las ciudades aztecas a las malocas amazónicas.

No nos sorprenderemos por lo tanto encontrar, al final de este libro, artículos polémicos sobre las líneas de frente de las luchas de nuestro tiempo. Lo concreto nos obliga a un cambio de escala, porque el alcance de las acciones de la mayoría de nosotros no excede un radio muy pequeño.

No obstante, quisiera concluir por un destello de esperanza: desde el fin de la experiencia colectivista, la revuelta de las víctimas es como una nave sin timón, como si hubiéramos vuelto hasta antes de Marx. Todas las protestas son denuncias del sistema capitalista, pero nunca están acompañadas de una solución de porvenir, a lo más lo son de un retorno al pasado o de callejones sin salida, proponiendo hasta cierta adecuación del mismo sistema capitalista. La ideología de la solidaridad y de un frente común en contra de la mundialización capitalista revela esta impotencia.

Hay que recalcar, por otro lado, que el sistema capitalista, porque es el único en reinar en adelante sobre la tierra entera, es el gerente de todo lo que el hombre produce, de la técnica y de la ciencia. La organización a su servicio de la producción y del patrimonio de todos los hombres basta para volverlo indestructible: el enfrentamiento directo conduciría pues, si fuese posible, a la destrucción de todo lo adquirido por las ciencias y las técnicas de la humanidad. La tesis del enfrentamiento quedó desde luego prácticamente abandonada desde Gorbachov (*Carta a Gorbachov*).

La vía escogida aquí es salir del sistema capitalista. Pero esta vía supone construir territorialidades en las cuales el provecho esté excluido y puedan ser transferidas las responsabilidades respecto a las técnicas y las ciencias.

Tal cosa es posible gracias a una nueva revolución de la ciencia. De hoy en adelante, la información escapa al poder, y se encuentra cada día más a disposición de todos. Se crean así redes cuyas reglas internas son aquellas de la reciprocidad.

Como la revolución cuántica provocó en la ciencia un profundo cambio del espíritu científico, que nos autoriza hoy a reconsiderar hasta los fundamentos de la economía política, de igual manera la revolución de la información nos autoriza a construir otra sociedad mediante la transferencia de competencias de una territorialidad en la que reina el provecho, hacia una territorialidad en la que se están colocando las estructuras de reciprocidad.

Tal vez el artículo parecido en el Tomo II bajo el título «El principio de lo contradictorio y las estructuras elementales de la reciprocidad» hubiera podido ubicarse al final de este libro. Plantea que no existe *una* estructura de reciprocidad privilegiada. El cara a cara de la reciprocidad bilateral, que todos conocen y que crea la amistad, parece a veces sobrellevar a las demás según el adagio de Aristóteles: *donde hay amigos, no se necesita justicia*. Sin embargo, el adagio no dice que la amistad entre los hombres sea superior a la justicia. Hasta conlleva una restricción (sobre el número de amigos que cada uno puede tener). Desde el momento en que la reciprocidad se generaliza, lo que es una condición para que el imaginario no llegue a encerrar la libertad humana en límites demasiado estrechos, el rostro de cada uno se disuelve en el nombre de la humanidad entera y lo que surge, en lugar del rostro, es el sentimiento de justicia.

Quisiera solamente decir que la mayoría de estas elecciones son elecciones éticas que dependen del *habitus* de cada uno, como diría Bourdieu, o de su predilección por una cualidad del ser (el coraje, la libertad, la prudencia, etc.). Por cierto, las conciencias afectivas, como el Padre jesuita Antonio Ruiz de Montoya nos lo recuerda, son eficientes por sí mismas y todavía más eficientes cuando son ciegas sobre el proceso de su génesis (lo que llamamos la *omnipotencia de lo simbólico*), pero las elecciones éticas, justamente porque son absolutas y ciegas, se enriquecen al conocer sus matrices, conocimiento que posiciona a la *razón* misma en el corazón de todos los valores éticos, de tal manera que el corazón tiene razones que la razón, desde entonces, conoce.

Esta ciencia puede conducir a la paz entre los hombres de buena voluntad. Así, la nueva sociedad podría construirse substituyendo sin ruido a aquella de las ideologías del sistema capitalista. La contestación, por cierto permanente, puesto que todas las generaciones nacen con el deseo de sobrepasar su confinamiento o condicionamiento, fue, un tiempo, completamente desorientada por el fracaso del colectivismo. Ya no lo es. La vía abierta por la *Teoría de la Reciprocidad* es como la visión que apareció al pueblo de Israel después de haber atravesado el Mar Rojo, o como aquella de la tierra virgen *Yvy marañe'y* de los Guaraní del Paraguay, cuando escapaban de las regiones devastadas en las cuales los colonos los tenían en esclavitud.

I

EL QUID PRO QUO HISTÓRICO

1

EL QUID PRO QUO HISTÓRICO
ENTRE LOS CARIBES

El *Quiproquo historique* fue propuesto para su publicación
en Francia en 1980, luego traducido y publicado en La Paz
en 1997: *El Quid pro quo Histórico. El malentendido recíproco entre
dos civilizaciones antagónicas.*

*

En 1492, los europeos que desembarcan en las tierras de
América tienen un objetivo: la riqueza. Llaman riqueza al oro,
e hicieron de ello su símbolo del valor de cambio. Ahora bien,
la economía de las comunidades autóctonas se funda sobre la
reciprocidad y la distribución.

La mayor pregunta, desde los primeros momentos del
encuentro de Colón y de las comunidades amerindias, es la
confrontación de dos sistemas económicos antagonistas; pero
los unos se confunden respecto a los otros. Es el *Quid pro quo
Histórico…*

Cristóbal Colón anota, día tras día, sus observaciones.
Línea por línea, podemos seguir la pregunta del *Quid pro quo*
histórico: los indígenas ofrecen hospitalidad, los colonos
ofrecen «pacotilla» para atraerse las buenas gracias de los
«indios», pero con la intención de intercambios fructuosos;
entre tanto esta pacotilla es interpretada por los nativos como
símbolo de una alianza.

Cuando se evidencia que los indígenas desprecian el
intercambio, los españoles concluyen que no saben apreciar el
valor de las cosas y que están privados de toda razón.

¡El pillaje y el asesinato, la esclavitud o el genocidio les
parecen, desde entonces, justificados!

1. LA CONTRADICCIÓN DE LOS SISTEMAS

El 12 de octubre de 1492, en la segunda hora después de la media noche, la tripulación colombina avistó tierra. Llegados a la costa, vieron árboles verdes y mucha agua y frutas de diversas especies. El Almirante llamó a sus capitanes y a Rodrigo de Escovedo, notario de toda la armada, y les pidió rendirle fe y testimonio de que él, antes que nadie, tomaba posesión de dicha isla en el nombre del Rey y de la Reina sus señores...

Enseguida se reunió allí mucha gente de la isla. Lo que sigue son las propias palabras del Almirante:

> Yo, afín de que ellos nos tengan en gran amistad y porque he conocido que eran gente de entregarse y convertirse mucho mejor a nuestra Santa Fe por amor más que por fuerza, les he dado a algunos de ellos algunos bonetes rojos y algunas perlas de vidrio que han colgado al cuello, y muchas otras cosas de poco valor que les produjeron gran placer: y ellos se volvieron tan nuestros que fue maravilloso. Luego vinieron, nadando hacia las chalupas de los navíos en los que estábamos y nos trajeron loros, hilo de algodón en ovillos, azagayas y muchas otras cosas que intercambiaron con otras que nosotros les dábamos, tales como perlas de vidrio y cascabeles. En fin, tomaban y daban lo que tenían, todo de buena voluntad[7].

En la isla, Colón no encontró más que un poco de oro, pero los «indios» le dijeron con gestos que encontraría mayor cantidad más lejos. Enseguida, levó anclas y partió hacia el oro prometido. Y he aquí que, en la isla nueva, se reproduce el encuentro: los «indios» se precipitan, se lanzan al mar para saludar a los dioses que vienen del cielo, y les llevan ofrendas,

---

[7] Christophe Colomb, *La découverte de l'Amérique. Écrits complets (1492-1505)*, Paris, Ed. La Découverte, 2015, p. 119.

ovillos de lana virgen, loros multicolores, azagayas, collares de flores y vituallas. Suben audazmente a las carabelas, ofrecen lo más precioso que poseen y se contentan con cualquier cosa que atestigüe su contacto con los extraños. Cuando no puedan obtenerlo de los marineros, porque son muy numerosos, lo toman del puente del navío, aunque no sea más que un pedazo de madera, se zambullen y huyen a nado. La escena se renueva todos los días, porque en ninguna parte Colón encuentra el oro. Gracias al relato de cada uno de esos encuentros, tenemos hoy en día un documento extraordinario sobre el *Quid pro quo* que destruirá la civilización amerindia.

Colón observa, anota, pero ninguna de sus reflexiones le satisface, como si no consiguiera llegar a agotar el significado de esas ofrendas. De isla en isla, sin embargo, él profundiza su interpretación; nunca la realidad del Nuevo Mundo fue mejor descrita. Vale, pues, la pena leer al Almirante línea por línea.

Salta a la vista que la primera ofrenda de los autóctonos es una manera de desear la bienvenida a los extraños, a la cual Colón responde de igual manera, pero en su interior todos esos gestos de benevolencia están, de una y de otra parte, subordinados a la preocupación de sacar partido del prójimo en función de un interés egoísta. Colón da, pero inscribe esta ofrenda en la intención de fomentar intercambios fructíferos. Él pretende solamente establecer auspicios favorables para el comercio y atribuye esta misma intención a los indígenas.

Se observará que no duda de que los «indios» sean hombres e inclusive iguales a los españoles, porque los cree motivados por el mismo objetivo: el interés. Sin embargo, al día siguiente del primer día, observa ya:

> Ellos traían ovillos de algodón hilado, azagayas y otras cosas pequeñas que sería engorroso enumerar. Lo daban todo por cualquier cosa que uno les ofreciera. Yo estaba atento y me ocupaba de averiguar si había oro[8].

---

[8] *Ibíd.*, p. 120-121.

Que *den todo por cualquier cosa*, he aquí algo que no escapó tampoco a su tripulación…

> (…) todo lo que tienen, lo dan por no importa qué baratija uno les ofrezca, al punto que toman en intercambio hasta pedazos de escudillas y de tazas de vidrio rotas, y que he visto dar dieciséis ovillos de algodón por tres ceutís[9] de Portugal que valen un blanco de Castilla.

Colón impone a sus hombres no aceptar ningún regalo sin dar nada, porque tal acción es, aún para él, la clave de toda empresa: si se quiere que los «naturales» estén bien dispuestos para intercambiar el oro, no hay que abusar de su confianza. Colón cree que la explotación de la generosidad de los «indios» puede poner en duda la amistad con la que él cuenta para instituir intercambios productivos. Exige que un testimonio de reconocimiento sea concedido a los donadores para mantener su ilusión. El 22 de diciembre, renueva la amonestación del segundo día:

> Hoy día, antes de partir, envió seis hombres a tres leguas de allí hacia el Oeste, a un gran pueblo cuyo señor había venido a verlo la noche anterior y que decía que tenía algunos pedazos de oro. Cuando los cristianos llegaron allá, el señor tomó de la mano al notario de la armada, que era uno de ellos y que el almirante había enviado para que pueda oponerse a que los otros tratasen a los indios de manera indebida, porque ellos no eran más que simpleza y los españoles tenían tanta codicia y desmesura que no les bastaba que los indios les dieran todo lo que quisiesen por un herrete de aguja, un trozo de vidrio, de yeso o menos aún, sino que querían tenerlo todo y tomar sin darles nada. Esto, el Almirante había prohibido siempre[10].

---

[9] Una de las más ínfimas monedas españolas de la época.
[10] *Ibíd.*, p. 205-206.

Sin embargo, Colón no ignora el efecto característico del don:

> Le di algunos cascabeles y algunas pequeñas cuentas de vidrio y se puso contento por ello y muy alegre. Para que la amistad crezca aún más y para asociarlos también, le hice pedir agua, y ellos, después que regresé a la nave, fueron a la playa con sus calabazas llenas de agua y se regocijaron mucho de dárnosla[11].

No solamente el presente regocija a aquel que lo recibe, sino que regocija al que lo da. Ahora bien, él reconoce esta dicha en el «indio» que da y se acostumbra a la idea que aquel pueda dar en un principio por la dicha de dar. La percepción de una nueva dinámica, además de aquella del interés, está en marcha.

Sin embargo, entre los españoles la fiebre del oro aumenta y cualquier gesto indígena es interpretado como el anuncio próximo de minas de oro. El 12 de noviembre, se pretende que:

> (...) según habían expresado con señales, allá los habitantes recogían el oro de la playa, a la luz de antorchas, luego, con martillo, hacían con él lingotes[12].

Pero el tiempo pasa, el oro sigue sin ser encontrado. El lunes 3 de diciembre, Colón encontró una banda armada:

> (...) me acerqué a ellos, les di algunos bocados de pan, luego les pedí azagayas y, en intercambio, les di a unos un pequeño cascabel, a otros un anillo de latón, a otros algunas perlas de vidrio, de suerte que todos se apaciguaron, vinieron a los barcos y pusieron todo lo que tenían por lo que uno tuviera a bien darles. Los marinos habían matado una tortuga, cuyo caparazón estaba en

---

[11] *Ibíd.*, p. 134.
[12] *Ibíd.*, p. 152.

pedazos en el barco. Los grumetes les daban pedazos del tamaño de una uña a los indios que entregaban a cambio un puñado de azagayas. Son, decía el Almirante, gente parecida a los indios de los cuales ya he hablado, de la misma fe, que como los otros, creen que venimos del cielo, y por cualquier cosa que uno les dé, sin decir nunca que es demasiado poco, dan inmediatamente lo que poseen. Y creo que harían lo mismo con las especias y con el oro si los tuvieran[13].

Sin decir nunca que es demasiado poco, he aquí como se refuta la primera idea de Colón, cuando veía en esos dones la carnada para un intercambio interesado. Pero la observación precedente es más decisiva. Poco importa el objeto entregado a los «indios», puede ser un pedazo del tamaño de la uña de un caparazón de tortuga indígena, lo interesante es que éste reviste una importancia excepcional, desde el momento en que es dado por un español. No es el valor propio, el valor intrínseco del objeto dado, el que interesa al indígena, sino, como diría Lévi-Strauss, su posición en una estructura; el hecho que pueda significar lo otro, que pueda testimoniar la alianza realizada con el extranjero. Y es por esa señal del otro, que se da entonces todo.

El 13 de diciembre, Colón describe una vez más la hospitalidad de los autóctonos:

Todos venían cerca de los cristianos y les ponían las manos sobre la cabeza, lo que es señal de gran respeto y de amistad... Los cristianos dicen que después que los temores de los indios fueron apaciguados, aquellos entraban en sus casas y les llevaban lo que tenían para comer... Y ellos daban todo lo que se les pedía sin querer nada a cambio...[14].

---

[13] *Ibíd.*, p. 175.
[14] *Ibíd.*, p. 188.

Colón se da cuenta, esta vez, que el don expresa una intención diferente para unos y para otros: para los españoles, aquella del intercambio y, para los «indios», aquella de otra prestación, aún enigmática.

El día 18, observa que sus propios dones son tratados de manera excepcional:

> Un marino dice que había encontrado [al rey de Hispaniola[15]] en su camino y que había visto que todos los objetos que le había dado el Almirante eran llevados delante de él, cada uno por un hombre, que le había parecido escogido entre los más notables[16].

Los dones del Almirante son llevados en *procesión*. Algunos días más tarde, el 23 de diciembre:

> Finalmente el cacique vino con ellos, y todo el pueblo, que contaba más de dos mil hombres; se reunió en la plaza que estaba bien limpia. Ese rey colmó de honores a la gente de los navíos, y los de su pueblo llevaron algo de comer y de beber… La gente del pueblo daba a los marinos esos mismos tejidos y otros objetos de sus casas, a cambio de las más pequeñas cosas que uno les daba y de las cuales se veía, por la manera en la cual las recibían, que las tenían por reliquias[17].

Reliquia. Los autóctonos quieren probar entonces que ellos han establecido una alianza con los dioses extranjeros, del mismo modo como los españoles mismos dan significado a su relación con su propio dios, venerando las reliquias de los santos católicos. El «indio» da testimonio, con ostentación, de la amistad sellada con el español.

Pronto el Almirante cede a la evidencia. No hay ninguna concupiscencia, ninguna idea de provecho en el

---

[15] Hoy Haití Santo Domingo, en las grandes Antillas.
[16] *Ibíd.*, p. 197.
[17] *Ibíd.*, p. 208.

comportamiento de los autóctonos; únicamente la preocupación de dar, para crear amistad. El don de los indígenas quiere inducir la reciprocidad, de la cual surgirá la amistad. Es al *ser común*, producido por el reconocimiento del otro, que está dispuesta la ofrenda. También está dedicada a conformarse con los deseos del huésped:

> Tanto los hombres, como las mujeres y los niños, haciendo mil demostraciones, corrían los unos por aquí, los otros por allá, para traernos de ese pan de *niames*, que ellos llaman *ajes*, que es muy blanco y muy bueno; también agua en calabazas y en cántaros de tierra, a la manera de aquellos de Castilla. Nos traían todo lo que tenían en el mundo y lo que sabían que el Almirante deseaba. Y todo aquello de tan buen corazón y con tanta dicha que era una maravilla.

> Y que no se diga –dice el Almirante– que daban liberalmente, porque, lo que daban, valía poco; pues aquellos que daban pedazos de oro y aquellos que daban la calabaza de agua, actuaban de igual manera y también liberalmente. Y es cosa fácil, añade, de saber, cuando una cosa es dada, que ella es dada de corazón[18].

Estamos a 21 de diciembre:

> Finalmente, el Almirante dice que no puede creer que un hombre haya visto ya gente de un corazón tan bueno, tan generoso y tan temeroso, pues todos se deshacían de lo que tenían para darlo a los cristianos, corriendo apenas los veían llegar, para traerles todo.

Colón observa también que dar es el fundamento del prestigio social. No es solamente por aumentar el ser de la alianza, que interesa dar, sino para ser grande ante sus allegados. La imaginación «india» asocia el ser de la alianza a

---

18 *Ibíd.*, p. 201-202.

la calidad del don, de suerte que mientras más da uno, más acrecienta su renombre y su propio valor. Esta proporción introduce una jerarquía. La noción de poder de prestigio aparece cuando Colón se da cuenta que los «indios» no solamente buscan dar, tanto como él mismo acepte, sino que luchan entre sí para dar más.

> Cuando vieron que el Almirante había recibido todo lo que le habían llevado, todos los indios, o la mayor parte, corrieron hacia su aldea, que debía estar bastante próxima, para traer más vituallas aún, loros y otras cosas más que tenían, de tan buen corazón, que era una maravilla[19].

Que los españoles que desembarcan buscan las especias y el oro, no hay ninguna duda. Que su preocupación sea el provecho, excepto tal vez para el mismo Colón, que lo enfeudaría con mucho gusto al éxito de sus utopías, eso tampoco crea duda. Colón confió a Isabel la Católica su deseo de encontrar montones de oro para conducir los ejércitos de España a la reconquista de Jerusalén. Pero los hombres de la tripulación entrevén la posibilidad de emanciparse y volverse ricos. Sueñan con instaurar su ley sobre los pueblos proclamados dóciles y primitivos. Una vez llegados a tierras americanas no obedecen más a nadie. No tienen otro objetivo que el oro.

Desde el primer viaje, Pinzón, capitán de la *Pinta*[20], se separa y parte a la búsqueda del oro por su propia cuenta. En su segundo viaje, Colón constata que la colonización ya no puede hacerse por la paz y decide que se hará por la fuerza: ordena someter a los indígenas y envía los prisioneros a España como esclavos. Durante la vuelta de Colón a España, los colonos se sublevan con un aventurero a la cabeza, Roldón, que instaura la *repartición* de los «indios» entre sus tropas, para

---

[19] *Ibíd.*, p. 203.

[20] La expedición de Cristóbal Colón se compone de un gran buque, *la Santa María*, y dos carabelas, la *Pinta* y la *Niña*.

obligarlos a producir el oro, lavando la arena de los ríos. A su regreso, Colón debe inclinarse ante Roldón. Tendrá el tiempo justo para controlar una rebelión más grave aún, antes de ser definitivamente vencido

Colón es enviado a España con cadenas en los pies. El nuevo gobernador, Bobadilla, autoriza la colonización individual. Cada quien puede, en lo sucesivo, acumular el oro por cuenta propia y por cualquier medio. Esclavitud y matanza suceden en adelante sin ningún límite.

El capitalismo no nació en Inglaterra o en Francia, por relaciones comerciales establecidas con países lejanos o de la toma del poder por la burguesía; nació en 1492, cuando hombres, sin fe ni ley, no tuvieron otro medio, para establecer un orden social mínimo y evitar el caos, que erigir, como referencia y medida de su poder, el valor de intercambio. El oro es el dios de la colonización. El encuentro de dos mundos no es la confrontación de dos civilizaciones, pues el sistema occidental, que se instaura en América, no reina aún en Europa, donde el comercio es practicado por mercaderes que no tienen ningún derecho a las decisiones políticas. Se trata, más bien, del enfrentamiento de dos sistemas económicos, de los cuales, uno, el de intercambio, aparece por primera vez en la historia humana, libre de toda obligación frente a todo valor ético o la tradición. En el continente americano, entre los colonos, el valor de intercambio se antepone a todos los demás valores: religiosos, políticos y morales.

Ahora bien, las dos economías, la del don y la de la acumulación, la del prestigio y la del provecho, son antagónicas. Valor de prestigio contra valor de intercambio: la contradicción de los dos sistemas es radical. El «indio» ve su imagen en la compostura del otro, cuya belleza presume ser la de la alianza nueva; el español mide su ventaja en la posesión de bienes materiales. El primero busca la expansión del ser por medio del reconocimiento del prójimo, el segundo la extensión de su poder por medio de la eliminación del otro.

Las dos sociedades, que se encuentran, son animadas por dialécticas inversas. Para unos, el don es un gesto de reconocimiento del prójimo, esta relación genera la amistad. Para los otros, todo esto es bagatela y no tiene sentido más que para introducir su contrario: el intercambio para la acumulación, el saqueo de riquezas y la introducción de la explotación del trabajo indígena.

El descubrimiento de otras sociedades del Nuevo Mundo confirmará esta observación. De Alaska a la Patagonia, el sistema amerindio está completamente ordenado alrededor de estos dos principios fundamentales: La reciprocidad de los dones es generadora de un valor de amistad, superior al valor propio de cada una de las contrapartes. Cuanto más se da al prójimo, tanto más prestigio se tiene. Por lo contrario, el sistema de los occidentales está fundado en el interés y en la propiedad. Los occidentales reciben, toman, saquean sin medida. Su objetivo es la acumulación del valor de intercambio; y su ley, el provecho.

El prestigio es lo contrario del provecho, puesto que se lo adquiere distribuyendo y no acumulando. Ahora bien, los dos sistemas aúnan sus efectos hacia un mismo resultado: la transferencia de toda la riqueza material, de manos indígenas a manos occidentales.

La colonización no se reduce a una sola dinámica, aquella del fuerte contra el débil, sino a un par de fuerzas antagónicas, que lejos de neutralizarse, se refuerzan. La colonización no estriba solamente en el hecho de que los españoles toman, sino igualmente en el hecho de que los «indios» dan. La colonización no es solamente el robo, por parte de los españoles, es también la puja del don, por parte de los mismos «indios».

2. LAS DIFERENTES CARAS DEL *QUID PRO QUO* HISTÓRICO ENTRE LOS CARIBES

1 - El *Quid pro quo* económico

Los Caribes ven surgir del océano a los españoles con estupefacción. Los toman, primero, por dioses puesto que vienen del cielo, luego, como hombres cuando aceptan sus ofrendas. Los españoles están sin víveres, están sin mujeres, están sin riquezas. No se puede, del lado de los Caribes, no dar inmediatamente hospitalidad a quien pide inclusive el agua. Y la dicha es grande, porque los extranjeros reciben, toman todo lo que se les da y lo que piden. Para los «indios», todo aquello significa que los españoles vienen como amigos, que son aliados. Si ellos hubieran traído algo para intercambiar, habrían simplemente probado que no pertenecían a la misma humanidad. Pero reciben «todo contra nada». Se esperaba que ellos, a su vez, serían donadores.

Colón, el más prestigioso de los españoles, responde de la manera más eficaz posible para confirmar el Quid pro quo, como un indicio de prestigio. Él no percibe inmediatamente el sentido que los nativos dan a su «pacotilla», porque se sorprende de que los «indios» se contenten con tan poco. Pero sus dádivas (botones de saco, cascabeles o galones que servían de adorno a los oficiales, botones rojos, tomados como el equivalente de las diademas de plumas) son recibidas como testimonio de una persona de calidad. Y uno se «entrega» al donador prestigioso, se lo honra, se coloca también bajo su bandera política, se le obedece. Esto lo percibe Colón desde el primer día, desde la primera hora...

> (...) les he dado a algunos de ellos algunos bonetes rojos y algunas cuentas de vidrio que se han colgado al

cuello y muchas otras cosas de poco valor que les produjeron gran placer…[21].

El primer español que da testimonio de una realidad indígena, nos ofrece inmediatamente todos los elementos para comprender el drama del Nuevo Mundo. Esta declaración es, en efecto, la primera profesión de fe del Quid pro quo histórico: el hombre que viene a tomar, se presenta bajo la máscara del don. Al don de todo, responde con un don que significa el prestigio de un gran donador. Los «indios» toman enseguida a los extranjeros por otros «indios». Ellos les darán todo, para crear una alianza nueva y también para aumentar su prestigio.

En ese instante, de un golpe, se desploma la civilización «india». De la más humilde choza de paja a la cúspide de las pirámides aztecas, toda la Indianidad se ha equivocada respecto al extranjero, porque no ha imaginado su sistema económico. Mientras creían reconocer la reciprocidad, se encontraban con el intercambio. Todos creyeron dirigirse a otros donadores, todos se suicidaron por el don. La hipótesis que los españoles eran estrategas de ingenio, carece de interés. Los «indios» dan para ser, los españoles toman para tener. No hay un fuerte o un débil; un conquistador, un conquistado; un ser inteligente, un ser primitivo, sino sólo dos lógicas que se encadenan la una a la otra. La Indianidad participa en la acumulación española y en su propia ruina con todas sus fuerzas. Es una acción concurrente, en el que los dos dinamismos, «indio» y español, terminan destruyendo la ciudad «india». Ni una sola ciudad o aldea, de toda la América escapa al Quid pro quo que, por cierto, se puede constatar hasta el día de hoy, puesto que permanece todavía.

La destrucción de la economía autóctona es independiente de la ferocidad o de la ignominia de los colonos. Esto no disculpa las atrocidades perpetradas por los

---

[21] Cristóbal Colón, *op. cit.*, p. 119.

35

occidentales, sobre aquellos a quienes incluso llegaron a cuestionar en su humanidad, pero se juzgaría mal, al no ver en el crimen de la colonización, más que un desenfreno del hombre occidental. La Indianidad tampoco es inocente, por naturaleza, generosa, capaz de dar hospitalidad hasta el infinito, cual una víctima designada por el destino; no, es tributaria de un sistema, tan coherente como el sistema occidental, igualmente lógico, que la condena a muerte, en tanto dure el Quid pro quo histórico.

2 - El *Quid pro quo* político

Las sociedades de las grandes planicies y aún de los Andes, no tienen o tienen poco poder central: cada uno puede dar más de lo que produce (él, su clan o su familia) para merecer el prestigio al cual pretende. Las familias son entonces competidoras para dar, individualizan y tornan difícil, sino imposible, una organización estatal centralizada. El Estado es un Estado disperso. No hay, en esta afirmación, la tentativa de negar el Estado o de rechazarlo, como imaginaron algunos antropólogos. Pero la reciprocidad remite a la responsabilidad. Las comunidades tienen como dimensiones aquellas que resultan del equilibrio más apropiado al despliegue de las responsabilidades personales, y a la generalización del valor de amistad, de los unos y de los otros, que Colón llamara la «simpleza». De ello resulta una ausencia característica de Poder. Aún aquellos, que los españoles llaman jefes y caciques son, en realidad, autoridades morales, varones espontáneamente respetados por todos, por ser los más grandes donadores o los mejores guerreros. Las sociedades indígenas están fundadas sobre la reciprocidad: matriz de los valores humanos, la responsabilidad y la autoridad moral, no sobre la fuerza y el poder y, por consiguiente, se encuentran, de entrada, indefensas frente a la barbarie. Entonces, cuando el extranjero escoge entre ellos, aquel que considera el más blanco de piel, el más bello o el más rico, en seguida es honrado por haber merecido la alianza; él es el elegido, el elegido nombrado por el otro, el elegido del otro.

El 12 de diciembre, Colón reenvía a tierra a una mujer que los marineros habían traído a bordo:

> "Esto porque –dice el Almirante– yo les había ordenado de coger algunos habitantes para tratarlos honorablemente y hacerles perder el miedo, en caso de que hubiera aquí alguna cosa de provecho…". El Almirante la hizo vestir, le dio cuentas de vidrio, cascabeles y anillos de latón, luego la regresó a tierra muy honorablemente[22].

Y el 13:

> (…) ellos vieron venir una gran multitud en la cual se encontraba el marido de la mujer que el Almirante había honrado y vuelto a enviar. Llevaban a esta mujer sobre sus espaldas y venían a rendir gracia a los cristianos por el honor que el Almirante le había testimoniado…[23].

El 21 de diciembre Colón anota:

> Esta gente es de tan buen corazón que dan de la mejor voluntad del mundo todo lo que se les pide y que parece que uno les otorgará un favor pidiéndoselos.

Se da cuenta que cuando pide a uno, más bien que a otro, promueve al hombre de su elección al título de más grande donador. Este último es inmediatamente estimado por sus compañeros como el más calificado para representar la nueva alianza, y su prestigio es realzado a los ojos de todos. De este modo se enlaza la autoridad política «india» a la autoridad política colonial.

---

[22] *Ibíd.*, p. 186.
[23] *Ibíd.*, p. 188.

Pero he aquí que aquel que da más, participa más de esta autoridad, y la competencia entre donadores se convierte en competencia para aliarse al extranjero.

3 - El *Quid pro quo* militar

Los primeros en aliarse son elevados a un rango de prestigio superior. Esta promoción conlleva, no obstante, perturbaciones en la jerarquía tradicional, disensiones y enfrentamientos entre los nuevos y los antiguos detentores de la autoridad. He aquí, me parece, la clave de la destrucción, no solamente económica, sino también política y militar de la Indianidad.

Por etapas sucesivas, a medida del avance colonial, las comunidades se apresuraron a acoger a los conquistadores. Cuando el Almirante encuentra a Guacamari, «gran cacique» de Hispaniola, este último le ofrece, lo sabemos ya... todo. En seguida es promovido como autoridad superior, el Rey de la isla.

> Cuando el Almirante puso pie en tierra, el rey vino a recibirlo, le dio el brazo (...). El rey quitó su corona y la puso sobre la cabeza del Almirante, quien desprendió de su cuello un collar de bella coralina (...). Se despojó al mismo tiempo de un abrigo de escarlata fina que se había puesto ese día y lo invistió con él[24].

Entre los caciques se desarrolla entonces una competencia para ser el «elegido». Cada uno rivaliza en cuanto al don y si no intenta destruir a su rival más dichoso.

---

[24] *Ibíd.*, p. 219.

Cuando los españoles regresan[25] a la isla y descubren que su guarnición ha sido destruida, se enteran que…

> Guacamari estaba en otro lugar, herido en una pierna, lo que le había impedido venir, pero que vendría otro día; que la causa de aquello era que dos otros reyes, llamados uno Canoabo y el otro Mayreni, habían venido a combatir a Guacamari y le habían quemado su aldea…

Canoabo, después de haber vencido a Guacamari, buscará, a su vez, la alianza con los españoles, lo que le costará caer en la trampa que le tenderá Colón:

> La manera en que uno debe conducirse para apoderarse de Canoabo es la siguiente, reserva hecha de lo que ocurrirá en el sitio. Que el dicho Contreras emprenda fuerte a Canoabo y haga de suerte que él venga a hablar con usted, porque así más seguramente usted podrá capturarlo. Como va desnudo y que sería incómodo retenerlo y que, incluso, si él de repente escapara y se escondiera de por la disposición del país, no se le podría fácilmente coger de nuevo; cuando usted se hubiera entrevistado con él, hágale dar una camisa y que lo vistan enseguida, así con un capuchón, que lo ciñan con un cinturón y que le pongan una toca: así usted lo podrá tener sin que se le escape. (Instrucciones a Pedro Margarito, del 9 de abril de 1494)[26].

De la capa de escarlata en signo de alianza, al cinturón en guisa de traición, todo es bueno para Colón, cuyo objetivo siempre es el poder. Pero la actitud de Guacamari, confiada, o aquella de Canoabo, desconfiada, tiene también un mismo objetivo: la *alianza*. Y si Canoabo ha destruido a Guacamari, la

---

[25] En su segundo viaje (1493-1496), Cristóbal Colón lleva esta vez una flota de 17 barcos y 1500 hombres, entre ellos 700 colonos y 12 misioneros.

[26] «Instrucciones a Mosen Pedro Margarite» para reconocer las provincias de la isla Hispaniola (9 de abril de 1494). *Ibíd.*, p. 354.

razón de ello es pretender, a su vez, la *nueva alianza*. Desde entonces, una parte de la tragedia militar es un reglamento de cuentas entre aquellos que ya son los aliados de los extranjeros y los que pretenden serlo. Los recién llegados se vuelven contra los primeros, pero no buscan más que tomar su lugar. La tradición histórica pretende que los españoles concibieron una estrategia militar, basada en los conflictos entre las comunidades indígenas, pero he aquí que esta tradición histórica ignora todo acerca de la lógica de esas rivalidades e ignora, asimismo, cuales eran sus medios ocultos. Más bien son los autóctonos los que han practicado la puja de las alianzas y, por mor de ellas, se han destruido mutuamente.

Sobre la línea de contacto, sin embargo, se desarrolla pronto una verdadera resistencia: los amerindios se dan cuenta, por la experiencia, que los españoles no son ni dioses ni hombres-indios, que no pertenecen a ninguna comunidad de reciprocidad. Entonces, se rebelan y toman las armas. Pero son aplastados por los españoles y aquellos de los suyos que, ignorando aún la realidad, siguen pugnando por aliarse con los extranjeros...

4 - El *Quid pro quo* de parentesco

Al principio, Colón observa el don de los indígenas y se maravilla de él; luego, toma conciencia del antagonismo del don y del intercambio, de la acumulación, del provecho y del prestigio. Acusa un fuerte impacto, durante su segundo viaje, descubriendo que la guarnición que había dejado en el Nuevo Mundo había sido aniquilada. No sabe qué pensar. No duda de las exacciones españolas, pero descubre también que los «corderos» pueden tomar las armas.

Colón se dará cuenta que la herida de Guacamari es fingida, para no confesar que él mismo ha hecho justicia:

Todos decían al unísono que Canoabo y Mayreni los habían matado... Pero a todo ello, mezclaban la queja de que los cristianos, uno tenía tres mujeres y el otro cuatro; de donde dedujimos que el mal sobrevenido a los nuestros, había sido un asunto de celos. (Carta del Dr. Chanca, en el segundo viaje, febrero 1494).

Bartolomé de Las Casas es más preciso, Guacamari dice:

Se pusieron [los españoles] a reñir y a tener discordias entre ellos. Quitaban mujeres a sus maridos y los hijos a sus padres y se iban a buscar oro cada uno por sí mismo. Ciertos Vizcaínos se unieron contra los otros, y así se dispersaron por el país, donde fueron asesinados por sus errores y malas acciones. Y aquello es cierto, porque si ellos se hubieran quedado todos juntos, instalados en la tierra de Guacamari y bajo su protección, no hubieran irritado a los naturales, apoderándose de sus mujeres y de sus hijas, lo que les ultraja y ofende más, como a cualquiera[27].

Las razones invocadas por los indígenas son claras. Los españoles han tomado mujeres en las comunidades y han aceptado los servicios de parentesco de sus aliados, pero no han tratado a sus mujeres autóctonas como a esposas[28]. Las han considerado tan poco, que los padres y los hermanos de estas mujeres han decidido poner fin a los abusos.

El enfrentamiento ha nacido de una confusión: para los indígenas, la relación de parentesco es el modelo de toda relación de reciprocidad. Esta reciprocidad de parentesco es la primera matriz de lo que es más específicamente humano. La mujer crea, por su alianza, no solamente un hogar, sino el ser

---

[27] Bartolomé de Las Casas, *Historia de las Indias* (1527-1559); trad. fr. *Histoire des Indes*, Paris, Éd. du Seuil, 2002.

[28] «Cada uno había tomado cuatro mujeres, además de las cuales tomaban en la ciudad a las jóvenes que querían», afirma Guacamari. (Colón, *op. cit.*, p. 321).

de la sociedad entre los clanes, entre las tribus y, por consiguiente, entre ellos y los extranjeros.

Las mujeres indígenas juegan un rol esencial, porque los españoles no tienen hermanas o hijas que puedan convertirse en esposas de los autóctonos. Las mujeres, únicamente ellas, son los símbolos del ser de la alianza. Ahora bien, ellas han sido utilizadas de forma bestial. Colón comprende aquello, aun si su pudor no le permite hablar sobre ello más que en términos velados.

Pero se da cuenta también que no es posible fundar la dominación española sobre las bases que él había proyectado. Si los hombres producen, no para acumular sino para dar; si el poder político autóctono se ejerce a la inversa del poder español; si las concepciones de los unos sobre el rol de las mujeres son contrarias a la de los otros, la conquista no puede hacerse más que por la fuerza. Entonces, Colón confiere el poder a su hermano, a quien nombra lugarteniente general[29]. Bartolomé es un contramaestre práctico, eficaz. Se alabará de haber aniquilado dos tercios de la población de la isla en dos años.

5 - El *Quid pro quo* recíproco

El Quid pro quo es recíproco. Colón ha tomado a los «indios» por gente parecida a comerciantes y que, a diferencia de los diablos moros, tienen la piel casi tan blanca como la de los campesinos de España… El 13 de octubre:

> Desde el alba vinieron a la playa muchos de esos hombres, todos jóvenes, como lo he dicho ya, y todos de

---

[29] «Nombramiento de don Bartolomé Colón como teniente del gobernador», (Isabela, 17 de febrero de 1496). *Ibíd.*, p. 415-418.

42

bello aspecto. Son gente muy bella... Ninguno de ellos es moreno oscuro, más bien del color de los Canarios[30].

No cesa de maravillarse. El 13 de diciembre:

> En cuanto a la belleza, los cristianos decían que no había comparación posible, tanto para los hombres como para las mujeres, y que ellos son más bellos que aquellos de las otras islas. Entre otros, habían visto dos jóvenes mujeres tan blancas como pueden serlo en España[31].

Desde los primeros días, Colón ha observado la humildad, la dulzura y la sorprendente confianza de los «indios». Considera esto con la mirada del maestro que mide la docilidad de los futuros súbditos de Su Majestad.

> Porque veo y conozco, dice el Almirante, que estas gentes no son de ninguna secta, ni idólatras, sino muy suaves e ignorantes de lo que es el mal, que no saben matarse los unos a los otros, ni encarcelarse, que son sin armas y temerosos, que uno de los nuestros basta para hacer huir a cien, inclusive jugando con ellos. Son crédulos: saben que hay un Dios en el cielo y están persuadidos que nosotros hemos venido de allí. Están prontos a decir cualquier plegaria que les enseñemos y hacen la señal de la cruz. Así sus Altezas deben determinarse a hacer de ellos cristianos... (12 de noviembre)[32].

Pero, a medida que los «indios» se muestran diferentes, su sentimiento cambia y su simpatía se convierte en irritación. Su decepción crece en proporción a la importancia de la diferencia. El cambio de opinión, de su primera impresión, es total a su regreso a España; tal vez, porque vuelve a

---

[30] *Ibíd.*, p. 120.
[31] *Ibíd.*, p. 189.
[32] *Ibíd.*, p. 152-153.

contactarse con la realidad de sus conciudadanos. Aquellos que él asimilaba a los más perfectos cristianos, se convierten entonces en lo contrario: bestias brutas. Descubriendo el fenómeno del don al intendente general de sus Altezas, el marrano Luis de Santángel, en su carta de febrero o marzo de 1493, dará una interpretación nueva. Si ellos dan, es que no saben lo que hacen, es que no conocen el valor de las cosas y que, por tanto, son como bestias...

> Es verdad que cuando están tranquilizados y se han sobrepuesto a este miedo, están a tal punto desprovistos de artificio y tan generosos de lo que poseen que nadie lo creería a menos de haberlo visto. Cualquier cosa que se les pida de sus bienes, jamás dicen no: más bien invitan a la persona y le testimonian tanto amor que le darían su corazón. Que sea una cosa de valor o una cosa de poco precio, cualquiera que sea el objeto que se les dé entonces en intercambio y cualquiera sea el valor, ellos están contentos... Hasta los pedazos de los círculos rotos de los barriles que tomaban dando lo que tenían como bestias brutas[33].

Estamos lejos de la connotación del mismo relato algunos meses antes: «Ellos aman a su prójimo como a sí mismos». (25 de diciembre de 1492).

Puesto que estos hombres no saben el precio de las cosas, que no las juzgan en función de su interés particular, y que no tienen aún la idea de lo que pueda ser el trueque y el intercambio, desde el punto de vista de una ganancia personal o de un provecho, es que no tienen individualidad propia, que su razón no ha llegado a la madurez, para darle el sentido de la propiedad. Son entonces irracionales y no pueden ser tratados sino como animales, al menos: como seres inferiores y no tienen ningún mérito al dar, puesto que no saben lo que hacen. Se hace claro, entonces, que los españoles y los «indios»

---

[33] «Lettra a Luís de Santangel» (febrero-marzo de 1493). *Ibíd.*, p. 270.

no son idénticos. Los «indios» se revelan diferentes, allí donde se esperaba que fueran parecidos, y esta diferencia no será aceptada; será inclusive juzgada intolerable; se convertirá incluso en la causa de la cuestión, inimaginable en el primer contacto, pero que cobra cada vez más peso: los «indios» ¿son seres humanos? Será necesaria la Controversia de Valladolid[34] para decidirlo.

En esta misma carta, Colón se sorprendía de que la propiedad fuese de lo más relativo, porque cada uno goza del don del prójimo y puede fácilmente tomar lo que él sabe es donado liberalmente; de ahí ciertas confusiones con los bienes, de los cuales los españoles se consideran inmediatamente propietarios privados y que, evidentemente, entre los «indios» están a la disposición de todos:

> No pude saber si poseían bienes privados, pero me pareció comprender que todos tenían parte en lo que uno de ellos poseía, y especialmente en los víveres[35].

Pero, en su segundo viaje, en 1494, el hecho de tomar lo que es de todos porque siempre fue dado, algo común entre los indígenas, será interpretado como un robo.

> Y como en ese viaje que hice a Cibao, ocurre que algún indio hurte poco o mucho, si se encontrara que algunos de ellos roben, castíguenlos cortándoles la nariz y las orejas, porque son partes del cuerpo que no se pueden esconder. Así se asegurarán el rescate de gente de toda la isla, dándoles a entender que, lo que ha sido hecho a

---

[34] La Controversia de Valladolid fue un debate entre el dominico Bartolomé de Las Casas y el teólogo Juan Ginés de Sepúlveda (1550-1551). La cuestión era saber si los españoles podían colonizar el Nuevo Mundo y dominar a los amerindios, por vía de conquista, es decir, poniendo fin a sus modos de vida y a su civilización. Este debate político y religioso tenía por objeto definir oficialmente la legitimidad o ilegitimidad de la esclavitud de los pueblos amerindios.

[35] *Ibíd.*, p. 273.

ciertos indios, estaba sujeto a que habían robado, y que será ordenado de tratar muy bien a los buenos y de castigar a los malos. (Instrucción al maestro Pedro Margarita, el 9 de febrero de 1494)[36].

La admiración, ante el don generalizado, ha dado lugar a una interpretación ordenada por la lógica del interés: si ellos toman, no es que reciben, es que roban. Y si roban, sin saberlo, he aquí que se impone que se les enseñe en qué consiste el robo, de manera clara y pública y es, por eso, que se mutilará, a los «indios» declarados ladrones, de la nariz y de las orejas: «porque son las partes del cuerpo que no pueden esconderse».

*

---

[36] «Instrucciones a Mosen Pedro Margarita». *Ibíd.*, p. 352.

2

EL QUID PRO QUO HISTÓRICO
ENTRE LOS GUARANÍ

1ª publicación: «El encuentro de occidente con la indianidad guaraní», *Ñande Reko. Comprensión guaraní de la Vida Buena*, La Paz: FAM-BOLIVIA, n° 7, 2002.

*

1. EL *QUID PRO QUO* POLÍTICO

1 - El don de los víveres

En 1500, el portugués Álvarez Cabral, conduce trece naves y mil doscientos hombres en la ruta de las Indias abierta por Vasco de Gama, descubre el Brasil, toma simbólicamente posesión del territorio, pero prosigue su ruta. Diez y seis años más tarde, el español Díaz de Solís explora el río de La Plata[37]. Ulrico Schmidl, soldado alemán, participa de las expediciones que atraviesan el continente para llegar al Perú. De regreso a su país, describe a las naciones encontradas y el recibimiento que les depararan: por doquier la hospitalidad, en todo lugar el don, siempre la alianza:

> Allí, sobre esa tierra, hemos encontrado unos indios que se llaman Querandí, unos tres mil hombres con sus

---

[37] Así nombrados porque los indígenas vistos en las orillas parecían llevar adornos de plata.

mujeres e hijos, y nos trajeron pescados y carne para que comiéramos[38].

No se trata, pues, de una hospitalidad simbólica, sino de una hospitalidad bien real e incondicional, casi excesiva y muy onerosa, pues los recién llegados son nada menos que dos mil seiscientos cincuenta españoles[39].

Los españoles deben resolver lo más pronto posible el problema de su aprovisionamiento de víveres. En el momento en que los «indios» no les ofrezcan más hospitalidad, se apoderarán de sus cosechas y se instalarán en sus poblados:

> Dios Todopoderoso, con su ayuda nos permitió vencer a los Querandí y ocupamos el lugar donde estaban (…). Allí permanecimos durante tres días: después volvimos a nuestro campamento, dejando de guardia a unos cien hombres, pues hay en ese paraje buenas aguas de pesca. También hicimos pescar, utilizando las redes de los indios, para tener pescado suficiente como para mantener la gente (…)[40].

Los españoles no se ocuparon de sacar partida de los recursos del país, pues lo que querían era llegar al Perú lo más antes posible. Así, bien pronto:

> Fue tal la pena y el desastre del hambre, que no bastaron ni ratas ni ratones, víboras ni otras sabandijas; hasta los zapatos y cueros, todo tuvo que ser comido[41].

No sólo eso, llegaron hasta el canibalismo:

---

[38] Ulrich Schmidl, *Viaje al Río de la Plata (1534-1554)*, Buenos Aires, Emecé editores, 1997, p. 22.

[39] Los españoles son acompañados por mercenarios alemanes, neerlandeses y austriacos.

[40] *Ibíd.*, p. 25.

[41] *Ibíd.*, p. 27.

Algunos otros españoles cortaron los muslos y otros pedazos del cuerpo de los ahorcados, se los llevaron a sus casas y allí los comieron. También ocurrió entonces que un español se comió a su propio hermano que había muerto[42].

Si bien el motivo principal de la conquista es el oro, de momento, es por la comida que los españoles buscan la alianza con los «indios»: Pedro de Mendoza no puede dar de comer a su gente. Decide, pues, enviar trescientos cincuenta hombres río arriba sobre el Paraná:

(...) y navegamos aguas arriba por el Paraná a buscar indios, para lograr alimentos y provisiones.

Pero la expedición es un desastre. Los indígenas, en efecto, informados de los sucedido entre los Querandí, huyen y destruyen sus poblados y sus cosechas:

Pero cuando los indios nos veían, huían ante nosotros y nos hicieron la mala jugada de quemar y destruir sus alimentos: éste es su modo de hacer la guerra. De ese modo no encontramos nada que comer, ni mucho ni poco; apenas se nos daba a cada uno, cada día, tres medias onzas de bizcocho. En este viaje murió de hambre la mitad de nuestra gente[43].

Pedro de Mendoza deja el mando a Juan Ayolas:

Dispuso entonces nuestro capitán Juan Ayolas que los marineros aprestaran ocho bergantines y bateles o botes, porque quería navegar aguas arriba del Paraná y buscar una nación que se llama Timbú para obtener provisiones y mantener a la gente[44].

---

[42] *Ibíd.*, p. 28.
[43] *Ibíd.*, p. 28-29.
[44] *Ibíd.*, p. 31.

Así, pues, los españoles abandonan Buenos Aires y remontan el Paraná. Después de dos meses de navegación, encuentran a los Timbú que los reciben magníficamente.

Nuestro capitán regaló entonces al indio principal de los Timbú, que se llamaba Cheraguazú, una camisa y un birrete rojo, un hacha y otras cosas más de «rescate»[45]. El tal Cheraguazú nos condujo a su pueblo y nos dieron carne y pescado hasta hartarnos[46].

Donde los Timbú, la hospitalidad dura tres años. Cuando reemprenden la conquista, son recibidos por los Coronda:

(...) y ellos compartieron con nosotros su escasez de carne y pescado y cueros y otras cosas más[47].

Después vienen los Quiloaza: «(...) también participamos su escasez». Luego los Mocoretá:

Los Mocoretá nos recibieron muy bien, a su manera, y nos dieron la carne y pescado que precisábamos durante los cuatro días que con ellos nos quedamos[48].

Después los Chana... Pero he aquí que los españoles tuvieron que enfrentarse a los Mapení, sin que Schmidl nos refiera los motivos:

---

[45] En el texto de Ulrico Schmidl, se encuentra la palabra «rescatar» en frases como éstas: «y obtuvimos todo lo que queríamos sin gastar dinero, con estas cosas que habíamos traído de Alemania, tijeras, hachas, agujas, etc., (...) como medios de rescate»; otra variante: «para rescatar». «Rescate», «Rescatar» es un término que ilustra lingüísticamente el quid pro quo histórico. «Estos objetos de *rescate* también eran llamados por los propios españoles *cebos*.» −escribe Ludovico Antonio Muratori, *Relation des missions du Paraguai*, Paris, La Découverte/Maspero, 1983.

[46] *Ibíd.*, p. 33.

[47] *Ibíd.*, p. 37.

[48] *Ibíd.*, p. 38.

Nos recibieron belicosamente. Había en el río más de quinientas canoas. Pero, dichos Mapení no consiguieron gran cosa y con nuestros arcabuces herimos y dimos muerte a muchos…[49].

En cambio, fueron bien recibidos por los Curé-Maguá:

Así los dichos Curé-Maguá nos dieron todo lo que entonces necesitábamos y se pusieron mucho a nuestra disposición[50].

Pero,

(…) cuando llegamos a estos Agace, éstos se pusieron a la defensa e intentaron combatirnos y no quisieron dejarnos pasar adelante[51].

Pronto llegaron donde los Guaraní-Cario. Delante de Lambaré, un poblado fuertemente protegido, Juan Ayolas decide avanzar en orden de batalla:

[Los Cario] dijeron a nuestro capitán general Juan Ayolas que nos volviéramos a nuestros bergantines y que ellos nos proveerían de bastimentos y todo lo que necesitaremos[52].

He aquí que los Guaraní ya no invitan a los españoles a sus aldeas, si bien todavía les ofrecen víveres.

Mientras tanto, río arriba, aquellos que no escucharon nada respecto a los recién llegados, rivalizan todavía en el asalto de los dones.

---

[49] *Ibíd.*, p. 40.
[50] *Ibíd.*, p. 41.
[51] *Ibíd.*, p. 42.
[52] *Ibíd.*, p. 45.

Una vez, llegamos a una nación que se llaman ellos mismos *Jerús*, cuyo rey, cuando supo de nuestra llegada, vino a nuestro encuentro, recorriendo un largo camino, con gran majestad y esplendor; y delante de él venían sus músicos, pero detrás de él una incontable muchedumbre de personas caminando, todas desnudas. Este rey nos recibió muy espléndidamente y dejó que todos nos albergáramos en ciertas casas, pero al capitán lo llevó con él a su propia mansión. Hizo asar venados u otras piezas de caza para deleitarnos[53].

Sin embargo, pronto la hospitalidad se transformará en rechazo y luego en enfrentamiento. Schmidl ofrece algunos indicios de esta evolución: con los Querandí del Río de la Plata, por ejemplo:

Los susodichos Querandí nos trajeron alimentos diariamente a nuestro campamento, durante catorce días y compartieron con nosotros su escasez en pescado y carne y solamente un día dejaron de venir. Entonces nuestro capitán don Pedro de Mendoza envió enseguida un alcalde de nombre Juan Pavón, y con él dos soldados, al lugar donde estaban los indios (…). Cuando llegaron donde ellos estaban, el alcalde y los soldados se condujeron de tal modo que los indios los molieron a palos y después los dejaron volver a nuestro campamento[54].

La manera, pues, como se condujeron los españoles provoca la indignación de los donadores, una indignación de momento mesurada. Inmediatamente los españoles reaccionan con una violencia increíble y sin medida con el mal humor de sus anfitriones:

Cuando el dicho alcalde volvió al campamento, tanto dijo y tanto hizo, que el capitán don Pedro de Mendoza

---

[53] *Ibíd.*, p. 77.
[54] *Ibíd.*, p. 23.

envió a su hermano carnal don Jorge Mendoza con trescientos lansquenetes y treinta jinetes bien pertrechados; yo estuve en ese asunto. Dispuso y mandó nuestro capitán general don Pedro de Mendoza, juntamente con nosotros, matara, destruyera y cautivara a los nombrados Querandí[55].

2 - La reciprocidad de parentesco

Bajo la presión del hambre, los españoles ¿no consideran acaso que lo que les es ofrecido, les es debido? Incapaces de comprender la reciprocidad, interpretan el don como el reconocimiento indio de su superioridad natural. De esta manera, incluso antes de que les sea donado, los españoles toman lo que codician. Schmidl lo precisa en otra ocasión:

> El principal del Paiyonos se nos acercó pacíficamente con su gente y pidió a nuestro capitán que no entrásemos a su pueblo, sino que se quedara allí donde estaba. Pero ni nuestro capitán ni nosotros quisimos hacer eso, sino que marchamos directamente a la aldea, les gustase o no a los indios. Allí encontramos carne en abundancia, pues había gallinas, gansos, venados, ovejas, avestruces, papagayos y conejos[56].

Puede ser que los Mapení o los Agace, que se enfrentaron a los españoles desde su llegada, hayan sido sorprendidos en el río durante una de sus expediciones guerreras; es posible incluso que ellos se hayan rehusado reconocer a los españoles la superioridad de la que alardeaban, después que fuesen avisados de su comportamiento, pero Schmidl añade otra explicación cuando relata el encuentro con los Cario:

---

[55] *Ibíd.*, p. 24.
[56] *Ibíd.*, p. 107.

[Los Cario] dijeron a nuestro capitán Juan Ayolas que nos volviéramos a nuestros bergantines y que ellos nos proveerían de bastimentos y todos lo que necesitáremos, alejándonos de allí, porque si no serían nuestros enemigos. Pero nosotros y nuestro capitán general Juan Ayolas no quisimos retroceder de nuevo, pues la gente y la tierra nos parecieron muy convenientes, especialmente los alimentos; pues en cuatro años no habíamos comido pan sino solamente con pescados y carnes nos habíamos alimentado (...) hicimos disparar nuestros arcabuces, y cuando los oyeron y vieron que su gente caía y no veían ni flecha alguna sino un agujero en los cuerpos, no pudieron mantenerse y huyeron, cayendo los unos sobre los otros como perros, mientras huían hacia su pueblo[57].

Los Cario resistieron frente a su aldea durante dos días:

Más cuando vieron que no podrían sostenerlo más y temieron por sus mujeres e hijos, pues los tenían a su lado, vinieron dichos Cario y pidieron perdón y que ellos harían todo cuanto nosotros quisiéramos. También trajeron y regalaron a nuestro capitán Juan Ayolas seis muchachitas, la mayor como de dieciocho años de edad, también le hicieron un presente de siete venados y otra carne de caza. Pidieron que nos quedáramos con ellos y regalaron a cada hombre de guerra dos mujeres, para que cuidaran de nosotros, cocinaran, lavaran y atendieran a todo cuanto más nos hiciera falta. También nos dieron comida, de la que bien necesitábamos en aquella ocasión. Con esto quedo la paz con los Cario[58].

Veamos, en primer lugar, los Cario les propusieron a los españoles de proveerles de todo lo necesario con la condición de que se quedasen lejos de la aldea. La primera observación de Schmidl: *pero nosotros no quisimos retroceder de nuevo, pues la gente y la tierra nos parecieron muy convenientes, especialmente los alimentos,*

---

[57] *Ibíd.*, p. 45.
[58] *Ibíd.*, p. 46.

confirma el hecho de que los españoles toman, y no buscan una relación de dones mutuos. Ahora bien, visto que los Cario les ofrecen a los españoles todo lo que desean, a condición de que se queden en sus naves o, por lo menos, lejos de sus aldeas, ¿por qué es que quieren apoderarse de sus casas? No es solamente el hambre que retuerce las entrañas de los españoles. Las condiciones de la paz con los Cario arrojan cierta luz sobre esta pregunta: dos mujeres por soldado. Schmidl lo relata con cierta concupiscencia: *a nuestro capitán Juan Ayolas le ofrecieron seis muchachitas, la mayor como de dieciocho años de edad.*

En otros lugares, Schmidl se expresa sobre la hospitalidad de parentesco con pudor. Recomienda a los lectores que quisieran saber al respecto de embarcarse hacia América.

> Estas mujeres [se trata de los Mbyá-Guaraní] se quedan en casa y no van a trabajar en los campos, pues es el hombre quien busca los alimentos; ellas hilan y tejen el algodón, hacen la comida y dan placer a su marido y a los amigos de éste que lo pidan; sobre esto no he de decir nada más por ahora. Quien no lo crea o quiera verlo que haga el viaje[59].

Refiriéndose a los *Jerús*, añade:

> Las mujeres son bellas a su manera y van completamente desnudas. Pecan llegado el caso; pero yo no quiero hablar demasiado de eso en esta ocasión[60].

Los españoles se quedaron sólo un día en esta comunidad de los *Jerús*. Con otras palabras, la reciprocidad de parentesco es inmediata y generalizada. Cuando al día siguiente los españoles fueron recibidos por el «rey» de los Jerús, Schmidl precisa:

---

[59] *Ibíd.*, p. 103.
[60] *Ibíd.*, p. 77.

Estas mujeres son muy hermosas, grandes amantes, afectuosas y de cuerpo ardiente, según mi parecer[61].

Por otro lado, la reciprocidad de parentesco es, obviamente, una iniciativa india que se inscribe en las reglas de la hospitalidad:

Cuando estábamos a una legua de camino de esa localidad, vino a nuestro encuentro el propio rey de los *Jerús*, con doce mil hombres, más bien más que menos, y nos esperaron pacíficamente sobre un llano. Y el camino sobre el que íbamos era de un ancho como de ocho pasos y en este camino no había ni pajas, ni palos ni piedras sino que estaba cubierto de flores y hierbas, así hasta llegar a la aldea. El rey tenia su música, que es como la que usan los señores allá en Alemania. También había ordenado el rey que ambos lados del camino se cazaran venados y otros animales salvajes, de modo que habían cazado cerca de treinta venados y veinte avestruces o ñandúes, cosa que merecía la pena de verse[62].

Se adivina pues lo que sucede después de Buenos Aires: los españoles que no tienen mujer quieren entrar a las aldeas para aprovecharse de la relación de parentesco. Los Guaraní los reciben con el don de víveres y la reciprocidad de parentesco que significa que los extranjeros son integrados en su sociedad como cuñados, lo que les otorga inmediatamente derecho a tener a las jóvenes como esposas. Ellas mismas acuerdan esta alianza; también pueden ser ofrecidas por las autoridades. La reciprocidad de parentesco es una alianza matrimonial no solamente individual sino también de comunidad a comunidad.

Ignorando el significado de las relaciones de parentesco entre los amerindios, los españoles no tratan a las mujeres como esposas, sino que las utilizan para su placer, las

---

[61] *Ibíd.*, p. 79.
[62] *Ibíd.*, p. 78.

abandonan pronto o las intercambian según sus necesidades – como lo atestigua esta increíble confesión de Schmidl:

> También [los Mbayá] regalaron a nuestro capitán tres hermosas mujeres jóvenes. (...) Hacia la media noche, cuando todos estaban descansando, nuestro capitán perdió a sus tres muchachas; tal vez fuese que no pudo satisfacer a las tres juntas, porque era ya un hombre de sesenta años y estaba viejo; si en cambio hubiera dejado a las mocitas entre los soldados, es seguro que no se hubieran escapado. En definitiva, hubo por ello un gran escándalo en el campamento...[63].

He aquí la razón por la cual las mujeres se escapan y por qué las comunidades están dispuestas a alimentar bien al extranjero, a condición, empero, de que acampe fuera de sus muros: es porque es incapaz de comprender el sentido de la reciprocidad de parentesco, de conducirse como cuñado, en la medida que ha sido honrado con este título, incluso cuando él no puede estar acompañado de hijas o hermanas que podrían casarse con los Guaraní.

3 - Esclavitud o genocidio

Las muchachas no son el único objeto de codicia de los soldados, también las madres y sus niños. Cuando tuvo lugar su enfrentamiento con los Agace:

> Habían hecho huir a sus mujeres e hijos, y ocultado de tal manera que no pudimos quitárselos[64].

---

[63] *Ibíd.*, p. 104.
[64] *Ibíd.*, p. 42.

Schmidl revela que los Agace estaban informados acerca de las exigencias de los colonos, de otro modo no hubieran podido prevenir su ataque, pero también, que los niños y las mujeres se pusieron en juego entre los dos protagonistas:

> Más cuando vieron que no podrían sostenerlo más y temieron por sus mujeres e hijos, pues los tenían a su lado, vinieron dichos Cario y pidieron perdón[65].

Para los Cario se trata de salvar a sus mujeres. Para los españoles, la razón de esta disputa aparece más nítidamente cuando Schmidl cuenta la primera rebelión de Tabaré:

> Acampamos allí durante tres días, y en el cuarto, poco antes de hacerse el día, asaltamos la aldea y entramos en ella y matamos cuantos encontramos y cautivamos muchas de sus mujeres, lo que fue una gran ayuda[66].

¿Qué ayuda? Cuando relata la segunda rebelión (1546), Schmidl precisa:

> Antes de atacar, ordenó nuestro capitán que no matáramos mujeres ni niños, sino que los cautiváramos; cumplimos la orden y así fue: cautivamos las mujeres y los niños y solamente matamos a los hombres que pudimos (...) Después de ocurrir todo eso, vinieron al campamento Tabaré y otros principales de los Cario, y pidieron perdón a nuestro capitán, rogando que les devolviesen sus mujeres e hijos[67].

Se trataba, pues, de doblegar a los indígenas, tornado de rehenes a sus mujeres e hijos. Schmidl precisa que aquello que él llama «alianza militar», en realidad ha sido conseguida por chantaje bajo amenaza de exterminio.

---

[65] *Ibíd.*, p. 46.
[66] *Ibíd.*, p. 69.
[67] *Ibíd.*, p. 99-100.

Hicimos entonces una alianza con los Cario por si querían marchar con nosotros contra los Agace y combatirlos[68].

En cuanto a aquellos que no se esperaba someter, se los extermina:

Y marchamos, por agua y por tierra, por treinta leguas, hasta donde viven los Agace; que vosotros habéis sabido ya cómo nos habían tratado. Los hallamos en el antiguo lugar donde los habíamos dejado antes, entre las tres y las cuatro de la mañana, durmiendo en sus casas, sin sentir nada, porque antes los Cario los habían espiado, y dimos muerte a los hombres, las mujeres y aún a los niños. Los Cario son un pueblo así, que matan a cuantos encuentran en la guerra frente a ellos, sin tener compasión con ningún ser humano[69].

Aparentemente, son los Cario los que ejecutan a los Agace, tanto como los colonos que les comandan. En este contexto no se precisa más. Pero después de la revuelta de los Cario, el genocidio es asumido más claramente por los españoles:

Cuando todo estuvo aprestado, entre las dos y las tres, atacamos a los Cario. Antes de haber pasado tres horas, ya habíamos destruido y ganado las tres palizadas y entramos en el pueblo y matamos mucha gente, hombres, mujeres y niños[70].

Cuando la toma de rehenes no es necesaria, los españoles siempre exterminan mujeres y niños.
Con los Mbayá:

---

68 *Ibíd.*, p. 47.
69 *Ibíd.*, p. 47-48.
70 *Ibíd.*, p. 95.

En el tercer día encontramos un grupo de Mbayá, hombres, mujeres y niños, reunidos en un bosque; ellos ni sabían que nosotros allí estábamos, pues no eran los Mbayá que nos habían combatido, sino otros que habían huido. Se dice que muchas veces el justo paga por el pecador; así sucedió aquí, pues en este combate murieron y quedaron prisioneros, más de tres mil, entre hombres, mujeres y niños. (...) Allí conquisté para mí, como botín, diecinueve personas, hombres y mujeres jóvenes[71].

Cuando llegan a la región que actualmente es Bolivia, los españoles se sorprenden de encontrar «indios» que ya hablan su lenguaje y que les informan que el país del oro esta en manos de Pizarro. Regresan donde los Corotoquí que los habían recibido con temor, pero de los que Schmidl había descrito su buena voluntad:

Cuando nos vieron a todos juntos, nos mostraron buena voluntad; no podían hacer otra cosa pues temían por sus mujeres e hijos y por su pueblo. Nos trajeron así mucha carne de venado, gansos, gallinas, ovejas, avestruces, antas, conejos y toda otra clase de caza, tanto que no puedo describirla. También nos trajeron trigo turco y raíces de las que hay allí gran abundancia[72].

A pesar de esta buena voluntad, los Corotoquí son exterminados, incluidos los niños.

Entonces regresamos nuevamente al pueblo de los Corotoquí. Cuando allí llegamos, éstos habían huido ante nosotros con sus mujeres e hijos, pues temían que les fuéramos una carga y que les hiciéramos daño. Cuando llegamos a media legua del lugar donde dichos Corotoquí estaban, vimos que habían hecho su campamento entre dos cerros con bosques en las laderas para poder huir por

---

[71] *Ibíd.*, p. 105.
[72] *Ibíd.*, p. 115.

ellos si acaso los derrotábamos. Pero los cerros no les sirvieron para gran cosa: los que no dejaron allí el pellejo, quedaron esclavos nuestros. En esa sola escaramuza ganamos como mil esclavos, aparte de los hombres, mujeres y niños que matamos[73].

La alternativa es clara: esclavitud o genocidio −entre los dos, chantaje a los rehenes. Genocidio y no exterminio de los enemigos, pues éstos no son sólo enemigos, en cuyo caso son destruidos sin remisión, sino todos los autóctonos, tanto si son amigos como si son enemigos, por la sencilla razón de que son «indios».

A propósito de una expedición hacia el Paraguay, los españoles se encuentran con los Surucusí:

Nos trataron muy bien. Los hombres llevan colgando de la oreja un disquillo redondo de madera, del tamaño de una ficha de damas; las mujeres llevan una piedra de cristal gris en el labio, del tamaño, en largo y grueso, de un dedo. Los Surucusí viven muy regularmente, cada uno con sus mujeres e hijos. Las mujeres son muy hermosas y no se rapan parte alguna de su cuerpo, pues andan desnudas tal como su madre las echó al mundo. Tienen maíz, mandioca, maní, batatas y otras raíces, pescado y carne, todo en abundancia. Permanecimos entre ellos durante catorce días[74].

Los Surucusí anudan una relación de alianza e incluso de amistad con los recién llegados. Entre tanto, la expedición, comandada por Álvar Núñez Cabeza de Vaca[75], se enfanga rápidamente en el pantano. Entonces, Cabeza de Vaca decide regresar a Asunción. Más, para no regresar con las manos vacías:

---

[73] *Ibíd.*, p. 122-123.

[74] *Ibíd.*, p. 72.

[75] Gobernador del *Río de la Plata*: río fronterizo entre la actual Argentina y Uruguay.

Cuando los buques estuvieron listos, mandó nuestro capitán general que cuatro bergantines con ciento cincuenta hombres y dos mil Cario viajaran hacia una isla situada a unas cuatro leguas de camino de dónde estábamos, y al llegar a esa isla, debíamos matar y cautivar a los Surucusí, matando a todos los varones adultos. Cumplimos el mandato de nuestro capitán y así lo hicimos; cuando hablé antes de los Surucusí habéis visto cómo nos habían recibido, y ahora veis cómo nosotros les dábamos las gracias[76].

Schmidl se siente mal: ¡«Esto fue una mala acción»!

Es el hecho de matar amigos y anfitriones lo que, a sus ojos, se constituye en una mala acción y las condiciones en las cuales fue perpetrado el crimen, puesto que si bien la orden de genocidio y de esclavitud vino de arriba, los ejecutores decidieron las condiciones que, igualmente, son abominables:

Cuando llegamos hasta los Surucusí con toda nuestra gente, éstos salieron desprevenidos de sus casas y se nos acercaron sin armas, sin arco ni flechas, en forma pacífica. En esto empezó una discusión entre Surucusí y Cario. Cuando oímos eso, disparamos nuestros arcabuces, matamos a cuantos encontramos y cautivamos como dos mil entre hombres, mujeres, muchachos y chicos, y luego quemamos su aldea y tomamos cuanto allí había, tal como podéis pensar vosotros que siempre ocurre en tales casos[77].

Genocidio y esclavitud en la conciencia de los jefes españoles, pero también en la práctica de cada uno de los soldados que no combaten a un enemigo por un ideal o una causa aunque fuere injusta, sino para procurarse esclavos y matar a aquellos que no pueden reducir a esclavitud. Las condiciones en que se perpetra la muerte no respetan ninguna

---

[76] *Ibíd.*, p. 87.
[77] *Ibíd.*

ley de guerra o ninguna moral. La preocupación de los españoles, de todos los españoles, es la eficacia en la instauración de un orden social donde ellos son los únicos beneficiarios.

Recibidos de manera triunfal, sobre caminos de flores, entre montones de vituallas, honrados por músicos y danzantes *Cuando nosotros veíamos bailar esas mujeres, nos quedábamos con la boca abierta*[78], tratados como novios o jóvenes esposos, según los ritos locales; en fin, esta celebración de bienvenida del extranjero, tiene como respuesta:

> Este viaje [de regreso] duró un año y medio y estuvimos guerreando continuamente durante todo el viaje y en el camino ganamos como doce mil esclavos, entre hombres, mujeres y niños; por mi parte conseguí unos cincuenta, entre hombres, mujeres y niños[79].

Schmidl testimonia que, efectivamente, los españoles fueron invitados como cuñados o sobrinos, pero que esta relación no fue comprendida como reciprocidad de parentesco; no entendieron que los dones de víveres y de hospitalidad implicaban el deber de reciprocidad. En fin, que ellos se beneficiaron de protección y alianzas militares, pero que en realidad lo único que querían eran esclavos, guías y mercenarios.

A la hospitalidad, a la fiesta, a la invitación, a la reciprocidad india, respondieron con el robo de los víveres, la ocupación del territorio y de las aldeas, el abuso de las mujeres y en definitiva, la alternativa de la esclavitud o el genocidio.

---

[78] *Ibíd.*, p. 79.
[79] *Ibíd.*, p. 123.

4 - La antropofagia ritual

Hasta el canibalismo, que se imputa a los autóctonos para calificarlos de primitivos, es una práctica de los colonos. Ahora bien, si los Guaraní festejan con motivo del sacrificio de sus prisioneros, o llevan las cabezas de los vencidos, no es para satisfacer necesidades fisiológicas, sino para cumplir los rituales de la reciprocidad negativa. En efecto, fuera de la reciprocidad no es posible un reconocimiento mutuo, como pertenecientes, los unos y los otros, a la humanidad. Fuera de la reciprocidad, la guerra sería total y el hombre no se distinguiría de las bestias feroces. Lo propio de la humanidad, que es referencia para los unos como para los otros, es lo que se celebra en los ritos de comunión de la antropofagia. No es a Schmidl al que hay que pedir que nos cuente los usos y costumbres de los amerindios, concernientes a la reciprocidad negativa y la antropofagia ritual, sino a otro alemán, Hans Staden[80]. Sin embargo, Schmidl nos refiere lo siguiente:

> Cuando estos Cario hacen la guerra contra sus enemigos, entonces ceban a los prisioneros, sea hombre o mujer, sea joven o vieja, o sea niño, como se ceba un cerdo en Alemania; pero si la mujer es algo hermosa, la guardan durante uno o tres años. Cuando ya están cansada de ella, entonces la matan y la comen, y hacen una gran fiesta, como en un banquete de un casamiento allá en Alemania; si es un hombre viejo o una mujer vieja, se los hace trabajar, a aquel en la tierra y a esta en preparar la comida para su amo…[81].

---

[80] Ver Hans Staden (1557) *Verdadera historia y descripción de un país de salvajes desnudos*, Barcelona, Argos Vergara, 1983, ver al respecto Melià y Temple, «El nombre que viene por la venganza, la reciprocidad negativa entre los Tupinambá», en *El don, la venganza y otras formas de economía guaraní*, Asunción, Centro de Estudios Paraguayos, 2004, trad. en francés: *La réciprocité négative: les Tupinamba*, coll. «Réciprocité», n° 5, Lulu Press, Inc., 2017.

[81] Schmidl, *Viaje al río de la Plata*, op. cit., p. 43-44.

Schmidl no se asombra que estos prisioneros, destinados al sacrificio, no se escapen durante los años de tregua. Pero observa que el sacrificio está ligado a una fiesta, comparable a una fiesta alemana de bodas. En efecto, son unas bodas las que se preparan; bodas sacrificiales para fundar una religión e instaurar, para todos los hombres: amigos o enemigos, una referencia espiritual común; un sacrificio en el cual todavía no ha sido substituido el hombre por el animal, pero que, en cualquier caso, se encuentra en las antípodas del canibalismo español. Si la matanza fuese el objetivo de las guerras «indias», los guerreros, ¿se molestarían acaso en cargar las armas descritas por Schmidl y en cortar y llevar las cabezas enemigas en el campo de batalla?

Sus armas son dardos, largos como media flecha, aún cuando no tan gruesos, que en la punta llevan un filo de pedernal. También llevan en el cinto un palo que termina en una porra; cada uno lleva además un numero cualquiera, diez o doce, de unos palitos, de un jeme de largo, que en la punta llevan el diente de un pescado, parecido a la tenca y que en español se llama palometa. Este diente corta como una navaja de afeitar. Ven ahora lo que hacen con esos palitos. Primero pelean con sus dardos y cuando han vencido a sus enemigos y los han puesto en fuga, dejan los dardos y corren tras sus enemigos hasta que los alcanzan, y entonces los hacen caer con golpe de su porra. Si está muerto o medio muerto, que lo mismo les da, con el referido diente de pescado le cortan la cabeza; y luego lo vuelven a guardar en el cinturón o en lo que tengan en derredor del cuerpo. Estos indios cortan las cabezas con una velocidad increíble (...) Cuando ha terminado la batalla y hay entonces tiempo, de día o de noche, toma el indio la cabeza y la desuella cortando en derredor de la frente y de las orejas; desprende la piel con pelo y todo y la reseca cuidadosamente. Cuando está reseca la coloca sobre un palo en la puerta de su casa como recuerdo; tal como aquí en esta tierra se acostumbra que los capitanes u otros guerreros pongan pendones en la

65

iglesia. En esa misma forma es que esos indios guardan la referida piel[82].

La avidez de los Yapiru y Guatata por las cabezas del enemigo, Schmidl la describe con fuerza, pero el mismo texto testimonia que esta avidez no tiene por finalidad apoderarse del bien de otro ni de matar por matar. Los «indios» no buscan la aniquilación del otro, ni hacer pillaje. Se arman para tomar la ventaja, tumbar al adversario, hacerlo prisionero o quitarle la cabeza.

Schmidl, con cierta bonhomía, reconoce el significado de reducir las cabezas: producir renombre. Las cabezas son como estandartes, como pendones. Su percepción es correcta en la medida que precisa «como los pendones que nuestros capitanes ponen en las iglesias». No se le ha pasado inadvertida la dimensión religiosa del ritual indígena. El renombre en cuestión no es solamente el del coraje; es el de una elevación espiritual de naturaleza religiosa. ¿Cómo pueden convertirse en símbolos de la gracia divina los pendones cubiertos de sangre o las cabezas del adversario? La cuestión pone en juego la muerte, más que el homicidio. La muerte sufrida está íntimamente ligada al homicidio donado[83]. Pero Schmidl no percibe que el ritual guerrero guaraní está centrado en la alternancia de venganzas o de incursiones y que, en cualquier caso, es tributario de la reciprocidad. Así, pues, a pesar de su prodigiosa intuición no logrará comprender a los pueblos Guaraní.

La cabeza del enemigo es un receptáculo del espíritu, para los guerreros, del espíritu de venganza, y en la medida que el vencedor domine este espíritu, gracias a los ritos chamánicos, se asegurará la inmortalidad del alma y la paz espiritual. Las cabezas son colocadas sobre las empalizadas

---

[82] *Ibíd.*, p. 92.

[83] Ver D. Temple, «La reciprocidad negativa entre los Shuar», *Teoría de la Reciprocidad*, Tomo I.

que rodean las aldeas como signos y señales de esta invencibilidad de la vida sobrenatural[84].

Se comprenderá entonces la avidez de los Guaraní por recoger cabezas en el campo de batalla. Sin embargo, la idea que el genocidio podría ser imputado a esta avidez de los «indios», interpretada como impasibilidad afectiva, no tiene sentido. Una vez cumplida la incursión de venganza los Guaraní tienen que esperar recíprocamente lo propio y, por lo tanto, les es absolutamente extraña la idea de aniquilación del enemigo.

Schmidl precisa que la determinación de los Guaraní y su impasibilidad, concierne únicamente a la muerte de aquellos que han sido designados como enemigos. Ahora bien, esta impasibilidad no hay que atribuirla a la naturaleza «india», sino todo lo contrario, tiene que ver con una obligación de orden ético. El asesinato del enemigo es programado por el principio de reciprocidad de manera independiente a la cualidad del enemigo, mujer, niño e incluso si el niño es hijo de una mujer de su propia comunidad (niños de prisioneros) o adoptado y particularmente amado por sus padres adoptivos. Según Staden, que observó esta ceremonia, no ocurría sin el llanto de los mismos que consintieron su sacrificio.

5 - El sistema de parentesco guaraní

Si resumimos la información de Schmidl, nos percatamos que lo primero que quieren los españoles son víveres, luego informadores sobre los medios para atravesar el continente; finalmente, aliados para enfrentar a las poblaciones guerreras

---

[84] Ver Melià y Temple, «El nombre que viene por la venganza, la reciprocidad negativa entre los Tupinambá», *op. cit.*

que se les crucen en su camino hacia el Perú. Su objetivo más importante, sin embargo, es la riqueza, el oro o la plata:

> El rey preguntó entonces a nuestro capitán sobre su deseo o intención, a lo que éste contestó que deseaba buscar oro y plata. El rey de los *Jerús* le dio entonces una corona de plata que pesaba un marco y medio, y también una planchita de oro larga como un jeme y medio y ancha de medio jeme; también le dio un brazalete y otras cosas de plata. El rey de los *Jerús* dijo entonces a nuestro capitán que él no tenía más oro ni más plata[85].

Ahora bien, para los Guaraní, la alianza política y militar, así como la redistribución de víveres y riqueza, está ligada al sistema de parentesco, sistema de parentesco que reposa sobre la reciprocidad de alianzas matrimoniales, que la etnología suele llamar «intercambio de mujeres»[86], un lenguaje de

---

[85] Schmidl, *Viaje al río de la Plata, op. cit.*, p. 79-80.

[86] Lévi-Strauss pensó primero las relaciones de parentesco de las comunidades de reciprocidad, como «intercambios» de mujeres (Lévi-Strauss, 1949), y este término daba a entender que las mujeres podían ser tratadas, en esas comunidades, como objetos. Ellas no serían parte decisiva de las estructuras de reciprocidad al mismo título que los hombres: ellas no serían más que el objeto sobre el cual se asentarían sus relaciones de reciprocidad, las que se establecerían, primero, entre clanes, entre familias, según el deseo de los hombres. Lévi-Strauss ha defendido al comienzo de su tesis, que esta idea de intercambio interesado, sea el factor determinante de las estructuras de parentesco. El argumento prevalecía que los hombres, pudiendo imponer su voluntad a las mujeres, debieron haber tratado directamente entre ellos sobre su redistribución, en función de sus intereses. La reciprocidad, dentro de este espíritu, no es más que una modalidad del intercambio. Se reduce a una regla de cálculo económico que, imponiéndose a todos, suprime el exceso de la concurrencia.
Pero, al mismo tiempo, Lévi-Strauss mostró que lo esencial no era que la mujer sea transformada en cosa (de intercambio o de don) sino que ella esté marcada por el signo de la alteridad dentro de una estructura de reciprocidad. La mujer recibe una atribución dentro de una red de relaciones, donde cada uno, mujer, niño, hombre, adquiere su status, su rol, en términos de relación de reciprocidad. Lévi-Strauss da prioridad a la estructura de reciprocidad en relación al hecho que es el hombre quien da su

parentesco que dicta a cada uno su estatus social y que regula los deberes y servicios incluida la redistribución de bienes. Y puesto que los españoles no tienen mujeres y son demandantes de ellas, es que, a través del sistema de parentesco guaraní, se anuda la primera alianza entre unos y otros…

En el sistema de parentesco guaraní, la filiación es patrilineal y el matrimonio es prescrito entre primos cruzados (hijos de hermanos de diferente sexo), con preferencia para la hija del tío materno[87]. Sin embargo, otro principio compite

---

lugar a las mujeres, mediante el discurso. El objeto del discurso ya no es la apropiación de las mujeres para disfrute alguno, sino la restauración, siempre y en todo lugar, de estructuras sociales en las cuales todos estén asegurados poder participar de la comunidad y de la humanidad. La terminología conservada, «intercambio restringido», «intercambio generalizado», no pone precisamente en relieve esta precisión.

La mujer se convierte en signo. Antes de ser signos, las palabras, como las mujeres, eran valores, dice él, que intercambiaban entre ellos. Restaura, pues, así el primado del intercambio. Lévi-Strauss restaura de este modo el primado del intercambio y propone hacer de la reciprocidad la consecuencia de una facultad psicológica innata en el ser humano (que él llama el principio de oposición. (Ver D. Temple, « Lévistraussique: La réciprocité et l'origine du sens », *Transdisciplines*, L'Harmattan, 1997).

El psicoanálisis contemporáneo sugiere, al contrario, que la relación fundadora de las estructuras de parentesco, sea una relación inter-subjetiva, de la cual participen tanto mujeres como hombres, aunque la representación de las cosas está expresada en el discurso político, principalmente por el hombre. (Cf. Francis Martens, « À propos de l'oncle maternel », *L'Homme*, vol. XV (3-4), 1975, p. 155-175).

[87] Es probable que en las comunidades de origen, la filiación biológica haya sido el primer significante utilizado para nombrar el fruto de la alianza. Se puede imaginar que, luego, un segundo significado entre en juego para equilibrar esta ventaja maternal, la de la residencia, entonces patrilocal. Pero entre los Guaraní los roles son invertidos ya que la filiación es patrilineal y la residencia matrilocal. El sistema de parentesco guaraní es uno de los más simples (matrimonio preferencial entre primos cruzados y tendencia matrilateral), pero tal vez no es originario. La adquisición de la patrilinealidad, puede, en efecto, ser el signo de un progreso de la función simbólica: el significante maternal perdería su rol preponderante porque, tributario de la naturaleza.

A partir del momento en que la sociedad pueda producir ella misma los recursos necesarios para la vida, la reciprocidad económica vendría a

con este sistema de matrimonio matrilateral. Las diversas familias emparentadas se agrupan alrededor de hombres más prestigiosos –*mburuvicha*– que los otros principales (*tubicha*), que los españoles llamaron «caciques». Los hombres más prestigiosos, por ser grandes donadores e igualmente grandes guerreros, son los más buscados en términos de alianza.

En ciertas parcialidades indígenas, el jefe era fácil de distinguir: era el más pobre. Si tenía más y recibía más, era para poder dar más; y daba hasta lo que le era más necesario[88].

El prestigio merecido a fuerza de dones funda la poligamia[89]. En todos los casos se trata de una obligación moral, para la familia de la mujer, el servir a la familia aliada.

---

alternar el don de la vida biológica y esta autonomía del hombre por el trabajo se traduciría por el de la autoridad del hombre sobre la palabra.

Hay reciprocidad de parentesco gracias a la mujer y a la naturaleza por el hecho de engendrar a los niños. Pero con el trabajo, el hombre puede pretender liberarse de la naturaleza, pues es él quien ordena y, por lo tanto, la reciprocidad a partir del don del producto de su trabajo le otorga una autoridad más autónoma que la de la mujer. Así, hay sucesión de significantes primarios: primero, la mujer y, luego, el don del hombre. «Es verdad que en las sociedades donde el poder político toma el paso de las otras formas de organización, no se puede dejar subsistir la dualidad que resultaría del carácter masculino de la autoridad político y del carácter matrilineal de la filiación. Las sociedades que alcanzan el estadio de la organización política tienen pues la tendencia a generalizar el derecho paternal, esto es que la autoridad política o simplemente social sigue perteneciendo a los hombres». Claude Lévi-Strauss, *Les Structures élémentaires de la parenté* (1949), Paris, Mouton, 1967, p. 136.

[88] Bartomeu Melià, *Una nación, dos culturas,* Asunción del Paraguay, CEPAG, 1988, p. 33.

[89] Los etnólogos interpretan, algunas veces, la poligamia como resultado de un cálculo interesado. Se trataría para el hombre de drenar sus servicios de parentesco y aumentar así la riqueza de su familia por la explotación de la fuerza del trabajo femenino. Tal objetivo es, según nosotros, lo contrario de lo que se fijan los hombres más prestigiosos de una comunidad de reciprocidad, no es que la preocupación de acumular no exista en el que tiene por meta el dar (evidentemente hay que producir para dar), pero

70

En fin, los *mburuvicha* tienen la costumbre de donar a una de sus mujeres a otros caciques para sellar alianzas políticas. Este don no es totalmente idéntico al matrimonio de una hermana o de una hija. No es una alianza matrimonial directa, sino don de una alianza matrimonial, que enfeuda la familia de la mujer a su nueva contraparte. El donador, al contrario, se beneficia del prestigio que le vale tal don. De este modo, los *mburuvicha* parecen disponer de las mujeres, lo que puede prestarse a confusión. Pero en realidad les confían un rol importante: la génesis de la nueva alianza. La mujer recibe la orden de fundar una humanidad superior.

Los españoles reciben, pues, como mujeres a las hijas y a las hermanas de los Guaraní que buscan establecer alianzas de parentesco. Para ellos, lo importante es integrar al otro en una relación de reciprocidad e incrementar el ser social. El español debe poder ser cuñado al precio que sea. Así mismo, los jefes autóctonos tratan de practicar con los jefes españoles el don de las mujeres, pues el mérito de tal don les debe retornar como el prestigio de todo don y, en principio, los españoles que lo acepten deberían reconocer su autoridad.

Por su parte, los españoles, para procurarse la simpatía de los Guaraní, distribuyen útiles de hierro. Los Guaraní ven en esas riquezas dones y, según la lógica de su sistema económico, responden, al instante, a los españoles con la hospitalidad y la alianza militar.

Sin embargo, a los ojos de los Guaraní, el don confiere prestigio a su autor, pero a condición que sea un verdadero *don*. Ahora bien, en realidad los dones de los españoles son interesados. No están en el rango del prestigio ni de la amistad; no son más que una concesión para crear un clima de

---

porque su meta esencial es el prestigio. Según nuestro punto de vista, mientras más un hombre se va haciendo prestigioso por el don de víveres o por sus hazañas guerreras, más oportunidades tiene de merecer el homenaje de varias mujeres. El ser social nace de la reciprocidad matrimonial. Pero para participar de esta estructura mejor que los otros, hay que dar también más que los otros. El don de bienes es anterior a la poligamia.

confianza que favorezca las *relaciones de intercambio*. Schmidl lo dice claramente:

> El principal de los Ortuces dio a nuestro capitán cuatro planchas de oro y cuatro argollas, de esas que se colocan en los brazos, hechas de plata. Los indios llevan esas planchas en la frente como adorno, en la misma forma que aquí en el país un gran señor lleva una cadena de oro. Nuestro capitán dio al principal de los Ortuces, a cambio de las planchas y argollas, unas hachas, cuchillos, rosarios, tijeras, y otras cosas que habíamos traído de Núremberg para hacer estos rescates...[90].

Apenas si es necesario resaltar los términos que utiliza Schmidl para los «indios»: donar y honrar; para los españoles: intercambiar y comprar. Don de valores de prestigio, contra acumulación de valores de intercambio.

Los españoles no buscan fundar su poder sobre el prestigio, sino sobre la propiedad de bienes materiales.

> Quedamos cuatro días con dichos *Jerús*, y allí estaba el rey, y nos trató muy bien, ordenando a sus vasallos que nos dieran comida en abundancia, y todo lo que precisábamos. Así fue que cada uno de nosotros logró en este viaje un valor como de doscientos duros en mantas, algodón y plata que habíamos comprado a los indios sin que nada se enterára, a cambio de cuchillos, rosarios, espejos y otras cosillas[91].

Así, pues, el «don» de unos y otros se integra en estructuras inversas: la reciprocidad para los unos, y el intercambio para los otros; con dos finalidades opuestas, el prestigio y el provecho.

El sistema económico y social amerindio se basa en dos principios:

---

[90] Schmidl, *Viaje al Río de la Plata, op. cit.*, p. 83.
[91] *Ibíd.*, p. 84.

1) La reciprocidad de dones engendra el lazo social,

2) La dialéctica del don engendra una jerarquía de prestigio.

El prestigio es directamente proporcional a la generosidad: *mientras más se dona, más prestigioso se es*[92]. Así, los Guaraní tratan de donar lo más que pueden, cada uno sobrepujando al otro para no dejarse ganar en renombre o para asegurarse una alianza con el extranjero, al que consideran como su contraparte de reciprocidad. Los españoles reciben y se felicitan de la generosidad de sus anfitriones, pero lo interpretan como una prueba de irracionalidad[93]. Desconocen que en el espíritu de los Guaraní, acumular, sólo es aceptable para donar, a menos que se acepte perder la cara, quedar mal y renunciar a toda autoridad política y moral. Cada uno se equivoca sobre la realidad del otro. He aquí lo que se puede llamar el *Quid pro quo histórico*.

6 - El *Quid pro quo* revelado

Los españoles aceptan el ofrecimiento de mujeres y el servicio de sus familias, pero no reconocen la autoridad de los jefes guaraní. Domingo Martínez de Irala, en su relato de 1541, manifiesta así este equívoco:

---

[92] Ver D. Temple, *La dialéctica del don* (1985), La Paz: Hisbol, 1986, 2ª ed. 1995, 3ª ed. *Teoría de la Reciprocidad*, Tomo II.

[93] Ver Bartomeu Melià, «Culturas indígenas y evangelización. Desafíos para una misión liberadora», Ponencia presentada en la IV semana de Estudios Interdisciplinarios, Linha 2-CNBB, São Paulo, 16 al 20 de octubre de 1989, p. 8-9.

> Tenemos de paz con vasallos de su majestad los indios guaranís siquiera Cario que viven treinta leguas alrededor de aquel puerto, los cuales sirven a los cristianos así con sus personas como con sus mujeres en todas las cosas del servicio necesarias, y han dado para el servicio de los cristianos setecientas mujeres para que les sirvan en sus casas y en sus rozas[94].

Los españoles, al casarse con mujeres guaraní, heredan un estatuto de parentesco que les resuelve todos sus problemas, pero sólo contemplan sus propios intereses y no conceden a su título de aliados el sentido de «protector» que le dan las comunidades guaraní; muy al contrario, utilizan las obligaciones de parentesco para sus expediciones a través del Chaco, de las que aquellos ignoran las razones. Pero ante todo no respetan la autoridad de los *mburuvicha* que les han donado sus mujeres.

Louis Necker[95] sostiene que los primeros conflictos entre los Guaraní y los españoles tienen su origen en querellas de precedencia política, por tanto, por asuntos que tienen que ver con prestigio. Los Guaraní no comprenden que los españoles, que aceptan sus dones, no se someten a su autoridad; es más, que sin dar nada y recibiéndolo todo, los traten como a sirvientes.

Más grave aún: los Guaraní pronto se percatan que los españoles no tratan a sus hijas y hermanas con el respeto que merecen las esposas, sino, como piezas de ganado.

---

[94] Bartomeu Melià, *El Guaraní Conquistado y Reducido. Ensayos de etnohistoria*, Biblioteca Paraguaya de Antropología, vol. 5, Asunción, Centro de Estudios Antropológicos de la Universidad Católica, 1986; 2ª ed. 1988, p. 18.

[95] Louis Necker (1974), trad. esp. «La reacción de los Guaraní frente a la conquista española del Paraguay: Movimientos de resistencia indígena», *Suplemento Antropológico*, Vol. XVIII, Asunción del Paraguay, Universidad Católica, 1983, p. 7-29.

Las observaciones de Branislava Susnik[96], sugieren que lo que revela a los Guaraní la naturaleza del sistema español, es el hecho de cómo las mujeres son utilizadas como valor de cambio. No hay, pues, ningún equívoco sobre la manera como los españoles consideran a sus mujeres:

> La documentación a este respecto, es abrumadora y continuada. Poco a poco, Asunción y sus alrededores, así como las pequeñísimas ciudades de Guairá se estaban convirtiendo en campo de concentración de mujeres guaraní humanamente prostituidas, físicamente violentadas, gimiendo bajo el peso de trabajos forzados. Como un caballo, o como un pedazo de tela, la mujer era una "pieza": una pieza que puede ser comprada, vendida, trocada, jugada junto a una mesa de naipes. "Los españoles han tomado una mala costumbre en sí de vender estas indias unos a otros por rescate", decía un tal Andrada en 1545. Y una relación anónima de aquel siglo habla asimismo de las muchas indias que los españoles tienen y "las venden, y juegan, y truecan y dan en casamiento; habrá en la ciudad de Asunción de 20 y hasta 30 mil indias que se contratan por puercos y ganados, y otras cosas menores, de las cuales se sirven para las labores del campo" (citado por Bruno 1966: 188). A veces, se recurría a una venta larvada, como lo testifica el padre Gonzáles Paniagua. Los comuneros "hacían venir a palos (a los indios) a trabajar y les tomaron sus mujeres e hijas por fuerza y contra su voluntad, vendiéndolas, trocándolas por ropas y rescates" (citado por Susnik 1965: 12)[97].

Entonces el *Quid pro quo* está desenmascarado. De la alianza se pasa a la guerra. Las cosas se radicalizan más aún cuando los españoles se enteran que el Perú es conquistado por Pizarro. Reciben la orden de sus correligionarios de regresar,

---

[96] Branislava Susnik, *El indio colonial del Paraguay*, (3 vol.), 1965-1971, vol. 1 *El Guaraní colonial*, Asunción, Museo etnográfico "Andrés Barbero", 1965.

[97] Bartomeu Melià, *Una nación, dos culturas*, Asunción del Paraguay, CEPAG, 1988, p. 82-83.

su pena de muerte. Deben renunciar a los tesoros de los Andes e instalarse en las tierras que les han acogido. En adelante, para reinar como amos, van a reducir a la esclavitud a sus anfitriones, o suprimirlos si se rehúsan a inclinarse al nuevo poder. De este modo, deciden apropiarse del territorio; destruyen las grandes comunidades agrícolas, usurpan las tierras cultivadas, convierten el servicio de parentesco en trabajo forzado.

Para los Guaraní, la esclavitud ya no está motivada por el consumo de los españoles, sino por la acumulación, una acumulación sin límites, puesto que se la dispone no solo para el aprovechamiento familiar sino para el provecho.

En 1555, los españoles se reparten el país en trescientas «encomiendas», cuando hasta entonces, la tierra para los Guaraní no era atributo de nadie[98]. Así, pues, a partir de ese momento ya no existe ningún espacio de libertad donde el sistema guaraní de reciprocidad pueda perpetuarse.

Pero la rebelión es tal, que el gobernador de Asunción, Pedro de Orantes, debe pronto instaurar la *mita*: los Guaraní pueden vivir con sus familias, pero están obligados a trabajar al servicio de los colonos en las épocas de siembra y de cosecha.

Entre 1537, fecha de la fundación del puerto de Asunción, y 1609, fecha de la fundación de las Reducciones jesuitas, Louis Necker enumera al menos 23 campañas de represión militar para hacer frente a los levantamientos de los Guaraní[99].

En 1575, la población es diezmada por las campanas punitivas. No obstante, la resistencia es tal que los españoles tienen que replegarse en Asunción donde su situación es

---

[98] Ver Georg y Friedl Grünberg, *Proyecto "Paî-Tavyterã"*, Programa de Desarrollo de Comunidades Indígenas, Asunción, C. C., 1975.

[99] Louis Necker, «La reacción de los Guaraní frente a la conquista española del Paraguay», *op. cit.*, p. 21-25; ver también *Indiens Guaranis et Chamanes Franciscains: les Premières Réductions du Paraguay (1580-1800)*, Paris, Anthropos, 1979, p. 249-254.

incierta, mientras que, en la selva, los caciques y los chamanes prohíben sembrar, cosechar o emprender cualquier actividad productiva que pudiera beneficiar a los extranjeros.

2. EL *QUID PRO QUO* MISIONERO

1 - El *Teko* «modo de ser» guaraní

Hasta el momento, los españoles han tenido que ver con los caciques más importantes, los *tubicha*, que disponen de un prestigio reconocido, a lo largo y ancho de varias provincias; son autoridades políticas y guerreras capaces de federar grandes comunidades. Estas comunidades estaban establecidas en las riberas de los grandes ríos, donde la agricultura es prospera. Los españoles han destruido todas esas naciones agrícolas, llegando incluso a ejecutar a los *tubicha*; entonces, los Guaraní han encontrado refugio en las selvas más montañosas donde las comunidades son más pequeñas, nómadas, difíciles de localizar y de dominar.

La organización social de los Guaraní se nos muestra entonces diversificada y compleja. La estructura fundamental, el *tekoha*[100], es una unidad de producción-consumo, unidad de vida religiosa y política, que reúne en un mismo territorio familias de un solo linaje. Todas estas familias viven bajo la

---

[100] El término *teko* tiene varios significados: cultura, tradición, ley… pero sobre todo «modo de ser». El *tekoha* es el territorio donde se puede establecer el «modo de ser» guaraní, «*espacio de cultura e identidad guaraní*», como lo describe Bartomeu Melià: «El *tekoha* significa, y produce al mismo tiempo, relaciones económicas, relaciones sociales y organización político-religiosa, esenciales para la vida guaraní. (…) Aunque parezca un paralogismo, hay que admitir, con los mismos dirigentes guaraní, que sin *tekoha* no hay *teko*». Melià, *El Guaraní conquistado y reducido, op. cit.*, p. 106.

autoridad del *pa'i*, responsable de la comunidad, guardián de la tradición y que, a menudo, tiene poderes mágicos; a menos que éstos estén reservados a un chamán, el *paje*.

2 - Los «dos modelos culturales», de Branislava Susnik

Branislava Susnik[101] ha puesto en evidencia dos modelos culturales que polarizan diferentemente la evolución de esta organización de base.

El primero es el del *Tekoha Guasu*, el «gran *tekoha*», que congrega varias casas grandes en un pueblo protegido por empalizadas. Esos pueblos podían aliarse y formar especies de federaciones, que los españoles nominaron a partir del nombre del *tubicha* que gozaba de gran prestigio, llamado *mburuvicha*.

Susnik sostiene que incluso había diferenciación y complementariedad de estos pueblos federados; unos especializados en la agricultura y los otros en la defensa o en la guerra. En estos *Tekoha Guasu*, las autoridades «políticas» hubieran tenido una importancia superior a la de las autoridades «religiosas».

El segundo modelo cultural de Susnik es el de los «montañeses» (los Kanigua). En las zonas montañosas, las familias se ven obligadas a dispersarse para enfrentar la precariedad de recursos. Los «techos» amparan sólo a una población de algunas familias o de una sola, son los *tey'i*.

Las condiciones de vida serían, pues, determinantes de lo que, para Susnik, representan las etapas de una evolución. El *tey'i* representaría un estado primitivo, el *tekoha* el comienzo de una organización social, el *Tekoha Guasu*, la forma más avanzada de la sociedad guaraní.

---

[101] Branislava Súsnik, *El indio colonial del Paraguay*, vol. 1 *El Guaraní colonial*, *op. cit.*

3 - Las «dos evoluciones» de Bartomeu Melià

Bartomeu Melià ha considerado esta oposición, observando la relación de los Aché del Paraguay con los Guaraní. Comienza retomando la oposición de Susnik.

Indicios culturales y lingüísticos a su vez parecen insinuar que, como lo dice poéticamente un mito guaraní (Cadogan 1959: 48), Axé[102] y Guaraní bailaron junto, pero, más tarde, la comunidad se disolvió y el proceso de desarrollo de los Axé se atrasó hasta el extremo de que la historia progresó hacia atrás: los Axé sufrieron una regresión cultural y perdieron una parte de su patrimonio cultural que, probablemente, habían adquirido junto con los Guaraní. Cuál haya sido la tragedia, es difícil conjeturarlo.

La región oriental del Paraguay se divide en campos fértiles y cordilleras bajas cubiertas de montes y menos favorables a la agricultura. Simplificando un poco, los Axé, hasta tiempos recientes, ocuparon las partes menos accesibles de las cordilleras selváticas y los Guaraní los campos fértiles y los montes, de más fácil acceso[103].

Podríamos concluir que los Guaraní han aventajado a los Aché, relegándolos a las montañas, o que éstos hubiesen retrocedido por el sólo hecho de su marginalización histórica, pero el análisis de Melià es más profundo. El muestra que lo que pareciera una regresión de los Aché, desde el punto de vista de los Guaraní, sería en realidad lo opuesto: una

---

[102] Aché, según su autodenominación, significa «hombre».

[103] B. Melià y C. Münzel, «Ratones y Jaguares. Reconstrucción de un genocidio a la manera del de los Axé-Guayakí», *Suplemento Antropológico de la Revista del Ateneo Paraguayo*, vol. 6, n° 1-2, Asunción, 1971, p. 101-147 (p. 103); reeditado en B. Melià, L. Miraglia, M. y C. Münzel, *La agonía de los Aché-Guayakí. Historia y cantos*, Centro de Estudios Antropológicos, Universidad Católica, Asunción, 1973.

evolución en sentido opuesto. Y la evolución de los Guaraní pudiera ser vista, desde el punto de vista de los Aché, como una regresión.

Los Aché se habrían especializado en una economía depredadora, mientras que los Guaraní habrían dominado mejor la agricultura y la ganadería. Los Guaraní habrían colonizado tierras fértiles, obligando a los Aché a refugiarse en territorios propicios a la recolección y a la caza, pero entonces, los Aché les habrían cerrado el acceso a sus territorios, obligándolos a beneficiarse sólo de sus tierras cultivables. ¿Esta diferenciación mutua no era, acaso, motor de los «modelos culturales» de Susnik, antes de la colonización?

> En una situación semejante a aquella de los Axé, encontramos ciertos grupos de Guaraní; a ellos sobre todo, se refiere Susnik bajo la denominación de "Guaraní monteses" (Susnik 1965: 196-203); estos Guaraní que practicaban la agricultura, pero que habitaban también el monte, ocupan una posición intermedia entre los Axé y los Guaraní restantes[104].

4 - Las *dos Palabras* originarias

La distinción de las dos evoluciones, propuesta por Melià, sugiere que podrían haber dos principios de evolución, dos Palabras fundadoras, capaces de organizar a la sociedad. Si existiera un solo principio de organización social, la evolución sería, tal cual la propone Branislava Susnik, lineal.

Ahora bien, en todo el *teko* guaraní se encuentra una «dualidad de principio» o de «Palabras fundadoras». Los términos «política» y «religiosa» se emplean muy a menudo para caracterizar uno y otro.

---

[104] *Ibíd.*

El *pa'i* del *tekoha* que se vuelve *tubicha* de los *Tekoha Guasu* e incluso cacique (*mburuvicha*) de una provincia, es un jefe «político». Pero es, ante todo, un coordinador o un sabio reputado: las diferentes actividades de las comunidades tienden cada una a un estatuto particular. Susnik distingue en esta diferenciación competencias guerrera, agrícola, religiosa, médica…

Contrariamente, en los *tey'i*, el *pa'i* él solo asegura todas las funciones. ¿Se deberá este cúmulo a la reducción de la comunidad a pequeñas dimensiones demográficas? La fragmentación de los *tekoha*, el desplazamiento, el aislamiento, el repliegue en ritos fundamentales pueden también conducir paradójicamente a vastas concentraciones cuando graves acontecimientos amenazan a todas las comunidades. Que las tierras se agoten, que las palmeras fallen, que el enemigo se anuncie, los Guaraní cambian de territorio; que las epidemias recrudezcan, que las cosechas estén comprometidas… entonces, los Guaraní abandonan el lugar. Unos *paje* particularmente temibles, probablemente convertidos en grandes chamanes, se convierten en guías proféticos, los *karaí*. Pero he aquí que no hay diferencia de estatuto, muy al contrario. El *karaí* reúne todas las energías en una sola Palabra, que es considerada más que nunca de esencia religiosa.

A partir del choque colonial, estas migraciones adquieren una importancia considerable. Y es que, el mismo *teko* guaraní está en peligro. Y su visión de la felicidad se perfila como esperanza de una *Tierra prometida*, provocando migraciones de poblaciones importantes a lo largo de grandes distancias. Estas migraciones han dado lugar a numerosos comentarios centrados sobre el tema de la Tierra-sin-mal que los *karaí* prometen al término del viaje. Efectivamente, los chamanes de la época colonial han integrado ciertas visiones cristianas, como motivaciones de sus éxodos, aunque el fondo religioso guaraní tenga suficientes recursos para autorizar visiones proféticas o místicas[105].

Sin embargo, Melià estima que, antes de la colonización, las expresiones guaraní que se traducen como «Tierra sin mal» podrían simplemente significar un terreno agrícola virgen, que no esté agotado por cultivos, pues el *teko* guaraní está indisolublemente unido a las condiciones de vida. Para dar al otro, para establecer relaciones de reciprocidad, que están en la base de los valores sociales de toda comunidad, hay que producir, y como los Guaraní son, ante todo, agricultores que cultivan el maíz y la yuca, hay que movilizar la tierra para esta producción, abrir claros en el bosque, cuidando bien los árboles que sujetan el suelo y las protegen del sol y de la violencia de la lluvia. La tierra está, pues, integrada a su modo de existencia que, a su vez, se integra al *teko*, o modo de ser, pues si bien la invitación y la fiesta engendran la paz y la amistad, para invitar y dar grandes fiestas hay que disponer de *cawí*, una chicha muy fina obtenida a partir de la fermentación del maíz y de la yuca. La Tierra-sin-mal no es, pues, una *tierra prometida*, sino ante todo la *tierra virgen*, aquella del bosque rico en humus y palmeras, que permite al trabajo humano producir muchos frutos.

Sugerimos, sin embargo, la hipótesis de dos «Palabras» guaraní que orientarían dos evoluciones: *Pa'i / Tubicha / Mburuvicha*, por una parte, y por otra, *Pa'i / Paje / Karaí* ; pues no podríamos ver en la evolución de *paje* a *karaí* una regresión, ni sólo una adaptación ecológica. Ahora bien, evidentemente, cada una de esas potencialidades diferentes de la Palabra se ha desarrollado, siempre que las condiciones les han sido favorables.

A fines del siglo XVI, los grandes *tekoha* agrícolas han sido destruidos por los españoles y sólo subsisten los *tey'i*. Las relaciones son hostiles entre españoles y Guaraní. Es entonces

---

[105] Bartomeu Melià, «La Tierra-sin-mal de los Guaraní, economía y profecía», *América Indígena*, vol. XLIX, n°3, México, 1989, p. 491-507.

que desembarcan religiosos cristianos que van a anudar nuevos contactos con los Guaraní.

5 - El encuentro franciscano

Cuando los franciscanos llegan al Paraguay, heredan una situación dramática. Todas las grandes comunidades agrícolas han sido destruidas. Mientras Schmidl ha sido recibido por comunidades tan grandes que las llamaban «naciones», y que cada una hubiera contado con varios miles o decenas de miles de personas (los Timbú: 15,000 personas; los Coronda: 12,000 personas; los Quiloaza: 40,000; los Mocorete 18,000; los Mapení: ¡100,000!)… algunos años más tarde, a Antonio Ruiz de Montoya le resulta difícil encontrar regiones donde pueda instalar algunas decenas de familias o algunos centenares de Guaraní para fundar una Reducción.

> Vivían en él como 200 Indios, que recibieron con mucho amor a los Padres. Allí levantaron el estandarte de la Cruz, hicieron una pequeña choza para Iglesia que intitularon de Nuestra Señora de Loreto (…)[106].

Las mismas Reducciones son definidas como concentración de familias dispersas en la montaña:

> Llamamos reducciones a los pueblos de Indios, que viviendo a su antigua usanza en montes, sierras y valles, en escondidos arroyos, en tres, cuatro, o seis casas solas, separados a legua, dos, tres y más unos de otros, los redujo

---

[106] Antonio Ruiz de Montoya, *La Conquista Espiritual del Paraguay*, (Madrid, 1639), Asunción, Editorial El Lector, 1996, p. 60.

la diligencia de los Padres a poblaciones grandes, y a vida política y humana (...)[107].

Pero todo puede jugarse nuevamente, pues es con una Palabra religiosa que van al encuentro de los Guaraní. Su primer objetivo será detener su huida, reagruparlos y volverlos a sedentarizar, en lo que los españoles llamaban «reducciones», es decir, reservas donde se debía desarrollar la «civilización», pero donde, en realidad, antes de la intervención de los misioneros franciscanos, sólo se encuentra esclavitud.

Para hacer reconocer su autoridad, los franciscanos deben afrontar a los *paje* o a los *karaí* que estaban a la cabeza de comunidades que se habían vuelto muy receptivas a la Palabra religiosa o profética, que reconforte y anime su *teko* amenazado.

Podemos reconocer en el éxito de las misiones franciscanas el efecto de un dinamismo reaccional: la huida de la *encomienda* española (propiedad colonial en la cual los indígenas están reducidos al servilismo) y la búsqueda de una nueva territorialidad, de un nuevo *tekoha*, bajo la protección de los misioneros. En las Reducciones, la tierra se vuelve, en efecto, el bien de todos: el don y la reciprocidad vuelven a ser los fundamentos del trabajo. Los Guaraní se dan cuenta que el estatuto de la *tierra* es un asunto capital, puesto que su privatización conduce a la desaparición de su *tekoha* y, por consiguiente, de su *teko*. Y desde esta época, siempre han hecho de la tierra un elemento crucial de su relación con el mundo occidental. Para los Guaraní, la tierra es una fuente de subsistencia que fue creada para el uso de todos: *La tierra es un bien común*.

(...) es una economía de subsistencia, a base de agricultura, es decir, un régimen de producción,

---

[107] *Ibíd.*, p. 58.

redistribución y reciprocidad. (…) Sólo Dios posee la tierra: el cultivo de la tierra y el cuidado de los cultivos es lo mismo que criar niños. Comprar tierras, por consiguiente, sería lo mismo que comprar al hombre, lo que significaría que ellos perderían el concepto moral de seres humanos y en consecuencia la trascendental determinación de ser hombre[108].

Pero hay otro motivo de este éxito espectacular, una innegable ventaja económica: en las Reducciones los Guaraní adquieren hachas de hierro que les permiten más fácilmente abrir en el bosque vastas huertas, crear numerosos excedentes y multiplicar las fiestas. Las Reducciones ya no son sólo un refugio para la restauración de una territorialidad guaraní, sino también la oportunidad para el desarrollo del sistema de la reciprocidad de dones.

Ahora bien, dentro de esta tendencia, se puede leer en el origen de algunas reducciones el interés que mostraban ciertos caciques hacia la formación de aldeas mayores y potencialmente más fuertes[109].

Los misioneros realizan de alguna manera el sueño de los *tubicha*: grandes pueblos donde se puedan organizar fiestas, espectáculos; donde puedan diferenciarse numerosos estatutos.

Pero he aquí que a partir de ese momento, la experiencia religiosa, centrada en la redistribución y la organización colectiva según el imaginario de los *paje*, empezó a ser cuestionada. ¡Los religiosos cristianos se alían con los *tubicha* guaraní! Esta alianza se hace en desmedro de los *paje*. Melià observa en efecto:

---

[108] Georg y Friedl Grünberg, *Proyecto "Paî Tavyterã", op. cit.*, Ver también: B. Melià, G. y F. Grünberg, *Los Paî Tavyterã. Etnografía guaraní del Paraguay contemporaneo*, Centro de Estudio Antropológico Universidad Católica, Asunción, 1976, p. 204.

[109] Melià, *El Guaraní Conquistado y Reducido, op. cit.*, 1988, p. 198.

(...) las cartas que relatan los pasos fundamentales de una nueva reducción, están llenas de esas convenciones basadas entre el misionero y uno o varios caciques. Como, por otra parte, el cacique solía encontrar en su comunidad o en su contorno, algún chamán o "hechicero" que con sus visiones proféticas y con sus llamadas radicales a la tradición, se oponía al pacto colonial, cacique y misionero llegaban también a convertirse en aliados para eliminar el carácter contestatario del "hechicero", marginado, y así anular su posible influencia[110].

Los religiosos se atribuyen la autoridad suprema, por el don a los caciques, de capacidades de producción que refuerzan su prestigio. Como contrapartida, los caciques aseguran la derrota de los *paje* y el éxito de las referencias religiosas misioneras. El compromiso histórico de las Reducciones no es obra exclusiva de los misioneros. Aquí contribuye la parte amerindia: la derrota de los chamanes-profetas fue posiblemente la derrota de los chamanes religiosos frente a los caciques políticos que pretendían proseguir el desarrollo de la reciprocidad positiva gracias a la perspectiva abierta por los franciscanos.

El compromiso comporta una derrota de la palabra *religiosa* guaraní frente a la palabra *política* guaraní, y un sometimiento de la palabra *política* guaraní a una palabra *religiosa* occidental, con el fin de escapar del peonaje y de la esclavitud.

6 - El *Quid pro quo* enmascarado y el «don del hacha»

Para los encomenderos, la pacificación religiosa no es más que la ocasión de reunir a los Guaraní en vastos campos

---

[110] *Ibíd.*, p. 198-199.

donde se hace posible procurarse mano de obra sin mantener a sus familias. Esta mano de obra está a su merced. Los misioneros son, desde su punto de vista, colaboradores de la colonización[111].

Es verdad que la Reducción franciscana resulta de un acuerdo entre el gobernador Hernandarias y el franciscano Luís de Bolaños (1580). El punto débil de los misioneros es su dependencia de los objetos del don, gracias a los cuales adquieren su prestigio político. Esos objetos no los producen ellos. Están, pues, obligados a obtenerlos de los colonos: los colonos suministran las hachas de hierro y las otras riquezas que orientan el ciclo de la reciprocidad en beneficio de los misioneros. Pero los colonos no «dan», exigen a los misioneros una contrapartida. Los colonos suministrando los objetos del «don franciscano», se otorgan un crédito que pretenden cobrar en fuerza de trabajo. La Reducción reproduce el Quid pro quo bajo la máscara misionera: el precio del don es el «servicio personal».

En el encuentro guaraní-franciscano, el extranjero se acerca bajo la máscara del don. Los franciscanos dependen de la autoridad administrativa de Asunción. Ellos dependen sobre todo de la riqueza colonial. La «pobreza» de los franciscanos se vuelve aquí contra su finalidad, pues para guardar su título de grandes donadores, con respecto a los Guaraní, se ven obligados de pasar bajo el yugo colonial. Aún queriendo evangelizar fuera del contexto de la encomienda, deben aceptar que los colonos tomen servidores, obreros e incluso mujeres de las comunidades que se amparan bajo su tutela.

---

[111] Louis Necker, *Indiens Guaranis et Chamanes Franciscains: Les Premières Réductions du Paraguay (1580-1800), op. cit.*, p. 81.

El *don del hacha*

Cualquiera que sea la Reducción franciscana o jesuita, la clave del poder es el mismo. Alfred Métraux se pregunta:

> ¿Por qué los indios recibieron a los jesuitas como amigos y aceptaron incluso su tutela? La respuesta a esta cuestión no es simple. La política de los jesuitas triunfó por diversos motivos, pero si leemos atentamente cartas y relaciones que nos describen sus primeros contactos con una tribu salvaje, notaremos el papel primordial que el hierro desempeña en eso[112].

«El hierro crea entre quienes descubrieron su uso, una tiranía invencible» −constata Métraux. Para comprender esta revolución del hierro, hay que recordar en qué consiste ese cambio tecnológico en términos de cantidad de trabajo. He aquí una descripción del derribo de un árbol del bosque, para abrir una huerta, con la hacha de piedra, escrita por Up de Graff, explorador que residió en la región donde viven los Aguaruna del Perú, a finales del siglo XIX, citado por Harner en su monografía sobre los Shuar:

> Si Usted hubiera visto las hachas de piedra, manejadas con una sola mano, que son las únicas herramientas que la gente dispone para derribar árboles enormes (de los que algunos miden uno a dos metros de diámetro) con el fin de obtener un claro (cuya superficie puede llegar hasta tres hectáreas), usted se preguntaría cómo es posible llegar a tal proeza. Es una proeza de paciencia más que de habilidad: la madera no es cortada sino reducida a pulpa por seis a ocho hombres trabajando simultáneamente al rededor del árbol. La primera etapa para hacer una chacra es sacar la vegetación frondosa de la

---

[112] Alfred Métraux, « La Révolution de la Hache », *Diogène*, n° 25, 1959, citado en Melià, *El Guaraní Conquistado y Reducido, op. cit.*, p. 179-180.

espesura, las ramas tiernas son cortadas con machetes de madera dura; lo que puede arrancarse desde las raíces, es arrancado y los arbolillos son quebrados de un golpe seco. Entonces uno se ocupa de los más grandes árboles. Se talla un anillo en el tronco de todos los árboles en un rayo de cerca de treinta metros, con el fin de aminorar su resistencia, al rededor de un árbol gigante que ha sido escogido y prepararlo a la tracción que terminará rompiéndolos. Al final se ataca al gigante: un grupo armado de hachas trabaja durante días y semanas, hasta que llega al fin el día en que el se derriba el inmenso tronco. Pero no cae sólo, arrastra con su caída a todos los árboles más pequeños del lugar que estaban atados a él y de los cuales además por encima, las ramas superiores se encuentran entrelazadas por una red infranqueable de plantas trepadoras. (…) He examinado alguna vez las cepas de esos árboles: se parecen desde todo punto de vista a las que se encuentran en los claros hechos por los castores[113].

Nuevas técnicas, sobre todo las del hierro, hubieran permitido a los Guaraní, hacer crecer sus potencialidades y poder enfrentar a los ocupantes, rivalizar con ellos, al menos en términos de productividad. En lugar de eso, las hachas les enfeudan. Pero, evidentemente, es el don del hierro, y no el hierro, como reconoce finalmente Métraux, el que redujo a los Guaraní.

Los Guaraní se han enfeudado con los donadores y, lejos de volcar contra ellos las técnicas adquiridas, las han aceptado como un don que los somete a su autoridad. Un día sabrán recordárselo a los jesuitas, cuando éstos abandonen el Paraguay[114].

Numerosas relaciones misioneras hasta mencionan, con cierta ingenuidad, el número de hachas necesarias para pacificar una región:

---

[113] Michael Harner, *The Jivaro* (1972); trad. fr. *Les Jivaros: Peuples des cascades sacrées*, Paris, Payot, 1977, p. 172.

[114] Melià, *El Guaraní Conquistado y Reducido, op. cit.*, p. 180 y p. 185.

Fueron juntándose los caciques comarcanos a ver los Padres y tomar cuñas (que es con lo que se prendan), porque recibida la cuña se obligan a reducirse... Este mismo día, habiendo acabado de repartir doscientas cuñas antes de decir misa, escribió un billete el padre Roque al padre Pedro Romero (que fue el último que escribió en esta vida) en que decía que estaba aquella reducción tal cual se podía desear, y que si tuvieran cuñas vendrían más de quinientos indios.

Otras ventajas que pueden considerarse menores pero que probablemente ejercieron una considerable influencia psicológica en los indios, eran también motivo de atracción. A veces eran los presentes y regalos de ropas y objetos de metal: cuchillos, tijeras, anzuelos, agujas... Otra era incluso la repartición de alimentos[115].

7 - Las Reducciones jesuitas

Son los jesuitas, quienes fortalecidos por su sujeción directa a la corona de España, que van a poder afrontar el poder colonial y negar a los «encomenderos» el acceso a las Reducciones. Ellos van a crear un Estado dentro del Estado y definir las condiciones de un nuevo sistema de reciprocidad; condiciones que serán aceptadas por los Guaraní.

La defensa del indio contra el servicio personal que exigían los encomenderos, constituía un principio básico del plan jesuítico de reducción. Los Padres que fueron a fundar las reducciones del Guayrá, llevaban instrucciones precisas de su Provincial Diego Torrez Bollo, para que se controlara la entrada de españoles en los pueblos y de

---

[115] *Ibíd.*, p. 179 y p. 180.

ningún modo se permitiera que éstos sacaran «piezas», es decir, indios de servicio[116].

La Reducción jesuita es constituida a partir de la distinción de dos sectores, inapropiadamente llamados «sector privado» y «sector común».

El sector «privado» es el de la producción familiar guaraní, tradicionalmente comunitaria, fundada en el don y en la reciprocidad, pero aquí reducida a la esfera familiar nuclear y que hasta ahora tiene vigor en las familias de los campesinos paraguayos. No se trata, evidentemente, del sector privado en el sentido capitalista del término, es decir, destinado a satisfacer un interés egoísta. Se trata, por el contrario, de un territorio en el cual cada uno ejerce soberanamente su responsabilidad de productor donador; un territorio inviolable donde la autoridad superior de la comunidad no puede invadir por sus prerrogativas sobre la autoridad personal. La noción de sector privado se refiere a la doctrina de Francisco de Asís, fundada en el don y la reciprocidad.

Es posible que la concepción de «dominio privado», de Santo Tomas de Aquino, no sea tampoco contradictoria con la de los Guaraní y así la conjunción guaraní-franciscana-jesuita, podría explicarse porque lo «privado» se define, tanto por los unos como por los otros, dentro del campo de la responsabilidad individual del don y no del interés privado.

El sector llamado «común» agrupa las actividades del servicio público. A partir de entonces, los Guaraní trabajan colectivamente bajo la autoridad, ya no de los mejores de entre ellos, sino de los misioneros. La producción es repartida en función de los objetivos de la misión. Una parte es redistribuida en fiestas prestigiosas, la otra parte es vertida en tributo al Estado.

Entre los Guaraní, el trabajo es trabajo-para-el-otro, trabajo-para-el-don. El don es responsabilidad del productor.

---

[116] *Ibíd.*, p. 180.

La razón del don es la dignidad o el prestigio del donador. Fuera de esta relación entre don y prestigio, el trabajo no tiene sentido. Los Guaraní pudieron aceptar ser desposeídos de su autoridad sobre el trabajo sólo en la medida en que pudieron reconocerse como miembros de una comunidad superior, una comunidad definida como una comunidad de redistribución y cuyo nombre, el renombre, les correspondía colectivamente (el nombre de cristiano). Creyeron que ese nombre les pertenecía y que los misioneros eran sus nuevos responsables. En adelante, los Guaraní trabajan colectivamente bajo la autoridad de los misioneros. Así cada productor pierde algo de su prestigio personal, sólo para encontrarlo bajo una forma colectiva, en una representación religiosa. Los valores de prestigio, obtenidos por un tal don, tienen sólo esto de particular: el de expresarse dentro de un imaginario extranjero.

Y puesto que encuentran el prestigio en el nombre de cristiano, los Guaraní van a honrarlo. Entonces, sí, se explica cómo los Guaraní han podido ser los autores de este espléndido arte de las reducciones jesuitas, tomando prestado del barroco colonial, pero enriqueciéndolo de una presencia cándida, que da a las iglesias y a las estatuas que nos quedan de esas épocas, un frescor, un vigor y una juventud particular[117].

8 - La substitución del imaginario

A la salida de los jesuitas (1767), ningún Guaraní podrá dar prueba de suficiente autonomía e iniciativa para asegurar

---

[117] Ver Ticio Escobar, *Una interpretación de las artes visuales en el Paraguay*, Asunción: Centro Cultural Paraguayo Americano, citado en Melià, *Una nación, dos culturas, op. cit.*, 1988.

la sucesión de éstos. Según Susnik, el desconcierto fue tal que, frente a la amenaza de la privatización de sus tierras, los Guaraní pensaron que su *teko* quedaba definitivamente perdido y se escaparon, a veces abandonando todo, incluso a sus familias[118]. Fue de golpe un caos generalizado. Nadie estuvo a la altura de tratar con los emisarios de Buenos-Aires. Si los Guaraní supieron defender sus Reducciones contra los ataques armados de los españoles y de los portugueses, sin embargo se vieron en la imposibilidad de afrontar la privatización de las tierras por la administración colonial. Este derrumbamiento muestra a qué punto los Guaraní habían perdido el control político de sus instituciones. En realidad habían sido puestos bajo «tutela».

La doctrina de las misiones ha sido algunas veces comparada a la del comunismo. En efecto, hay un aspecto colectivo de la producción y de la redistribución y una negación de responsabilidad por el poder religioso que puede ser comparada a la colectivización de los sistemas comunistas. Los comentaristas que hacen esta aproximación permiten subrayar esto: la colectivización decapita a los productores-donadores de su responsabilidad, de su prestigio personal y de la autoridad política a la cual tienen derecho. Pero, las diferentes formas de comunismo que hemos conocido no dan ningún lugar al prestigio, al nombre, a la gloria. Estas se contentan con una redistribución material. Reducen, de hecho, la redistribución a un intercambio colectivizado. Pretenden imponer, por la nacionalización, la igualdad. Quieren, por esta igualdad, suprimir toda autoridad trascendente, esa que justamente fue llevada a los Guaraní por la palabra religiosa de los jesuitas.

Al contrario, los jesuitas reconocieron que el don de los Guaraní merecía traducirse por una dignidad superior. Esta dignidad, la expresaron en la liturgia, las fiestas, las danzas, las artes, incluyendo las artes plásticas. Los jesuitas supieron

---

[118] Susnik, *El indio colonial del Paraguay*, vol. 1, *op. cit.*

93

traducir el prestigio guaraní dentro de las categorías cristianas. El derroche gratuito de los Guaraní fue metamorfoseado en la gloria del nombre: del nombre de Dios, del nombre de Cristo, del nombre de María. En este sentido, las reducciones son bien diferentes de las experiencias comunistas modernas.

Los jesuitas no han destruido completamente los valores de renombre guaraní, más bien, les han dado otro rostro.

Se sabe por datos etnográficos que el máximo valor cultural de los Guaraní es la religión en la cual se estructura su modo de ser auténtico y específico. Su religión es una religión de palabra "soñada" y dicha por los chamanes y "rezada" en prolongados rituales. (...) La religión de Jesucristo que también es una religión de la palabra, en el siglo XVI, en pleno estilo y cultura europea barroca, era preferentemente palabra localizada en un templo y se apoyaba enormemente en la representación plástica –pintura y escultura–, hasta tal punto que, para muchos misioneros, un pueblo como el Guaraní, que no mostraba ni templos ni ídolos, prácticamente no tenía religión[119].

La religión guaraní –prosigue Melià– no era una religión de templo ni de imagen, ni de culto, menos todavía una religión de libro, pero sí una religión de palabra. Esto explica que el más duro enfrentamiento, al comienzo de la misión, ha sido entre el misionero y el cantor brujo, el *paje*. No hay que confundir en los antiguos Guaraní al jefe *tubicha* con el conductor del canto y de la danza, quien a menudo es brujo. Los misioneros han respetado a los primeros que ellos mismos han incorporado a la organización social de las reducciones; a los segundos los han atacado. De hecho, la oposición propiamente religiosa venía de estos últimos (...).

Había que eliminar a los "cantores" del seno de la reducción. Esto se hizo posible, gracias al reemplazo del

---

[119] Melià, *El Guaraní Conquistado y Reducido, op. cit.*, p. 202.

chamán por el misionero, reemplazo que este pudo no haberlo tomado en serio, pero que no ha dejado de ser una realidad[120].

La reducción –concluye Melià– no realizaba propiamente una conversión de la religión guaraní, sino su sustitución[121].

Retirar al otro el derecho o la posibilidad de expresar en su imaginario los valores de la humanidad que crea, so pretexto de hacerle participar a una humanidad ya constituida, es privarlo de un derecho fundamental. Es tal vez por esto que la civilización de las Reducciones de los Guaraní no ha podido mantenerse en la historia.

Pero, tal vez, hay otra contradicción entre los religiosos guaraní y los cristianos, que explica la actitud de la misión. De un lado, una teología que interpreta una revelación, dada de una vez por todas en la Escritura; de otro lado, una teogénesis, pues las danzas rituales, las largas prácticas ascéticas están ordenadas a la aparición de la Palabra.

Cada Guaraní recibe, en efecto, una «inspiración divina», una inspiración que hace de él un ser-palabra, pero al precio de una actividad generadora de esta inspiración. Cada *pa'i* recibe ciertamente de sus padres, himnos sagrados, pero no sabría ni retenerlos, ni transmitirlos si él mismo no pudiera resucitarlos por su propia práctica social. Para ser inspirado es menester una disciplina, una práctica que exige a su turno una relación con el otro particular, la de la reciprocidad vivida, y que debe ser renovada de manera permanente. La tradición oral, para recrearse, está obligada a retornar permanentemente a las condiciones de origen de la revelación misma. Sin duda, ambas aproximaciones religiosas, jesuita y guaraní, se alejan todavía más, la una de la otra, por una tercera razón

---

[120] Melià, *La Création d'un Langage Chrétien dans les Réductions des Guaranis au Paraguay*, 2 vol., Université de Strasbourg, 1969.
[121] Melià, *El Guaraní Conquistado y Reducido, op. cit.*, p. 202.

que justifica, esta vez, que los misioneros hayan tenido la impresión que era necesario proceder a una sustitución radical. En efecto, ellos se vieron confrontados a un imaginario guaraní que rendía justicia tanto al valor nacido de la reciprocidad de dones, como al valor nacido de la reciprocidad de venganza por muerte y por homicidio, y, frente a la antropofagia, se enfrentaron a un problema tal que, según parece, nadie supo descubrir la solución.

Aquellos que eran llamados «hechiceros, brujos» –los *paje*, expresaban su sentimiento religioso tanto o más dentro de un imaginario engendrado por lo que hemos llamado la reciprocidad negativa y la dialéctica de la venganza, y no así, dentro del imaginario engendrado por la reciprocidad positiva y la dialéctica del don. Pero he aquí que numerosos son los Guaraní que quedaron fieles a este imaginario. ¿Cuál es la razón de esta resistencia de los *paje*, resistencia que podía ir hasta el sacrificio? Habría que descubrir la razón de su reciprocidad negativa para explicarse por qué ciertos Guaraní prefieren la muerte al cristianismo. Pero lo cierto es que ni los franciscanos, ni los jesuitas, supieron interpretar la reciprocidad de venganza y decidieron combatirla por la fuerza[122].

*

---

[122] *Ibíd.*, p. 184-185.

3

EL IMAGINARIO Y LO SIMBÓLICO EN LA CONFRONTACIÓN DE LOS CHAMANES GUARANÍ Y LOS MISIONEROS JESUITAS, SEGÚN LA RELACIÓN DE LA *CONQUISTA ESPIRITUAL*, DEL PADRE ANTONIO RUIZ DE MONTOYA

(1999)

1. La contradicción del imaginario y de lo simbólico

Pocos estudios tratan de la confrontación de los chamanes guaraní y los misioneros jesuitas a partir de los objetivos religiosos de la misión. Abordaremos la confrontación entre el imaginario guaraní y el imaginario jesuita, gracias a la Relación del padre Antonio Ruiz de Montoya, titulada: *La Conquista Espiritual del Paraguay*[123].

Los jesuitas se opusieron a los gran Magos guaraní (los *paje*) que llamaban «hechiceros». ¿Combatieron a los *paje* porqué la Palabra de los Magos se inscribía en el imaginario de la reciprocidad de venganza?

Parece claro que hubiera existido, entre los Guaraní, una connivencia más importante entre la Palabra religiosa y el imaginario de la reciprocidad de venganza, que entre la

---

[123] Antonio Ruiz de Montoya, *La Conquista Espiritual del Paraguay, Hecha por los Religiosos de la Compañía de Jesús en las Provincias de Paraguay, Paraná, Uruguay y Tape* (1639), Asunción, El Lector, 1996.

97

Palabra religiosa y el imaginario de la reciprocidad de los dones. Cae por su peso que la condena del imaginario de venganza implicaba la descalificación de las estructuras de reciprocidad de asesinato. Pero ¿celebraron los jesuitas, desde entonces, las estructuras de reciprocidad positiva entre los Guaraní? ¿Comprendieron su rol en la génesis de los valores guaraní?

El padre Antonio Ruiz de Montoya cuenta la siguiente anécdota: Un «indio» llego a quejarse al *gran Cacique y gran Mago* Taubici, por el robo de caña de azúcar[124]. Algunos días más tarde, una epidemia de disentería golpea a los culpables. El prestigio del Mago compitió con el del Padre (el Padre Simón). El enfrentamiento era entonces fatal. Tuvo lugar en la fiesta de Corpus Christi. Montoya prosigue:

> Con esto cobró fama de tal suerte, que llegándose el día de Corpus Christi, apercibió el Padre Simón la gente para que nadie saliese del pueblo, hasta pasada la fiesta: este Taubici por el mismo caso le dió deseo de irse del pueblo hacia el suyo, y convocando gente para que le acompañase, determinó su ida. Avisóles el Padre a él, y a los demás, y principalmente a los que ya eran Cristianos, que asistieran primero a la procesión y Misa, y que, después, se fuesen. No lo pudo acabar con ellos, y con espíritu celoso les dijo: *Pues no queréis honrar a nuestro Criador y Señor, y despreciáis mis amonestaciones, tened por cierto, que allá donde fuereis os castigará muy bien.* Sucedió como lo dijo: porque (…) llegando ya a su pueblo, que distaba del de San Ignacio 20 leguas, reconocieron Indios que estaban en sus canoas en el río: fuese Taubici a ellos, teniéndolos por amigos, ellos luego que le reconocieron le mataron, en venganza de uno que él había matado. (…) Sus compañeros (…) volvieron sin su caudillo, y bien enseñados con este castigo a no creer a los ministros del demonio, y a

---

[124] «Llegamos en un pueblo, cuyo Gobernador era un gran Cacique, gran Mago, y hechicero, y familiar amigo del demonio (…)». (*Ibíd.*, p. 73).

98

creer a los de Dios, con que cobró el Evangelio mucho crédito[125].

Montoya no vacila en hacer pedazos a los *paje* en su propio terreno, explotando la coincidencia de los hechos y de las palabras (la muerte de Taubici y la amenaza de castigo) ya que esta coincidencia es favorable a sus propósitos.

Pero enseguida somete el imaginario de los *paje* a la prueba de la realidad con la intención de probar su incompetencia:

> Tenían los Padres en San Ignacio un principal Cacique, que había corrido varias fortunas, en varias partes, donde se bautizó, y cazó: y finalmente, por su elocuencia se había hecho como señor de aquella gente (…) y para acreditarse más con los suyos se fingió Sacerdote; vestíase en su retrete de una alba, y adornándose con una muceta de vistosas plumas, y otros arreos, fingía decir Misa; ponía sobre una mesa unos manteles, y sobre ellos una torta de mandioca, y un vaso muy pintado, de vino de maíz, y hablando entre dientes hacía muchas ceremonias, mostraba la torta, y el vino, al modo de los Sacerdotes, y al fin se lo comía, y bebía todo, con que le veneraban sus vasallos como a Sacerdote[126].

Según Montoya, este Mago presta una eficacia espiritual no a los valores, a los que se refieren las imágenes, sino a las imágenes y los rituales mismos. Como toma de los misioneros su idea de la omnipotencia divina, reconoce a los ornamentos y a los gestos de los Padres una competencia sobre cualquier otra cosa (el dominio de las lluvias, del cielo, de la fertilidad de la tierra, de las enfermedades y de la muerte), mientras que los religiosos no conceden un poder semejante sino a una potencia espiritual separada de la naturaleza y, por tanto, libre de intervenir o no en la misma naturaleza. Los Guaraní ven en el

---

[125] *Ibíd.*, cap. IX, p. 74.
[126] *Ibíd.*, cap. XI, p. 82-83.

ritual de los misioneros una causa eficiente de todo acontecimiento y no sólo del comportamiento moral de los seres humanos. Los Padres conceden a lo divino el poder de intervenir en la naturaleza a su gusto pero no el de determinar sistemáticamente todos los acontecimientos de la vida, de manera que la naturaleza pueda convertirse en el objeto de un conocimiento experimental y científico.

A partir de ahí, ya que los *paje* imaginan que toda la realidad obedece a principios espirituales, los misioneros pueden oponerles el conocimiento experimental para mostrar la inadecuación de sus previsiones respecto de la realidad.

> Llegamos a otro pueblo, que gobernaba un honrado Cacique, deseoso de oír las cosas de su salvación. Pretendió el demonio estorbarle sus deseos, y así incitó a un gran Ministro suyo, gran Predicador de mentiras, que andaba en misión de pueblo en pueblo, engañando aquella pobre gente, predicándose que él era Dios, Criador de cielo, y tierra, y hombres, que él daba las lluvias, y las quitaba, hacía que los años fuesen fértiles cuando (empero) no le enojaban: que si lo hacían, vedaba las aguas, y volvía la tierra estéril, y otras boberías deste modo con que atraía a sí no pocos necios. Este fue a visitar a aquel Cacique, llamado Maracaná, el cual previno tres deudos suyos para que se le atasen. Saltó el Mago de su embarcación, y puesto en tierra empezó a predicar con grande arenga, y en voz muy alta (usanza antigua de estas bestias) la materia fue la porfiada necedad con que se fingen dioses. Llegó a la casa del Cacique, hizo sus acostumbrados comedimientos; preguntóle el Cacique, quién era, y a qué venía. "Yo, dice, soy el criador de las cosas, él que fertilizo los campos, y él que castiga a los que no me creen con varias, y molestas enfermedades". Hizo señas el Cacique a los tres mozos, que le ataron aunque no con mucha brevedad: porque por muy buen rato se defendió, diciéndoles que con su saliva los había de matar, y así les escupía en los rostros. El buen Cacique le decía: "Yo quiero probar si es verdad lo que tú dices, que das vida a otros, y lo veré si tú escapas de la muerte que ahora te tengo que dar". Hízole llevar al río, y

100

puesto en el raudal de él, atada una gran piedra al cuello lo hizo arrojar, donde el desventurado acabó su infeliz vida[127].

La narración está demasiado construida como para que se tome al pie de la letra la versión que Montoya da de la «predicación» del Mago. Pero es demasiado preciso como para no dejar fuertes presunciones sobre quien tuvo la intención de la trampa. La idea de una verificación experimental de una resurrección supuesta no cuadra con la costumbre guaraní.

El texto confirma la oposición entre los caciques convertidos (*honrado Cacique, deseoso de oír las cosas de su salvación*) y los *paje* (*gran Predicador*), en la cual, parece que todos los golpes, incluidos las traiciones y los asesinatos, parecieran justificarse a los ojos de los misioneros. Igualmente, el hecho de que, el discurso prestado al *paje*, sea una copia del discurso misionero, sugiere que la polémica entre estos últimos se ejerce en contra de las pretensiones religiosas del *paje*.

Se podría abundar sobre la deshonestidad del jesuita, pero es más interesante comprender lo que Montoya busca en esta prueba de fuerza: ¿quiere oponer la no-separabilidad de lo simbólico con la realidad en el imaginario guaraní, a la separación de lo espiritual y lo real en el imaginario occidental? La separación de lo simbólico, permite instaurar el valor, como soberano y autónomo. Esta autonomía, que se debe a que ninguna fuerza natural puede pretender determinarla, es subrayada por el título de *omnipotencia*; y esta soberanía, es decir la idea de que su eficiencia no se debe a nada más que a sí misma, es subrayada por el título de *Criador del cielo y tierra y hombres* que se da a Dios[128]. Esta elección podría significar la desaparición de toda huella o indicio de la

---

[127] *Ibíd.*, cap. IX, p. 75.

[128] se subrayará, sin embargo, cómo esta ruptura de lo simbólico instaura un Dios metafísico, puesto en relieve por el título de *creador del cielo de la tierra y de los hombres*, y circunscribe la conciencia afectiva con la idea de la omnipotencia.

naturaleza en la génesis de Dios; la negación radical de una *génesis de lo espiritual*, a partir de la naturaleza, se expresaría por la afirmación de su contrario: es la naturaleza la que es creada por la palabra de Dios, pero con sus leyes propias.

Sin embargo, para los *paje* guaraní la palabra también tiene su eficacia pero por sí misma. Traduce una fuerza espiritual, es cierto, pero esta fuerza espiritual es capaz de ordenar o explicar los acontecimientos físicos o biológicos tanto como espirituales. Entonces, levantar una cruz, símbolo de la resurrección, debe resucitar a los muertos. Montoya fuerza las cosas: la palabra del chamán, que pretende matar a otro, es reducida a la fuerza de su *saliva*.

El *paje* se apropiaría de una Palabra que se quiere todopoderosa, que «hace llover», mientras que el misionero atribuye ese poder a Dios. Para el misionero, la imagen da testimonio de lo espiritual, pero lo espiritual tiene una eficiencia propia, distinta a la de su representación. Por tanto, Montoya no opone un imaginario a otro imaginario, sino el imaginario a lo simbólico. Califica de demoníaca a la Palabra de los Guaraní y, de divina, a la Palabra cristiana, desde el momento en que, el imaginario de los Guaraní es prisionero de la realidad de este mundo, y el imaginario cristiano se relaciona con una esfera en la que los valores han sido abstraídos, separados, de toda contingencia natural.

Cuando los misioneros oponen lo simbólico al imaginario, hacen referencia a una contradicción radical: la contradicción entre la expresión del valor puro, absoluto, y toda imagen que la replegaría en la práctica de la vida biológica, animal o demoníaca. Es, entre el sentido puro y un sentido impuro, que se encuentra la contradicción; entre un símbolo desencarnado y el otro, descalificado como mero reflejo de la carne, entre lo angélico y lo demoníaco.

La separación de lo espiritual de sus contingencias materiales, trae consigo la desaparición de las estructuras de reciprocidad que, para los Guaraní, son las matrices de sus valores. La reciprocidad somete, en efecto, a todo acto que se dirige al otro, a una respuesta de la misma naturaleza. De este

102

enfrentamiento resulta, para cada uno de los protagonistas, una doble situación: actuar y padecer, que produce una conciencia de conciencia que comunica su sentido a cada una de ellas. Fuera de la reciprocidad, los Guaraní creen que todo es caos, la noche de los orígenes, el sin sentido. Los seres humanos se comprometen entonces físicamente con lo que puede estar ordenado según la reciprocidad, de manera que las relaciones importantes de la vida se conviertan entonces en hospitalidad, alianza, filiación… En seguida, la Palabra tiene un secreto por su propia reproducción: ordena la reproducción de la reciprocidad. El espíritu del don prescribe la reciprocidad de los dones y el espíritu de la venganza de reproducir el ciclo de venganza. Entonces todo acontecimiento ha de ser la expresión de una palabra conocida o desconocida y el mundo no es sino la materialización del poder de los espíritus.

Es verdad que el valor primero es una sensación, una conciencia afectiva que se manifiesta como algo en sí, absoluto, ciego a toda relatividad y, por consiguiente, ciego también a las estructuras de reciprocidad que testimonian tal relatividad. Ahora bien, si Montoya borra las estructuras de la reciprocidad, que metamorfoseaban la naturaleza, tiene que encontrar otra matriz del valor para su producción, una matriz que no tenga nada que ver con alguna relatividad, y que garantice su carácter absoluto. Viene entonces la idea del Criador. Por lo tanto, esta relatividad que promueve toda relación de reciprocidad como subyacente del sentimiento del absoluto, por ser lo contrario del absoluto, es el Mal.

De entrada, Montoya anuncia que opone la inteligencia simbólica al Mal. Cuando hacía alusión a la vocación de un recién convertido, la fundamentaba con este sueño: el vió:

> (…) un grandísimo campo de Gentiles, y algunos hombres que con armas en las manos corrían tras ellos, y dándoles alcance los aporreaban con palos, herían, y maltrataban, y cogiendo, y cautivando muchos, los ponían en muy grandes trabajos. Vió juntamente unos varones más resplandecientes que el sol, adornados de unas

vestiduras cándidas. Conoció ser de la Compañía de Jesús, no por el color, sino por cierta inteligencia que le ilustraba el entendimiento. El blancor (me dijo él mismo, como al más conjunto que en amistad tuvo siendo secular) que significaban cosas bien misteriosas, las cuales habré yo de dejar, por no salir del hilo de mi narración. Aquellos varones procuraban con todo conato arredrar a aquellos que parecían demonios, que todo hacía una representación del juicio final, como comúnmente lo pintan; a los Ángeles defendiendo las ánimas, y a los demonios ofendiéndolas. Vió que hacían oficio de Ángeles los de la Compañía, con cuya vista se encendió en un ardiente deseo de serles compañero en tan honroso empleo[129].

Montoya no opone dos imaginarios entre sí, el uno del bien, blanco, el otro del mal, negro. Lo dice expresamente, el bien es *no por el color sino por cierta inteligencia que les ilustraba el entendimiento*. Se reserva precisar las cosas que significan esta blancura inmaculada.

Cuando Montoya evoca entonces cierta inteligencia de sus compañeros, es la virtud de lo simbólico que opone al imaginario de los Guaraní.

Montoya también explotará esta imagen de los *demonios* para aquellos de los Guaraní que practican la reciprocidad de venganza. Pero, es más, dividirá a los Gentiles en aquellos que se convierten y que se hacen como los Ángeles y los otros que rechazan someterse y que se llamarán «demonios».

1 - El imaginario de los Guaraní

El imaginario de los Guaraní es tributario de las estructuras de reciprocidad de parentesco que rigen su

---

[129] *Ibíd.*, cap. IV, p. 55-56.

sociedad. El matrimonio no es un asunto de gusto o de placer, como parece creerlo Montoya, sino que depende de una regla que prohíbe los matrimonios de los primos paralelos y favorece los matrimonios entre familias sin ningún lazo de parentesco. Los jefes guaraní multiplican las alianzas para crear el ser social más grande posible y de ahí la poligamia, que se convierte en signo de éxito social.

Montoya reconoce la importancia de la prohibición del incesto:

> (…) tuvieron muy gran respeto en esta parte a las madres, y hermanas, que ni por pensamiento tratan de eso, como cosa nefanda; y aún después de Cristianos, en siendo parienta en cualquier grado, aunque dispensable, o lícito, sin dispensación no la admiten por mujer, diciendo, que es su sangre[130].

Algunas líneas antes, Montoya daba una razón de la poligamia en la que ningún antropólogo parece haber pensado. Estos últimos la ven tanto en el uso de la fuerza de trabajo femenina como en la preocupación por adquirir una fuerza de reproducción, otros aún como un capital simbólico y otros, en fin, como el medio de multiplicar los lazos sociales.

Montoya observa que la *palabra* fascina a los Guaraní hasta el punto de que ella es el criterio de la jerarquía social. Las relaciones de parentesco se someten al prestigio de la palabra, y los Guaraní dan sus hijas a aquellos de entre ellos que son hombres de la palabra, los «maestros de la palabra». La filiación es igualmente tributaria del prestigio de la palabra:

> Muchos se ennoblecen con la elocuencia en el hablar (tanto estiman su lengua, y con razón, porque es digna de alabanza, y de celebrarse entre las de fama). Con ella agregan gente, y vasallos, con que quedan ennoblecidos ellos y sus descendientes. A estos sirven los plebeyos de

---

[130] *Ibíd.*, cap. X, p. 76.

105

hacerles rozas, sembrar, y coger las mieses, hacerles casas, y darles sus hijas, cuando ellos las apetecen, en que tienen libertad Gentílica.

La separación del espiritual, de sus contingencias, ¿implica el abandono y el rechazo de las estructuras de reciprocidad que transforman todas las funciones naturales en actividades dotadas de sentido o de valor? ¿Con la condena de la naturaleza, se destruyen las estructuras de reciprocidad que lo transformaban en vida espiritual?

2 - El rechazo de la reciprocidad

Montoya ha planteado bien el problema: la poligamia subraya el hecho que, entre los Guaraní, la palabra nace de la reciprocidad. El enfrentamiento con los Guaraní se ubicará sobre este punto. Montoya toma la decisión de organizar la misión sobre el precedente de la monogamia y de sustituir a la relación de alianza de parentesco por el sacramento. La condición de entrada en las reducciones jesuíticas será, en efecto, el repudio de todas las concubinas salvo una, que debe recibir el sacramento por parte del sacerdote mismo.

El desafío de Montoya es entonces doble: el repudio de la poligamia y la instauración del sacramento del matrimonio. ¿Cómo disociar el imaginario, tributario de lo real (del demonio, por tanto) de lo simbólico, tributario del valor puro (el de los ángeles)?

Montoya nos muestra cómo espera desunir el imaginario guaraní, llamado «demonio», de lo simbólico, citando un cacique (Miguel Artiguaye) tres veces para especificar bien su profesión de fe: tres veces, ¡es mucho para un texto tan conciso como lo es el relato de la Conquista!

Una primera vez:

Los demonios nos han traído a estos hombres, pues quieren con nuevas doctrinas sacarnos del antiguo y buen modo de vivir de nuestros pasados, los cuales tuvieron muchas mujeres, muchas criadas, y libertad de escogerlas a su gusto: y ahora quieren que nos atemos a una mujer sola. No es razón que esto pase adelante, sino que los desterremos de nuestras tierras, o les quitemos las vidas[131].

La segunda:

Vosotros no sois Sacerdotes enviados de Dios para nuestro remedio, sino demonios del infierno, enviados por su Príncipe para nuestra perdición. ¿Qué doctrina nos habéis traído? ¿Qué descanso, y contento? Nuestros antepasados vivieron con libertad, teniendo a su favor las mujeres que querían, sin que nadie les fuese a la mano, con que vivieron, y pasaron su vida con alegría; y vosotros queréis destruir las tradiciones suyas, y ponernos una tan pesada carga como atarnos con una mujer[132].

Después de este apóstrofe, los misioneros trataron de dominar a lo que llaman un «lobo», pero éste se defiende y logra huir. Amotina a los suyos, diciéndoles, según el Padre:

Hermanos e hijos míos, ya no es tiempo de sufrir tantos males y calamidades como nos vienen por éstos que llamamos Padres; enciérrannos en una casa (iglesia había de decir) y allí nos dan voces, y nos dicen al revés de lo que nuestros antepasados hicieron, y nos enseñaron, ellos tuvieron muchas mujeres, y estos nos las quitan, y quieren que nos contentemos con una, no nos está bien esto, busquemos el remedio de estos males[133].

Las motivaciones del cacique Artiguaye son bien percibidas por Montoya. Por una parte, la libertad y la responsabilidad, por otra parte, la alianza y la poligamia. Pero le faltó rehacerse en tres ocasiones para responder a la

---

[131] *Ibíd.*, cap. XI, p. 83 (subrayado por el autor).
[132] *Ibíd.*
[133] *Ibíd.*, cap. XII, p. 86.

argumentación de su adversario. Sólo en la tercera Montoya reconoce que Miguel Artiguaye opone el principio religioso (*debió haber dicho iglesia*, conviene Montoya) a la Palabra de los Ancianos y a la reciprocidad (alianza y filiación = padres e hijos). En las dos precedentes citas, la oposición se atenía a la libertad y a la responsabilidad inherente a esta última, perdida con la predicación de los religiosos.

Montoya insiste, pues, tres veces y cada vez más netamente en la contradicción de la forma de la Palabra (política contra religiosa) pero también del contenido de la Palabra (*nos dicen lo contrario*) que trata sobre el único asunto de la poligamia. Es claro, para Miguel Artiguaye, que si la poligamia ya no significa el prestigio de la palabra (*Nuestros antepasados vivieron con libertad, teniendo a su favor las mujeres que querían...*) ello sólo puede significar que la alianza y la filiación ya no son las matrices fundamentales de la sociedad.

3 - El origen sobrenatural de lo simbólico

Montoya no puede pretender, aquí, que no se había dado cuenta de la importancia de los fundamentos de la sociedad guaraní, ya que precedentemente reconoció que la poligamia estaba ordenada según la mayor gloria de la palabra, así como la filiación.

Pero si quiere destruir la estructura de base de la sociedad guaraní, es que puede proponer algo superior.

Se lo ha dicho, se trata de liberar el imaginario de sus obligaciones, en relación con lo real, para hacer de ello el testimonio de los valores espirituales puros y dar a la autoridad de éstos una eficacia sin competencia. Hay que demostrar, por tanto, el poder de los valores espirituales puros. Por eso, Montoya cuenta esta historia edificante:

108

Amaneció, y al punto llegó a él un cacique muy principal, y le dijo: "Padre cásame". Había el Padre amonestado a este mucho tiempo que se casase: porque era ya Cristiano, y tenía por manceba una muy hermosa India, y no trataba de casarse, difiriéndolo cada día. Díjole el Padre: "hijo, qué novedad es esta?" "Cásame", respondió; instóle el Padre por la causa, por ver la intrepidez con que pedía cosa que con terquedad había rehusado. «Cáseme luego (dijo el Indio) porque no quiero tener esta siguiente noche tan pesada, y enfadosa como la pasada. Sabrás que anoche me acosté a dormir, y al primer sueño, hiriéndome el costado, no sé quién, me dijo: "Cásate; ¿por qué no haces lo que te manda el Padre?" Desperté, y no vi a nadie, y vi que toda mi gente dormía; volvíme a acostar, y apenas cerré los ojos, cuando me sucedió lo mismo segunda, y tercera vez, sin ver yo a nadie. Déjame ya, dije a voces, que yo prometo que en amaneciendo iré a pedir al Padre que me case; quedé tan temeroso, que no pude dormir, deseando el día, para venirte a pedir, que me pongas en buen estado[134].

¡La enseñanza es clara! Este hombre está casado según su fe, pero ello no tiene ningún valor para el sacerdote, para quien la mujer sólo es una concubina. Debe entonces casarse como lo dispone el sacramento. El Guaraní resiste ya que percibe probablemente que la Palabra religiosa no tiene más dignidad que la suya en cuanto le concierne, pero la palabra que se sostiene por ella misma sin ninguna justificación ni intermediario ni testigo (a la noche todos dormían) se presenta como una orden que despertaría a un muerto (dos veces, e incluso tres). No son, pues, los conjuros del misionero los que se imponen a la convicción del cacique, sino la fuerza de la palabra pura, en tanto manifestación de la potencia espiritual. Y ésta es suficientemente terrible no sólo como para despertarlo, sino como para herirlo.

---

[134] *Ibíd.*, cap. XV, p. 95.

Montoya ya no hace del sacramento religioso un juramento religioso contra un juramento personal, sino una palabra de lo alto contra una palabra de lo bajo, la palabra del espíritu contra la palabra de la naturaleza, y el «indio» entiende la palabra que le golpea la costilla de Adán de donde nació la mujer: si la mujer misma es palabra divina, el matrimonio también es palabra divina.

Montoya no solamente descalifica las bodas de la carne, ya que no acepta reconocer que están dominadas por una regla de reciprocidad (si lo ve no lo toma en cuenta), sino exige que los esposos se mantengan castos y si posible vírgenes. Montoya cuenta:

Casóse un mancebo de la Congregación con una moza de su edad, doncella, y de muy buenas partes; el día de su casamiento el casto mozo habló a su mujer de esta manera: "Si gustas de concurrir a mi determinación, conoceré que me amas, y que de veras me has escogido por esposo; sabrás que mi deseo es de conservar la limpieza de mi cuerpo para que mi alma se conserve pura, yo no he llegado á mujer, y deseo no perder esta joya; si te place de que como dos castos hermanos vivamos hasta acabar la vida, será para mí la mayor muestra que me puedes dar, de que me amas; ya has oído lo que los Padres nos dicen de la limpieza, su hermosura, y premio; la fealdad de este vicio, que como á locos trae desenfrenados á los que en él se embeden, ya también lo has oído muchas veces, cordura será, pues, que nosotros nos dediquemos al perpetuo servicio de la Virgen Madre de pureza, y amadora de los que en tan noble virtud le imitan: míralo bien que el tiempo de esta vida es breve, el de la otra eterno, el deleite carnal brevísimo sin fin su pena, y si bien el Matrimonio es lícito y bueno, mejor es (así lo dicen los Padres) el vivir en pureza. Bien veo que los Padres nos amonestan á todos que nuestra perfección está en casarnos al amanecer del apetito del deleite, antes que nos coja la noche del pecado, ya hemos cumplido con casarnos en público, ahora somos hermanos en secreto"[135].

Cuando el joven muere algún tiempo después, el Padre quiere volver a casar a la muchacha, que le responde que si pudo conservar su virginidad de casada, también podría conservarla sin casarse. Montoya se maravilla y opone la castidad al paganismo «que esta gente tuvo ayer, cuyo ídolo común de todos fué la carne»[136].

El Padre se inclina ante la presión pública (es lícito estar casado) pero toma su revancha inmediatamente por el secreto (quedad hermanos en secreto). El sacrificio de la carne, a sus ojos, es necesario para la elevación del espíritu.

Puede recordarse que para los Guaraní también hay que renunciar a los propios apetitos biológicos a fin de respetar la ley (la prohibición del incesto extendida a todos los grados de parentesco). Pero lo que está en juego con Montoya no es la relativización de una energía biológica para engendrar un valor espiritual, sino la supresión de la totalidad de lo real para dejar campo libre al valor espiritual.

El campo que Montoya quiere despejar para la expansión de esta Pureza será el motivo de la fundación de una Congregación dedicada entonces al culto de la Pureza y que tendrá por nombre el de la Virgen, símbolo de la Pureza Mística. La Congregación será una selección de los más virtuosos de los «indios», según los criterios de los Padres:

> (...) y así tratamos de erigir una Congregación de Nuestra Señora: hicimos elección de sólos 12, los más aventajados en virtud[137].

Según Montoya, la Pureza se convierte en la idea en la cual se aísla el sentimiento de absoluto. La Virgen es la imagen

---

[135] *Ibíd.*, cap. XLVIII, p. 208.
[136] *Ibíd.*, cap. XLVIII, p. 209.
[137] *Ibíd.*, cap. XL, p. 176.

de esta idea del absoluto y la noción de Madre tiene que ser unida à la Pureza, y la Pureza a Dios. Entonces, la Pureza llegará a ser la matriz de lo divino: la Virgen ha de ser Madre de Dios. El Nombre de la Madre tiene un sentido totalmente opuesto al sentido que le dan los Guaraní. Para ellos, es la Tierra (*tekoha*) que debe ser unida à la noción de Madre. Es por la reciprocidad con la Tierra que nace un sentimiento de gracia pura (*teko*) que es el mismo sentimiento de humanidad, pero extendido al universo.

Montoya trata entonces de traducir la eficiencia de los valores que defiende en imágenes antagónicas a aquellas en las cuales se expresan los valores engendrados por la reciprocidad de los Guaraní. Al ideal guaraní: el hombre glorioso amado por una multitud de mujeres, se opondrá el ideal de una virgen gloriosa amada por una multitud de bienaventurados.

Para precisar esta visión, las historias edificantes que propone Montoya apelan a los sueños de las mujeres moribundas. Cada vez que una de ellas se despierta del coma y goza de algún alivio, Montoya emplea la palabra resurrección ya que, sin duda, el sueño de la agonizante hubiera caído en las redes de la tradición guaraní, según la cual, el alma distinta del cuerpo puede escapar de él y volver durante el sueño. La resurrección significa, al contrario, la intervención de un dios creador sobre un fenómeno natural irreversible por sí mismo. La palabra producida por la resucitada no le pertenece, sólo se la puede haber confiado el Criador, para que sea traducida a los fieles.

Nos encontramos, pues, en la reiteración de la ruptura radical de lo simbólico, pero también ante la necesidad de lo simbólico para encontrar imágenes para expresarse:

> Hijos míos, los de la Congregación de nuestra Madre santísima, y Señora nuestra, por vuestra causa vengo otra vez a mi cuerpo. Yo morí verdaderamente y tengo de vivir ahora cinco días solos: porque solamente vengo a traeros unas buenas nuevas de parte de nuestra Madre y Señora la Virgen santísima, de que está muy contenta con esta

112

Congregación, y la agradan mucho los que viven en ella, y os dice la llevéis adelante, y yo de mi parte os lo ruego, y que miréis bien la obligación que tenéis de seguir la virtud, y dar buen ejemplo, y de amaros unos a otros, y de cumplir los consejos que os dan los Padres[138].

Hasta ahí parece un discurso guaraní. Se reconoce una inspiración cristiana, pero un imaginario guaraní, ya que es ella, la mujer, la que vuelve a su cuerpo y que dice la tradición y exhorta a los suyos a seguir los consejos de los Padres (*vuelvo a mi cuerpo / os ruego*). Pero entonces Montoya señala la intervención del Padre Juan Agustín. Habrá entonces dos informadores de la palabra, el primero probablemente un testigo guaraní, el segundo manifiestamente el Padre Juan Agustín. Inmediatamente la perspectiva cambia:

Llegó el Padre Juan Agustín, y ella prosiguió diciendo: "Luego que pasa de esta vida fui llevada al infierno, donde vi un fuego horrendo, que arde, y no da luz, y causa grande temor, en él vi algunos que han muerto, y vivieron en nuestra compañía, y los conocimos todos, los cuales padecían muchos tormentos. Luego me llevaron al cielo, donde vi a nuestra Madre, tan hermosa, tan resplandeciente, y linda, tan adorada, y servida de todos los bienaventurados, y en su compañía innumerables santos hermosísimos, y resplandecientes, que todo lo de por acá es basura, estiércol, y fealdad, allá es todo tan hermoso, allá todo es hermosura, todo belleza, y riqueza. Allí vi los que han muerto de nuestra Congregación muy resplandecientes vestidos de gloria, luego que me vieron me dieron mil parabienes, y principalmente por ser yo de la Congregación, y os envían grandes recados, y principalmente, que llevéis adelante esta Congregación, y seáis verdaderos Cristianos"[139].

---

[138] *Ibíd.*, cap. XL, p. 180.
[139] *Ibíd.*

La forma ha cambiado. No es mas activa sino pasiva (*fui llevada, me llevaron, os envían*). Y el sueño ya no es sino un traje para una palabra que viene del más allá. Y la palabra no es más la suya: es la de Dios que tiene que reportar a los fieles, una palabra entonces que quiere ser la expresión y más todavía la eficiencia del valor puro.

2. EL PECADO DEL ÁNGEL

Sin embargo, los jesuitas tuvieron que enfrentar otra dificultad. Tuvieron que demostrar la eficiencia de la Palabra simbólica frente al imaginario procedente de otra forma de reciprocidad, la *reciprocidad negativa*.

Entre los Guaraní, el asesinato gratuito no tiene ningún sentido. Está prohibido como en todas partes. El segundo asesinato es por lo contrario obligatorio por permitir que se construya una *estructura de reciprocidad* que permita dar un sentido a la violencia. El hecho de padecer una muerte crea entonces la obligación de matar (esta obligación es el espíritu de la venganza). Mediante la reciprocidad de asesinato nace un valor común: el honor del guerrero, que va a crecer con la reproducción del ciclo. Ahora bien, los Guaraní han sistematizado esta producción del honor.

Podría esperarse que Montoya se enfrente con los guerreros respecto a la cuestión de la venganza y que oponga a la reciprocidad de venganza, la reciprocidad de los dones. No se abstiene de hacerlo pero sólo desde un punto de vista práctico, utilizando el don para reunir alrededor suyo el mayor número de donatarios, que faltarán por lo tanto al llamado de los guerreros.

A veces los misioneros son conscientes de utilizar la reciprocidad de dones para enfrentar la reciprocidad de venganza, en particular, cuando envían riquezas a hombres de guerra, sabiendo que los «indios» aceptan inmediatamente

114

sustituir a la *reciprocidad negativa* por la *reciprocidad positiva* y de ayudarse entre ellos en vez matarse los unos a los otros; pero tienen de ello una conciencia solamente empírica, ya que luego no dan algún análisis del fenómeno lo suficientemente profundo como para descubrir, en la reciprocidad, la matriz de los valores humanos.

Sin embargo, la facilidad con que los hombres de guerra responden a esas invitaciones indica cuán importante era la reciprocidad para los Guaraní, y cuán secundario el medio utilizado para instaurarla. Montoya cuenta la historia de un cacique que desea vengarse de los españoles. La guerra atruena. Los Guaraní asimilan el misionero a los españoles y se alistan para destruir su pequeño grupo. Son tres mil contra trescientos. Montoya logra huir, pero el niño que lo acompaña ha olvidado las imágenes santas. Retorna. Es hecho prisionero. Montoya vuelve con una fuerza española armada y se apodera de una plaza en la que los Guaraní ya festejaban. Se le ruega que se acomode con el alimento que acababan de preparar sus enemigos. En la gran marmita, llena de caldo, Montoya pesca un pedazo de carne, pero es la cabeza de su niño de coro que aparece y, luego, los pies, las manos y las piernas. Los enemigos están, pues, claramente identificados, por ese ritual antropófago, como los detentadores de un sistema de reciprocidad de venganza.

Montoya decide abandonar el terreno, pero volverá algún tiempo más tarde, sin armas y sin los españoles, para fundar una Reducción en la que se juntarán pronto mil quinientas almas. Entonces, los enemigos observan pero no atacan.

> Viendo aquel gran Mago llamado Guirabea, que no eran bastantes sus mentiras, y fabulosos sucesos que para conciliar su crédito contaba, para detener la gente que a porfía no acudiese a oír la divina palabra, se determinó de visitarnos. Señalámosle un pueblo nuestro donde nos juntamos tres Sacerdotes, avisámosle que allí con toda seguridad podía vernos. Vino acompañado de 300 Indios

armados de arcos, y saetas, delante de él iba un Cacique muy principal que llevaba una espada desnuda, y levantada en la mano, tras de él una tropa de mancebas suyas muy bien aderezadas, llevaban en sus manos algunos instrumentos, de vasos, y otras cosas de su uso, iba él en medio de todo este acompañamiento muy bien vestido[140].

Se reconoce la voluntad del cacique guaraní de manifestar su gloria, las mujeres como signos de alianza, los guerreros como signos de la reciprocidad negativa y, en el centro, las joyas de quien detenta la «palabra».

Montoya propone a Guirabea un símbolo (conscientemente o no) de la reciprocidad de dones: *Regalámosle lo que nuestra pobreza sufría*, y ello bastó para desarmar a Guirabea quien, en realidad, no se interesa tanto en la guerra como en la reciprocidad:

> El día siguiente más asegurado nos fue a ver, y entró en nuestra casa donde delante de muchos de los suyos le di a entender que había un solo Criador, y que todos éramos hechura suya, y él daba los tiempos como le placía, criaba hombres de nuevo, y causaba la muerte a otros, sin que a la muerte fuesen de reparo nuestras diligencias. Díjele cuan bobo era él, pues siendo Indio como los demás, y que bebía y comía, y tenía las necesidades de las bestias, de comer, dormir, y otras tan comunes, olvidándose de sí mismo y de su Criador se intitulaba Dios, que se reconociese por hombre, y aun menos, pues tenía menos juicio que todos en fingir tales locuras[141].

Para Montoya de lo que se trata es, como antes, sustituir la palabra de los protagonistas por la Palabra religiosa y someter la palabra en cuestión a Dios Criador, es decir, liberar lo imaginario de lo real, a fin de que se convierta puramente en la expresión de lo simbólico.

---

[140] *Ibíd.*, cap. XXXIV, p. 150-151.
[141] *Ibíd.*

Accesoriamente, se trata de repudiar la venganza. De hecho, el imaginario de la venganza desaparecerá por sí mismo, si se llega a satisfacer otro objetivo: la primacía de lo simbólico. El Dios de Montoya no tiene nada que ver con algún sentimiento que podría nacer del corazón del hombre por el hombre. Está enteramente absorbido en la idea del creador para significar, me parece, una ruptura absoluta entre lo espiritual y lo natural y para significar, al mismo tiempo, la reabsorción de toda la eficiencia de la palabra en lo espiritual. Pero el *Quid pro quo* prosigue, al tratarlo Montoya de necio por decirse Dios, ya que pretende a la gloria a partir de actividades tan naturales como comer, beber y dormir. El Guaraní, aún puede concederle eso fácilmente, ya que no son sus actividades las que le transmiten el sentimiento de divinidad, sino el hecho de dar de beber, de dar de comer, de dar un techo al extranjero; lo que prueba inmediatamente. Así, Montoya constata:

> Mostró oírme bien, y negando todo lo que de él la fama había predicado, convidónos a que fuésemos a su pueblo, donde deseaba regalarnos.

Es, pues, claramente mediante el don y la hospitalidad que responde Guirabea. Incluso autoriza a Montoya a plantar su Cruz en medio de esta «leonera de fieras», ya que todo el país, para Montoya, sólo era una *leonera de fieras*.

Montoya no opone, pues, la reciprocidad de dones a la reciprocidad de venganza, ya sea porque no reconoce –incluso si la notó claramente– a la reciprocidad como la matriz del valor o ya sea porque, si la reconoce, la niega bajo el pretexto de que ella regiría actividades naturales (beber, comer, dormir...); opone directamente lo simbólico a lo imaginario, y descalifica a éste declarándolo no ser sino el reflejo de prácticas animales: alimentarse, reproducirse, etc. La reciprocidad que rige esas prácticas y las transforma en hospitalidad, invitación, alianza... es pura y simplemente ocultada. Es, pues, a condición de olvidar esta naturaleza humana que puede

117

escucharse, según Montoya, la voz pura del valor, la palabra de Dios, y la prueba a la que ahora apela Montoya es que nadie puede determinar la calidad siempre nueva e irreducible de un hombre, ni objetar a la muerte. El más allá de las competencias humanas es invocado para demostrar la necesidad de un demiurgo creador.

Acusa al gran Mago de llamarse a sí mismo Dios, no sin razón ya que el sentimiento de la humanidad de la que Guirabea es el portavoz, y que para los Guaraní es el sentimiento de lo divino, es el fruto de una matriz de la que el hombre, por lo menos empíricamente, tiene el dominio. Pero no comprende que el *paje* pretende ser el portavoz de un sentimiento que no se encuentra en la naturaleza y que entonces pueda llamarse sobrenatural o divino. Le parece probablemente imposible concebir o aceptar que el sentimiento de humanidad, calificado de divino cuando es totalmente puro, sea el producto de fuerzas naturales, y que la reciprocidad sea la clave de la metamorfosis de actividades animales en potencia espiritual.

1 - El *Quid pro quo* en las Reducciones

¿Qué hacer pues? ¿Cómo interpretar la reciprocidad de los dones? Y ¿por qué Montoya es tan hostil al principio de reciprocidad al cual se acerca cada día más y del cual nos habla con una sagacidad quizás inigualada por los antropólogos de hoy?

Al principio de la Conquista espiritual, los jesuitas se hicieron acompañar por un español que era su interprete:

> Repararon los Padres, que venía a casa, una vez sin sombrero, otra sin capa, otra sin sayo, ni jubón, y otra sin calzones, usando de solos pañetes blancos, y un lenzuelo atado en la cabeza. Extrañada esta novedad le preguntaron

118

los Padres la causa, y él les respondió estas palabras: "Vuestras Paternidades predican a su modo, yo al mío; fáltanme a mi palabras, y así predico con obras: he repartido todo lo que traía, para ganar la voluntad destos Indios principales: porque estos ganados, los demás quedarán a mi voluntad". ¿Quién no se edificará con tal acción y celo? Confundíanse los Padres de no tener que dar, tanta era su pobreza[142].

Es verdad que Montoya denuncia inmediatamente lo que hace este español quien se llevaba los jóvenes guaraní a su servicio. Los padres guaraní de estos jóvenes, creyendo que el español actuaba bajo los ordenes de los Padres, van a verles para pedir cuenta, y los Padres se muestran bien confundidos. Montoya se indigna:

> Peste es esta que sigue al Evangelio, que luego tras la libertad que alcanzan por el bautismo, entra la servidumbre, y cautiverio, invención ya no diabólica, sino humana, para atajar el paso al Evangelio: porque con estas compras se hacen guerra unos a otros para venderse, roban, matan, y aumentan el número de concubinas[143].

Sin embargo, para Montoya la peste está en el hecho que la adquisición, por los Guaraní, de valores de gran prestigio (como lo es el hierro o el tejido) permite ampliar los lazos de reciprocidad y hacer nuevas relaciones de alianzas matrimoniales (¡la poligamia!). Y no son los españoles los culpables de confundir la reciprocidad con el intercambio, ¡no!, lo son los Guaraní; ellos son los culpables porque utilizan el hierro o la tela para aumentar sus relaciones sociales (aumentar el número de concubinas). Pero Montoya interpreta las prestaciones de los Guaraní ¡como intercambios! (*porque con estas compras se hacen guerra unos a otros para venderse...*).

---

[142] *Ibíd.*, cap. VI, p. 61.
[143] *Ibíd.*

Tal vez, es esta referencia al intercambio económico la que impide a Montoya ver, en las prestaciones de los Guaraní, el principio de reciprocidad y, por ello, que la reciprocidad es la matriz de otro valor, distinto al valor de cambio, a pesar de añadir al texto anterior una descripción exacta de la reciprocidad de los Guaraní:

> Son todos labradores, y tiene cada uno su labranza aparte, y en pasando de once años, tienen ya su labranza los muchachos, a que se ayudan unos a otros con mucha conformidad; no tienen compras, ni ventas, porque con liberalidad, y sin interés se socorren en sus necesidades, usando de mucha liberalidad con los pasajeros, y con esto cesa el hurto, viven en paz, y sin litigios[144].

Que se reconoce la reciprocidad, ¡es indiscutible! Pero la interpreta como un intercambio:

> Comprámosles la voluntad a precio de una cuña [empleadas *como hacha*], que es una libra de hierro, y son las herramientas con que viven: porque antiguamente eran de piedra, con que cortaban la arbusta de sus labranzas. Presentada a un Cacique una cuña (que vale, en España, cuatro o seis cuartos) sale de los montes, y sierras, y partes ocultas donde vive, y se reduce al pueblo él, y sus vasallos.

El *don de hachas* y anzuelos, descontado del precio español, es interpretado como una compra.

Por incapacidad (o por rechazo) de reconocer la reciprocidad como lo contrario del intercambio ¿podía Montoya apreciar la razón de la reciprocidad de los dones y oponerla juiciosamente a la reciprocidad de venganza? Puesto que interpreta el don como una compra y somete al donatario mediante un don unilateral, le es permitido interpretar esta sumisión como el objeto de una compra. Sin embargo, eso es

---

[144] *Ibíd.*, cap. XLV, p. 197.

algo curioso ya que acaba de decir que los Guaraní no conocen la compra y la venta. Es difícil saber si Montoya no ve la reciprocidad o si se rehúsa a hacerlo. Se supone entonces que el Guaraní vende su alma, un alma en cierta forma sustantificada. El alma guaraní no es, ante sus ojos, un espíritu que se manifiesta según si una relación de reciprocidad le da su asiento, su sede, como dicen los Guaraní. Montoya se autoriza a tratar el espíritu guaraní como una cosa sustituible, una propiedad de la cual el vendedor y el comprador pueden disponer libremente. El Guaraní, por su parte, no tiene la sensación de vender su alma, pero reconoce el prestigio del donador como la expresión del valor producido por la reciprocidad de dones; una ilustración del *Quid pro quo histórico*.

2 - La Madre de Dios y los Demonios

Si la reciprocidad es para los Guaraní la matriz de su sentimiento humano, entonces no pertenece a nadie en particular y es legitimo que los Guaraní hagan de este sentimiento una parte de un alma divina, pero desde el momento en que esta potencia espiritual es expresada por la palabra, él que habla puede decirse dueño de este alma. Por su parte, Montoya que ignora la reciprocidad, sitúa el origen de la palabra afuera del mundo y sustituye a la reciprocidad por un Dios creador.

¿Sintió la gravedad del desafío? ¿No habrá experimentado como una inquietud cuando interroga a un Guaraní de la Reducción de la Encarnación (como por casualidad), dirigida por el Padre Roque Gonzáles.

Preguntó un Padre a uno desta Congregación, si les venía deseo de volver a aquella vida antigua, y libre. Respondió: "Padre, no, porque, después que somos esclavos de la Virgen, se nos han borrado tales pensamientos, y ya vemos en nosotros tal mudanza que no

121

nos conocemos, porque de bestias que fuimos, nos vemos ahora hombres racionales"[145].

El mozo lo tranquiliza al Padre: *bestias* fuimos por la vida antigua y libre, ¡nuestros pensamientos han sido borrados, hemos sufrido una transformación tal que ya no nos reconocemos más; desde ahora somos hombres racionales sometidos a la pureza de lo simbólico! Todo está dicho en este terrible resumen...

Entonces Montoya cuenta la historia edificante de los jóvenes que se mantienen vírgenes en el matrimonio. Estamos en el corazón del fetichismo de la Pureza, que conducirá derecho al martirio del Padre Roque Gonzalez del que Montoya cuenta la Relación en el capítulo LVII para hacer de ella la cumbre de la Conquista Espiritual. Ese martirio es la confrontación a muerte de un chamán y tres Padres, una tragedia alrededor de la que está en juego la Revelación; revelación a partir de la naturaleza para los Guaraní y, para el misionero católico, revelación contra la naturaleza.

He aquí a los protagonistas:

Entró en la Compañía el año de 1609, y á pocos meses de novicio le hicieron Misionero (oficio propio de nuestros profesos); tan conocida fué su virtud, y celo, que le encargaron la más trabajosa Misión que tuvo la Compañía[146].

Aparece el adversario:

Habitaba por aquel contorno el mayor Cacique que conocieron aquellos países (...) llamábase Necú[147], que quiere decir reverencia.

---

[145] *Ibíd.*, cap. XLVIII, p. 207.

[146] *Ibíd.*, cap. LVII, p. 224.

[147] Extraño ese nombre que hace eco al de Jesús, difiriendo sólo por una consonante que suena cómo sólo una negación. Necú (Nezú) / Jesús.

Todo comienza como de costumbre, por la hospitalidad guaraní:

> (…) y él, con deseo de tener en sus tierras a los Padres, o que fuese falso, o verdadero, edificó Iglesia para Dios, y a ellos casa.

Pero según Montoya el Demonio habla luego a Necú. He aquí ese texto célebre:

> La libertad antigua veo que se pierde, de discurrir por valles, y por selvas, porque estos Sacerdotes extranjeros nos hacinan a pueblos, no para nuestro bien, sino para que oigamos Doctrina tan opuesta a los ritos y costumbres de nuestros antepasados. Y tú Necú sí adviertes empiezas, y a perder la reverencia debida a tu nombre, porque si los tigres, y las bestias fieras de esos bosques, que te están sujetas, obrando en tu defensa cosas increíbles, mañana te veras (ya lo ves en otros) sujeto a la voz de aquellos advenedizos hombres. Las mujeres de que a nuestra usanza gozas, y te aman, mañana las veras que te aborrecen hechas mujeres de tus esclavos mismos, ¿y qué ánimo tan fuerte habrá que sufra tal afrenta? Vuelve los ojos por todos estos pueblos, a donde el poco brío de sus moradores ha hecho hacer pié a estos pobres hombres, y verás menguada su potencia; ya no son hombres, son mujeres sujetas a voluntad extranjera: si aquí no se ataja este mal, y tú te rindes, todas las gentes que desde aquí hasta la mar habitan, a tu despecho, y deshonor, veras sujetas a estos, y tú que eres el verdadero Dios de los vivientes, te veras miserable, y abatido; remedio tiene fácil, si tu poder aplicas a quitar la vida a estos pobretones[148].

Se reencuentra el ideal guaraní: la libertad de la palabra de la que cada uno es responsable en las sociedades de reciprocidad en estado disperso, la tradición unida a la filiación y el primado de la alianza que subraya la poligamia.

---

[148] *Ibíd.*, cap. LVII, p. 225.

El martirio desde ahora está situado en un contexto sintomático: se mata al Padre Roque mientras inaugura la primera campana para llamar y reunir a los Guaraní. Se puede ver aquí una denuncia de la palabra religiosa que desafía a lo que los Guaraní llamaban libertad. El segundo Padre (Alonso Rodríguez) es desmembrado y sus restos son distribuidos alrededor de la iglesia, esa misma destrozada y dispersada luego. El tercer Padre (Juan del Castillo) es matado por los Guaraní después que le hubieran pedido proceder a una distribución de hachas y anzuelos. Ahí se puede ver una denuncia de la utilización de la reciprocidad de los dones con fines contrarios. Si Montoya hubiera elegido tales símbolos conscientemente, estaríamos obligados a pensar que era consciente de la teoría guaraní y que libraba combate no contra los instintos animales, como lo dice, sino contra la reciprocidad misma. De manera que, tal vez, más vale renunciar a la interpretación de esas imágenes en beneficio del inconsciente. Pero es cierto que hay, entre las palabras que Montoya pone en la boca del demonio y su relato de la muerte de los Padres, algunas correspondencias inquietantes. Cómo no notar la siguiente:

> Sentimos, y con dolor muy grande, el execrable destrozo que hicieron en una Imagen de la Virgen, querida prenda del Santo Padre Roque, que fue su compañera en sus peregrinaciones, y colocada en un pueblo, y estando ya fundado, la pasaba a otro. Y así (con razón) la llamada Conquistadora, atribuyendo a su presencia los sucesos prósperos de sus empresas (…)[149].

Lo que indigna más a Montoya es la injuria hecha a la estatua de la Virgen. Y lo que ve primero en el Padre Roque es su devoción al concepto de Pureza, transformado en motor de la Conquista Espiritual: «¡la Conquistadora!»

---

[149] *Ibíd.*, cap. LVIII, p. 227.

La venganza de Montoya tiene un nombre del que uno duda: como el corazón del Padre Roque no deja de latir tras su muerte, muchos lo escucharon hablar aún, y decía desde el más allá de la muerte: *mis hijos vendrán a castigaros por haber maltratado la Imagen de la Madre de Dios.*

Montoya no se desarma: la venganza se transforma en castigo. No opone la reciprocidad de los dones a la reciprocidad de asesinato, pero instaura la contradicción entre la omnipotencia de lo simbólico y lo imaginario, el combate del ángel de la blancura inmaculada y los espíritus infernales, combate que, a lo largo de toda la Conquista Espiritual, se precisa como el de la Pureza, matriz de la omnipotencia contra la contaminación de ésta por los miasmas de la naturaleza, el combate de la Muy Santa Virgen Madre de Dios contra el Pecado.

La dialéctica de Montoya no hace más que revelar cómo el imaginario de los Guaraní expresa los valores aparecidos en el seno de las relaciones de reciprocidad.

Hay por cierto en la reciprocidad, más que los actos o las cosas que ésa pone en juego, el valor espiritual que produce, llámese lazo social, *mana*, *philia*, comprensión mutua, sentido y que los Guaraní creen que los misioneros llaman Dios.

Para las sociedades de reciprocidad, nadie puede rehusarle al otro el acceso a la reciprocidad, ya que nadie puede rehusarle lo que hace de él un ser humano y cuyos actos están dotados de sentido, ya que un rechazo tal conduce a la nada.

Si la alianza no es realizable, su imposibilidad aparece como un asesinato social. Entonces se propone la venganza de un asesinato semejante para reestablecer la reciprocidad. La muerte sufrida se transforma en homicidio del otro para engendrar a contracorriente y contra todo un reconocimiento de sí y del otro, el del hombre guerrero. La reciprocidad de venganza suple a la reciprocidad de alianza cuando ésta ya no es posible ya que el hombre no puede renunciar a la reciprocidad. Aún si tienen que entregar su vida por ello, los Guaraní lo aceptan ya que sin la reciprocidad ya no son hombres. No se puede olvidar que los Guaraní tenían que aceptar *a priori* la muerte o el sacrificio para poder participar en la reciprocidad de asesinato y que aceptaban entonces pagar con su vida el acceso a lo sobrenatural. La guerra, entre los Guaraní, no tenía como objetivo el pillaje de las riquezas del otro o su aniquilación.

3 - La «omnipotencia» y la fuerza

¿Pero cómo liberarse de lo real, sea nupcial u homicida?

Los dones que uno desprende de sí mismo o de su patrimonio constituyen una primera superación. Mientras el cuerpo a cuerpo de las *prestaciones totales* pone en juego todo lo que uno es para engendrar este Otro que aún no es, uno no compromete en el don sino una parte de sí para engendrar más que sí mismo. Además es posible multiplicar considerablemente el número de esas alianzas por el don.

Por otra parte, los objetos que entran en la mediación de las relaciones de reciprocidad se convierten en símbolos del valor producido y los mensajeros de una comunicación que ya no conoce límites. El ser social, ya que siempre nace entre los hombres, aún es experimentado como un espíritu, pero éste está, desde ahora, anclado en las cosas dadas y recibidas, como si animara entonces las cosas y vendría a alojarse en el donador, darle su nombre al mismo tiempo, entonces, que la calidad o la fuerza de esas cosas.

Los Guaraní aceptarán la tutela de los jesuitas sólo a condición que sus relaciones sociales estén estructuradas sobre la reciprocidad de dones. Evidentemente, cada vez que podrán reemplazar la reciprocidad de asesinatos guerreros por la reciprocidad de dones lo harán y el don del hacha jugará un papel decisivo en esta sustitución.

La relación de reciprocidad se ejerce entonces en dos niveles, el de lo real, donde se comparte con el otro los medios

126

de existencia, la vida, el techo, el alimento, de tal modo que se produzca el sentimiento mismo de la humanidad… y aquel del imaginario, en el que el sentido se expresa por imágenes u objetos.

La reproducción de valores así representados en objetos precisos, depende desde entonces de la reproducción de las condiciones de su nacimiento, y las palabras o los objetos simbólicos mandan reproducir el acto que les ha dado sentido. Decir el sentimiento que nace de una relación de alianza obliga a reproducir la alianza. Decir que se es prestigioso obliga a redistribuir la riqueza.

La fascinación de los Guaraní por la expresión del sentido, por la palabra, es tal que atribuyen a la palabra la eficiencia del acto que la acompaña. Decir un asesinato o proclamarse asesino es indisociable del asesinato del enemigo bajo pena de muerte espiritual, bajo pena de pérdida de sentido.

Basta, sin embargo, que toda realidad sea imaginada como la traducción de una palabra para que la palabra siempre pueda ser eficiente: cuando no está verificada concretamente se puede creer, en efecto, que ha encontrado otra palabra de una eficiencia superior. Toda realidad es postulada así como dependiente de una palabra y de un espíritu. El mundo se convierte en el teatro de un combate entre espíritus. Mas precisamente una muerte accidental puede ser interpretada como la eficiencia de una palabra enemiga y desconocida. La bendición o la maldición salvan o matan, y en un contexto cultural preciso, se comprueba. Pero, si ese contexto se modifica y la realidad no se conforma a la palabra, esta eficiencia atribuida a la palabra se revela como frágil.

Cuando la realidad es así, la expresión de una presunta potencia espiritual, en vez de prestar su imagen a los valores producidos por la reciprocidad, el simbolismo cambia de naturaleza y viene a ser un fetichismo. Eran simbólicas las representaciones de valores nacidos de las estructuras sociales, como la imagen del sol para la gloria del donador. A partir de ahí, será llamado fetichismo todo aquello cuya eficiencia material es considerada como la expresión de un valor espiritual, como la enfermedad de los ladrones de caña de azúcar por la maldición de Taubici, o como la muerte del mismo Taubici por la maldición del misionero. Llamo aquí simbolismo a la génesis de un valor espiritual y fetichismo al hecho de atribuir a la realidad la eficiencia de un presunto valor.

Cuando los Guaraní escuchan a los sacerdotes anunciar la resurrección de los muertos, creen literalmente en su palabra. Los misioneros utilizan esta fe para sus fines o la convierten en motivo de mofa, mofa cruel cuando la oración misionera pronunciada en latín no puede ser sino confundida con un murmullo, ya que entonces una ilusión semejante da cuenta de la fe de los Guaraní en la Palabra.

¿Cómo lo simbólico puede mutarse en poder en vez de traducirse en sacramento? La pregunta recibe entonces una respuesta dramática al fin de la Conquista Espiritual del Paraguay.

Los demonios que Montoya percibió en su primer sueño, los esclavistas, se agolpan en las reducciones jesuitas como en reservas potenciales de esclavos, y cuando la resistencia de las víctimas se organiza, se vengan exterminándolos:

> Estaba el enemigo muy alegre, dando gracias a Dios por ver arder la Iglesia; el cerco era pequeño, el fuego grande, el sol echaba rayos encendidos, el peligro del enemigo estaba claro; al fin juzgaron con razón fiarse del racional enemigo (si tal nombre merece) antes que abrazarse en aquella hoguera. Abrieron un portillo, y saliendo por él al modo que el rebaño de ovejas sale de su majada al pasto, como endemoniados acudían aquellos fieros tigres al portillo, y con espadas, machetes, y alfanjes derribaban cabezas, trochaban brazos, desjarretaban piernas, atravesaban cuerpos, matando con la más bárbara fiereza que el mundo vio jamás, a los que huyendo del fuego encontraban con sus alfanjes. Más ¿qué tigre no rehusara de ensangrentar sus uñas en aquellos infantes tiernos, que seguros parecían estar asidos a los pechos de

sus Madres? Sin encarecimiento digo, que aquí se vio la crueldad de Herodes, y con exceso mayor: porque aquel perdonando a las Madres, se contentó con la sangre de sus hijuelos tiernos; pero estos, ni con la una y otra se vieron hartos, ni bastaron los arroyos que corrían de la inocente sangre a hartar su insaciable fiereza. Probaban los aceros de sus alfanjes en hender los niños en dos partes, en abrirles las cabezas, y despedazar sus delicados miembros. Los gritos, vocerías, y aullidos destos lobos, con las lastimeras voces de las madres, que quedaban atravesadas de la bárbara espada, y de dolor de ver despedazados sus hijuelos, hacía una confusión horrenda[150].

Para los portugueses, adversarios de los jesuitas, todos los seres humanos que no están sometidos a su fe y a su autoridad pueden ser aniquilados y ello bajo los ojos de los sacerdotes y religiosos que abogan por su causa. La paradoja va hasta el placer de quemar la iglesia que los Guaraní edificaron bajo su tutela. Cuando matan, matan dando gracias a Dios, al Dios cristiano, porque ¡piensan que los Guaraní, en sus Reducciones, no son verdaderos cristianos!

¿No conoció el mismo Montoya ese dilema, él que no vaciló en sancionar el poder de lo simbólico por la realidad cuando el buen cacique envía a su rival al fondo del río con una piedra atada a su cuello para ver si era Dios? ¿No está Dios, en un desafío semejante, privado de todo sentimiento y reducido a la prueba de la fuerza?

Entonces, Montoya cuenta el martirio del Padre Cristóbal de Mendoza. Es como un epílogo, la lección que puede retenerse de la historia de las reducciones. Cuando el Padre Cristóbal de Mendoza cae en la emboscada de Tayubay, se escucha darle vuelta al desafío de la realidad:

Habíase retirado a esta leonera un demonio, llamado Tayubay, muy grande hechicero, que quiso en San Miguel,

---

[150] *Ibíd.*, cap. LXXL, p. 270.

con sus mentirosos enredos, defender la entrada al Evangelio; pero los vecinos de aquella población lo llevaron atado a la presencia del Padre Cristóbal, el cual le tuvo un día entero en su misma celda, corrigiéndole con blandura, y amor; pero este género de demonios no se vence sino con el castigo[151].

"Donde está (decían) *el Dios que haz predicado? ciego debe de ser, pues no te ve, y su poder ninguno, pues no te puedes librar de nuestras manos"*[152].

Sin embargo, Montoya confirma la importancia de la fuerza en la mano de Dios:

El Santo les arguyó de su perfidia, ya amonestándoles con amor, a que dando de mano al Gentilismo, abrazasen la ley de los Cristianos, ya amenazándolos con el riguroso castigo con que Dios castiga a los rebeldes, que si disimula, y espera, descarga la mano más pesada.

Los Guaraní responden con la misma mano pesada y Montoya analiza esta violencia:

Prosiguió el Santo con su predicación, y ellos con golpes, y porrazos, cortándole los labios de la boca, la oreja que le quedaba, y las narices, repitiendo por mofa lo que el Santo solía decir a los Cristianos en la explicación de la doctrina.

Y como el Padre sigue rezando:

Le sacaron la lengua por debajo de la barba, y con bestial fiereza le fueron desollando todo el pecho y vientre, que todo hacía un pedazo con la lengua.

---

[151] *Ibíd.*, cap. LXX, p. 256.
[152] *Ibíd.*, cap. LXXI, p. 259 (subrayado por el autor).

Incuestionablemente, la lengua interviene como instrumento de la Palabra para los Guaraní, y lo que destruyen ¿no será una Palabra que les parece corrompida en la idea de fuerza? Si Dios es la fuerza, ¡que lo pruebe! El Absoluto metafísico y sin embargo dotado de fuerza física les parece una mentira, y cortan la lengua del mentiroso. ¡Hay que endosar al misionero la piel del mentiroso, así como el misionero les haría endosar la piel de los demonios de la naturaleza!

Inmediatamente los Guaraní reactualizan su propio rito: el sacrificio de Isaac, pero sin la expresión simbólica que le sustituye el cordero:

> Volviéronse a sus casas estas bestias, y no hartos con las carnes de tan amoroso Padre, fueron a comerse dos hijos que el Santo en Cristo había engendrado, cautivos el antecedente día, y relamiéndose en la inocente sangre, con gran festejo, y provisión de vinos hicieron pan molido entre sus dientes, que servirá en la mesa de Dios eternidades[153].

¡Increíble! Montoya relaciona la mesa de Dios con los términos vino y pan sin darse cuenta de que son, en el espejo de lo simbólico, los reflejos perfectos de lo que él ve en lo real: un sacrificio para que nazca el dios de la venganza.

¿Por qué el sacrificio pone en juego lo real (el sacrificio del prisionero) si no es porque el pasaje en lo simbólico acaba de fracasar, y por qué fracasa si no es porque Montoya lo somete a la fuerza? Pero prefiere dar la última palabra a la fuerza: todos –dice– fueron matados y Tayubay tomado vivo, fue conducido al sitio donde murió el Padre Cristóbal y ejecutado.

La Conquista termina… el holocausto de los Guaraní por los cristianos portugueses es pronto generalizado a todas las Reducciones:

---

153 *Ibíd.*, cap. LXXI, p. 260.

Uso común es de estos homicidas cuando se parten con la presa quemar los enfermos, los viejos, e impedidos al caminar: porque si quedan vivos, a la memoria de los que se quedan, se vuelven los que van[154].

¿No anuncia la razón utilitaria, invocada para justificar una medida semejante, la racionalidad de los campos de concentración? Habrá sido necesario esperar a que la cuestión del hombre, tan apasionadamente debatida por los Guaraní, al punto de pagarla con su vida, tropiece con lo que Montoya llama un holocausto, para poner en dudas la idea del Criador como matriz del sentimiento de lo divino.

La Relación de la Conquista Espiritual termina brutalmente con una pregunta sin respuesta: ¿qué relación hay entre la concepción del Mal que sugiere la visión inicial (la esclavitud de los Guaraní) o la visión final (el holocausto de los Guaraní) y la concepción del Mal que sugiere la tesis defendida durante toda la Relación apasionada de la Conquista Espiritual describiendo el Mal como la impotencia del imaginario por liberarse de su contexto y hacerse transparente a los valores sobrenaturales? ¡Evidentemente lo que altera a la pureza de la idea de Dios viene a ser el Mal! ¡Ahí empieza el infierno! Y para enfrentar el Mal acude a la fuerza quien pretende tener la verdad sobre Dios: Montoya con el cacique Malo matado por el cacique Bueno, los portugueses cuando queman a los Guaraní de las Reducciones jesuitas, etc.

Montoya ha destruido el dinamismo religioso y político de los Guaraní ya que hace un impasse sobre la reciprocidad bajo el pretexto, es cierto, de que la reciprocidad entre los Guaraní estructura las fuerzas naturales, pero igualmente hace el impasse sobre las mismas estructuras de reciprocidad en el seno de la palabra como si la palabra no fuera sino la expresión del valor puro y no podía, a su vez, ser relativizada por otra palabra para engendrar, según ese movimiento

---

[154] *Ibíd.*, cap. LXXVII, p. 275.

permanente de encarnación y de resurrección, siempre más humanidad.

Si el don es una palabra silenciosa que reabre la reciprocidad, toda palabra es también un acto que compromete al otro en su comprensión. En ausencia de reciprocidad, al contrario, la palabra encierra la *revelación* en un horizonte de conocimiento objetivo que pronto se apodera de todo el campo de la conciencia. Viene entonces la idea de Dios a sustituir el sentimiento de Dios desde el momento en que el individuo rompe la reciprocidad. En tal caso no tiene mas en su mente que unas concepciones unilaterales del Bien y del Mal: ¡el árbol del conocimiento!

CONCLUSIÓN

Montoya tropezó con las autoridades políticas de los Guaraní. Los dividió en *buenos* y *malos* caciques. Los *buenos* se someten al «don del hacha». Los *malos* oponen a la Palabra religiosa del misionero la libertad de la Palabra de la cual cada guaraní era responsable en función de su capacidad de expresar el sentimiento engendrado por la reciprocidad. Los misioneros no tienen dificultad en vencer a los malos caciques por su alianza con los buenos. Los que reivindican la libertad, son maltratados y objeto de burla, ya que los jesuitas son los únicos en poder ofrecer una barrera eficaz contra la esclavitud. Pero el debate hace aparecer otra contradicción: la palabra entre los Guaraní no sólo toma su fuente en la reciprocidad de alianza y la reciprocidad de dones. Toma su fuente en toda forma de reciprocidad, incluida la de los raptos, de la violencia y la guerra. Los jesuitas están, entonces, forzados a enfrentar los *paje*, los hechiceros cuya palabra es tributaria del imaginario de la venganza. Pero como los Guaraní aceptan muy rápidamente la conversión de un imaginario en el otro y de la reciprocidad de venganza a la reciprocidad de dones, y lo hacen de buen grado mientras ello sea posible, aún ahí la resistencia de los Guaraní obliga a descubrir otra causa: los jesuitas deben afrontar a aquellos que dominan la palabra religiosa.

Montoya los retrata de una forma curiosa. En el capítulo titulado «Ritos de los Indios Guaranis», pretende que:

> Conocieron que había Dios, y aún en cierto modo su Unidad, y se colige del nombre que le dieron, que es Túpã: la primera palabra Tú, es admiración; la segunda Pã es interrogación, y así corresponde al vocablo Hebreo Manhû, *quid est hoc*, en singular. Nunca tuvieron ídolos, aunque ya iba el demonio imponiéndoles en que venerasen los huesos de algunos Indios, que viviendo fueron famosos Magos (como adelante se verá). Al verdadero Dios nunca hicieron sacrificio, ni tuvieron más que un simple conocimiento, y tenga para mí, que solo esto les quedó de la predicación del Apóstol Santo Tomé, que como veremos les anunció los misterios divinos[155].

Nada pues del sacrificio de los prisioneros, de los rituales chamánicos para apoderarse del soplo del espíritu divino en los tabernáculos-calabazas, de lo que se nos informa en otra parte, por Hans Staden por ejemplo. Solamente que tuvieron la idea de Dios y esta única referencia a Dios es inmediatamente llevada a la supuesta predicación de Santo Tomás. Montoya reconoce, como quiera, al menos implícitamente, las disposiciones de los Guaraní a la palabra religiosa, ya que los denuncia cuando se prestan los rituales de los misioneros. Las tentativas de los chamanes para imitar los ritos sacerdotales muestran, por lo menos, la importancia que los Guaraní conferían a la palabra religiosa. Pero a la dialéctica de los Guaraní (la metamorfosis de las fuerzas de la naturaleza en sentimiento espiritual por medio de la reciprocidad) Montoya

---

[155] *Ibíd.*, cap. X, p. 76-77.

opone la separación radical de lo espiritual y lo natural e incluso su oposición.

¿Por qué Montoya adolece de ceguera hasta tal punto sobre el principio de la reciprocidad, que toca con las manos todos los días y que nos describe con una sagacidad aún inigualada por los antropólogos modernos?

Nos da la razón de ello cuando cree deber interpretar el don a los Guaraní como una compra, y la sumisión del donatario al donador como la venta de su alma. La sustantificación de los valores (aquí de las almas por lo simbólico puro) autoriza, en efecto, a tratarlos como cosas sustituibles de las que cada uno tendría la libre disposición (y de manera racional). (¡Suena la palabra del mozo guaraní!: *Padre, no, porque, después que somos esclavos de la Virgen, se nos han borrado tales pensamientos, y ya vemos en nosotros tal mudanza que no nos conocemos, porque de bestias que fuimos, nos vemos ahora hombres racionales*).

Es en realidad la reciprocidad la que produce la dignidad de los Guaraní (la reciprocidad de filiación, de alianza, de venganza, de don…) como es la reciprocidad la que produce el valor común y que por no pertenecer a nadie, se llama Dios. Cosa rara, Montoya, que no ve en la naturaleza sino un juego cruel de fuerzas, y que está fascinado por lo que no se encuentra en ella, no ha observado que fuera del campo de la sociedad humana, la reciprocidad no existe en ninguna parte. Más extraño aún, al primado del interés, que los occidentales consideran como la ley de la naturaleza, Montoya suscribe interpretando el don como una compra, el contra-don como una venta, la reciprocidad como un intercambio.

Así, privados de la reciprocidad, bajo el pretexto de que ella movilizaba las fuerzas de la naturaleza (esta naturaleza que entre los Guaraní se puede llamar la Tierra), privados del imaginario en el cual expresaban sus valores (su palabra), los Guaraní fueron sometidos a doctrinas que ellos describieron o condenaron como ajenas, probablemente porque hacen referencia a un *más allá* metafísico con el cual no podían comunicar si no fuese por la mediación de los religiosos

135

cristianos acreditados por eso de poderes excepcionales; un *más allá* que tiene que ver con el proceso del conocimiento, y también del control y del dominio del intercambio sobre sus relaciones.

Sin Tierra ni Palabra, así quedaron los Guaraní de las Reducciones, pero la vida y la lengua a salvo y, con ellas, el secreto de la reciprocidad, que Bartomeu Melià llamará «la memoria del futuro»; mientras que aquellos que no tuvieron la oportunidad de someterse a los misioneros, no tuvieron otra alternativa que la esclavitud o la muerte por genocidio.

*

4

El Quid pro quo Histórico entre los Aztecas

1. La llegada de los dioses

Un año doce, «casa», del calendario azteca, 1517 de nuestra era, y un año trece, «conejo», 1518, la expedición de Hernández de Córdoba y la de Juan de Grijalva, a la búsqueda de las ciudades del oro, reconocieron las costas de México[156].

En esos tiempos, los Aztecas de México-Tenochtitlán creían en el retorno de Quetzalcoatl, Dios de las artes y de la cultura, que protegía a la antigua ciudad de Tula, cuando los hombres sacrificaban frutos y animales, y fue expulsado por Tezcatlipoca, Dios de los guerreros que le exigía el sacrificio de prisioneros.

Y bien, ellos ven acercarse a las tierras de México-Tenochtitlán, venidos desde más allá de las puertas del cielo, sobre colinas flotantes, a seres desconocidos. Unos son totalmente negros, los otros blancos. Rodeados de jaguares celestes, y llevados por corzos gigantes, esos seres matan con una muerte que nadie ve venir, una muerte a distancia. Dominan el rayo y el relámpago. Están protegidos por mantas de hierro invulnerables. Aquí están, los Dioses.

---

[156] Ver Tzvetan Todorov, *Récits aztèques de la Conquête*, (textos reunidos y presentados por G. Baudot y T. Todorov, traducidos del nahuatl por G. Baudot, y del español por P. de Córdoba), Paris, Seuil, 1983, p. 51.

Aztecas intrépidos montan, sin embargo, a bordo de las naves y, luego, van a informar de su descubrimiento al emperador Motecuhzoma:

> Oh Señor nuestro, mi honorable Joven Hombre, tomad nuestra vida, ya que aquí lo que hemos visto, lo que hemos hecho: ya que allá donde están tus antepasados ellos montan guardia por ti, ante el agua divina, nosotros hemos ido a ver a nuestros señores, los Dioses, en el seno del agua[157].

Inmediatamente, Motecuhzoma ordena preparar la recepción de los Dioses:

> Luego, los cinco fueron llamados y Motecuhzoma se despidió de ellos, diciéndoles: "Id, ¡no tardéis! Adorad a nuestro señor el Dios, decidle: He aquí que nos envía tu gobernador Motecuhzoma, he aquí lo que te ofrece, ya que has llegado a su hogar en México"[158].

Cuando a su vez Hernán Cortés se acerca a las tierras de México, recibe a bordo a altos dignatarios encargados de las ofrendas de Motecuhzoma: los adornos y los sellos de los Dioses del Nuevo Mundo.

> Así eran los adornos de Quetzalcoatl: una máscara de serpiente trabajada con turquesas, una armadura de desfile en plumas de quetzal, un collar de jade trenzado en el medio del cual hay un disco de oro, enmarcado en plumas

---

[157] *Ibíd.*, p. 52. «El *Códice Florentino* es una enciclopedia del mundo azteca realizada bajo la dirección del franciscano Sahagún, y comporta un texto en náhuatl, un texto español e ilustraciones. La historia de la conquista ocupa el libro XII, cuya parte náhuatl también está traducida aquí». (p. 9). «Incluso si no es la más temprana, puesto que lo esencial de la historia fue puesta en forma en 1550-1555, el libro XII del *Códice Florentino* merece ampliamente ser propuesto como primero tanto por sus dimensiones como por la calidad de su texto. Es incontestablemente la más importante de las historias de la conquista en lengua nahuatl de la que disponemos hoy en día». (p. 18).

[158] *Ibíd.*, p. 56 (*Códice Florentino*, XII, cap. 4).

de quetzal y de una banderola en plumas de quetzal y un espejo dorsal adornado con plumas de quetzal, pero ese espejo dorsal está hecho como de un bucle de turquesas, incrustado con turquesas, tapizado de turquesas pegadas, y rosarios de jade con cascabeles en oro; luego está el propulsor en turquesa, únicamente una turquesa entera, con una especie de cabeza de serpiente, con una cabeza de serpiente y después sandalias de obsidiana.

En segundo lugar ofreció el atavío de Tezcatlipoca: una cabellera en plumas, dorada-amarilla con estrellas de oro, y un collar de conchas y un largo collar de conchas con un borde deshilachado, y un chaquete completamente pintado, con los bordes ocelados y emplumados, y un manto atado trabado en azul turquesa que se llama "pregonero" y del que se toman las esquinas para ceñirlo, también hay un espejo dorsal y todavía algo más: cascabeles de oro que se atan a las pantorrillas y otra cosa aún: sandalias blancas.

En tercer lugar, la que era el tocador del señor de Tlalocan: la cofia de plumas de garza, únicamente en plumas de quetzal, completamente en plumas de quetzal, como si fuera verde, como si estuviera envuelta por el verde, luego un ornamento cruzado de conchas de oro, también hay un espejo dorsal como se dijo, igualmente con campanillas, el manto con los bordes de anillos rojos para atárselo, cascabeles de oro para los tobillos, y su vara en forma de serpiente, trabajada con turquesas.

En cuarto lugar, también estaba el atavío de Quetzalcoatl con otra cosa aún: una mitra en piel de jaguar con plumas de faisán, con una gran pieza de jade puesta en la punta, y aretes en turquesa, redondos, de donde penden conchas en oro abombadas, y un collar en jade trenzado en el medio del que hay un disco de oro, y un manto de bordes rojos para anudarlo, y también los cascabeles de oro necesarios para los tobillos, y un escudo que lleva un disco de oro al medio, con plumas de quetzal desplegadas en los bordes y también con una banderola de plumas de quetzal, y el bastón curvo de viento doblado en la punta con piedras de jade blancas como estrellas; y sus sandalias de espuma.

Tales eran esas cosas que se llamaban los trajes de los dioses, sus atavíos y que llevaban los mensajeros y encima llevaban muchas más cosas como signos de bienvenida: una corona de oro en forma de caracol de mar con plumas de loro amarillo suspendidas, una mitra de oro[159].

¿Espera Motecuhzoma que el dios se revele por la elección de su adorno? ¿Quetzalcoatl o Tezcatlipoca? A esta alternativa, el emperador añade una tercera posibilidad: Tlalocantecuhtli. Ese dios, honrado por los pueblos de la selva aliados de los Aztecas, había sido integrado a su panteón después de su victoria sobre los Mayas como igual al Dios Sol Huitzilopochtli, del que Motecuhzoma guarda naturalmente las armas, ya que es su descendiente directo.

2. LA HOSPITALIDAD DE LOS AZTECAS Y LA BUSCA DEL ORO DE LOS ESPAÑOLES

Cortés no se pregunta sobre la significación de todos esos adornos. Comerciante instalado en Cuba, ha construido una fortuna basada en la esclavitud de «negros», después de haber participado en el genocidio de los «indios» del Caribes. Pero la producción de sus tierras está lejos de satisfacerle. Cuando se entera de que los Aztecas llevan joyas de oro, convierte todos sus bienes en barcos. Sus reclutas son trescientos mercenarios blancos y seiscientos esclavos negros. Esos aventureros ya no reconocen los valores de su patria española. Sólo reconocen el oro. Pero son esperados como los Dioses. ¿Pero qué pasaba pues en España? ¿Todas las sociedades del mundo no están

---

[159] *Ibíd.*, p. 54-56.

basadas en el principio de reciprocidad, todas las economías del mundo no son tributarias de la reciprocidad de los dones?

España está a la encrucijada de los caminos. El sistema de reciprocidad y redistribución está desde tiempo en un callejón sin salida. Antes, los unos producían para dar (*laboratores*), los otros se pegaban para vengar las injurias (*bellatores*), por fin los últimos expresaban los valores producidos por la reciprocidad (*oratores*). Pero la propiedad hizo su entrada, subrepticiamente, solidificando el valor en el imaginario de cada uno. Los responsables religiosos ya no son elegidos por la asamblea sino nombrados por su magisterio, los belicosos no se eligen aún más sino son designados por la herencia. Los caballeros, los clérigos y el pueblo son presos de imaginarios que se «fetichizan». En las fronteras del sistema, la propiedad se anuncio al descubierto con los negociantes y como fuerza de liberación de los privilegios, de los clérigos y del nobles. Se pretende universal y desafía cualquiera pretende atribuirse lo de manera exclusiva. Los negociantes en los burgos y los puertos, hacen fortuna. Armaron las naves de Colón, prestan a los reyes, crean un nuevo poder que rompe con los valores insertados en la tradición, un poder que tiene por referencia un valor objetivo, el valor de intercambio.

Los Occidentales que embarcaron en las carabelas rompen toda lealtad. Generalmente delincuentes sin fe ni ley, aventureros que eligieron la libertad, hacen valer por la propiedad, su individualidad en frente de cualquiera. Son una vanguardia de una nueva sociedad. Pronto, Cervantes estigmatizara la contradicción entre la tradición y el nuevo orden por la «locura» del caballero a la triste figura que protege el honor de los opresos, da a todos por amistad, y la «sensatez» de Sancho Panza colgado al proverbio de la burguesía naciente: *Tanto valgo cuanto tengo*. En América, no hay más tradición, más Historia, más instituciones, incluso no hay interfaz entre el sistema de reciprocidad y el sistema de intercambio. Los españoles eligieron a su nuevo amo: el Oro. No sabrán o no querrán conocer nada de los valores aztecas.

Aún, antes de desembarcar en las tierras de México-Tenochtitlán, reciben testimonios de lo que les espera:

Luego, comieron galletas de maíz blancas, de maíz desgranado, huevos de pavo, pavos y también toda clase de frutas chirimoyas, mameys, zapotes amarillos, zapotes negros, y patatas dulces, patatas de madera, patatas dulces color herrumbre, patatas dulces malvas, patatas dulces rojas, raíces dulces de jícama, ciruelas de monte, ciruelas de río, huajalotes, guayabas, paltas, algarrobos, ciruelas de tejote, cerezas del campo, higos amarillos de nopal, moras, higos de nopal blancos, higos de nopal rojos, higos de nopal zapotillero, higos de nopal de agua... Y cuando llegaron a tierra seca, cuando al fin vinieron, cuando avanzaron, se pusieron en camino, tomaron su camino, fueron atendidos grandemente, fueron considerados con gran estima. Es sólo guiados por sus manos que vinieron, que siguieron su camino. Se hizo gran cosa por ellos[160].

Entonces, comienza el Quid pro quo histórico. Del lado azteca frente al extranjero, la hospitalidad, el don. Del lado occidental, la obsesión por el oro, la acumulación. Por una parte se asegura su dignidad, su valor, mostrándose generoso. Por el otro, se ignora todo de ese valor creado por el don, se busca, se toma, se acumula el oro.

Apenas en tierra, los hombres de Cortés se lanzan sobre las obras de arte o de culto, sacan el oro que sólo cuenta por su peso. Masacran inmediatamente a los primeros pobladores aztecas que encuentran para quitarles el oro o las vestimentas.

Motecuhzoma, ante esas nuevas ¿deduce que el dios Tezcatlipoca estaba ávido de sangre humana? Envía otra embajada con prisioneros para inmolarlos a los pies de Cortés, pero este también mata a los sacrificadores.

---

[160] *Ibíd.*, p. 63 (*Códice Florentino*, XII, cap. 8).

Y el «Dios» alcanza la ciudad de Cholula, ciudad santa del Imperio en la que los dignatarios religiosos se reunieron en gran ceremonia:

> De creer a Cortés, la ciudad misma era muy impresionante cuando hizo su entrada en ella: "(…) esta ciudad de Cholula está establecida en una planicie, y cuenta con hasta veinte mil casas en el centro de la ciudad y otras tantas en los suburbios…". Por otra parte Cholula, ciudad religiosa, ofrecía el panorama deslumbrante de una multitud de templos espectaculares que habían impresionado mucho a Cortés: "garantizo a Vuestra Alteza que he contado, desde lo alto de un templo cuatrocientos y pico torres en esta ciudad, y todas pertenecían a templos"[161].

Pero cuando todos los sacerdotes están reunidos, prosternados, los españoles cierran las puertas del templo y masacran. Luego reúnen el oro y se fugan.

> Inmediatamente, entonces, se ha aplastado, asesinado, golpeado. (…) No es con flechas que ellos fueron al encuentro de los españoles. Simplemente fueron masacrados a traición. Simplemente fueron aniquilados con engaño. Simplemente, sin saberlo, se los mató…[162].

Cholula, ciudad mártir, es el símbolo de la conquista: una pasión religiosa comienza cuando los Aztecas prisioneros de los templos son asesinados.

El Emperador está perplejo, los comentarios traicionan su desconcierto. Por consejo de Cacama, rey de Texcoco, Motecuhzoma propone una entrevista para establecer la paz. Su embajada aporta ricos presentes en oro, que dispone bajo los estandartes imperiales decorados con oro.

---

[161] *Ibíd.*, p. 388, nota 35 (*Códice Florentino*, XII, cap. 11).

[162] *Ibíd.*, p. 69.

El historiador describe la sorpresa de los Aztecas ante el comportamiento de los españoles:

> Y cuando les dieron esto o aquello, es como si hubiesen sonreído, como si se hubieran alegrado, como si tuvieran un placer ardiente. Es como monos de cola larga que cogieron de todo lado el oro. Es como si, allá, se sentaran, como si se aclarara blanco, como si se refrescara su corazón. Ya que es muy cierto que tenían mucha sed, que se atiborraban, que morían de hambre, que querían, como puercos, el oro[163].

De un lado como del otro, la ideología se trasforma en fetichismo: para los occidentales, no hay otro valor que el oro; para los amerindios, las plumas de quetzal...

Entonces, como los adornos de los Dioses, efigies y talismanes no tienen ningún efecto sobre los recién venidos, el Emperador se dirige hacia los magos que detentan el poder de embrujar al enemigo.

> Pero en ninguna parte hicieron nada, en ninguna parte vieron nada, no llegaron a nada de nada, no hicieron nada de lo que sea, no fueron competentes[164].

Las narraciones aztecas pretenden que los sacerdotes anunciaban, desde hace algún tiempo, una catástrofe inminente.

> Antes de que vengan los españoles, diez años antes, apareció un presagio de desgracia por primera vez en el cielo, como una llama, como una hoja de fuego, como una aurora. Parecían llover pequeñas gotas, como atravesando el cielo; se agrandaba en la base, se afilaba en la punta, hasta en la bella mitad del cielo, hasta al corazón del cielo iba, hasta el más profundo corazón del cielo llegaba. De

---

[163] *Ibíd.*, p. 71 (*Códice Florentino,* XII, cap. 12).
[164] *Ibíd.*, p. 72 (*Códice Florentino,* XII, cap. 13).

esta forma, se la veía, allá abajo en el oriente se mostraba, brotaba en medio de la noche, parecía hacer el día y, más tarde, al levantarse, la borraba el sol[165].

Entonces los sacerdotes predicen el fin del mundo. Interpretan su encuentro con un fugitivo aterrorizado como la aparición de Tezcatlipoca mismo:

> Él les ha dicho: "¿Por qué pues habéis venido en vano aquí? Ya nunca más habrá México. Con todo lo que llega, ya ha pasado enteramente. ¡Iros! ¡Fuera de aquí! ¡No se queden ahí! ¡Vuélvanse! Miren a México, como si ya hubiera pasado, como que ya está pasando". Entonces se volvieron, dieron media vuelta y vieron que se quemaban todos los templos, las casas de los barrios, los colegios religiosos y todas las casas de México, y era como si ya se hubiera combatido. Y, una vez que los adivinos hubieron visto eso, fue como si su corazón hubiera partido a otra parte…

> Motecuhzoma, una vez que hubo escuchado, simplemente bajó la cabeza. Se quedó simplemente así, con la cabeza gacha (…) como si estuviera completamente anonadado[166].

La leyenda colonial, a la gloria de los españoles, dice que el español tuvo la habilidad de explotar las divisiones fratricidas de los Aztecas aliándose a poblaciones fronterizas hartas de llevar tributos a México-Tenochtitlán.

El *Codex Ramírez* cuenta, en efecto, que Ixtlilxochitl, hijo del rey Texcoco se alió muy rápido a Cortés ya que había sido alejado del trono, destinado a su hermano Cacama, protegido de Motecuhzoma. Pero el *Codex Ramírez* precisa también que Ixtlilxochitl y Cacama se encontraban pacíficamente en el tiempo de Motecuhzoma. Ixtlilxochitl se negará siempre ante

---

[165] *Ibíd.*, p. 49 (*Códice Florentino*, XII, cap. 1).
[166] *Ibíd.*, p. 73 (*Códice Florentino*, XII, cap. 13).

Cortés a marchar contra su hermano y le reprochará vehementemente su asesinato, al jefe español.

Que los españoles hayan dispuesto de ejércitos aztecas se explica menos por el genio estratégico de Cortés que por la lógica del Quid pro quo: cada ciudad azteca rivaliza con las otras por ofrecer más a los extranjeros. Los unos eligen honrarlos, porque esperan de ellos protección y redistribución. Los otros a través dones considerables, tratan de someterlos a sus dioses. Pero todos ofrecen la alianza a los españoles.

El *Codex Ramírez* va más lejos: son los Aztecas los que asumirán la mayor responsabilidad de la conquista, por lo menos aquellos que percibieron los límites de la religión tradicional.

Los textos señalan la contradicción de los dos hermanos Ixtlilxochitl y Cacama, el uno que encarna la tradición, el otro que se rebela contra ella. Los términos de la contradicción son religiosos. Es Cacama el que le aconseja al emperador que reciba a Cortés a pesar de la masacre de Cholula: el emperador, ya que es la más grande encarnación del más grande de los Dioses, no puede sustraerse a la obligación del don y de la hospitalidad, sin perder la cara.

> Informado de lo que ocurría, Motecuhzoma hizo venir a su sobrino Cacama, a su hermano Cuitlahuatzin y los otros señores y les propuso una larga discusión para saber si había que recibir a los cristianos y de qué manera. Cuitlahuatzin respondió que de ninguna manera, Cacama fue de la opinión contraria: parecería poco valiente no dejarlos entrar mientras que estaban a las puertas y no convenía a un gran señor como su tío no recibir a los embajadores que un príncipe tan importante enviaba[167].

---

[167] *Ibíd.*, p. 182 (Fragmentos adicionales al *Códice Ramírez*, cap. 3, es decir a la «Relación del origen de los indios que viven en esta Nueva España según su historia»).

Ixtlilxochitl, por su parte, renunciará a la tradición. Adoptará la religión cristiana, no para complacer a Cortés, sino porque descubre una religión que juzga superior a la suya. Por otra parte, debe forzar la decisión de los españoles poco apresurados en verlo reivindicar el título de hijo de Dios. Como los Merovingios de Clovis, Ixtlilxochitl organiza la ceremonia de bautismo y toma el nombre del rey de España, «Don Hernándo». Conducirá la conquista por cuenta de los españoles a la cabeza de tropas aztecas.

> Revestidos con sus trajes reales, Ixtlilxochitl y su hermano Cohuanacotzin recibieron las premisas de la ley evangélica. El primero tuvo a Cortés como padrino y fue bautizado Hernándo como nuestro rey católico (…) Se fue de ahí bautizado veinte millar si hubiera sido posible. Ixtilxochitl fue luego a contar a su madre Yacotzin lo que había pasado y decirle que iba a buscarla para conducirla al bautismo. Ella le preguntó si no había perdido su espíritu y le reprochó de haberse dejado convencer en tan poco tiempo por un puñado de bárbaros[168].

La conquista es una revolución religiosa, una pasión para los que tienen la tradición azteca, la muerte de una teocracia de la que Motecuhzoma será el mártir. Motecuhzoma va, además, por delante al sacrificio. Ofrece a los conquistadores el reino de México.

> Arreglaron en vasos de calabaza flores preciosas, heliantos, flores del corazón, magnolias en el medio de las que se pusieron flores de maíz quemado, flores amarillas de tabaco, flores de cacao, coronas de flores, guirnaldas de flores. Y llevaban collares de oro, collares de varia filas, collares trenzados.

> Y entonces, es ahí, en Uitillan, que Motecuhzoma los encontró. De entrada, les distribuyó sus regalos al Capitán,

---

[168] *Ibíd.*, p. 181 (*Códice Ramírez.*, cap. 3).

al que mandaba a los guerreros. Le ofreció las flores, le puso en el cuello un collar, le puso alrededor del cuello flores, lo cubrió de flores, lo coronó de flores. Luego, entonces, antes sus ojos, desplegó los collares de oro, todos los obsequios destinados a llegar a alguno...

Y el narrador atribuye estas palabras al emperador:

No solo estoy soñando, no veo esto solamente en mi sueño, no hago más que soñar en ti, ahora te veo frente a frente...

Y ahora eso ha llegado: has venido. Has sufrido muchas fatigas, estás cansado, acércate a la tierra, reposa, anda a conocer tu palacio, descansa tu cuerpo, que se acerquen entonces a la tierra nuestros señores[169].

El emperador condujo a Cortés de la mano por las terrazas de México y le hizo contemplar los esplendores de la ciudad. Los españoles, pasmados, recorrieron los palacios:

Y cuando llegaron a la cámara secreta de los tesoros, el lugar llamado *Teocalco*, inmediatamente sacaron afuera, mezclados, todos los trenzados en tejidos preciosos, las armaduras de desfiles en plumas de quetzal, las armas, los bucles, los discos de oro, los collares de demonios, las medialunas de oro para adornar la nariz, las perneras de oro, los brazaletes de oro, las cintas de la frente de oro.

Inmediatamente, entonces, se arrancó el oro de los bucles y de todas las armas. Y cuando se arrancó todo el oro, entonces pusieron fuego, hicieron quemar, destruyeron todos los objetos preciosos. Quemaron todo. Y el oro lo convirtieron en lingotes, los españoles...[170].

---

[169] *Ibíd.*, p. 81 (*Códice Florentino*, cap. 16).
[170] *Ibíd.*, p. 84 (*Códice Florentino*, cap. 17).

Los saqueadores quemaron los valores aztecas para sacar sus propios valores. Los Aztecas continúan ofreciendo hasta el sacrificio. Motecuhzoma les ofrece a los españoles los tesoros de Huitzilopochtli –Dios sol–, guardados en sus apartamentos personales.

Entonces comienza el sacrificio. Motecuhzoma acepta celebrar la fiesta de Huitzilopochtli que Cortés le pide. Este espera que todo el oro de los adornos aztecas sea reunido para esta celebración. Pero aun no es la época del ritual. Cortés suplica, Motecuhzoma consiente. Le es imposible rehusarse. Asume el desafío del don, aunque éste deba conducirlo hasta la muerte. Ordena que se construya la estatua de su dios. El pueblo vacila, refunfuña, luego se somete. Los sobrevivientes de Cholula interpelan al Emperador. Él responde que, ya que ofrece la paz, un nueva masacre es imposible, ya que es el garante supremo. Pero:

> (…) ya cuando se celebraba la fiesta, ya cuando se danzaba y se cantaba, ya cuando canto y danza se mezclaban y que el canto era como un estruendo de vagas brisas, entonces cuando les pareció a los españoles que había llegado el momento de masacrar, entonces aparecieron. Estaban preparados para la guerra.

> Llegaron a cerrar todas las partes por donde se podía salir, por donde se podía entrar: la puerta del águila, el costado al pie del palacio, el costado del Puente de Caña y la Puerta del espejo de serpientes. Y cuando los encerraron, por todas partes se apostaron. Nadie más podría salir.

> Y hecho eso, entonces, entraron en el patio del templo para masacrar a la gente. Aquellos que tenían la necesidad venían simplemente a pie, con su escudo de cuero, otro con su escudo tachonado y su espada de metal; enseguida, entonces, rodearon a los que danzaban, enseguida, entonces, fueron donde estaban los tamborileros, enseguida golpearon las manos de los tocadores de tambor, vinieron a cortar las palmas de sus manos, las dos; luego, cortaron sus cuellos, y sus cuellos cayeron lejos.

Enseguida, entonces, todos ellos asaltaron a la gente con lanzas de metal. Algunos fueron lanceados por la espalda, y sus tripas se dispersaron. A algunos les rompieron la cabeza en pedazos, les trituraron la cabeza, redujeron su cabeza a polvo. A otros los golpearon en los hombros, vinieron a agujerear, vinieron a hender los cuerpos. A otros los golpearon varias veces en las piernas, a otros los golpearon en el vientre e inmediatamente sus tripas se dispersaron. Y es en vano que corrían. No hacían más que andar de cuatro patas, agarrando sus entrañas. Era como si los tomaron de los pies si querían huir. No se podía ir a ninguna parte. Y a algunos querían salir, venían a golpearlos, venían a acribillarlos a golpes...[171].

Los españoles, con el botín amasado, se hacen fuertes en el palacio. En las puertas, emboscan sus arcabuces y llaman a su auxilio a Ixtlilxochitl, que no puede imaginar la realidad. Pero como ellos no podrían impedir que su liberador se entere pronto de la realidad, aprovechando de una noche lluviosa, se fugan. Antes de abandonar México, ejecutan a Motecuhzoma.

Viéndose con más novecientos españoles y numerosos amigos, Cortés decidió algo que se ha tratado de travestir, pero Dios conoce bien la verdad y fue que en el cuarto de la mañana se encontró muerto al desgraciado Motecuhzoma, que en la víspera se había hecho salir a una terraza baja para que hable a los hombres, detrás de un pequeño parapeto y se cuenta que comenzaron a tirarle piedras, y que uno lo alcanzó. Pero aunque todo eso sea cierto, esta piedra no podía hacerle ningún mal porque hace ya cinco horas que estaba muerto. Algunos precisan incluso que, para que no se pueda ver la herida, se le había hundido la espada por el fundamento[172].

---

[171] *Ibíd.*, p. 91 (*Códice Florentino*, cap. 20).
[172] *Ibíd.*, p. 189 (*Códice Ramírez*, cap. 9).

Durante más de un año, México-Tenochtitlán resistirá un sitio despiadado. Pero la ciudad será diezmada por las epidemias. Utilizando piezas de tejido que mojan con el humores y sangre de los hombres enfermos, las ofrecen a sus adversarios mediante embajadas. Los españoles utilizan las primeras armas bacteriológicas.

El *Codex Ramírez* dice que, en el último asalto, Don Hernando (Ixtlilxochitl) subió las escaleras del palacio, llegó a la estatua de Huitzilopochtli y la decapitó.

> Llegado al pie del templo, Don Hernando comenzó a subir las escaleras, acompañado de su tío Don Andrés Achacatzin, famoso capitán de Chiyautla que mandaba a cincuenta mil hombres (…). Don Hernando atrapó por los cabellos al ídolo que antes adoraba y lo decapitó. Teniendo la cabeza con la mano, la mostró a los mexicanos diciéndoles con una voz vibrante: "Ved a vuestro Dios y su poco poder, reconoced vuestra derrota y recibid la ley del Dios único y verdadero". Les tiraban andanadas de piedras y Don Andrés tuvo que proteger a su sobrino Cortés con su escudo, ya que los dos famoso capitanes estaban al descubierto. Luego tomó el ídolo…[173].

3. LA RIADA DE LOS ESPAÑOLES POR EL ORO Y EL MARTIRIO DE LOS AZTECAS

Los españoles están tan apurados por convertir su victoria en oro que despojan a los cadáveres protegiéndose «con telas muy finas, ya que tenían náuseas a causa de los muertos que olían mal»[174].

---

[173] *Ibíd.*, p. 193-194 (*Códice Ramírez*, cap. 14).
[174] *Ibíd.*, p. 147 (*Códice Florentino*, cap. 40).

Arrancan los ornamentos labiales, los aretes de las orejas, los collares, los pectorales, recogen mitras y cascos, brazaletes. Luego torturan a los sobrevivientes con la esperanza de que revelen el escondite de un oro secreto. Cortés forzó a Cuauhtémoc, el último emperador azteca, a caminar con los pies quemados para que indique eventuales subterráneos en lo que se ocultaría el oro. Los Aztecas, que esperaban que su sangre se metamorfosearía un día en el calor del sol, son colgados o devorados por los perros.

> Ahí abajo, colgaron al soberano de Uitzilopocho, Macuilcochitzin. Inmediatamente luego, al soberano de Colhuacan, Pitzotzin; los dos fueron colgados ahí abajo. Y al tlacateccatl de Quauhtitlan y al tlillancalqui los hizo devorar por los perros. Luego, enseguida, la gente de Xochinulco fue también librada a los perros para ser devorada, y Ecamextlatzin de Texcoco fue librado a los perros para ser devorado[175].

Se acaba ultimando a los heridos de un pueblo que había abierto las puertas de sus casas porque creía recibir Dioses. Como quiera, el pueblo mexicano, gracias a uno de los suyos, se liberó del fetichismo solar. Se liberó de un imaginario del que no llegaba sobrepasar los límites. Numerosas son las sociedades de Nuevo Mundo que, ellas mismas, precipitaron la ruina de sus ciudades porque creían poder contar con el extranjero para denunciar el fetichismo religioso. Desencadenaron, sin embargo, fuerzas imprevistas que llevaron al caos hasta los fundamentos mismos de su civilización.

Etnólogos, historiadores y economistas se preguntan todavía por qué imperios tan potentes, los Aztecas, Incas, se hundieron en algunas horas ante pequeñas bandas de aventureros. Pero el enigma se desvanece si uno se da cuenta de que los amerindios ignoraban que el Dios extranjero no

---

[175] *Ibíd.*, p. 166 (Anales históricos de Tlatelolco).

practicara el don recíproco y únicamente el intercambio interesado. En cuanto a los extranjeros, ignoran el principio de reciprocidad. Como uno dona, mientras el otro recibe, la caída de las ciudades es inmediata y total. Uno ofrece para establecer o aumentar su prestigio o acrecentar su autoridad, mientras que el otro toma, acumula, privatiza para asegurar su ganancia y su poder. Pero cada uno imagina que el otro pertenece a su sistema; cada uno se ilusiona sobre la humanidad del otro, la que nace del don, para los unos, y que, para los otros, nace de la propiedad.

El buscador de oro ignora que el don crea la autoridad de quien dona. A sus ojos, la gratuidad del don no engendra ningún valor. Interpreta el don del Azteca como un gesto de simplicidad. O, asimismo, ve en el don la propuesta de un trueque. Se felicita, en ese caso, de recibir mucho al menor costo, y concluye en la incompetencia del amerindio. El amerindio no imagina que el extranjero no participa de ninguna humanidad fundada en la reciprocidad. Cree que el otro respetará su prestigio e incluso que redistribuirá las riquezas, cuando le llegue el turno de merecer la gloria a la que pretende. Los dos mecanismos, del don y de la acumulación pertenecen a sistemas antagónicos; pero, articulados uno sobre el otro, aumentan sus efectos en un solo sentido: todas las riquezas materiales pasan, sin retorno, de una sociedad a la otra.

Las comunidades de reciprocidad de la Amazonía, en estado disperso, algunas de las cuales aún hoy viven en la selva y que siempre ofrecen hospitalidad a los recién llegados, no hacen otra cosa diferente que los emperadores aztecas o incas que dieron su imperio a los primeros colonos. Los humildes, como los poderosos, se suicidan abriendo sus puertas a los colonos; y al establecer la *privatización* como principio de derecho, los colonos se convierten en los amos del Nuevo Mundo.

*

153

5

EL QUID PRO QUO HISTÓRICO ENTRE LOS OCCIDENTALES

1. EL POSTULADO OCCIDENTAL DEL INTERÉS

Desde 1492, los «indios» son tratados como sub-hombres por la única razón de que no fundan su economía en su interés. Un siglo y medio más tarde, el filósofo inglés Thomas Hobbes[176] sostiene que el interés es el principio universal de la economía.

Hobbes imagina que el hombre, dotado de forma innata de razón, se sirve de ella enseguida para dominar la naturaleza. ¿Pero no puede el «extranjero» saquear a cada momento los jardines, como saquea la selva, para procurarse a menor costo lo que no tiene la fuerza, la competencia, las ganas de producir? La razón ordena, entonces, defenderse de ello y atacar preventivamente. Es la guerra de todos contra todos. Pero la guerra es costosa y tiene riesgos. La razón aconseja entonces recurrir al intercambio para obtener lo que se desea sin guerra.

¿Cómo darle un comienzo de prueba a esta creencia? Hobbes se refiere a la observación de su propia sociedad: véase el comportamiento de la gente: ¿No se arman cuando parten de viaje y no se rodean de amigos o personas que puedan defenderlos? Y, por la tarde, ¿no cierran sus puertas, no desconfían de sus prójimos encerrando sus bienes en sus cofres? ¿No es el interés el que dirige sus actos?

---

[176] Thomas Hobbes, *Léviathan* (1651), Paris, Sirey, 1971.

Hobbes reconoce que no se puede deducir de esas observaciones una ley general, pero declara que si el principio del interés no puede ser extendido al mundo entero, por lo menos está en vigor en los pueblos salvajes: ¡y en particular en las Américas!

> Se creerá, tal vez, que en algún tiempo no existió ni un estado de guerra como este. Creo, en efecto, que nunca fue así de una forma general, en el mundo entero. Pero hay muchos lugares en los que los hombres viven así actualmente. En efecto, en muchos sitios de América, los salvajes, puestos aparte por el gobierno de pequeñas familias, donde la concordia depende de la concupiscencia natural, no tienen gobierno en absoluto y viven hasta hoy de la forma animal de la que hablé antes[177].

De este modo, Hobbes pasa por alto la descripción de Cristóbal Colón, que cuenta que los Caribes practican el don, sobre todo a los extranjeros o huéspedes, hechos contrarios a su imaginación para justificar su *a priori* ideológico.

En el siglo XVIII, Adam Smith, a su vez, no puede concebir otro motor económico que el interés:

> No es de la bondad del carnicero, del comerciante en cerveza o del panadero, de quienes esperamos nuestra cena; es, más bien, del cuidado con que velan por sus intereses. No nos dirigimos a su humanidad sino a su egoísmo; y nunca es de nuestras necesidades que les hablamos, sino de sus ventajas. Sólo un mendigo podría animarse a depender de la bondad del otro[178].

Smith creía que el trueque era la base de todas las economías del mundo. Imagina que, en las comunidades primitivas, el cazador hábil para confeccionar arcos se da

---

[177] *Ibíd.*, p. 125.

[178] Adam Smith (1776), *Recherches sur la nature et les causes de la richesse des nations*, Paris, Gallimard, 1991, Livre I, cap. II, p. 82.

cuenta de que escaparía a las contingencias de la caza intercambiando arcos por presas.

Como resulta que es por tratado, trueque o compra que obtenemos de los otros la mayor parte de los buenos oficios que nos son mutuamente necesarios, es esta misma disposición para traficar la que originalmente habrá dado origen a la *división del trabajo*. Por ejemplo, en una tribu de cazadores o pastores, un individuo hace arcos y flechas con más celeridad y habilidad que otro. Trocará esos objetos con sus compañeros frecuentemente por ganado o caza, y no tardará en darse cuenta de que, por este medio, podrá procurarse más ganado o caza que si él mismo iría a cazar. Por cálculo de intereses, entonces, hace de los arcos y las flechas su principal ocupación y helo ahí convertido en una especie de armero...[179].

El ejemplo es ciertamente torpe, ya que en las comunidades de cazadores, nunca se intercambia el arco. Posesión personal inalienable, se lo entierra o se lo quema con el cazador a su muerte. Pero el problema no está ahí; el cazador podría intercambiar sus presas y el trueque podría estar en el origen de la economía humana. Y bien, es lo contrario lo que se observa: nunca se intercambia la caza ¡se la distribuye! El etnólogo Stevenson[180] hizo célebre esta distribución mediante el dibujo anatómico de un búfalo, parecido al que los carniceros exponen en sus tiendas para indicar a sus clientes el nombre de las diferentes partes. En la comunidad de Birmania, donde Stevenson estudia las reglas de redistribución de los alimentos, cada pedazo de búfalo es nombrado para ser atribuido a una persona que ocupa un estatus dado en el sistema clasificatorio de parentesco. A veces, el cazador ni siquiera tiene el derecho de consumir su propia

---

[179] *Ibíd.*, p. 82-83.

[180] Ver H. N. C. Stevenson, «Feasting and Meat Division among the Zahau Chins of Burma» (1937), citado por Lévi-Strauss en *Les Structures élémentaires de la parenté, op. cit.*, p. 40.

caza; esto para señalar que uno debe alimentarse del don que recibe y no de lo que uno mismo ha producido.

2. EL QUID PRO QUO ETNOLÓGICO

Casi todos los etnólogos, siguiendo a Mauss, tratarán de demostrar que el interés es el hecho primero, el hecho originario. Por ejemplo, Lévi-Strauss, en la principal experiencia etnográfica de su carrera, describe el encuentro de dos bandas de Nambikwara[181]. Pero no hay observación que no comporte ya una interpretación, y es probable que Lévi-Strauss tuviera que interpretar los hechos contados, como si los amerindios se dirigían, los unos a los otros, animados por la codicia de riquezas de unos y otros.

Hay, sin embargo, en esa narración de referencia, extrañas disonancias entre los hechos y su interpretación. Los Nambikwara miraban a lo lejos las humaredas que subían al cielo: ¿amigos o enemigos? Las humaredas se desvanecían, reaparecían. Cuando al fin los hombres de las dos comunidades deciden encontrarse, se dirigen, durante una noche entera, y con una emoción intensa, testimonios de hostilidad inmediatamente transformados en testimonios de amistad o a la inversa. Los unos dicen: «Somos vuestros amigos», y los otros dicen: «Somos vuestros enemigos», y si los primeros dicen, a su vez, «Somos vuestros enemigos» y desafían a sus asociados, he ahí qué estos hacen protestas de amistad. Y de las protestas ambiguas se pasa a los regalos, «regalos recibidos, regalos donados, pero silenciosamente, sin

---

[181] Claude Lévi-Strauss, « La vie familiale et sociale des Indiens Nambikwara », Paris, *Journal de la Société des Américanistes*, vol. 37, 1948, p. 1-132.

regateos[182]», que van de los unos a los otros, vuelven y pasan muchas veces entre las mismas manos. ¿Qué pueden ser los regalos cuya naturaleza no se regatea, pero que procuran una alegría tan grande? Tiestos de cerámica, granos rojos de habichuelas, adornos, testimonian del otro que los dona, dicen del esplendor del ser del cual cada uno es el rostro para el otro, la generosidad, la bondad del donador. Son regalos que se parecen mucho más a los dones de los Arawak o a las «reliquias» de Cristóbal Colón, que a los intereses de Thomas Hobbes o Adam Smith.

Cuando las comunidades de los Nambikwara se hayan encontrado varias veces, instituirán relaciones ficticias de parentesco: los unos serán llamados los «cuñados» de los otros, como si sus mujeres hubieran sido las hermanas de los otros, y viceversa. He aquí cómo lo interpreta Lévi-Strauss:

> Las pequeñas bandas de indios Nambikwara del Brasil occidental se temen habitualmente y se evitan, pero, al mismo tiempo, desean el contacto, ya que este suministra el único medio de proceder a intercambios y procurarse así los productos o artículos que les faltan. Hay un lazo, una continuidad, entre las relaciones hostiles y el suministro de prestaciones recíprocas: los intercambios son guerras pacíficamente resueltas, las guerras son el resultado de transacciones desgraciadas.

Se manifiesta la paz mediante regalos y, luego, si las relaciones de cordialidad se hacen duraderas se pueden llamar «cuñados», lo que tendrá como consecuencia, en el sistema de parentesco de los Nambikwara, que los hijos de un grupo se conviertan en las parejas potenciales de los hijos del otro grupo...

> Existe una transición continua, de la guerra a los intercambios y de los intercambios a los inter-matrimonios;

---

[182] Lévi-Strauss, *Les Structures élémentaires de la parenté, op. cit.,* p. 78.

y el intercambio de novias no es sino el término de un proceso ininterrumpido de dones recíprocos que cumple el paso de la hostilidad a la alianza, de la angustia a la confianza, del temor a la amistad[183].

La estructura de reciprocidad crea la amistad. Pero he aquí que la primacía del interés es un postulado tan profundamente anclado en la psicología occidental, que incluso Lévi-Strauss no puede desprenderse de él. Los dones vienen solamente para desarmar al adversario, instaurar un clima propicio para el intercambio, y la estructura de parentesco ficticia está ordenada según el intercambio bien comprendido de las mujeres.

3. CONCIENCIA OBJETIVA Y CONCIENCIA AFECTIVA

Es interesante comparar los dos enfoques de Colón y de Lévi-Strauss. Ambos reconocen que los dones recíprocos fundan la amistad, pero, a sus ojos, los dones son prestaciones que preceden a los intercambios, ya que están ordenados según ellos.

Sin embargo, los dones recíprocos crean un clima de amistad en el cual los intercambios serán estables y más interesantes que en el caso de los encuentros salvajes y aleatorios. Los intercambios están destinados a procurarse riquezas. Sería, para procurarse bienes que no se tienen, que se querría entrar en contacto amigable con el otro y desarmarlo mediante los dones. Eso es cierto para Cristóbal Colón y lo sería, según él, para los Caribes. Los dones indígenas tienen un objeto diferente: su valor de uso no está contado con la misma vara de lo que se estima en su lugar,

---

[183] *Ibíd.*, p. 79.

sino por la dicha que procuran al deseo del otro: *todo lo que tienen lo dan por lo que sea que se les dé*. (13 de octubre de 1492).

> Y no se dice que donaban liberalmente, ya que lo que donaban tenía poco valor, porque hacían lo mismo y con igual liberalidad, los que donaban pedazos de oro y los que donaban el agua de la calabaza, y es algo fácil de reconocer cuando uno dona una cosa con todo su corazón (21 de diciembre de 1492) [184].

Colón reconoce que los «indios» donan para establecer lazos; lo que resume con esta frase lapidaria: «Aman a su prójimo como a sí mismos». (25 de diciembre de 1492), y concluye en la ausencia de racionalidad:

> Tomaban hasta pedazos rotos de barricas, y donaban lo que tenían como animales salvajes[185].

Colón no condena el don pero observa que los «indios» *donan el oro como el agua*, es decir, que no conocen el precio de las cosas y, concluye de ello, que son irracionales. La racionalidad es entendida como la capacidad de reconocer la objetividad de las cosas, de compararlas y medirlas.

Para Colón, el hecho de instaurar, con el otro, una relación en términos de afectividad, de la que las cosas se convierten en sus símbolos, significa una conciencia primitiva. Y si el intercambio, finalmente, no tiene lugar entre los Caribes y los conquistadores, es porque los unos y los otros se encontrarían en estadios diferentes de la evolución humana. Por tanto, el problema de la superioridad del intercambio sobre la reciprocidad de dones, y la de ésta sobre las prestaciones totales, reenvía claramente a la antinomia del conocimiento y de la afectividad. El amor por el prójimo, en tanto que afectividad, es diferente que el intercambio de

---

[184] Cristóbal Colón, *op. cit.*, p. 201.
[185] *Ibíd.*, Carta a Luís de Santangel, febrero-marzo de 1493.

valores objetivos, y aquí la afectividad es considerada como una fuerza opuesta a la razón.

Incluido el mismo Lévi-Strauss, la mayor parte de los filósofos enlazan la conciencia a la objetividad:

> (...) el pensamiento que, incluso cuando se piensa a sí misma, no piensa nada otro que un objeto[186].

Como contrapunto del primado del intelecto, Lévi-Strauss critica a la afectividad, el ser una fuerza autónoma del espíritu.

> Por otra parte, es cierto que me dedico a discernir, tras las manifestaciones de la vida afectiva, el efecto indirecto de alteraciones que ocurren en el curso normal de las operaciones del intelecto, antes que reconocer, en las operaciones de éste, fenómenos segundos en relación a la afectividad[187].

Esta subordinación de la afectividad al intelecto ¿no es la misma que la de Cristóbal Colón, que llamaba a la afectividad «simpleza» cuando no estaba sometida al cálculo? Ahora bien, Lévi-Strauss da la razón de ello:

> Al ser sólo esas operaciones las que podemos pretender explicar, ya que participan de la misma naturaleza intelectual que la actividad que se ejerce para comprenderlas. Una afectividad que no derivaría de ellas sería rigurosamente incognoscible a título de fenómeno mental.

¡Incognoscible ciertamente! La afectividad no pretende ser un conocimiento de algo, aunque sea de ella misma como objeto, obtenido de una escisión interna en la que cada

---

[186] Lévi-Strauss, « Introduction à l'œuvre de Marcel Mauss », en Marcel Mauss, *Sociologie et anthropologie*, Paris, PUF, 1991, p. XLVII.
[187] Lévi-Strauss, *Mythologiques. L'homme nu*, Paris, Plon, 1971, p. 596.

162

término serviría de espejo al otro; sino, más bien, ser, al contrario, una *revelación* obtenida gracias a una relativización recíproca de esos términos opuestos, cuya resultante funda el sujeto fuera de toda determinación objetiva; por tanto como libertad pura. La conciencia afectiva no es reconocimiento de su ser, sino generación de su esencia[188].

Ella sólo es, pues, manifestación que se traduce por lo que Michel Henry llama la Vida. El conocimiento nombra el mundo, pero la conciencia afectiva profiere la humanidad, de manera que la palabra no puede ser acantonada en la sola atribución de sentido, a las diversas partes del universo recortados por las tijeras de la mirada, sino que debe estar acordada a la génesis del sentido. La conciencia afectiva es, sin duda, antinómica de la conciencia objetiva, pero hay que estudiar esta antinomia y pensar la conciencia afectiva como una conciencia que se despliega en los valores éticos, más allá de la ansiedad, de la angustia, del placer y del tedio o cualquier otra sensación, aún prisionera de los constreñimientos biológicos a los cuales, arbitrariamente, Lévi-Strauss reduce la afectividad.

La reciprocidad permite al hombre acceder a una conciencia afectiva que no es solamente subjetiva, sino objetiva en el sentido que da Cassirer[189], es decir librado de toda contextualización y, en consecuencia, soberanamente libre, creando el advenimiento de un Sujeto en el hombre cuyo la expresión es la palabra. Toda palabra tiene en efecto simultáneamente un sentido igualmente reconocido por los socios de la relación recíproca. Los seres humanos pueden inmediatamente desarrollar esta conciencia en paralelo o conjuntamente al conocimiento del mundo. No es, pues, para el disfrute material de los dones que se instaura la

---

[188] Michel Henry, *L'essence de la manifestation*, Paris, PUF, 1963. Ver también: *Philosophie et phénoménologie du corps*, Paris, PUF, 1965.

[189] Ernst Cassirer, *Trois essais sur le symbolique*, *Œuvres* VI, Paris, Éditions du Cerf, 1997, p. 49-50.

reciprocidad, pero por el valor que la reciprocidad produce, y es para reproducir la reciprocidad que se recurre a la mediación de los dones.

4. ¿CÓMO EL INTERÉS SE CONVIERTE EN UN PRINCIPIO UNIVERSAL?

¿Que ha pasado pues, de Cristóbal Colón a Claude Lévi-Strauss?

Cristóbal Colón relega la afectividad en la sencillez y juzga que la razón es conocimiento objetivo de las cosas; él enfeuda así la razón a la lógica de las cosas. La razón está vinculada a las leyes de la naturaleza a las cuales pide prestada su lógica. Si existe otra manera de prever su informe a otros, pertenece a Dios. Colón quiere por la razón controlar el poder del oro, pero lo supedita aún a objetivos espirituales: permitir a los reyes de Castilla reconquistar Jerusalén. Los consejeros flamencos del rey Carlos Quinta tienen ya menos imaginación «don-quijotesca» y puesto que es posible enajenar una parte de la vida humana (el trabajo) en una mercancía, está entonces sobre este reificación del trabajo que va a referirse el intercambio.

Cuando Adam Smith descubre que el motor de las transacciones de sus contemporáneos es el interés, él no en guardia no menos la esperanza de fundar la economía política sobre otro resorte: la simpatía. Pero la simpatía no se intercambia y esta utopía fracasa. Ya Adam Smith ignora el principio de reciprocidad como matriz de un sentimiento común a los socios de la reciprocidad, un sentimiento ciertamente inalienable e incomunicable, pero producido simultáneamente para cada uno de los socios de una relación de reciprocidad y, en consecuencia, referencia idéntica para todos. Adam Smith no concibe ya que la afectividad pueda ser

164

producido por una interacción humana en beneficio de los distintos socios de esta interacción. Observa en el interés una fuerza motriz, y puesto que éste es individualizable, postula el individuo como superior a la relación que lo transforma en sujeto diferente de su determinismo biológico.

Y es cierto que la reificación del trabajo humano permite esta liberación del individuo de todas las relaciones de reciprocidad, en particular de las relaciones de reciprocidad desiguales que implican el avasallamiento de los unos a los otros (la esclavitud).

Marx analizará la explotación de esta diferencia entre el trabajo vivo y la energía física a la cual conduce la reificación del trabajo. Está bien por el salario que en adelante los hombres se comunican el uno con el otro. Mercancía particular, puesto que creador de más valor que ella consume, el trabajo humano se convierte en una fantástica palanca del interés privado. El interés se postula en adelante como un principio y por lo tanto la reciprocidad de los dones sino no se rechaza en el sobrenatural o el divino, pero se trae a una fase inferior de la evolución humana, e incluso a una modalidad anticuada del intercambio hasta el punto que la antropología no podrá preocuparse por la cuestión a que bajo el yugo del postulado de la economía liberal. Mauss dirá:

> (…) aunque indicaremos con precisión todos los distintos principios que dieron este aspecto a una forma necesaria del intercambio –es decir, de la división del trabajo social ella misma– de todos estos principios, nosotros no estudiaremos más que uno. *¿Cuál es la norma de derecho y de interés que, en las sociedades de tipo atrasado o anticuado, hace que se devuelve obligatoriamente el presente recibido? ¿Qué fuerza hay en la cosa dada que hace que el donatario la devuelve?*[190].

Y él tendrá que imaginarse una entidad *ad hoc* para supeditar la sobrepuja del don al intercambio: los dioses. Para

---

[190] Mauss, *Essai sur le don, op. cit.*, p. 148 (subrayado por Mauss).

refutar esta imaginación, será necesario la idea de la «dialéctica del don» y reconocer, más allá de toda igualdad que daría satisfacción al intercambio, en la sobrepuja del contra-don una polaridad ideal que afirma la irreversibilidad del don y su irreductibilidad al intercambio.

¿Que pasa a ser la sencillez atribuida por Cristóbal Colón a las sociedades amerindias?: puede convertirse en una «mentira social», un doble juego ⁻nos decía Mauss. Para Lévi-Strauss, es un recurso astucioso de los indígenas, que traicionaría sin embargo la inmadurez de la razón (de la razón utilitarista se oye).

La antropología occidental garantiza la primacía del intercambio. Lévi-Strauss hace de la reciprocidad de parentesco el modelo del intercambio, martillando su postulado con vigor. Pero necesita dar cuenta de la omnipresencia de la reciprocidad. Le da para función de volver al intercambio igual a fin de instaurar la paz donde habría peligro de vuelta a la guerra primitiva. Lévi-Strauss se refiere a sus antecesores, repitiendo el mismo axioma de esta guerra primitiva aunque éste nunca se haya demostrado: la razón habría aconsejado a los hombres intercambiar más bien que de matarse lo que supone que «la guerra de todos contra todos» sea una condición inicial.

Que la venganza pueda interpretarse como la forma de la reciprocidad que da sentido a la violencia a partir del origen, nos parece arruinar este *a priori*, tanto como la dialéctica del don arruina el *a priori* de la subordinación de la reciprocidad al intercambio.

5. LA GENERALIZACIÓN DE LA PRIMACÍA DEL INTERÉS POR LA SOCIOLOGÍA OCCIDENTAL

La sociología defiende también la razón utilitarista. Bourdieu[191] por ejemplo, en un estudio exhaustivo de la sociedad kabyle en Argelia, afirma que los valores éticos creados en las distintas estructuras de reciprocidad de las comunidades tienen por función garantizar su interés. Nada escape a la reinterpretación de Bourdieu en términos de interés. Bourdieu reanudó y desarrolló el concepto propuesto por Mauss bajo el nombre de *habitus*. Pone de manifiesto que el *habitus* traduce la interiorización de las interacciones sociales por el individuo que hace de éste el agente voluntario e involuntario a la vez de las prácticas de su sociedad, al menos hasta el momento en que el divorcio de las prácticas sociales y de sus objetivaciones le comprometa en una crítica.

Pero más aún, Bourdieu desarrolla la tesis de Mauss que consideraba que en las sociedades anticuadas, todo se mezcla, el espiritual y el material. Mauss añadía que la parte espiritual a menudo se utilizaba para encubrir intenciones que, en resumen, destacaban intereses inconfesables en términos éticos. No llegaba sin embargo a suprimir la antinomia de lo ético y del interés considerado como el resorte fundamental de las prestaciones humanas.

Bourdieu aclara el concepto de mezcla sosteniendo la idea de una convertibilidad mutua del capital simbólico y el capital económico y mostrando lo que le parece ser la dependencia del primero frente al segundo:

> Resumidamente, contrariamente a las representaciones ingenuamente idílicas de las sociedades "precapitalista" (o de la esfera "cultural" de las sociedades

---

[191] Pierre Bourdieu, *Esquisse d'une théorie de la pratique*, (1972), Paris, Seuil, 2000.

"precapitalistas"), las prácticas no cesan obedecer al cálculo económico entonces incluso cuando dan todas las apariencias de desinterés y que escapan a la lógica del cálculo interesado (al sentido limitado) y que se orientan hacia lo que está en juego a niveles no materiales y difícilmente cuantificables[192].

Pero se choca también con el antagonismo del uno y del otro y debe explicar que en las comunidades que estudia, la importancia del capital simbólico supera la del capital económico.

Queda claro que, en estas condiciones, la acumulación de capital simbólica no puede hacerse que en detrimento de la acumulación de capital económica. En la medida en que ella se añada a los obstáculos objetivos vinculados a la debilidad de los medios de producción, la acción de los mecanismos sociales que imponiendo la disimulación y el rechazo del interés económico tienden a hacer de la acumulación del capital simbólico la única forma reconocida y legítimo de acumulación, bastaría a frenar, o incluso a prohibir, la concentración del capital material y era seguramente raro que la asamblea se obligó de producir expresamente para sumar uno de cesar de enriquecerse.

Para ello se trata de engañar el adversario gracias a un cálculo muy hábil sobre la rentabilidad de lo simbólico (cosa un poco sorprendente desde el punto de vista lógico puesto que se viene de explicar lo simbólico por la ausencia del cálculo).

Para resumir –dice Bourdieu– basta tener al espíritu la homología de la relación que el grupo mantiene con su tierra y de la relación que mantiene con sus mujeres para incluir que la preocupación de salvaguardar el capital

---

[192] *Ibíd.*, p. 235.

simbólico de la familia, componente fundamental del patrimonio social, conduzca a aceptar pagar más allá de su valor "comercial" una tierra ancestral.

El vínculo se establece con la teoría de Lévi-Strauss según el cual el primer capital simbólico del hombre es la mujer, que sería la moneda de intercambio universal del pueblo sujeto a las normas de la reciprocidad de parentesco.

Así –concluye Bourdieu– las correspondencias que se establecen entre la circulación de tierras vendidas y readquiridas, las de las "gargantas" "prestadas" y "vueltas" o las de las mujeres concedidas o recibidas (i.e. entre las especies diferentes de capital y los métodos de circulación correspondientes) obligan a abandonar la dicotomía de lo económico y del no-económico que impide de comprender la ciencia de las prácticas económicas como un caso particular de una ciencia general de la economía de las prácticas, capaz de tratar todas las prácticas incluso las que quieren ser desinteresadas o gratuitas pues liberadas de la economía, como prácticas económicas orientadas hacia la maximización del beneficio material o simbólico.

¿El hecho que una única teoría pueda dar cuenta de la economía en sentido material del término y también de todas las prestaciones humanas se comprende que sea una ambición de la ciencia pero qué hay? ¿La teoría del intercambio o la de la reciprocidad? Se debe reducir la reciprocidad a una forma disimulada del intercambio por razones ocultas o al contrario poner de manifiesto que la reciprocidad es apta a crear valores humanos en los todo imaginarios posibles y considerar el intercambio como su negación, por el cálculo, en favor del imaginario nacido de la no reciprocidad?
Bourdieu elige la tesis del intercambio:

El capital acumulado por los grupos, esta energía de la física social –o sea, aquí, el capital de fuerza físico (vinculado a la capacidad de movilización, por lo tanto al número y a la combatividad), el capital "económico" (la

169

tierra y el ganado), el capital social y el capital simbólico, siempre asociado por añadidura a la posesión de otras especies de capital pero susceptible de aumentarse o reducirse según la manera de utilizar– puede existir bajo *distintas especies* que, aunque sujetas a estrictas leyes de equivalencia, pues mutuamente convertibles, producen efectos específicos. Forma transformada y así *disimulada* del capital "económico" y físico, el capital simbólico produce, aquí como a otra parte, su efecto propio en la medida y en la medida solamente dónde disimula que estas especies "materiales" del capital son a su principio y, en último análisis, al principio de sus efectos[193].

Es muy posible que el contacto con el sistema del intercambio haya obligado a la sociedad kabyle, como otras sociedades de reciprocidad, a defender su patrimonio cultural y espiritual instrumentalizando los valores constituidos, y esto de tal modo que presentar una defensa común. ¡Todas las sociedades humanas que tratan con partidarios del interés privado están obligadas a defender los suyos!

Pero la cuestión que no soluciona nunca Bourdieu consiste en saber cómo se han constituido los valores que él considera que se someten a la primacía del interés. ¿Cómo se constituye el capital simbólico? Es la misma cuestión que se pudo oponer a Mauss cuando alega a dioses para poner un término a la escalada de los dones y reducir la reciprocidad a un intercambio: ¿cómo se constituyeron dioses? Los valores éticos que instrumentalizarían los Kabyle caerían también del cielo como los dioses de Mauss? ¿Y es necesario concebir una ingeniería astuta?

Aunque se quiere utilizar los valores éticos como herramientas para defender sus intereses, es necesario ser capaz de fabricar estas herramientas. Y aunque estas herramientas sólo se crearían para disimular intereses para volverlos más seguros, es necesario poder decir cómo se

---

[193] *Ibíd.*, p. 375 (subrayado por el autor).

construyen estás herramientas. Sobre todo, si uno se ve obligado a reconocer que:

> El intercambio de dones es el único método de circulación de bienes a practicarse, al menos plenamente reconocido, en sociedades que, según la palabra de Lukacs, niegan "el suelo verdadero de su vida"[194].

No basta con postular que esta reciprocidad: «tiene por objeto disimular en el tiempo la transacción que el contrato racional de intercambio estrecha en el momento», para dar cuenta de la génesis de sus valores. No basta imaginar que:

> Todo pasa, en efecto, como si el propio de la economía *arcaica* que reside en el hecho de que la acción económica no puede reconocer explícitamente los fines económicos por los cuales se orienta objetivamente, la *idolatría de la naturaleza* que prohíbe la constitución de la naturaleza como materia prima y al mismo tiempo la constitución de la acción humana como trabajo, es decir como lucha agresiva del hombre contra la naturaleza exterior, y el énfasis sistemático del aspecto simbólico de los actos e relaciones de producción, tienden a impedir la constitución de la economía como tal es decir como sistema regulado por las leyes del cálculo interesado de la conciencia y de la explotación[195].

La relación simbólica de los hombres con la naturaleza, quimera seguramente de la relación de los hombres el uno con el otro, se fija aquí en la idolatría, pero antes de que la idolatría pueda constituirse, es necesario crear el valor que se idolatra. La economía se fija también en ser únicamente el sistema regulado por las leyes del cálculo interesado. Por lo tanto, no hay ninguna oportunidad de descubrir la menor alternativa. Puesto que otros no pueden pensar sino por negación del

---

[194] *Ibíd.*, p. 228.
[195] *Ibíd.*, p. 350.

pensamiento (la idolatría) y que el pensamiento no puede desplegarse sino por el cálculo interesado, las expresiones de las sociedades no utilitaristas son descalificadas *a priori*. El razonamiento de Pierre Bourdieu es un *impasse* tautológico.

La impotencia de controlar el cálculo matemático por las sociedades anticuadas explicaría que se reduzcan a defender sus intereses por la idolatría de sus valores:

> En las formaciones sociales donde se censura mucho la expresión de los intereses y dónde la autoridad política se institucionaliza muy poco, las estrategias políticas de movilización sólo pueden tener alguna eficacia si los intereses que prosiguen y que proponen se presentan bajo las apariciones irreconocibles de los valores que el grupo honra: poner formas, actuar en las normas, este no es poner el derecho por su parte, es poner el grupo por su parte, dando a sus intereses la única forma bajo la cual puede reconocerlos, honrando ostensiblemente los valores que pone su punto de honor por honrarlos[196].

Las matrices de estos valores permanecen sin embargo ignoradas de las teorías funcionalistas. Y *a fortiori* la interfaz entre las estructuras de producción de los valores éticos y las estructuras de producción del valor de intercambio sigue siendo desconocida.

¿De dónde viene este impasse?

Según la tradición desde Hobbes, Bourdieu limita las competencias de la razón a las del *organon lógico*, que le impone para tratar no solamente de la física, pero de la vida, del pensamiento y de los valores humanos (se escucha incluso la palabra de «física social»), reducción que no tiene en cuenta las nuevas dimensiones de la lógica que permiten a la razón de explorar estos territorios con un instrumento más adecuado.

Prestando a los «indígenas» una lógica idéntica a la que la razón utiliza para dominar al mundo físico, Bourdieu procede

---

[196] *Ibíd.*

a una equivocación opuesta a la equivocación de estos indígenas que tomaban los occidentales para hombres que concedían como ellos la primacía a los valores creados por relaciones de reciprocidad. Por lo tanto, él los viste con una razón utilitarista que descalifica e invierte el significado de sus prestaciones. Ellos aprovechaban, de manera empírica es verdad, otras competencias que Mauss, por su parte, respetaba, incluso si los dejaba de lado:

> Aunque indicaremos con precisión todos los distintos principios que dieron este aspecto a una forma necesaria del intercambio –es decir, de la división del trabajo social ella misma– de todos estos principios, estudiaremos solo un[197].

La idea que la razón sea únicamente tributaria de la lógica que permite al conocimiento físico dominar el mundo es insuficiente para dar cuenta de las potencialidades de la conciencia. Bourdieu, ciertamente, acoge favorablemente el inconsciente de Freud (rechazo, disimulación, desplazamiento) pero no el inconsciente cerebral que descubre la fisiología neuronal contemporánea, así mismo que parece no tener en cuenta las cuestiones planteadas al límite de la mecánica cuántica, por la física contemporánea y la epistemología: no se encuentra un rastro, en su obra, de la lógica de lo contradictorio[198].

---

[197] Mauss, *Essai sur le don, op. cit.*, p. 148.

[198] Sobre la lógica dynámica de lo contradictorio, ver Stéphane Lupasco, *Le principe d'antagonisme et la logique de l'énergie* (1951), 1987.

6. EL TRIUNFO DEL INTERCAMBIO SOBRE LA RECIPROCIDAD

Todas las sociedades humanas supieron reconocer dos clases de producción muy diferentes. La una, para el don, a fin de establecer el mayor número de relaciones sociales y generar no sólo el bienestar, sino también la autoridad moral de cada uno. Y todas conocieron o conocen la tentación de supeditar los valores éticos a la ambición de ser el más «grande», de sujetar lo ético al imaginario del prestigio y por fin defender su ideal por el poder. La otra, para el intercambio, en el objetivo de adquirir bienes materiales necesarios para dominar otros.

Las sociedades dichas tradicionales descalificaron el intercambio económico en nombre de los valores de la reciprocidad. Pero hoy, el intercambio, que las sociedades del don olvidaban a apostas, a los esclavos y a las piratas, toma su venganza. Su triunfo es tal que es imposible a cualquiera ignorar sus ventajas. La ciencia y la técnica le están vinculadas. Un nuevo contexto se substituye al de la naturaleza, al cual es difícil escapar. El intercambio no deja más espacio a quien quisiera escaparse a su imperativo, como antes el imaginario del don a los que no obedecían a su ley. Las sociedades de hoy obedecen unas después que otras al librecambio. Tal elección podría, pues, hacer dudar que el *Quid pro quo Histórico* sea la razón del hundimiento de los sistemas de reciprocidad ante la civilización europea.

El intercambio induce la reificación del trabajo en mercancía. La objetivación del valor en el *trabajo social abstracto* permite construir la empresa industrial y institucionalizar un nueva relación social del que cada uno se beneficia sin deber pagarlo de toda su persona (esclavitud o servidumbre).

El librecambio ofrece pues al menos dos ventajas: la libertad de cada uno frente a las instituciones políticas o religiosas tradicionales y la eficacia de una racionalidad instrumental para construir un medio ambiente más cómodo.

174

Está vinculado a la democracia y al progreso científico y técnico. Pero aceptando la definición del trabajo en términos de intercambio, cada uno acepta el impasse sobre la producción de los valores éticos. Las teorías sociales se limitan a corregir los efectos del liberalismo económico alegando valores éticos constituidos que, sin embargo, son cada día más desafiados por las exigencias del provecho (de dónde el debate abierto por John Rawls con los utilitaristas: la conciliación de la privatización de la libertad y de la justicia, puesto que esta privatización nace aquí del intercambio).

La libertad arbitraria induce la competencia que, como antes la emulación en la sobrepuja del don, impone una fuerte dificultad: el *provecho* como solo criterio de evaluación de la producción capitalista. Ahora bien, esta dificultad se propaga como la desintegración de los átomos radioactivos: en frente de quién sólo defiende su interés, cada uno tiene que defender el suyo. Toda comunidad de reciprocidad no puede hoy que integrarse al mercado capitalista. Las sociedades se convierten en así competidoras entre ellas, rompiendo los vínculos de reciprocidad que fundaban sus culturas y sus valores.

7. EL REDESCUBRIMIENTO DEL DON

Hay que esperar al año 1922 para que el postulado económico occidental sea invalidado por una observación científica, que no será cuestionada. Malinowski[199], luego de un análisis exhaustivo de las prestaciones económicas de carácter ceremonial o político de los Trobiandeses, concluye que ellas son dones. Malinowski encontrará la fórmula que expresa la

---

[199] Bronislaw Malinowski (1922), trad. fr. *Les Argonautes du Pacifique occidental*, Paris, Gallimard, 1963.

175

contradicción del sistema económico occidental y el sistema económico trobiandés:

> El código social explicita que poseer es ser grande y que la riqueza es condición indispensable del rango social, amén de atributo de virtud personal. Pero el punto importante es que, entre ellos, poseer es dar y, ahí, los indígenas son notablemente diferentes de nosotros. Un hombre que posee un bien está obligado a compartirlo, a distribuirlo, a ser el depositario y el distribuidor.

Además, los Tobriandeses conocen perfectamente el interés, el trueque e inclusive el provecho, en todo caso: la comercialización. El trueque se practica con aquellos que se considera «inferiores» o se tiene por pueblos «bárbaros» porque son incapaces de participar en el círculo de los dones, la *kula*. Por tanto, no existe posibilidad alguna de interpretar el sistema de los dones como un sistema de intercambio y de interés, que sería ignorado y disfrazado por algún *a priori* religioso o metafísico, puesto que el sistema de trueque es perfectamente entendido, reconocido y nombrado con términos diferentes a los que se usa para designar el don. Por supuesto, está claro, por lo menos para los Trobiandeses, que los dos sistemas económicos se excluyen mutuamente, porque son antagónicos, puesto que si alguien practica la *kula* (reciprocidad) de una forma parsimoniosa, se burlarán de él diciendo que la conduce como un *gimwali* (intercambio), y si los Trobiandeses han desarrollado la reciprocidad, en lugar del intercambio, es porque ellos han rechazado el intercambio y no porque lo hayan ignorado.

Dos años después de la publicación de *Los Argonautas del Pacífico*, Mauss publica el *Ensayo sobre el don*. Mauss, al término de una encuesta prodigiosa en todas las sociedades del mundo, concluye que existe solamente una sola sociedad, de quien se puede decir que la economía se funda sobre el primado del intercambio: la sociedad occidental. Todas las demás sociedades están organizadas por la reciprocidad. De repente, todo se desequilibra. Sin embargo, Mauss intenta interpretar la reciprocidad de los dones, como la forma primitiva del intercambio. Se consagra a probar que el interés es la última competencia del don. De este modo trata de salvar la ideología occidental. Imaginará que, en las prestaciones de origen, todo está mezclado: el interés económico y espiritual, que los hombres se separaron progresivamente los unos de los otros y se opusieron, haciendo valer sus intereses propios: es el campo económico; mientras que la «preocupación por el otro» y la reciprocidad circunscriben el campo de la moral.

Hasta la llegada del librecambio, las sociedades humanas eran proporcionadas por la naturaleza de una fuerza inconsciente que los mantenía en equilibrio como la quilla mantiene el equilibrio de un velero. Radcliffe-Brown[200] señalando las actitudes afectivas de una señal positiva o de una señal negativa según que ellas se vinculan con el afecto de la bondad o de la autoridad, observa que una sociedad se construye «naturalmente» sobre el equilibrio de las cargas emocionales positivas o negativas. Un análisis más fino permite a Lévi-Strauss reconocer además estas afectividades calificadas de positiva o negativa, una afectividad no cualificada, sobre el eje de lo que llama la «mutualidad» (y que llamamos «reciprocidad»), eje del *justo medio* entre los contrarios. La reciprocidad implica cultivar el arte de esta *buena distancia* y de *la justa medida*. Evans-Pritchard[201] reconocerá, él, en este equilibrio, un «principio estructural» que tiene juntas los contrarios. Se podría pensar que no existe modelo de la *buena distancia*, que se deja a la iniciativa del *inconsciente primordial*, o del *principio estructural*, o también de *lo contradictorio entre los contrarios*. ¿Pero no sería el arte de la política que de construir

---

[200] Alfred R. Radcliffe-Brown, *The Andaman Islanders* (1922).

[201] Edward E. Evans-Pritchard, *The Nuer* (1940), trad. fr. *Les Nuer. Description des modes de vie et des institutions politiques d'un peuple nilote*, Paris, Gallimard, (1968), 1994. Véase también D. Temple, *Le contradictoire: Principe structural des Nuer* (2006), coll. «Réciprocité», n° 9, France: Lulu Press, Inc., 2017.

buenas distancias sociales que se ajusten por todos, en cuanto la razón permite de reconocer su legitimidad?

La propia libertad arbitraria, reivindicada como valor de referencia por los partidarios del librecambio, plantea la cuestión de reconocer cuáles son las estructuras que generan los valores humanos y cuáles son las estructuras que los enfeudan a su contrario o los destruyen; cuáles son las matrices de la humanidad y cuáles son las matrices de la inhumanidad, de modo que la libertad de cada uno sea lo más completa posible. Una cuestión que obliga la razón a preocuparse de los límites que le intima la lógica de la física.

Superar estos límites fue posible por el descubrimiento en la naturaleza luego en la génesis de la conciencia, de una Lógica que da cuenta no sólo del conocimiento sino también de la afectividad, y que ofrece la posibilidad de construir una conciencia libre de todo imaginario, así como de sus valores, sin confusión con las que domina el determinismo biológico, gracias a las *estructuras de reciprocidad*.

En el momento en que naciones se apoderan de la técnica científica en el beneficio de su interés, y amenazan con sacrificar una parte de la humanidad a otra, la *economía de reciprocidad* impone redistribuir las riquezas para que el otro reciba sus condiciones de existencia, y los medios de dar a su vez en cumplimiento de la buena distancia. Impone las condiciones de existencia del otro como el *a priori* de toda inversión económica, y por lo tanto suprime inmediatamente toda pobreza en el mundo.

La voluntad de generar la justicia o la paz pasa a ser a cada uno si cada uno conoce cuáles son las estructuras generadoras de los valores humanos. La oposición entre la *preocupación para sí* al cual se pide el librecambio y la *preocupación para el otro* que implica la reciprocidad, se presenta por así como una alternativa.

Por fin, una condición precisa viene a obligar a renunciar a la alienación sacrificatoria del sistema capitalista. Esta nueva condición es la finitud del planeta. Si en un mundo infinito, el crecimiento generado por el librecambio, a pesar de sus

178

exceso y sus insuficiencias, podía reconciliarse con la libertad (nada impidiendo las víctimas de la competencia en una rama dada de la actividad humana, de invertir en otra, o de fundar relaciones de reciprocidad para producir valores éticos), sobre una tierra finita, la competencia que obliga el intercambio a apoderarse de todas las ocasiones posibles a costa de la reciprocidad, destruye a las matrices de la ética. Además viene a ser irracional: no se puede más imponer una producción infinita a un mundo finito. El argumento de los ecologistas «objetores del crecimiento» presta el «apoyo providencial de la naturaleza» a la «razón práctica».

*

II

EL FRENTE DE CIVILIZACIÓN

6

FRENTE DE CLASE
Y
FRENTE DE CIVILIZACIÓN

Publicado por el CISA - Consejo Indio de Sud América,
Documentos, 1980.

*

Si los frentes de liberación del Tercer Mundo han sido determinados por los análisis de revolucionarios marxistas, el primero de sus objetivos ha sido definir una frontera territorial, detrás de la cual las generaciones que llegan al poder revelan una conciencia étnica fuerte determinada por la promoción de otros sistemas de valor que el que caracteriza al sistema económico occidental.

Pero esta emergencia no ha modificado el análisis occidental que sigue planteando que los sistemas económicos amerindios son primitivos o, mejor dicho, que la competencia, el intercambio y la explotación son las formas desarrolladas de una evolución económica, cuyas etapas y adaptaciones primitivas podrían expresarse a través de los otros modos de producción reconocidos.

Se debe volver al análisis de la relación primordial de toda organización económica aunque sea considerada como ya establecida: antropología y economía política, en efecto, no parecen enfrentarse de manera decisiva sobre este problema, aunque la antropología haya puesto en evidencia hechos contradictorios... El don de las sociedades primitivas es interpretado siempre como la prestación al origen del intercambio. El don así implicaría la deuda de la cual el

183

contra-don podría ser la liberación, de donde, una relación llamada de «reciprocidad», que establecería la satisfacción de las dos partes. Es este postulado el que proponemos invertir completamente.

El don es el contrario riguroso del intercambio. Es a partir de este principio que proponemos una interpretación original de los sistemas amerindios.

De este postulado, en efecto, se puede deducir un análisis coherente de varios modos de producción, confundidos bajo el nombre de primitivos, revelando así otras evoluciones económicas que la del sistema económico occidental.

El don es el contrario del intercambio: si el intercambio libera dos partes, una frente a otra, eliminando la eventualidad de una dependencia mutua por la adquisición por cada una de ellas de una parte de los bienes de la otra, el don, al contrario, crea una dependencia absoluta del que recibe, de tal manera que pretende generar una identidad orgánica nueva, una totalidad irreducible a partir del centro donante. Es una inclusión, mientras que el intercambio es una exclusión mutua.

La reciprocidad aparece como un vínculo inalienable, el vector de estado de un proceso económico colectivo. La reciprocidad está definida como el contrario de la competencia.

Desde entonces, el don, principio de la redistribución, conduce a lo gratuito generalizado. Sale naturalmente de eso que la potencia se obtiene por la liberalidad, lo contrario de la acumulación. Si es el contrario, se debe al hecho de que los sistemas económicos de la redistribución y del intercambio o, si se prefiere, de la reciprocidad y de la competencia, son rigurosamente antagonistas: la redistribución y la reciprocidad aparecen como las dos fases dialécticas de un mismo ciclo económico en el cual el consumo mueve la producción, antagonista del sistema del intercambio y de la competencia en el cual la producción determina el consumo.

Las relaciones de varios centros económicos pertenecientes a la lógica del don fueron, a su vez, confundidas con los intercambios. Sin embargo, no puede existir igualdad,

184

dentro de tales relaciones; cada centro de distribución procura vencer al otro por una prodigalidad superior.

Entre los centros económicos regidos por redistribución, hay competencia que siempre tiende hasta la desigualdad. Sólo en el caso de que el don no llegue a su fin, superado por otro don, se puede tener una apariencia de intercambio.

Antes de considerar las situaciones más complejas, generadas por la dialéctica de la redistribución y reciprocidad, se debe señalar las consecuencias inmediatas de esas primeras proposiciones sobre la lucha entre los sistemas del intercambio y la redistribución. Por eso, se puede volver a la descripción de una estructura elemental: imaginemos el encuentro entre un indígena de una sociedad llamada «primitiva», en realidad regida por reciprocidad, y uno de nuestros conciudadanos, que pertenece al sistema del intercambio. El indígena empieza, evidentemente, a ofrecerle lo más posible: hospitalidad, riquezas… esperando incluirle en una relación de reciprocidad e instituir una totalidad en la cual el quedará como el centro distribuidor, es decir, el jefe. Da para adquirir la potencia y eso puede ir hasta la reciprocidad de parentesco. Pero como nuestro colono no pertenece a un sistema de reciprocidad, sino que practica el intercambio, según las leyes de un sistema económico antagonista del sistema indígena, y que para él la potencia tiene su origen en la acumulación, lo que busca es recibir lo más posible y dar lo menos posible. Sorprendido por la actitud del indígena, que va a calificar de irracional o primitiva, intentará adquirir todo contra nada, mientras el indígena se asegurará de lo contrario, dar sin recibir. Es lo que se llama un *quid pro quo*.

Se comprende que el indígena podrá revertir la situación, sólo cuando se dé cuenta que el occidental no pertenece a un sistema de reciprocidad, sino que practica el intercambio. Cuando descubra los mecanismos del proceso económico occidental, los de la *explotación* en particular, cómo nace el valor y cómo se acumula, comprenderá también la actitud del colono, su sed de riqueza, el pillaje de su territorio. Evidentemente, el análisis marxista le permite darse cuenta de

185

la naturaleza del sistema de producción y el de Lenin le ilustra acerca de la cuestión colonial y, lógicamente, que va a intervenir en la situación protegiéndose de nuestro sistema, gracias a un frente de liberación marxista-leninista, perfectamente bien adaptado a la naturaleza de la agresión.

Así, pues, habrá una generación, los pioneros del Tercer Mundo, que con ese giro histórico, el plagio de los análisis revolucionarios occidentales, que está ilustrado por la alianza provisoria de los No-alineados con las tesis de los países socialistas, detendrán la expansión de nuestra civilización. Su primer objetivo será establecer una nueva frontera que desde su punto de vista, es una frontera nacional pero que, para la sociedad occidental, es considerada como una frontera de civilización. Lo importante es ese frente, esa frontera de la cual nos damos ahora cuenta que no protege a un Tercer Mundo informe o primitivo, sino a poderosas organizaciones económicas regidas por la reciprocidad y para los cuales nuestros valores y nuestras riquezas, tal vez, quedan sin valor: oposición que ya no es del proletario contra la burguesía, la cual queda interna al sistema occidental, sino de otra naturaleza y que opone el Tercer Mundo al Mundo Occidental.

Así, pues, van a aparecer humanidades nuevas para las cuales el derecho se encuentra fundado en la totalidad y ya no en la individualidad, como en nuestra tradición. Identidades colectivas exclusivas aparecen en las cuales los occidentales se preguntan de dónde toman su fuerza política: Khmer rojos que matan a todos los que no pueden integrarse de una manera absoluta en su totalidad, Vietnam súper armado, Islam de pie contra el imperialismo capitalista o soviético...

Sin embargo, apenas se erige una frontera de civilización, detrás de ella se producen ajustamientos de las fuerzas inmovilizadas por la administración colonial, exacerbados por las técnicas o las armas entregadas por potencias occidentales rivales e inconscientes de la dialéctica que así liberan. De la misma manera que hay revoluciones posibles, dentro del sistema occidental, las hay también dentro del sistema calificado por Marx y Lenin de «asiático».

Antes de precisar los ejes de tales revoluciones, es preciso hacer una observación: no se debe equivocar en la adhesión de tal o cual país del Tercer Mundo a una de las potencias rivales de occidente. Se trata de adquirir la tecnología del otro, sin trabas para su soberanía: es el giro histórico considerado desde un punto de vista económico y tecnológico y no solamente político.

Volvamos a la lógica interna de esas sociedades de reciprocidad. Un centro de redistribución que aumenta su poder, ensancha su esfera de reciprocidad. Se ve un desarrollo de sociedades unitarias y cuando las necesidades de la comunidad están satisfechas, surge una diferenciación, de donde emerge, una jerarquía vertical de estatutos y el aspecto piramidal de la estructura social. Al contrario, un poder de acción débil conduce a la multiplicación de centros que reproducen indefinidamente el mismo equilibrio, de donde provienen sociedades tribales, y cuando las condiciones ecológicas lo permitan, unos sistemas de redistribución complementaria. En el primer caso, el Estado está muy centralizado; en el segundo caso, disperso. Dentro de condiciones homogéneas, como las de la selva tropical, donde las técnicas agrícolas y otros factores no permiten ampliar equilibrios sociales, la comunidad se divide y se reproducen pequeñas unidades de reciprocidad, más o menos idénticas e iguales entre sí. Cuando la tecnología permite el dominio del suelo y la acumulación de riquezas, el desarrollo conduce a las Pirámides…

Hay una contradicción entre las dinámicas verticales y horizontales de la reciprocidad que es el principio de una dialéctica; contradicción que aparece en la oposición entre regímenes tribales e imperiales, pero que es también una contradicción en cualquier sistema de reciprocidad. Que un polo de esa contradicción aventaje el otro, y la sociedad bascula en una unidimensionalidad engendrando la alienación: la guerra interétnica, en el caso de sociedades de reciprocidad

187

horizontal, la esclavitud, en el caso de sociedades de reciprocidad vertical. Así, pues, es el control de las leyes de la Reciprocidad, por un análisis teórico, que puede liberar una praxis revolucionaria del otro lado del frente de civilización: ese frente se vuelve una línea de reparto entre las luchas revolucionarias de tipo lucha de clase y las de tipo reciprocitario.

Es preciso reflexionar a propósito de las leyes económicas, ya no de las sociedades del intercambio sino de las sociedades de reciprocidad y, por lo menos, volver las espaldas a las interpretaciones occidentales del don, como intercambio arcaico y cesar de confundir la reciprocidad generalizada con el intercambio generalizado.

Se debe admitir una contradicción fundamental, desde el alba de cualquier evolución económica, entre las sociedades que se organizan por reciprocidad y las que se estructuran por la competencia; los imperios gobernados por el principio de la redistribución y los gobernados por el principio del intercambio.

Es verdad que casi todos los pueblos del Tercer Mundo han sufrido el intercambio impuesto y que muchas veces las sub-unidades de reciprocidad indígenas están desunidas por el Derecho occidental heredado de la colonización, de tal manera que la sociedad parece bloqueada. Pero en muchos lugares, la competencia y el intercambio ya están enfeudados, a su vez, a una estructura de reciprocidad, incluso a nivel internacional, donde el par de fuerzas definidas anteriormente anda en sentido inverso (es la inversión histórica): el crecimiento de la reciprocidad exaspera la competencia fuera de su territorialidad, lo que encarece el valor de los bienes protegidos por una frontera de redistribución. Esa inversión conduce a una vuelta de relaciones de fuerzas.

Hoy, la supervivencia de las sociedades europeas, ya con pocas materias primas, induce un nuevo tipo de relaciones con el Tercer Mundo (de reciprocidad); es decir, por lo menos, estatutos complementarios no relacionados con una lógica de precios, así que a la actualización de una reciprocidad interna, pues existe un Tercer Mundo potencial en Europa, visible en una cierta marginalidad.

El porvenir inmediato aun puede estar en la intervención de nuestro modo de producción por una revolución socialista; pero la aproximación de una confrontación mundial, vuelve necesario la institución por anticipación de un nuevo tipo de sociedad. La hora ya no es función de la historia occidental, sino de un mundo, del cual la sociedad occidental se ha excluido.

Fronteras económicas y demográficas de la colonización

Los Shipibo-Conibo están instalados en las orillas del río Ucayali, afluente del Amazonas, que costea los Andes peruanos en su vertiente oriental. Durante el siglo XIX y principios del XX, esta región de la gran selva tropical fue sometida al pillaje de aventureros, unos de los más conocidos fueron los prospectores de caucho. Las comunidades fueron diezmadas por la criminalidad colonial y también por las epidemias importadas. Se vieron obligadas a abandonar, en beneficio de los colonos, las tierras fértiles, los aluviones del río y también las tierras altas protegidas de las crecidas. Se encontraron desorganizadas, obligadas a resistir en regiones poco hospitalarias, o a albergarse en las misiones al precio de lo esencial de sus tradiciones.

Los etnólogos de la «selva» distinguen dos dinámicas, que llaman «fronteras económica», para significar el desarrollo de las actividades comerciales extractivas de las materias primas de la Amazonia: el oro, el petróleo, el caucho, la madera… y «frontera demográfica», para traducir la instalación de los colonos y de sus familias sobre el territorio indio –instalación que lleva consigo la desaparición progresiva de la sociedad indígena.

189

Las economías basadas en la reciprocidad

Hasta hace todavía poco tiempo, los expertos occidentales no admitían sino una única evolución de la economía política, y las sociedades organizadas sobre otros modelos diferentes del intercambio, parecían arcaicas. No faltaban antropólogos que confundían, por ejemplo, el don (el presente, la donación) con un intercambio primitivo. Hoy eso ya no ocurre.

En aquellos lugares en donde una colectividad se expresa como un todo indivisible –a semejanza de la persona humana– las relaciones individuales no se basan en la noción de intercambio sino en la de reciprocidad. En consecuencia, la distribución de las riquezas es necesariamente gratuita para los miembros de esa unidad social: es el consumo de dicha totalidad, según las necesidades de las personas que, por su unión inalienable, la han fundado; se trata, en suma, de una redistribución. El don es el arma del poder que mide la capacidad de una totalidad social para incluir al prójimo, y es la abundancia la que justifica y explica la ampliación o la generalización de la reciprocidad. Las economías de reciprocidad constituyen, naturalmente, economías de abundancia, de consumo y de asueto que conducen a evoluciones cualitativas de las relaciones sociales, cada vez que un determinado nivel de necesidades se encuentra colmado y, en definitiva, a la diferenciación de los estatutos (las funciones) o la jerarquía de castas.

La cuestión del poder

Lo que opone fundamentalmente nuestro sistema económico occidental a los sistemas económicos indígenas,

190

radica en que, en nuestras sociedades, la producción subordina el consumo a sus imperativos, mientras que, en la mayor parte de las sociedades del Tercer Mundo, es el consumo el que determina la producción.

Esta racionalidad económica, es la inductora de la organización de unidades colectivas, de esferas de reciprocidad, de totalidades humanas (familiares, sociales, tribales, étnicas o nacionales…), que se transforman en generadoras de los Derechos Humanos, más o mejor que la propia individualidad. Y son los deseos o las necesidades de dichas totalidades los que determinan la naturaleza de la producción y, en consecuencia, de la inversión.

La unidad orgánica de la comunidad se expresa por medio de la generosidad, es decir, por el poder de redistribución. En ese nivel, el constituido por la elección de las técnicas y los objetivos, es donde se encuentra la cuestión previa al desarrollo. Y esta cuestión previa, es la actualización del poder de las propias comunidades.

Pues, en efecto, casi todas estas sociedades se encuentran desorganizadas, en el nivel de su unidad estructural, por la agresión colonial. Y aún, es preciso tener en cuenta, además, que la tecnología occidental modifica sus condiciones de equilibrio con sus recursos, de forma que sus principios tradicionales quedan a menudo en una situación falsa.

La contradicción de los sistemas económicos: las sociedades bloqueadas

Cuando la colonización suprime la autoridad política de las sociedades de reciprocidad, paraliza igualmente su sistema económico y provoca el derrumbamiento social: la sociedad aparece desarticulada.

Una observación más atenta revela que esta desarticulación libera sub-unidades de reciprocidad. Entre las mallas de la retícula colonial se perpetúan microciclos económicos antagonistas, aparentemente integrados al nuevo modo de producción pero, en realidad, contradictorios; a veces, incluso, bajo formas disfrazadas.

Dentro de las esferas de reciprocidad, las familiares, por ejemplo, limitan un espacio cerrado que determina un campo económico, atomizado, al que el sistema occidental no puede acceder. En sus extremas consecuencias, las inversiones de la economía occidental se encuentran incluso desviadas de sus objetivos de producción, en provecho del consumo de estos sistemas que le son antagonistas. Así, el desarrollo de tipo occidental aparece socialmente bloqueado. Se reduce a una retícula de infiltración, extraña a la realidad indígena, considerada entonces como marginal. Pero, objetivamente, es difícil saber quién es marginado con relación a quién.

Así, existen dos sociedades: una, que depende de las relaciones de reciprocidad tradicionales, administra la economía de subsistencia; la otra, a veces inexistente demográficamente, mantiene bajo su tutela al aparato de estado y se ocupa de la producción industrial con fines ajenos.

Estas dos sociedades se mantienen separadas por sus distintas fronteras: económica, demográfica, a veces, política; separadas cualquiera que sea el nivel de infiltración de una o de disociación de la otra, al igual que hacen dos líquidos no mezclables en estado de emulsión.

Según sus correlaciones de fuerza, las multinacionales, por ejemplo, constituyen estados en el interior de los Estados – al margen de la vida social y política del Tercer Mundo– por tanto, se instala una retícula transnacional de intercambio, independientemente de las relaciones internacionales. O bien, las competencias indígenas se aseguran fronteras territoriales para escoger las técnicas en función de los objetivos y las modernizaciones que las totalidades sociales se proponen.

En suma, y resumiendo, allí donde crece la economía de intercambio decrece la economía de reciprocidad; a la inversa, allí donde ésta se fortalece, aquella decrece.

Relaciones entre las economías de intercambio y de reciprocidad

En el interior de un sistema regido por la reciprocidad, el poder se expresa tradicionalmente por el prestigio, es decir, por la generosidad en la redistribución o, en su caso, en el nivel de las relaciones elementales, por el don.

En cambio, en el sistema occidental, el poder se engendra principalmente por medio de la acumulación.

Cuando ambos sistemas se ponen en contacto, a través de los individuos: aventureros, pioneros o colonos, la articulación de los mecanismos –acumulación y don– favorece a la acumulación.

En efecto, mientras que el «indígena» da al extranjero, intentando dar más de lo que él recibe, con la esperanza de adquirir prestigio y autoridad, el colono, por su parte, busca recibir más de lo que da, con el fin de acumular riqueza. Por otra parte, él mismo se ve incitando a esta desigualdad, puesto que cuanto menos dé, más rara parecerá su mercancía y más atraerá con sus cualidades de prestigio. En ello radica el famoso «quid pro quo» que durará mientras los responsables de los sistemas de reciprocidad ignoren que están en relación con un sistema económico de una naturaleza diferente.

Es preciso que los representantes de las sociedades indígenas pasen por un tiempo de adaptación en las sociedades occidentales y descubran los mecanismos de explotación, para que modifiquen su actitud y reivindiquen la independencia política como base para un diálogo con las sociedades occidentales. Este giro político ha tomado, generalmente, la apariencia de un giro por el frente de clase, antes de ser un frente de liberación y ser, luego, un frente de civilización.

Si la crítica marxista ha permitido denunciar la lógica del sistema capitalista, todavía ignora la problemática interna de los sistemas amerindios. Si el socialismo pretende liberar a la sociedad occidental de su alienación, por medio del control científico de las relaciones de producción, no existen teorías revolucionarias que puedan permitir a las sociedades indígenas controlar los mecanismos de la reciprocidad.

Por consiguiente, efectuar una elección en favor del mantenimiento o la protección de un tipo determinado de sociedad es, igualmente, efectuar una elección en favor de un tipo de alienación determinado, y el respeto por el prójimo es, a menudo, un respeto por la pasividad del prójimo contra sus propias esperanzas revolucionarias que, por su parte, no están todavía inscritas en las estructuras adquiridas de estas sociedades. Plantear la pregunta de qué tipo de sociedad respetar, es también plantear la cuestión de qué modelo de alienación preconizar.

¿Qué desarrollo?

La mayor parte de las organizaciones favorables al Tercer Mundo se interesan mucho, en cambio, por los problemas de la ecología y son favorables a proyectos específicamente indígenas, al igual que prefieren sostener programas de autonomía, mejor que aquellos que implican dependencias exteriores. En consecuencia, apoyan una economía de reciprocidad.

Una crítica que se les hace, a menudo, es la de que escogen más bien una base de acción, reducida a los niveles de subsistencia elementales, familiares o individuales, abandonando así los otros niveles a las potencias extranjeras y consolidando de esta forma el reparto del mundo. Dan por hecha la desorganización de la sociedad por la colonización.

Sin embargo, resulta manifiesto que el nivel de vida de las sociedades de abundancia, y no de subsistencia, es conservado potencialmente por las tradiciones, las lenguas y las religiones —o lo que se denomina religiones— que son otras tantas

194

representaciones del mundo, diferentes de las del mundo occidental.

Se puede comprobar, por otra parte, que allí donde la actualización del poder étnico es una regla respetada, tiene lugar una dinámica de expansión de la reciprocidad o de actualización de las potencialidades de reciprocidad histórica, y que cuando interviene una adaptación de la tecnología occidental, tienen lugar revoluciones en las formas de reciprocidad, bien en favor de la reciprocidad positiva, bien en favor de una participación más grande.

Si, para concluir, se intentara extraer un consenso general que reflejara una opinión «media» de los sentimientos expresados en torno al tema de la ayuda a las comunidades indígenas organizadas por la reciprocidad en América del Sur, se debería dar la prioridad a las proposiciones de orden económico que están fundadas por relaciones de equilibrio con los recursos naturales, fundadas igualmente por potenciales de reciprocidad étnica y, asimismo, fundadas por las totalidades étnicas que conducen a contratos directos de autonomía o de reciprocidad.

*

7

EL CONSEJO INDÍGENA

1ª publicación: «Miradas sobre una trayectoria reciente de
algunas comunidades amerindias»,
Revista Iberoamericana de Autogestión y Acción Comunal, RIDAA,
n° 35-36-37, Año XVIII, INAUCO, Valencia, 2000.

*

1. La fundación del Consejo: de la reciprocidad positiva a la reciprocidad simétrica

Durante la fundación en 1973 del Consejo Indígena del Paraguay, sus responsables tuvieron que elegir entre dos teorías: una, llamada del *mosaico*: la integración de las comunidades en la sociedad nacional; la segunda, llamada del *consejo*: el reconocimiento de un poder amerindio deliberativo y ejecutivo soberano frente a la civilización occidental.

Alberto Santacruz (Nivaklé), Presidente del Parlamento del Cono Sur y del Consejo Indígena del Paraguay, eligió con los suyos la Teoría del Consejo[202].

---

[202] En el antiguo Paraguay, el término «cacique» fue impuesto por los españoles para designar a los principales responsables de las comunidades, por ejemplo los *mburuvicha* en los Guaraní que tenían por costumbre desafiarse mutuamente a fuerza de invitaciones, fiestas, bailes, discursos y redistribuciones de víveres para adquirir el prestigio más grande. Merecían por su generosidad y su elocuencia, alianzas matrimoniales o guerreras, y dirigían asociaciones de varios millares de familias. La «alianza» era una de las palabras maestras de la génesis de estas sociedades. Alberto Santacruz demostró sin embargo que la alianza con los occidentales era un suicida, de lo cual he dado una explicitación con el concepto de *Quid pro quo histórico*.

Alberto Santacruz provocó inmediatamente con su iniciativa el alineamiento de todas las comunidades de Amazonía que fueron informadas. Se da el caso que todas fueron informadas.

Hay que precisar sin embargo que el contenido del mensaje de Alberto Santacruz podía ser oído inmediatamente por las comunidades de la Amazonía, ya que reconsideraba su propia experiencia:

> El caciquismo ha fracasado ante la colonización, pero hoy hemos encontrado una forma de poder capaz de superarla, y es el Consejo.

Interpreto esta frase de Alberto Santacruz como una reflexión a favor de una Tradición más fundamental que de la reciprocidad de los dones (la reciprocidad positiva). Nos lleva, en efecto, a la fuente de la reciprocidad, nos transporta a una época anterior a la que los caciques transformaron la reciprocidad propiamente dicha en dialéctica del don (reciprocidad positiva), es decir en competición para el prestigio (*cuanto más doy, más grande soy*). Su principio es el de la «reciprocidad simétrica», lo cual significa la paridad entre los donantes, sin referencia a lo que cada uno puede dar a los demás. Esta forma de reciprocidad engendra más que la comprensión mutua: produce valores como la confianza y la amistad, la justicia y la responsabilidad, valores que se prefieren aquí al prestigio, el cual depende de la cantidad de lo que se puede donar a los demás.

Quisiera subrayar que durante la creación de los Consejos, los amazónicos han tomado la palabra como comunidades de reciprocidad ya que tal elección tiene implicaciones importantes: en efecto, la libertad que reivindican los amerindios no se reduce a la voluntad de cada uno de afirmarse según sus propias facultades o según su carácter particular, sino que estima las capacidades que cada uno recibe de su participación en una asamblea comunitaria. Esta participación significa renunciar a la propia fuerza frente a los demás, ya que de tal renuncia surge un *valor común* no reductible a lo propio de uno o de otro. La referencia comunitaria es referencia a la humanidad que nace de la relación con el otro, no a la fusión en masa de individuos idénticos. La palabra de Alberto Santacruz no significaba la suma de las fuerzas de unos para enfrentarse con las de otros, sino la renuncia a la fuerza para crear un «más allá» ¿Cuál es la expresión de este «más allá»? Su expresión es la de hombres que quieren vivir en el respeto mutuo, la paz, la comprensión, la amistad y la justicia, y que pretenden ser responsables de la humanidad y de la naturaleza.

2. La nueva liberación: de la libertad estrechada a la libertad ampliada

En el siglo XVIII en Europa, proletarios, siervos y labriegos, comerciantes, burgueses, excluidos de las responsabilidades políticas y religiosas por la nobleza y el clero, reivindicaron un reconocimiento mínimo, el de ser miembros de derecho de la ciudad, la dignidad elemental de «ciudadano», de ahí el precio concedido a la libertad individual y a la propiedad individual.

Nos encontramos aquí frente a otro caso paradigmático: los amerindios no son unos excluidos o unos siervos en el interior de su propia sociedad, o unos inferiores sometidos a otros superiores, sino hombres libres de realizar sus cualidades individuales, y dotados con competencias éticas que les aseguren numerosas relaciones de reciprocidad. Los amerindios reivindican, por lo tanto, la libertad para todas sus capacidades, una libertad completa, no una libertad pobre, restringida, sino un libertad rica, total.

Su concepción ha interesado a muchos jóvenes occidentales, y ha provocado lo que a mi parecer es una ruptura de generación. Nuestros predecesores, en efecto, se llamaban à sí mismo «liberadores». Los misioneros progresistas proponían una Teología de la Liberación, los marxistas una liberación de la explotación capitalista. Pero nadie se imaginaba tener que se liberarse a sí mismo de su propios límites.

La generación occidental nueva se preocupa, por el contrario, por auto-liberarse, aprendiendo de las comunidades los principios del génesis de los valores humanos. A la *teología de la liberación*, por ejemplo, sucede una búsqueda que se llama *teográfica* (en un sentido análogo al de búsqueda *etnográfica*), es decir un censo objetivo de la Revelación en el seno de la Tradición de toda comunidad humana. A la integración en la *lucha de clases* sucede la comprensión e incluso la adhesión a las teorías amerindias sobre las relaciones entre el hombre e la naturaleza, en suma, la alianza de los ecologistas con las sociedades amerindias: o sea un vuelco psicológico de tal amplitud que el lenguaje de la generación llamada «revolucionaria» resulta incomprensible para los jóvenes generaciones de hoy. Sólo la evocación del marco ideológico en el cual se situaba el debate político en América en los años 1990 es capaz de parar la lectura de un estudiante moderno, por lo que me limitaré a recordarlo en tres líneas, a riesgo de caricaturizar, y sólo porque conviene, pese a todo, ilustrar el cambio radical de perspectiva que se ha operado estos últimos años.

En los años 1970-80 del último siglo, a la Derecha reinaba el *a priori* de que los amerindios eran unos primitivos. «La indianidad es la tacha originaria del Perú» —me decían dos profesores de Física y de Biología de la Universidad Católica de Lima, en 1974, considerando como ineluctable su desaparición física. Los cristianos progresistas proponían la «asimilación» por la «educación» (la «alfabetización» de Paulo Freire por ejemplo). En frente, la Izquierda sostenía que era el «modo de producción», como se decía entonces, de las comunidades el que era «primitivo». Los marxistas añadían que las condiciones arcaicas de la producción facilitaban la explotación del hombre por el hombre y concluían que había

200

que supeditar su transformación a la lucha de clases. Los amerindios fueron incluso conminados a integrarse a la guerrilla so pena de ser tratados como colaboradores del enemigo, y ejecutados[203]. Decenas de miles de amerindios asesinados atestiguan sin embargo estas aberraciones. En cualquier caso, la idea de un desarrollo autónomo de los pueblos amerindios era entonces una simiente invisible.

Comparemos este marco ideológico con lo que observamos hoy: la noción de «primitivo» ha desaparecido y la idea de «integración» está rechazada. La indianidad apasiona a los ecologistas por sus concepciones de la naturaleza, y tanto en Ecuador, en Colombia, en Venezuela, en Guatemala, en Panamá, en Bolivia, como en Brasil, etc. Las comunidades y los pueblos autóctonos exigen un reconocimiento nacional y la justicia social para todos, reivindican sus territorios donde se pueda vivir según sus principios económicos, buscan una *interfaz de sistemas* con el librecambio, proponen sus sueños y sus ideas a la sociedad nacional.

---

[203] Ver La Ponencia al Congreso de Alicante, «Frontera económica entre sistema de reciprocidad y sistema de intercambio en América del Sur» «Los actas de este congreso no han sido publicados quizás por un desacuerdo en reunión plenaria. Una representante de las guerrillas, en América del Sur, quiso justificar la integración forzada de los indígenas, de manera siguiente: primero, un asesinato (no reivindicado) de la autoridad indígena de la comunidad o del pueblo. En segundo lugar, la observación de cómo los indígenas interpretaban el crimen, y a quién lo imputaban: Si el crimen se atribuía a la guerrilla, ésta deducía que la comunidad era su enemiga y que había que destruirla. Si el delito se atribuía al gobierno, los guerrilleros instalaban inmediatamente una autoridad guerrillera en la comunidad. El pretexto a esta estrategia, según la autora, era que los indígenas no dispondrían de la conciencia necesaria para efectuar una elección racional. Nuestra ponencia contribuyo a sostener la tesis inversa, proponiendo una alternativa sociopolítica que apoyaba a la Ética.

3. El Quid pro quo histórico

La tesis de la etnología latinoamericana en los años 1980 respecto a las comunidades amazónicas, decía en sustancia: *Si los indios de Amazonía han decidido con toda libertad y conocimiento de causa, quedar al margen de la historia universal, nadie puede discutirles este derecho.* Los amazónicos tenían pues una historia, una palabra... Pero no se imaginaba que la palabra de estos pueblos pudiera tener un alcance profético, que sus principios fueran universales; y sin embargo, ineluctablemente, se afirmaba el futuro de toda la humanidad según la perspectiva liberal... ¡una anexión de lo universal que parece un poco excesiva! No se percibía que al remontarse los «indios» por la reflexión al fundamento de toda sociedad humana, no sólo volvían a poner en tela de juicio la lógica de nuestro sistema económico, sino que abrían nuevos horizontes para la humanidad entera... No obstante tomando nota de la elección de los amazónicos, parecía impensable que los campesinos de los Andes, integrados desde casi quinientos años a relaciones de intercambio con los occidentales, pudiesen hacer la misma elección.

Toda transferencia de la tesis amazónica a los Andes debería ser rechazada como una ideología de importación. Efectivamente no se podía aplicar pura e simplemente las lecciones de la experiencia amazónica a los Andes sin tener en cuenta la Historia. La cuestión se planteaba por lo tanto: las comunidades de los Andes ¿no podían efectuar una crítica histórica y sobrepasar por encima de contradicciones que sin lugar a dudas parecen serles perjudiciales, hasta preocuparse por lo primordial?

La conmemoración llamado del «Quinto centenario» (1792-1992) vino oportunamente a dirigir los focos de la actualidad sobre la Historia. Inmediatamente apareció una evidencia: si las sociedades amerindias estaban organizadas tal como acababa de recordarlo la teoría del Consejo, por

202

principios antagónicos a los de la sociedad occidental, la Historia podía escribirse desde dos puntos de vista opuestos, y no únicamente desde el punto de vista del Antiguo Mundo.

Ahora bien, los testigos del encuentro de los dos Mundos contaron claramente que los occidentales parecieron a los amerindios como unos mandados del cielo, como los mensajeros de los dioses, a veces como los mismos dioses, en cualquier caso como las expresiones ideales de los valores producidos por la reciprocidad de los dones o de la reciprocidad de venganza, el prestigio y el honor. Quedémonos en la reciprocidad de los dones: vemos enseguida perfilarse lo que he propuesto llamar el *quid pro quo histórico*: cuanto más uno cree abrir una relación de reciprocidad con el don y asentar su autoridad moral o crear lazos de amistad, más el otro (ajeno al principio) toma con el menor coste. La articulación del don sobre la acumulación suma los efectos de los sistemas del don y de la acumulación, de la reciprocidad et del intercambio, a favor del colono. La equivocación es suicida para el donador amerindio.

No se ha dejado de observar que tal *quid pro quo* no puede durar mucho tiempo. Esto es verdad para los que son las víctimas, pero para estas siempre es demasiado tarde. Los que están detrás de la línea de frente y que pronto se encuentran en contacto con los occidentales, no se imaginan tal como sus predecesores, lo que está en juego con este encuentro y, como las olas del mar, vienen a su vez a romperse contra el mismo escollo. El drama prosigue hasta hoy. Cada uno puede experimentarlo por sí mismo cerca de numerosas comunidades de Amazonía o incluso cerca de ciertas familias aymaras y quechuas de los Andes: averiguará sin dificultad que este quid pro quo es la dinámica más eficaz del empobrecimiento material de las poblaciones amerindias.

La Historia, sin embargo, debe poder ser reescrita ya que también uno se puede preguntar lo que ocurrió no sólo con las riquezas materiales del Nuevo Mundo, sino con las riquezas espirituales, quiero decir con los valores producidos por la reciprocidad de los dones. Se trata de otra historia que la de

203

los occidentales, pero que forma parte de la historia de la humanidad. En los Andes y en Amazonía está de momento escrita por la Indianidad.

Con todo, el *quid pro quo* se invierte con el descubrimiento del hecho de que las estructuras de reciprocidad son las matrices de los valores humanos y que éstos son motores de una economía humana.

4. La interfaz de sistemas

En Perú fue donde los primeros consejos indígenas pudieron ponerse de manifiesto gracias a la *Ley de las comunidades nativas*, que declaró las tierras, ocupadas por las comunidades amerindias, «inalienables». La Ley abrió el espacio de una *territorialidad* donde la reciprocidad puede superar al interés privado; donde el sistema capitalista no puede imponerse. Esta misma ley reconocía que los amazónicos no se definen sólo como individuos, sino como miembros de una comunidad, concediendo una personalidad jurídica a las mismas comunidades. Esta ley, o su equivalente, está hoy integrada en varias Constituciones de Estados americanos.

Hoy en Bolivia, los campesinos de los Andes se benefician con la *Ley de Participación Popular*[204], que se debe al gobierno mixto de Gonzalo Sánchez de Lozada y de Víctor Hugo Cárdenas (más precisamente al programa de Hugo Cárdenas quien fue el primer vicepresidente indígena del país). Estas leyes son la primera «interfaz de sistemas» que abre sobre varias perspectivas nuevas:

---

[204] *Ley de Participación Popular*, número 1551 (promulgada el 20 de abril de 1994).

204

La relación de los hombres con la naturaleza

Lewis Hyde recuerda en su libro *The Gift*[205], cómo las sociedades de reciprocidad proyectan sus relaciones sobre la naturaleza. Muestra, primero, basándose en un texto famoso, el del sabio maorí, Tamati Ranaipiri[206], que las relaciones con la naturaleza están imaginadas del mismo modo que las relaciones entre los hombres: la reciprocidad de los dones. Basándose en la Tradición de varias sociedades amerindias, revela el proceso de integración de la naturaleza en la reciprocidad: la selva es llamada donadora, y como la selva, los ríos, el cielo, la tierra... Gracias a lo que podríamos llamar *quimeras de reciprocidad*, los amerindios engendran sentimientos de amistad hacia la selva, hacia el cielo... que llamamos *espíritus*. Se interrogan sobre el «más allá» de las montañas y de las estrellas, e incluso sobre el «más allá» del universo, que Lewis Hyde traduce en nuestro lenguaje con la palabra «misterio». De ahora en adelante, el *espíritu del don*, nacido en el corazón de los hombres, no tiene imagen, es un puro concepto, como el Dios en la civilización occidental, principio de la Vida, de la vida espiritual, pero también de la vida material.

Ahora bien, debido a que hoy, la tierra está amenazada por el crecimiento sin freno del sistema capitalista, esta relación entre la vida material y la vida espiritual, por medio de la reciprocidad de los dones, contribuye a la reflexión sobre lo que podría ser una economía humana que integraría en sus principios el respeto a la naturaleza (el desarrollo durable).

---

[205] Lewis Hyde, *The Gift: Imagination and the Erotic Life of Property*, Vintage Books, Random House, New York, 1983.

[206] Cf. Marcel Mauss, *Ensayo sobre el don, op. cit.*

La territorialidad de reciprocidad

La noción de producción en un sistema comunitario y en un sistema de librecambio no es la misma. La producción en una comunidad sólo tiene sentido si es dirigida a las necesidades ajenas, no puede serlo a un interés privado. Esto es tanto más fácil de averiguar en Amazonía cuanto los amazónicos son, en efecto, siempre capaces de encontrar en la naturaleza lo que es necesario para su subsistencia, y si producen excedentes, es por una razón totalmente distinta de la autosubsistencia. Esta razón es el lazo social que produce el don. Tal justificación de la producción está entonces en contradicción con la que inspira el liberalismo económico. Toda apropiación privada es, desde entonces, en estas comunidades, imposible porque destruye la reciprocidad (comunitaria o intercomunitaria). Toda privatización o acumulación detiene en efecto la reciprocidad de los dones y pone la organización social en peligro. Hay aquí, entre las dos sociedades que se enfrentan, occidental y amerindia, una antinomia que sólo se resuelve, hasta ahora, por la fuerza.

Sin embargo, las cosas se complican porque los amerindios pretenden también acceder a las ventajas de la modernidad. Ahora bien, estas ventajas están creadas en el marco del sistema capitalista, y si son el producto del trabajo humano, la acumulación del capital es un factor de su producción.

– ¿Debemos pensar en una organización económica propia de las comunidades y una organización económica de librecambio al exterior, cuya confrontación estaría arbitrada por el Estado?

– ¿En una interfaz apremiante es en lo que hay que pensar, una interfaz de sistemas para cada comunidad particular, cada una obligada a defenderse prohibiendo la entrada en su territorio a toda persona que no acepte integrarse en su organización (y según su imaginario)?

– ¿Debemos más bien considerar al Estado nacional como un centro de reciprocidad? Hay que definir entonces una política contractual entre las comunidades? Esta segunda solución parece más razonable.

– ¿Por qué el principio de reciprocidad no podría ser generalizado entre los Estados para los bienes esenciales como la salud y la información?

– ¿Porqué no definir una *territorialidad* para la inversión que tendría otro fundamento que el provecho: la justicia por ejemplo? Y por consiguiente ¿por qué no definir un *limite al provecho*, o un limite al campo de provecho, y por lo tanto un espacio entre lo que puede corresponder al provecho y lo que no le corresponde?

– ¿Por qué no ofrecer a cada uno la posibilidad de elegir invertir para el provecho o para el bien común?

Reconocer a todos esta libertad de elección como una libertad fundamental, ¿no podría ser una obligación moral compatible con la teoría liberal progresista?

*

8

LA DECLARACIÓN
DEL GRUPO DE REFLEXIÓN DE LIMA,
PERÚ, 1975

«En los años 70 del siglo XX, las comunidades de Amazonía fueron interpretadas como sociedades arcaicas, y sobreexplotadas. La lucha contra su explotación pasaba por su integración (a veces forzada) a la lucha de clases. Esta tesis fue todavía defendida por los antropólogos organizadores del Simposio de Barbados[207], pero fue opuesto la idea que las comunidades «indias» obedecían a otros principios que los del sistema del intercambio y de la lucha de clases. Este tema fue desarrollado en Perú en el curso de numerosos encuentros informales entre casi la totalidad de los intervinientes, antropólogos, sociólogos, médicos, etc., interactuando en aquella época con las comunidades de la Amazonía peruana, y que redactaron la Declaración del Grupo de reflexión de Lima. El grupo de investigadores que se encontraron en Lima, en el curso de los meses de noviembre y diciembre de 1975, está constituido por antropólogos, lingüistas, ingenieros, agrónomos, médicos que trabajan con las comunidades indígenas y sitúan su acción en el movimiento de liberación de las etnias autóctonas o simplemente en los proyectos de desarrollo de las comunidades organizadas sobre la reciprocidad.

---

[207] Las tres Declaraciones de Barbados (1971, 1977 y 1993) articularon un conjunto de demandas por el reconocimiento y la inclusión de las poblaciones indígenas de América Latina. [en línea]

De la corriente de pensamiento ilustrada por el Simposium de Barbados I (1971), el grupo de trabajo no solamente critica la colonización o la misión, sino que se reconoce tributario de las praxis de las sociedades indias, y busca condiciones que permitan la libre expresión de las mismas, frente a las otras sociedades.

Esta búsqueda ha producido conceptos de acción diferentes a aquellos de la antropología clásica, determinados por los procesos históricos «indios». Para aquellos que hemos vivido los momentos de la organización de las comunidades «indias» en estos últimos años, estos conceptos son una razón de unión y una plataforma teórica.

Los investigadores del grupo de trabajo de Lima reconocen fundamentalmente la calidad de naciones a todos los grupos étnicos y sus derechos soberanos a la autodeterminación.

Dicha calidad les ha sido negada sistemáticamente por los diferentes Estados dentro de cuyas jurisdicciones viven, desde el momento que esos Estados son continuadores de una tradición colonial.

Esta Declaración responde al principio de respetar a todo grupo étnico diferenciado como una palabra histórica de la humanidad. Cualquiera sea el número de personas a que pudieran estar reducidos los pueblos «indios», los reconocemos y respetamos como sociedades soberanas.

Esta doctrina pone de relieve la situación inaceptable de las sociedades indias, cuya existencia es negada en algunos casos –Paraguay y Brasil– o deliberadamente ignorada en otros –Argentina y Chile– así como la situación de marginalización, explotación y genocidio a que están sometidos los pueblos indígenas del continente americano que viene siendo denunciada desde hace tiempo.

Consideramos el Contacto Directo como un objetivo previo fundamental de toda acción concerniente a las comunidades indias. Se trata de favorecer la comunicación inmediata y directa de las naciones indias comprendidas aún a nivel de comunidades, con las organizaciones nacionales e internacionales que se interesan en ellas; y con ellos evitar los intermediarios que han tomado el hábito de «representar» a las comunidades étnicas y hablar «en nombre» de las mismas (Instituciones indigenistas, científicas y religiosas occidentales).

El Consejo

Existen numerosas formas de representatividad en las comunidades, impuestas desde el exterior y que responden a principios de organizaciones occidentales o que son controladas, en última instancia, por autoridades extranjeras a las mismas comunidades.

Nuestro objetivo es apoyar la Constitución de Asambleas comunitarias que deliberen en sus propios idiomas, según sus leyes y ninguna participación o intervención exterior.

De la misma manera consideramos prioritario apoyar para que las sociedades indias se reapropien de su espacio, tiempo, territorios y recursos económicos, a fin de que ellas puedan organizarse según sus principios de reciprocidad.

Reconocemos así los Consejos o Parlamentos como las formas de poder de las naciones Indias, cuando están basadas en estas condiciones de autonomía y reciprocidad.

La reciprocidad interétnica

La extensión de la reciprocidad interétnica concretiza actualmente la unidad de las naciones indias y, por ello, la ascensión a la representación de la Civilización india ante las Naciones Unidas.

El reconocimiento por las otras naciones de la cuestión india es necesario para obtener la ayuda del mundo entero para estos pueblos en lucha contra el racismo, la explotación o el genocidio.

Esta unión de las naciones indias es actualmente el mejor medio de salvaguardar la especificidad de las diferenciaciones étnicas. Ella es considerada como la solución política para impedir la desaparición de las etnias reducidas a algunos centenares de personas.

Nuestro rol aquí es apoyar la apropiación de las técnicas que nosotros poseemos y que pueden ser útiles al desarrollo de la reciprocidad interétnica; en particular a nivel económico y a nivel de la información. Y, por otro lado, de conducir a las sociedades occidentales a reconocer la existencia de las naciones indias como una dinámica constructiva del mundo futuro.

El encuentro de las comunidades aculturadas y las comunidades tradicionales ha permitido la elaboración de una crítica indígena generalizada. En este sentido, la reciprocidad inter-étnica aparece como un hecho de conciencia política esencial en el momento actual de la historia india.

La coexistencia de sociedades antagónicas

Consideremos aquí la continuación de la doctrina de la autogestión en las sociedades indias: la autogestión conduce a la actualización de contradicciones, o así mismo, engendra nuevas situaciones conflictivas con la sociedad capitalista. Las sociedades indias buscan superar esas contradicciones no con el enfrentamiento violento, sino por acuerdo según una estrategia conforme a sus principios.

Es esta estrategia que nos proponemos respetar bajo el nombre de *coexistencia de sistema antagónicos*.

Cuestiones críticas

Las cuestiones críticas más importantes, a las cuales somos confrontados, son las siguientes:

– Las relaciones jurídicas entre las naciones indígenas y los Estados de América Latina; de una manera general, los Estados actuales pretenden convalidar, como nación, a la estructura resultante de los anhelos, aspiraciones y formas organizativas producidas por la clase criolla dominante, cuando las naciones indias aspiran ser las creadoras del Estado por la organización y el apoyo mutuo.

– Las relaciones, en el Cono Sur, de luchas de tipo anticolonial y de luchas campesinas.

– La articulación entre los sistemas económicos indígenas y el sistema capitalista actual, que debería respetar el control de las comunidades indígenas al menos sobre la redistribución, los recursos y la producción, la información, la educación y el idioma.

– La coordinación de la acción internacional y la de los investigadores que trabajan en los Estados en los cuales las autoridades son denunciadas como las responsables de la violencia sobre las sociedades indias.

– El establecimiento de relaciones permanentes entre las organizaciones internacionales y los grupos étnicos o naciones en formación.

Funciones que se propone el grupo de trabajo

La experiencia actual invita a coordinar las acciones para racionalizar esfuerzos. Por eso el grupo está dispuesto a cubrir las siguientes acciones y funciones:

1) Desarrollar la mutua información.

2) Poner al servicio de las comunidades un canal de información hacia el exterior.

3) Optimizar los recursos existentes y la competencia de cada uno de los miembros del grupo de trabajo, por la coordinación y la ayuda mutua, con el objetivo de poner al servicio de las comunidades un apoyo técnico organizado. Este apoyo debería en particular permitir a las sociedades indígenas:

– Controlar los proyectos que les conciernen.

– Preparar ellas mismas diferentes proyectos de desarrollo con los organismos financiadores.

4) Poner a disposición de las comunidades las técnicas que pueden suplir la desaparición de sus relaciones tradicionales; esencialmente los medios audiovisuales y de comunicación cinematográficos así como los recursos económicos necesarios para los encuentros inter-étnicos.

5) Preparar estudios pluridisciplinarios para los organismos internacionales a fin de facilitar su acción a favor de los grupos étnicos.

6) Asegurar una protección a aquellos de nuestros colegas que son víctimas de represiones. Hacemos mención aquí a la situación dramática que ha conducido al aislamiento a algunos de entre nosotros en Argentina y Paraguay».

*

214

9

ESTRUCTURA COMUNITARIA Y RECIPROCIDAD

Ponencia en la permanencia de *Admapu* de los Mapuche,
Temuco (Chile), enero de 1986.
Publicada por *Huerrquen-Admapu*, mayo de 1986 (1ª parte)
y junio-diciembre de 1986 (2ª parte).

*

1. EL PRINCIPIO DE LO CONTRADICTORIO

En una comunidad originaria, lo que me parece fundamental es lo que se podría llamar el *principio de lo contradictorio*, principio de la auto-revelación del hombre à sí mismo, principio de la revelación del hombre como ser superior a su identidad biológica.

Las primeras estructuras sociales humanas han debido permitir un equilibrio entre Diferencia e Identidad, un equilibrio entre estos dos tipos de fuerzas antagónicas: fuerzas de heterogeneización y fuerzas de homogeneización, de alianza y de hostilidad, de unificación y de exclusión. Es este *equilibrio contradictorio* el que nos parece permitir un reconocimiento del hombre por el hombre como ser superior a su identidad biológica.

Quizás se pueda dar un razón lógica de la necesidad de tal principio de lo contradictorio: si cada uno se reconociera como hombre en la parte del otro que es idéntica a sí mismo, las sociedades estarían constituidas por individuos similares o reducidos a un modelo único e inmutable. Por otra parte, si se

215

reconocieran por ser sólo diferentes unos de otros, los hombres serían extranjeros entre sí para siempre y hasta enemigos.

La antropología clásica ha observado, que las comunidades originarias estaban sistemáticamente estructuradas por dualidades: no obstante, ha limitado su interpretación al juego de dos unidades A y B. Según esta interpretación, cada una, para adquirir lo que le falta, desarrolla con la otra, estructuras sociales simétricas: las organizaciones dualistas.

Sin embargo, algunos antropólogos observan que en estas organizaciones dualistas, hay siempre simetría de relaciones de hostilidad casi de la misma importancia que la simetría de relaciones de alianza.

Pero pocos llegan a la observación que es el equilibrio mismo de la relación de identidad y diferencia, de unión y de exclusión, la que constituye la base existencial del ser social humano.

Sin embargo, al principio de las comunidades originarias, ya se puede averiguar que la unión biológica entre hombre y mujer está siempre unida a una relación de hostilidad o de exclusión recíproca entre las familias de unos y otros. Tal hostilidad no es gratuita, sino necesaria para constituir el equilibrio contradictorio entre la unión y el exclusión que es, según nuestra opinión, la sede de la revelación de la humanidad para todos.

Por tanto, las entidades individuales A y B no organizan libremente la sociedad, al contrario, dependen de una relación fundamental ambivalente: es el equilibrio contradictorio el que les fija su lugar y su papel. Una vez más puntualizamos que A y B se disponen en función de un equilibrio entre estos dos dinamismos: fuerzas de unión y fuerzas de exclusión, y que la conciencia-de-ser tiene su principio en la resultante intermedia de estas fuerzas.

A propósito de eso, la antropología no se aventura mucho, quizás por el hecho de ser tributaria de la lógica científica del siglo XIX, ella misma heredera de la lógica del Tercero excluido, según el cual la realidad de un hecho contradictorio está fuera de toda posibilidad de existir: por esta lógica, el ser tiene que ser reducido a un principio no-contradictorio, la identidad de A, de B, etc.

Al contrario, pensamos que el ser fue, en los primeros tiempos, indiviso y compartido por los que participaban de relaciones contradictorias.

2. LAS DOS PALABRAS

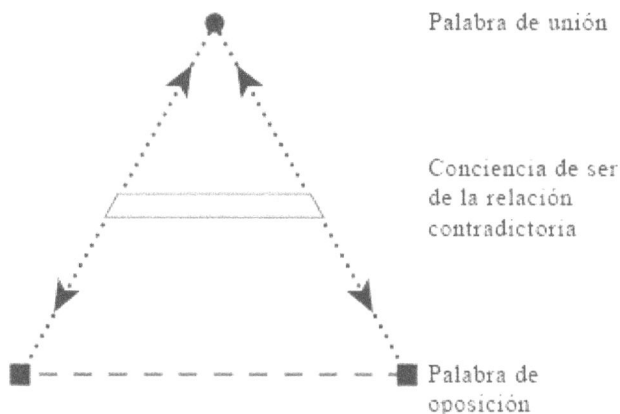

Palabra de unión

Conciencia de ser
de la relación
contradictoria

Palabra de
oposición

Se sabe que la expresión concreta de esa conciencia de ser pasa por la palabra y, en esto, surge probablemente el primer drama de la humanidad, porque la palabra, actualización concreta del ser, es esencialmente no-contradictoria. El hombre se enfrenta con un enigma.

Consiste en saber cómo lo contradictorio (el ser mismo) puede expresarse por algo no-contradictorio (el significante de la palabra) o, de una manera más general, cómo el hombre puede ser la sede de un hecho contradictorio y un hecho no-contradictorio, a la vez.

217

Dicho enigma puede ser parcialmente esclarecido por la encarnación de la conciencia-de-ser en una palabra única (Palabra de unión) o dos palabras opuestas y complementarias (Palabra de oposición).

La primera solución expresa la conciencia-de-ser por lo que se puede llamar el centro o la *unidad* de lo *contradictorio*: es una palabra ambivalente en donde la contradicción es máxima, por eso la llamamos «Palabra de contradicción» (o Palabra de unión); mientras que la segunda expresa la conciencia-de-ser por la *dualidad* de sus polos *complementarios*. A ésta palabra la llamamos «Palabra de complementariedad» (o Palabra de oposición)[208].

Esta última Palabra es necesariamente dual, se traduce con dos términos, en el comienzo por lo menos. Esta última es la que daría origen al *principio de oposición* que, según Lévi-Strauss, sería el principio de la lógica clasificatoria indígena y, por lo tanto, del principio dualista.

La otra daría lugar al principio religioso del cual se ha preocupado poco la ciencia antropológica.

Se necesita llamar la atención sobre el hecho que la Palabra de contradicción no traduce la unión de las fuerzas de alianza sino que significa la unión de las fuerzas de alianza con las fuerzas de hostilidad; y que la Palabra de complementariedad no significa la oposición de las fuerzas de hostilidad sino la oposición complementaria de la hostilidad con la alianza.

---

[208] Las Palabras de contradicción y de complementariedad serán llamadas *Palabra de unión* y *Palabra de oposición* en nuestros estudios ulteriores.

Se puede ilustrar el tema con el esquema siguiente:

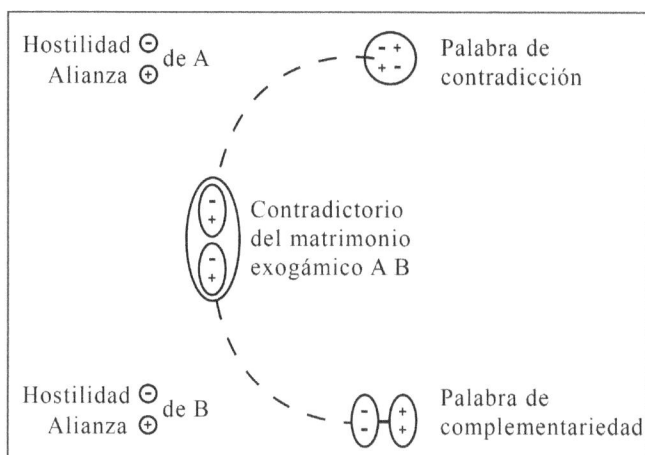

Hostilidad ⊖ de A Alianza ⊕	Palabra de contradicción
Contradictorio del matrimonio exogámico A B	
Hostilidad ⊖ de B Alianza ⊕	Palabra de complementariedad

Para asegurar la relación de hostilidad, se necesita que la esposa del hombre pertenezca a una familia enemiga, la cual será representada por su hermano. La generalización de esta relación conduce a una simetría que comprende, por lo mínimo, cuatro elementos: dos hombres enemigos, cada uno tomando por esposa a la hermana del otro. Esta condición es fundamental para la institución de la conciencia de un ser social. Esta realizada plenamente por la relación matrimonial exogámica.

3. LA FUNCIÓN SIMBÓLICA

Tanto una como otra de estas dos Palabras de origen se fundamentan en la obligación, para la conciencia, de alienarse en el significante material. Por tanto, el enigma no puede ser totalmente solucionado por las dos Palabras, porque la conciencia-de-ser no puede actualizarse de manera conjunta por significantes opuestos; tiene que utilizar alternativamente cada uno, pero sin petrificarse, sin identificarse con él, resultando ello en una llamada al otro, lo que fundamenta la función simbólica del lenguaje como una estructura cuyo significado profundo está siempre parcialmente ausente.

Aquí se tiene que insistir sobre el hecho de que existen lógicamente dos soluciones a la traducción del ser por la Palabra. Cada una de estas actualizaciones fundamenta la función simbólica, porque cada una es, por un lado, una alienación relativa del ser humano en una realidad material, pero es, por otro lado, una revelación parcial del ser de uno a otro. Una puede dominar a la otra, sin embargo queda necesariamente, dialécticamente ligada a la otra, para expresar la totalidad del ser.

Según esta tesis, el principio religioso, tanto como el principio dualista, dependen de una condición previa: la infraestructura de la conciencia de ser, el «principio de lo contradictorio». Aunque sea silencioso por su mismo, por ello mismo, ignorado, sostiene las Palabras de contradicción y de complementariedad y luego las organizaciones dualistas o religiosas. Aunque, las organizaciones dualistas y las organizaciones religiosas puedan parecer dominantes, en este caso, la relación contradictoria sigue siendo en el fondo la condición de la humanidad, pero sumida en el inconsciente. ¡Es hora de reconocerla!

4. LAS ESTRUCTURAS DE SIMETRÍA CONTRADICTORIA

Tenemos que observar ahora que un equilibrio contradictorio entre las fuerzas de heterogeneización y de homogeneización no se reduce a situaciones efímeras que sólo generarían relámpagos de humanidad; tampoco permanece estático, inmóvil, reduciendo el espacio de la revelación, o de comprensión recíproca, a una conciencia que sería inerte. Este equilibrio contradictorio tiene que ser reproducido de una manera permanente.

Su reproducción más económica en el espacio origina evidentemente las estructuras de simetría. En las sociedades arcaicas, por ejemplo, el hombre que toma a su mujer en el campo enemigo, tiene también una hermana que llega a ser la esposa de un hombre enemigo. La simetría es la condición de generalización de las relaciones contradictorias. Esta relación se produce de la misma manera en el tiempo. La simetría en el tiempo invierte el equilibrio de las simetrías espaciales en una dinámica de alternancia. En consecuencia, para definir una estructura comunitaria originaria se necesitan dos simetrías, una espacial que explica la posición de los individuos, unos frente a otros, y otra temporal que explica la alternancia de posición de unos y otros.

La Palabra de contradicción traduce el sentido de estas cuatro dimensiones en un termino único, mientras que la Palabra de complementariedad necesita cuatro términos.

Esta representación cuadripartita puede ser «fetichizada» en una ideología, la cual puede llegar a ser operacional e imponer su orden a la naturaleza, entonces se hablará de un principio cuadripartito (o cuadrático) como se habla de un principio dualista… ¡ideologías que se reconocen bien en las interpretaciones de la ciencia occidental!

Sin embargo, tendremos que considerar la ideología como un fenómeno secundario. La sociedad tiene la conciencia, aunque ésta pueda ser silenciosa o afectiva, de las condiciones estructurales de su existencia; llamaremos a todas las estructuras simétricas, ordenadas a la existencia de relaciones contradictorias, estructuras de simetría contradictoria.

Subrayamos que el principio de oposición, que conduce a las organizaciones dualistas, no tiene el mismo sentido lógico que el principio de lo contradictorio. El principio de oposición permite la interpretación de la realidad a partir de una lógica de no-contradicción y, en la medida en que corresponde a una representación indígena, su uso exclusivo deja generalmente a la sombra el otro principio de representación con el cual está necesariamente asociado y que corresponde a la Palabra de contradicción, que conduce al principio religioso.

Las estructuras de simetría contradictoria, para perdurar, conducen a someter las condiciones de vida a su ley. De aquí la importancia de las representaciones religiosas, dualistas y cuadripartitas. Sin embargo, son las estructuras de simetría contradictoria las que, en último análisis, ordenan las condiciones de la vida cotidiana. Los mismos víveres están ordenados ya sea según un principio de complementariedad, es la reciprocidad de dones, ya sea en función de un principio de reparto centralizado, vale decir el principio de redistribución.

Estos dos principios económicos son tributarios del principio de lo contradictorio, según el cual uno dependerá del otro con arreglo a lo que estará ofreciendo al otro, pero la exigencia máxima del ser es la ofrenda total. En efecto, si el don es total, si la ofrenda es absoluta, se genera inmediatamente una privación total y una dependencia absoluta del otro. A la gratuidad del don se añade entonces la necesidad de recibir o de coger. Este equilibrio traduce al ser humano en términos de vida económica.

Ofrenda y privación son dos fuerzas antagonistas que crean un equilibrio, donde pueden inscribirse varias capacidades del hombre. El ser puede nombrarse aquí, a través del imaginario que refleja estas capacidades o condiciones de vida: cazador, agricultor, guerrero…

Pero, este equilibrio entre dar y coger puede tener tres evoluciones posibles, ya sea que la abundancia predomine y, en este caso, las estructuras de simetría son caracterizadas por la simetría de dones; ya sea que, al contrario, la necesidad domine, y las estructuras de simetría son caracterizadas por la simetría de «raptos» y «venganzas»; o sea, que el equilibrio se reproduce al más alto nivel. La primera alternativa inaugura las evoluciones de la reciprocidad positiva y negativa.

5. RECIPROCIDAD POSITIVA Y NEGATIVA

El principio de reciprocidad positiva

En este caso, cuanto más da uno, más participa de la génesis del ser. Entonces el hombre se nombra como un *ser* para el don y, con el aumento de éste, el nombre deviene en *renombre*; lo cual es imagen de la riqueza material que se da, que se traduce por el *prestigio*.

En las comunidades de reciprocidad, donde la ley del don es generalizada, se reconoce el prestigio como la representación de la redistribución, es decir, como el poder del hombre.

Aquí aparece un nuevo principio característico de la reciprocidad positiva. El renombre es proporcional al don, a la redistribución, y la palabra lo traduce en poder ideológico. Se puede decir lo mismo al revés: no dar o acumular es perder su renombre, «perder la cara» y caer en un estatuto infra-humano. Esa es la justificación de la servidumbre en el «derecho» de las sociedades de reciprocidad.

Si se produce una competencia de dones entre centros económicos diferentes, llegamos al *potlatch*. Si la supremacía, de uno de ellos sobre los otros, no puede ser superada por varias combinaciones de alianzas, esta supremacía establece entonces una jerarquía de rango y, finalmente, un estructura piramidal de reciprocidad vertical.

Estos datos pueden resumirse en esta fórmula: «cuando más doy, más soy», que es lo contrario del refrán español «tanto valgo, cuanto tengo».

Se observa, en principio, que la competencia por el poder de prestigio conduce a la súper-producción y a la abundancia; la cual genera la diferenciación del trabajo y la invención de estatutos artesanales, más o menos dependientes o serviles, tales como los tejedores o herreros, etc.

223

Los propios jefes redistribuyen servicios políticos, administrativos, guerreros, religiosos, que aseguran la paz y el orden público, la complementariedad y la regulación de las redistribuciones, así como la reproducción del orden social, de tal manera que los estatutos más primitivos siguen asegurando las materias primas o los víveres necesarios a la vida material y económica de la sociedad entera. Es cierto que, si los poderosos carecen de lo que necesitan, tanto para su consumo como para satisfacer sus obligaciones de redistribución, van a exigir de sus inferiores una participación más importante, lo que convierte la reciprocidad en tributo o trabajo forzado.

El principio de reciprocidad negativa

Imaginémonos una situación de necesidad generalizada, por ejemplo la tierra no permite la subsistencia para una población demasiado numerosa. El hombre necesita más de lo que puede ofrecer; llega a ser enemigo del otro. Coger supera a dar. El rapto de la mujer sustituye a la alianza matrimonial, la matanza a la invitación. Lo que aparece en esta situación es la imposibilidad de una relación simétrica positiva, pero la relación contradictoria, por la cual el hombre puede reconocerse, es tan fundamental, que matanzas, robos, raptos, en tanto fuerzas de hostilidad, se equilibran con una fuerza de identidad antagónica constituida por la proximidad de las alianzas más tensas, es decir, que oponen los propios hermanos o familiares de parentesco inmediato, como enseña el mito de Caín, dando lugar a sociedades muy reducidas y fragmentadas. Las relaciones de simetría, entre estas fuerzas antagónicas de alianza y guerra, es lo que sigue estructurando la sociedad.

6. RELACIONES DE RECIPROCIDAD POSITIVA Y NEGATIVA

Los dos mecanismos, de reciprocidad positiva y negativa, pueden ser actualizados cada uno por ambas partes dentro de ciertos límites. Este define islas de reciprocidad positiva, dentro de una red de reciprocidad negativa. Un análisis más detallado mostraría que el poder de la palabra viene a ser el poder de la magia positiva o negativa, según traduzca la reciprocidad positiva o negativa.

En el sistema de reciprocidad positiva, la alianza, la generosidad, el don definen el Bien, el Mal está en los valores de la reciprocidad negativa. En un sistema de reciprocidad negativa, las cosas están al revés. En las sociedades donde la reciprocidad positiva y la reciprocidad negativa tienen un papel de importancia casi igual, una y otra tienen campos propios de actuación en los que las definiciones del Bien y del Mal son antagónicas.

Si el principio religioso no es dominante, hay dualidad de competencias y de referencias simbólicas: el jefe y el sacerdote. En este caso, se recurre a un sistema de valores o a otro, según las condiciones: son, en definitiva, condiciones de vida concretas y materiales que obligan a recurrir a uno u a otro.

Ahora bien, el hombre domina cada vez más la naturaleza y modifica, con su trabajo y la tecnología, su modo de existencia en favor de las condiciones de la reciprocidad positiva. La noción de Bien, de la reciprocidad positiva, triunfa sobre la noción de Bien de la reciprocidad negativa, como en la mitología de las tribus hebraicas, el linaje de Abel sobre el linaje de Caín. Y se puede decir que hay una edad de reciprocidad positiva que sucede a una edad de reciprocidad negativa.

También se puede decir que los espacios de reciprocidad positiva reducen los espacios de reciprocidad negativa hasta que instauran sociedades de reciprocidad positiva en las cuales la reciprocidad negativa funciona paradójicamente, es decir, que funciona para aumentar la dinámica de la reciprocidad positiva: por ejemplo, en el sistema inca o azteca, la guerra en la frontera se practicaba cuando las comunidades extranjeras no aceptaban someterse al tributo, en función de su rango en la jerarquía del poder de redistribución. La venganza entonces era considerada como legítima instancia para restablecer la autoridad de la jerarquía del don, y no para instaurar un sistema guerrero de reciprocidad negativa.

7. EL IMAGINARIO MAPUCHE

Ilustración del principio de lo contradictorio, de las *dos Palabras* y de la determinación del valor por la reciprocidad positiva con su traducción en el imaginario

Se pueden ilustrar estos temas, por lo menos los más abstractos (por ejemplo, los conceptos del principio de lo contradictorio y de sus actualizaciones no-contradictorias, que hemos llamado Palabra de contradicción y Palabra de complementariedad) por las representaciones mismas de la sociedad mapuche.

En la cúspide del Panteón se encuentra un personaje que actualmente se designa con el nombre de dueño de la tierra —*ngenemapun*— o dueño de los hombres —*ngenechen*— rey o principal. Es poseedor de dos pares de atributos opuestos: sexo masculino/sexo femenino y juventud/ ancianidad, los que dan origen a cuatro personajes: El Anciano, La Anciana, El Joven y La Muchacha[209].

---

[209] Carlos Aldunate del Solar, *Cultura mapuche*, Ministerio de Educación Pública, colección culturas aborígenes, n° 6, Santiago de Chile, 1986, p. 84-85.

226

Se puede reconocer en el personaje central, *Ngenechen*, la expresión unitaria que sintetiza todas las fuerzas antagónicas y de complementariedad en un símbolo hermafrodita, también Joven/Anciano; mientras que estas mismas fuerzas están separadas y opuestas, unas de otras, cuando están repartidas entre los otros cuatro personajes que le son agregados, el Anciano, la Anciana, el Joven y la Muchacha, con sus estatutos específicos, opuestos y complementarios.

El imaginario, que refleja las características del país mapuche, viene a sobreponer sus imágenes concretas a los símbolos del ser. Hasta los mismos colores participan de esta representación:

> Dos puntos cardinales están relacionados con el Bien: el Sur, portador de buenos vientos que traerán bonanza, suerte y abundancia, y el Oriente donde habita el *Pillán* que es el lugar más cargado de sentido religioso. De este modo, por lo general, la *ruka* mapuche tiene su entrada hacia el Este, los *ngillatúe* o figuras de madera antropomorfas que presiden la rogativa –*ngillatún*– (…).

> Los colores del cielo –azul y blanco– están cargados de valoraciones positivas y se relacionan con los objetos sagrados. (…)

> El mundo del mal, de las fuerzas ocultas y demoníacas, se encuentra bajo la tierra –*nagmapu*–, lugar donde habitan seres y animales monstruosos que se alimentan de carne o sangre humana. El color asociado a este elemento es el negro (…).

> El lugar geográfico que corresponde a ese mundo es el Norte de donde proviene el viento portador de mal tiempo, que arruina las cosechas. El Oeste, donde se esconde el sol y moran las almas de los muertos, también es objeto de temor y recelo[210].

---

[210] *Ibíd.*, p. 86-89.

La estructura cuadrática o cuadripartita está representada por dos simetrías: Este y Oeste, Norte, Sur. Pero este texto revela también que están polarizadas por un valor positivo y un valor negativo: el Bien y el Mal. Esto podría explicarse por el triunfo de la reciprocidad positiva sobre la reciprocidad negativa.

Efectivamente, los Mapuche desarrollaron la reciprocidad positiva desde antiguo y mucho más después de la llegada de los españoles, aprovechando las técnicas de producción agropecuaria.

Desde esa época, también desarrollaron el sistema de matrimonio matrilateral, estructura de parentesco que es la más rica de posibilidades para la reciprocidad positiva.

En el país mapuche, hoy en día, subsiste solamente esta alianza matrimonial; han adoptado un sistema patrilineal y por consiguiente el don depende ahora de la iniciativa de la familia del novio, obligación que no puede ser, por tanto, interpretada como «compra» de la mujer o para justificar la interpretación occidental del matrimonio como un intercambio.

> Encontrada la pareja y una vez transcurrido el período de cortejamiento, que consistirá en visitas periódicas a la reducción de la novia efectuadas a iniciativa del futuro marido o con ocasión de fiestas sociales o rituales, el padre del novio, impuesto de los deseos de su hijo y una vez aprobada la elección, mandará un emisario –werken– a casa de los padres de la novia, a fin de preparar el compromiso. Aceptado éste por los afines, los parientes y amigos del novio visitan en un día prefijado la casa de la esposa, llevando dinero, animales, adornos y platería. Si los dueños de casa se sienten satisfechos con el monto y calidad de los obsequios, la pareja contrae matrimonio en una solemne ceremonia que da lugar a una fiesta[211].

---

[211] *Ibíd.*, p. 53-54.

Pero, en tiempos antiguos, la reciprocidad negativa estaba mucho más desarrollada, como lo recuerda esta tradición del «matrimonio por rapto».

El matrimonio por rapto era una forma tradicional que hoy está en desuso. El novio, sus parientes y amigos, robaban a la mujer elegida de casa de sus padres y, consumado el matrimonio, se hacían las ofrendas sacramentales. Este hecho a veces era simulado, pero otras era efectuado sin anuencia de los progenitores de la novia y menos con el consentimiento de ésta, lo que daba origen a verdaderas batallas[212].

La reciprocidad negativa está hoy reducida a la venganza secreta, al dominio del mal, al papel de la muerte por parte de mujeres estériles y rechazadas por la comunidad, como si sus valores estuvieran desprestigiados por el triunfo de la reciprocidad positiva. El mal se representa por animales monstruosos que se alimentan de carne o sangre humana, alusión al sacrificio de los prisioneros y a la dialéctica de la muerte o del rapto, característicos de la reciprocidad negativa del tiempo antiguo.

El Mapuche considera que la enfermedad o muerte no tienen causas naturales, sino que provienen de la acción de las fuerzas maléficas sobre una persona. Normalmente se culpa a un *wekufu* o a una *kalku* de provocarlas. Hay personas que se relacionan con el lugar subterráneo donde moran las fuerzas del mal, ellas son las *kalku* o brujas y tienen poder para invocar la ayuda de los *wekufu* en sus empresas demoníacas. El Mapuche manifiesta mucho temor y repulsión ante el poder de estos personajes, pero, en casos extremos, acude secretamente a ellos solicitando su cooperación[213].

---

[212] *Ibíd.*, p. 54.
[213] *Ibíd.*, p. 91-92.

8. ILUSTRACIÓN DEL TRIUNFO DE LA RECIPROCIDAD POSITIVA SOBRE LA RECIPROCIDAD NEGATIVA

Para rendir cuenta, a la vez, de la reciprocidad negativa, de la reciprocidad positiva y de la revolución que induce el desarrollo tecnológico, es decir, el triunfo de la reciprocidad positiva sobre la negativa, podríamos referirnos a la revolución de los Shuar del Perú, sociedad de reciprocidad negativa, altamente diferenciada, y que llegó a actualizar esta revolución ante nuestros ojos, en estos últimos años[214].

Sin embargo, un hermoso canto de la Amazonía peruana puede resumir la visión «india» de esta revolución. Pertenece a la tradición de los Amuesha, sociedad que se ubica entre los Campa de la Amazonía y los Quechua de los Andes. Este canto[215] traduce lo que puede ser el paso de un ciclo de reciprocidad negativa a un ciclo de reciprocidad positiva o, más simplemente, cuenta una revolución en la sociedad amuesha.

Según este canto, los antiguos Amuesha eran hermanos enemigos que practicaban la dialéctica de la venganza. Su sistema de valor estaba, pues, determinado por la reciprocidad negativa. Un día, una mujer, cuyo esposo había sido matado y vengado por sus hermanos, fue llevada por el pájaro de los sueños al país de los muertos, donde encontró a su esposo y a sus enemigos embriagándose con una calabaza de sangre de sus heridas que habían hecho fermentar.

Al volver a la tierra, esta mujer propuso utilizar la yuca, para hacerla fermentar, para obtener una chicha que se pueda ofrecer y, por medio de ella, invitar a los enemigos a la fiesta, en lugar de la guerra. De esta manera terminaron las matanzas fratricidas y las sucedieron las invitaciones y las fiestas. El

---

[214] Texto escrito en 1986, véase la teoría del Consejo, p. 197.
[215] Ver «El contrato shipibo», *Teoría*, Tomo II.

factor de mediación de esta revolución es, evidentemente, la conquista de la agricultura; aquí: el cultivo de la yuca.

Se puede recordar este mito cuando se nota que, en los sacrificios mapuche, se encuentra como ofrenda la sangre de un cordero, que podría ser una sublimación del sacrificio de los prisioneros y, a la vez, una gran calabaza de chicha de maíz. El conjunto de uno y otro, sangre y chicha, parece como un recuerdo del canto amuesha.

Los dos extremos de la historia estarían reunidos en la Palabra de contradicción y una celebración de tipo religioso. Quizás eso es interpretar demasiado los símbolos mapuche. Sin embargo, el canto amuesha está muy claro por sí mismo y no necesita ninguna explicación particular: ilustra el triunfo de la reciprocidad positiva sobre la reciprocidad negativa por medio del control del hombre de la naturaleza. De aquí el Bien y el Mal o, más bien, la reducción del Bien a la noción de Bien del sistema de reciprocidad positiva: la alianza, la invitación, el don, la fiesta; mientras que la noción de Mal que subsiste, es la noción también del sistema de reciprocidad positiva. Esta corresponde a la noción de Bien de la reciprocidad negativa: la muerte, la venganza, el rapto, el robo.

9. ILUSTRACIÓN DEL TEMA ENTRE LOS AYMARAS DE CARANGAS

Otra ilustración del principio de lo contradictorio y de sus traducciones por la Palabra de contradicción (y el principio monista o religioso) y la Palabra de complementariedad (y el principio dualista y cuadripartito).

Se pueden también ilustrar los temas del principio de lo contradictorio y de las Palabras de complementariedad y de

231

contradicción, refiriéndose a los Aymaras de la región de Carangas (Suroeste del altiplano boliviano).

Según los datos que nos propone un estudio de Gilles Rivière[216], estas comunidades han sido reducidas por los españoles en «pueblos», alrededor de 1575, pero han utilizado las instituciones coloniales según sus propias metas. El elemento fundamental de la organización social es llamado «estancia», lugar de residencia principal y de producción de varias familias extendidas (linajes), pero se entiende mejor su significado a partir del símbolo aymara: cada estancia tiene por origen dos ancestros míticos: el *mallku* y la *t'alla*, masculino y femenino, símbolos de la primera relación contradictoria. Esta primera relación es reproducida simétricamente por la exogamia de las estancias[217]; lo que genera un sistema de parentesco cuya totalidad es el *ayllu*.

El *ayllu*, parece pues, es endogamo en el sentido que realiza una estructura de alianza de parentesco, donde las razones de simetría, para las relaciones contradictorias, pueden ser satisfechas. Sin embargo, las relaciones biológicas imponen a las estructuras de parentesco ciertos límites. Estos límites se deben al hecho que cada familia puede disponer de un número limitado de niños y, por consecuencia, el número de parejas posible, en función de leyes de simetría, es muy limitado. En términos económicos, no hay limitaciones para la reciprocidad y los *ayllu* vienen a ser la unidad de reciprocidad económica que pueden superar los limites de la reciprocidad de parentesco. Aseguran prioritariamente el control de la tierra para los unos y los otros y por eso pueden definirse como unidades territoriales.

Los *ayllu* se organizan en una primera simetría inmediatamente doblada, lo que da una estructura cuadrática.

---

[216] Gilles Rivière, « Quadripartition et idéologie dans les communautés aymaras de Carangas (Bolivie) », *Bulletin de l'Institut Français d'Études Andines*, t.12, n° 3-4, Lima, 1983, p. 41-62.

[217] «Este común origen mítico (...) prohíbe todo matrimonio dentro de la *estancia* que forma una estricta unidad exógama». *Ibíd.*, p. 45.

Esta totalidad es la *marka*, que es, al mismo tiempo, el lugar de la reciprocidad económica generalizada, es decir, de la feria y de la fiesta y, al mismo tiempo, el centro ceremonial y de sus representaciones religiosas.

> El pueblo o *marka* es el centro administrativo de toda comunidad y el lugar de residencia secundaria de las familias originarias de las diferentes *estancias*, quienes disponen allí generalmente de una casa. Estas familias residen allí cuando son necesarias dar pasos administrativos, cuando hay ferias, asambleas comunitarias (*parlamentos*), etc. Sin embargo, la *marka* es igualmente el centro ceremonial. Aquí se desarrollan las fiestas comunes a los cuatro *ayllu*. La *marka* alberga los lugares sagrados donde cada año los *ayllu* se reúnen para asegurar colectivamente y sucesivamente (*por turno*) los rituales en beneficio de la comunidad. La *marka* puede ser definido como un *espacio común fundamental*[218].

Se puede ver que la estructura social se traduce por la representación cuadripartita, pero también por otra que unifica los cuatro polos en un símbolo único, el *taypi* en aymará: «*punto de referencia y centro del espacio*». ¿Qué es este centro que resume la totalidad en un punto único –*taypi*– y que tiene una importancia organizacional del mismo grado que la representación dualista?

> En la estructura simbólica, el *taypi* es un punto, pero cuando se materializa en un espacio común o durante un ritual, el *taypi* se convierte en un lugar (el altar en la iglesia, una mesa, etc.) o una persona (el cacique, el *pasante*)[219].

El altar o la mesa comunitaria es el centro religioso donde oficia el sacerdote tradicional o cacique, es decir, un jefe que es

---

[218] *Ibíd.*, p. 46-47 (subrayado por Rivière).
[219] *Ibíd.*, p. 52.

diferente de cada uno de los representantes de cada *ayllu*, pero que les equivale en la unidad.

Cada *ayllu* está representado por dos autoridades llamadas, hoy en día, *alcalde* y *jilakata* («masculino» y «femenino»), lo que dentro de un parlamento suman ocho autoridades. En la *marka* se tiene que agregar una autoridad más, la de la unidad, la de la Palabra de contradicción (Palabra de unión). Son, pues, nueve. Finalmente, de la reunión o de la dialéctica del cacique y de las ocho autoridades, es que resultará la expresión comunitaria entera. Es lo que puede deducirse de esta descripción de Rivière.

> Algunos grandes rituales comunitarios están organizados o presididos por las ocho autoridades tradicionales, cuatro *alcaldes*, cuatro *jilakata*. Cada *ayllu* está dirigido por un *alcalde* que ejerce sus funciones desde enero hasta junio, y un *jilakata* desde julio hasta diciembre. Aunque las dos "autoridades" juegan el mismo papel, el primero está considerado como superior al secundo, en el orden de las precedencias. Esta jerarquía implícita aparece en la manera cómo se disponen en un banco ligeramente curvo del cual el ápex, que es también el centro o *taypi*, está ocupado por el cacique, jefe de las ocho autoridades, igualmente nombrado para un año. Dos *alcaldes* están sentados inmediatamente a la derecha del *cacique*, y los otros dos inmediatamente a su izquierda. Dos *jilakata* están sentados a la derecha de los *alcaldes* de derecha y los otros dos a la izquierda de los *alcaldes* de izquierda[220].

Parece que se tendría que decir que estos rituales comunitarios están presididos por las ocho autoridades, quienes traducen la Palabra de complementariedad junto con el cacique quien traduce la Palabra de contradicción.

---

[220] *Ibíd.*, p. 49.

Quizás éste tiene la prioridad sobre los otros, lo que implicaría que el principio religioso tiene más importancia que el principio dualista en la organización social aymara.

Esta dualidad de poder entre las dos Palabras, está subrayada todavía por la descripción del cambio de poder de un año a otro.

> En el comienzo del mes de enero, cada una de las nuevas autoridades tiene que recoger su propio *ayllu*, reconocer los mojones que lo limitan e ir a visitar las *estancias* que lo componen. Esta *vuelta* les permite afirmar su poder y control, aunque hoy sea más simbólico que real, sobre la población por la cual van a ser, durante todo un año y por turno, los jefes o más exactamente los "pastores" (*awatiri*). De regreso, acompañados de su esposa y del *cacique*, las ocho "autoridades" suben al Cerro Pumiri y se reúnen alrededor de una *mesa* llamada *Pusi Suyu*, microcosmo y lugar de origen que significa los "cuatro ayllu", pero también, en aymara antiguo, "universo"[221].

Se encuentra aquí una palabra, *Pusi Suyu*, que tiene probablemente un origen muy antiguo. Significa, ya sea la unidad de la contradicción (el universo), ya sea la paridad y complementariedad; es decir, que emplea las dos funciones que pueden traducir el *ser contradictorio*. Y eso ante una mesa que es, sobre todo, el símbolo el más universal de la comunidad, el símbolo de la repartición de los víveres, de la reciprocidad más antigua desde la exogamia, donde las palabras pueden ser todavía palabras silenciosas, nada más que dones compartidos.

Parece entonces que la primera vuelta, la de las ocho autoridades, cada una en su lugar, es la expresión de la Palabra de complementariedad; la segunda vuelta, la subida al Cerro Pumiri, parece la expresión de la Palabra de contradicción, por ser la del cacique, al cual se adjuntan las

---

[221] *Ibíd.*, p. 56-57.

ocho autoridades (y no al revés) porque aquí domina el principio de unidad:

> En el curso de la fiesta, con gran carga emotiva, que dura todo el día, los participantes proclaman varias veces: *"Viva Aransaya, viva Urinsaya, viva los cuatro ayllu de Sabaya"*, y, de forma más significativa: *"taqe ayllu munasiñani"*, *"puspach ayllu munasiñani"*, lo que puede traducirse por: "los cuatro *ayllu*, amémonos, respetémonos, hagamos la paz". (…)

> *Puspach* puede ser descompuesto en *pusi*, "cuatro", y *pacha*, sufijo que en aymará indica la *totalidad* (y que, junto con otros términos, expresa y confunde el espacio y el tiempo)[222].

No se puede decir mejor. En *pusi* está la Palabra de complementariedad. En *pacha*, el espacio humano, actualizado según nuestra tesis por una primera simetría, y el tiempo por otra, según una estructura cuadrática, están aquí confundidos en la totalidad, en la unidad por la Palabra de contradicción. Y las dos Palabras están asociadas para expresar la totalidad del ser de la comunidad misma.

¡Toda la teoría propuesta aquí se resume en el simbolismo de una sola doble Palabra!

Aquí también parece que el éxito de la reciprocidad positiva sobre la reciprocidad negativa, ha introducido una jerarquía de valores que se representan en el imaginario, y las prioridades simbólicas están vinculadas con algunas representaciones del espacio y del tiempo en función de los criterios naturales más o menos favorables al hombre y que, por tanto, pueden ser emparentados con las condiciones de la reciprocidad positiva.

> La orientación al Este perpetúa ciertamente una lógica indígena. Es en la dirección de este punto cardinal,

---

[222] *Ibíd.*, p. 57 (subrayado por Rivière).

hacia donde están dirigidos los monumentos y necrópolis (*chullpa*) de los aymaras antiguos, numerosos en el país, y las casas de hoy (en las *estancias* por lo menos). Es en esta dirección, hacia el Este, donde se hacen los rituales a las divinidades tradicionales y, de manera general, los de fertilidad y abundancia. Pero el Este fundamenta, a la vez, el espacio simbólico y el espacio cosmológico[223].

*

---

[223] *Ibíd.*, p. 51.

10

LOS MISKITO Y LA REVOLUCIÓN EN NICARAGUA

(1987)

1. EL SENTIDO DE LAS LUCHAS ÉTNICAS

En el Prefacio del libro de Roxanne Dunbar Ortiz sobre las teorías sandinistas[224], Amilcar Turcios pregunta:

> La cuestión miskita ha puesto sobre el tapete un problema cardinal para los revolucionarios no sólo nicaragüenses sino del continente: ¿debe apoyarse toda reivindicación étnica por el sólo hecho de provenir de una comunidad étnica oprimida?

Y añade más adelante:

> En países multiétnicos o multinacionales dependientes de América Latina, la cuestión nacional tiene –por así decirlo– una doble faz: una es la que resume objetivamente las contradicciones que oponen a la nación en su conjunto al imperialismo norteamericano; otra es la que expresa las contradicciones entre los distintos pueblos, grupos étnicos o nacionalidades que constituyen la nación y, fundamentalmente, respecto de la nacionalidad dominante.

---

[224] Roxanne Dunbar Ortiz, *La Cuestión Miskita en la Revolución Nicaragüense*, México, Editorial Línea, 1986. La autora cita abundantemente las obras de Nietschmann y también de Helms.

Amilcar Turcios no precisa lo que llama «contradicciones entre distintos pueblos», pero quizás se tendría que precisar esta cuestión. Anotamos la expresión «fundamentalmente, respecto a la nacionalidad dominante». ¿Son de misma naturaleza las contradicciones entre diferentes grupos étnicos «indios» y la contradicción de estos grupos con la sociedad occidentalizada? Si nos acercamos a esas diferentes cuestiones, se puede averiguar que hoy ya no existen mayores contradicciones entre las diferentes comunidades étnicas. Si existieron en el pasado, hoy en día están superadas por la unidad frente a la sociedad occidental y esta contradicción reúne a las comunidades en el mismo *frente de civilización*. Es esta contradicción la que viene a ser una cuestión fundamental.

No es posible ignorar en la actualidad que las comunidades indias se organizan en todos los países de América en Consejos étnicos o pluri-étnicos, en federaciones de Consejos; y que esas federaciones intentan constituir, incluso ante de la ONU, organismos representativos de su civilización.

No vamos a insistir sobre la interpretación de la contradicción marxista por parte de los sandinistas. Para ellos, su punto de vista es fundamental, en la medida en que pertenecen a una sociedad de derecho privado, de mercado económico regido por el intercambio, y que son víctimas de este sistema. Pero, esto no debería impedirles respetar el problema que se plantea a las comunidades que pertenecen a otro sistema.

De la misma manera que los sandinistas se refieren a la contradicción entre «la nación en su conjunto» y el «imperialismo norteamericano» para dar cuenta del estado actual de la contradicción de la lucha de clases en el sistema capitalista[225], de la misma manera, los que hablan de luchas

---

[225] Según Amilcar Turcios: «Hoy por hoy, la contradicción fundamental de la revolución Nicaragüense sigue siendo la que opone la nación en su

240

étnicas, sitúan en un contexto donde la entidad étnica es la esfera de reciprocidad más amplia que pueda sostener la lucha, la contradicción del frente de civilización. La etnicidad, aún ampliada a la Indianidad, no es sino una manera de ubicar de forma concreta y actual el problema de civilización que opone la Indianidad al mundo occidental.

Esa contradicción opone radicalmente al principio del intercambio de las sociedades occidentales o de las formaciones sociales occidentalizadas, al principio de reciprocidad de las organizaciones comunitarias indígenas.

La cuestión fundamental viene del hecho que los pueblos originarios han elegido vivir según principios comunitarios con base de reciprocidad. Desde luego, el problema principal no es discutir solamente cómo se define la contradicción de la lucha de clases, para las formaciones sociales occidentalizadas frente al imperialismo, y reducir el contenido de la cuestión «india» a esta problemática, sino reconocer también que las comunidades «indias», no están interesadas en priorizar tal problemática occidental, precisamente porque nunca han aceptado nuestra concepción de la economía política. Esta frontera de sistemas, desgraciadamente, divide Nicaragua.

En este contexto, la «línea de frente» ya no es un frente de lucha de clases, sino un frente de sistemas entre quienes han elegido organizarse según el principio de reciprocidad, cualquiera que sea su cultura, y quienes han optado vivir a partir de relaciones de intercambio, privadas o socialistas, liberales o planificadas.

La frontera marcada por la Indianidad, frente al occidente, es una frontera de civilización determinada por principios de economía política, sin discriminación alguna ni de raza ni de cultura[226].

---

conjunto al imperialismo norteamericano»; citado en Roxanne Dunbar Ortiz, *La cuestión Miskita en la Revolución Nicaragüense, op. cit.*

[226] Llamaremos la perspectiva «india», *etnodesarrollo*: ¿por qué elegir este término, en vez de «desarrollo comunitario» o «desarrollo de reciprocidad» ? Se sabe que los estatutos de producción de una comunidad de reciprocidad

Importancia de la lucha de clases

No queremos menospreciar aquí la lucha de clases. Donde la sociedad occidental impone al resto del mundo el principio del libre-cambio, por astucia o por las armas, aparece siempre un frente de clases. Como el occidente ha logrado, en el siglo XIX, imponer el intercambio económico al mundo entero, este frente existe o ha existido en cualquier parte del mundo.

---

dependen de las necesidades de los demás y que se articulan unos con los otros por complementariedad. Resulta que el desarrollo comunitario no es aleatorio. Se caracteriza por el equilibrio de las complementariedades de producción y de los recursos disponibles. El etnodesarrollo entonces significa que se toma en cuenta ésta especificidad estructural y de la especificidad cultural que le pertenece, también de la especificidad de su adaptación a las condiciones naturales, es decir, que se integra la noción de ecodesarrollo dentro de un cuadro humano particular.

Cabe señalar que la UNESCO intentó dar del etnodesarrollo una definición contradictoria de aquella, como si tratara de desvirtuar la perspectiva india antes de que ésta última se imponga: el etnodesarrollo fue reducido a unas teorías indigenistas cuando los etnólogos occidentales consultados, en lugar de los «indios» mismos, afirmaron que la economía india era una economía de intercambio arcaico y que era suficiente o necesario integrarla a una economía planificada de tipo socialista para que pudiera desarrollarse sin tropiezos. En otras palabras, bastaría evitar las condiciones del intercambio desigual para que la economía india encuentre condiciones favorables a su liberación. La etnicidad, en este caso, vaciada de su fundamento de reciprocidad y de su contenido económico, se encontraba reducida al ámbito cultural cortado de sus raíces, a representaciones o imaginarios facultativos. Esta reducción de la etnicidad a la cultura oculta una sustitución de infraestructura económica, una sustitución de las relaciones de reciprocidad por relaciones de intercambio. Esta concepción, la hemos denunciada en otras ocasiones bajo la denominación de «economicidio», por la cual no la desarrollaremos aquí. Véase D. Temple, «El ethnocidio: teoría indígena del desarrollo», en *Contribuciones al etnodesarrollo*, Sète, L'Estampaire, 1976, y «Qué es el economicidio», *IFDA Dossier: International Foundation for Development Alternatives*, n° 60, julio-agosto de 1987, reed. en *El Gallo Ilustrado* (Semanario de *El Día*), México, n° 1216, 24 y 31 de enero de 1988.

Es cierto que la sociedad occidental ha podido imponer el intercambio a todos los Estados del Tercer Mundo, Estados que muchas veces, ella misma ha creado con un desprecio total para los pueblos. Sin embargo, no ha logrado imponerlo a todas las naciones, a todos los pueblos, a todas las etnias, a todas las comunidades humanas... La etnia aparece aquí como una esfera de reciprocidad, de solidaridad, que resiste a la economía de intercambio. Muchas veces, proviene de una antigua nación que ya no corresponde al Estado impuesto por la occidentalización o la colonización. Existen así naciones, como la nación miskita, dividida entre dos Estados occidentales (Honduras y Nicaragua), demostrando desde luego, que las unidades históricas de un sistema no tienen nada que ver con las unidades históricas de otro sistema.

En América, al nivel de los Estados, la economía es economía de intercambio. Pero dentro de la sociedad, las cosas aparecen de otra manera; más bien, como una red de relaciones de intercambio entremezclada con una red de relaciones de reciprocidad: es decir, dos economías antagonistas entre sí, con una, ocultada a veces por la otra.

En ciertos países no tienen la misma importancia, en otros, logran equilibrarse y se neutralizan recíprocamente.

Eso no quiere decir que las sociedades de reciprocidad desconozcan el intercambio (por supuesto, todas las comunidades humanas conocen el intercambio) sino que, dentro de sus fronteras, el intercambio no es predominante. Es, más bien, utilizado al exterior de las fronteras comunitarias para negociar con el extranjero, con el enemigo o con grupos humanos considerados como «parias», precisamente porque, por su parte, no practican la reciprocidad. Al interior de las fronteras de reciprocidad, de las fronteras comunitarias, el intercambio no tiene sino un papel reducido o nulo. En todo caso, y esto es capital, no es a través del intercambio como se realiza la determinación del valor. Es la reciprocidad la que determina el valor.

Los «indígenas» fueron, por supuesto, obligados a practicar con los colonos relaciones de intercambio, a partir del momento que reconocieron que los colonos practicaban solamente relaciones de intercambio. Pero, dentro de las comunidades indias, la economía y el derecho, la formación del valor, continúan siendo determinados por el principio de reciprocidad. La frontera de civilización entre el intercambio y la reciprocidad es, tal vez, sinuosa o aún fragmentada, pero es de hecho una línea de demarcación de los sistemas, como lo es la línea de demarcación de las aguas.

Sin embargo, durante cuatro siglos de colonización, las cosas se han complicado. Por ejemplo, algunas comunidades han enfeudado el intercambio exterior a los intereses de su reciprocidad interna. Los colonos supieron también articular sistemas de reciprocidad (o, más bien, formas de alienación de esos sistemas: tal como el tributo de la reciprocidad desigual) a los intereses de la acumulación capitalista. Por consiguiente, la lucha de liberación de los pueblos indígenas pasa por el análisis de los mecanismos de esa articulación; es decir, por la crítica de la forma que utiliza la explotación capitalista no solamente cuando oprime a los pueblos reducidos al estado de esclavos o de proletarios, llevados a las minas o como domésticos, sino también cuando oprime a los que son autorizados a conservar sus principios de organización económica propia, a condición de que sus excedentes sean devueltos en forma de tributo a sus patrones.

Queremos subrayar que la liberación de comunidades indígenas, a partir de análisis clásicos, de la explotación capitalista de tipo colonial, desenmascara la contradicción principal entre sistemas, es decir, la contradicción entre la reciprocidad india y el intercambio occidental.

Es lo que experimentan actualmente los responsables sandinistas.

2. Marx y la reciprocidad como esperanza de la humanidad

El problema viene a ser, no tanto subordinar supuestas contradicciones étnicas o culturales a la contradicción de clases que interesa a las formaciones sociales que representa el Frente Sandinista, como reconocer que existen en sus fronteras, Miskito, Sumu, etc., y que plantean otra problemática. Si tienen el derecho de existir como humanos o de expresarse, tienen el derecho de testimoniar que su sistema económico y social no entra en la problemática occidental. Tienen el derecho de hacer valer que su existencia está ligada a la estructura de reciprocidad comunitaria y no a la de intercambio y que, a partir de eso, se debe considerar un nuevo diálogo.

Este problema, planteado, de hecho, desde hace cuatro siglos, recibió como única respuesta realmente eficaz hasta hoy, sobre el continente americano, el genocidio. Desde luego, si los responsables sandinistas aceptan escuchar y entenderlo (problema planteado no solamente por todas las comunidades indias de América Central, Sur y Norte, sino por todas las comunidades del Tercer Mundo), entonces serán creíbles.

Por el momento, los responsables sandinistas están cada vez más asimilados al pensamiento marxista reaccionario que es culpable de la pérdida de confianza del Tercer Mundo, hacia las teorías marxistas, no solamente porque, ignorando deliberadamente los principios de desarrollo de sociedades diferentes de la suya, su actitud es una ofensa al respeto del otro, sino porque esta sociedad india dispone ya de principios de desarrollo que el verdadero marxismo considera como los de la fase última de la revolución: los principios de reciprocidad. Es decir que, destruyendo el sistema comunitario indio, destruyen los fundamentos de otro desarrollo, de un desarrollo post-capitalista moderno, y se limitan a establecer estructuras de intercambio generalizado que no son sino formas de comunismo que Marx estigmatizaba con el término de «comunismo vulgar».

Para Amilcar Turcios el punto esencial es el siguiente:

> Consideramos que las reivindicaciones étnicas –al igual que las reivindicaciones de clases o de cualquier otro grupo social– deben en última instancia ser apoyadas o no, según constituyan un aporte o un obstáculo al proceso global de transformación revolucionaria de una formación económico-social dada. Esa es a nuestro entender la piedra de toque de la respuesta a nuestra pregunta inicial.

Entonces ¿cuál es el contenido de esta transformación revolucionaria, porque ya no basta el *chagüite*?

Si se trata de decretar como el General Velasco, en Perú, que «ahora ya no hay indios sólo hay campesinos»..., o de crear, como Paz Estenssoro, en Bolivia, sindicatos occidentales en lugar de las comunidades aymaras o quechuas..., o de asimilar por la fuerza, como en Guatemala, a los «indios» a guerrilleros marxista-leninistas..., entonces existe una famosa referencia teórica: Stalin.

Todas las reformas agrarias, que han destruido las estructuras comunitarias para realizar el comunismo vulgar, es decir, la propiedad colectivizada, han destruido las propias bases de la comunidad sobre las cuales se podía construir la alternativa al sistema capitalista. Desde luego, el problema no es de ayer ni de hoy: fue planteado a Marx, en términos muy claros, por Vera Zasúlich.

La respuesta de Marx tardó en llegar, porque no había estudiado las estructuras de reciprocidad sino las relaciones de intercambio en los países occidentales de los cuales hacía la crítica. Le faltaban argumentos para definir cómo podían desarrollarse las comunidades de reciprocidad. Sin embargo, su respuesta es clara: Marx considera las estructuras de reciprocidad comunitarias como las bases más avanzadas de la revolución en la misma Unión Soviética.

La pregunta de Vera Zasúlich era la siguiente:

En estos últimos tiempos se escucha mucho decir que la comunidad rural es una forma arcaica que la historia, el socialismo científico –en una palabra, todo lo que hay de más indiscutible– condena a desaparecer. La gente que difunde esto, se dice sus mejores discípulos: "marxistas". Lo más fuerte de su argumento es muchas veces: "Es Marx quien lo dice..." Qué servicio tan grande nos haría si nos expusiera su opinión sobre los destinos posibles de nuestras comunidades rurales y sobre la teoría que quiere que todos los pueblos del mundo sean obligados por la necesidad histórica a recorrer todas las fases de la producción capitalista.

Fueron encontrados los borradores de la respuesta de Marx a Vera Zasúlich. Es interesante compararlos para reconocer las ideas fuerzas sobre las cuales se articulan las diversas formas de pensamiento de Marx. En los tres textos aparece claramente que el que intenta reducir las estructuras comunitarias a una problemática de desarrollo de la sociedad occidental, es un enemigo o un contrarrevolucionario...

En uno de esos textos, los supuestos marxistas, a favor de la integración de las comunidades a la lucha de clases, son llamados «nuevas columnas del enemigo»[227]. En otro, todavía

---

[227] En 1881, en su respuesta a Vera Zasúlich, Marx escribió: «Al mismo tiempo que se desangra y tortura a la comuna, se esteriliza y pauperiza su tierra, y los lacayos literarios de las «nuevas columnas de la sociedad» señalan irónicamente las heridas que se le han infligido como síntomas de su decrepitud espontánea. Afirman que está muriendo de muerte natural y que haremos bien en acortar su agonía. Ya no es un problema que haya que resolver; es simplemente un enemigo al que hay que derrotar. Para salvar a la Comuna Rusa, necesitamos una Revolución Rusa. Además, el gobierno ruso y las "nuevas columnas de la sociedad" están haciendo todo lo posible para preparar a las masas para tal catástrofe. Si la revolución tiene lugar en el momento oportuno, si concentra todas sus fuerzas para asegurar el libre desarrollo de la comuna rural, ésta se desarrollará pronto como elemento regenerador de la sociedad rusa y como elemento de superioridad sobre los países esclavizados por el régimen capitalista». Escrito por Karl Marx en francés, a finales de febrero/principios de marzo de 1881. Publicado por primera vez en los Archivos Marx y Engels, Libro I, 1924. Conforme al

más radical, Marx afirma con cierto enojo: «no vale la pena discutir con ellos, es mejor vencerles». En el tercero, tales marxistas son tratados con desprecio.

La respuesta final es clara:

1) El análisis de clase sólo interesa a las sociedades de derecho privado de los países occidentales.

2) Las estructuras comunitarias son las bases avanzadas de la revolución que, con sus principios de reciprocidad, prefiguran el porvenir.

3) El papel de los revolucionarios es eliminar todos los obstáculos al libre desarrollo de esas bases comunitarias.

Marx responde a Vera Zasúlich poco antes de su muerte (1883). Esos textos no están sujetos a discusión polémica, porque reflejan el último y el más profético pensamiento de Marx.

Es cierto que Marx no ha desarrollado una crítica o un análisis de las estructuras de reciprocidad. Nos vemos, pues, en la obligación de seguir su trabajo: es decir, analizar la reciprocidad, descubrir sus mecanismos esenciales.

3. LA CONTRADICCIÓN DEL INTERCAMBIO Y DE LA RECIPROCIDAD

¿En qué se opone la reciprocidad al intercambio? ¿Por qué entre reciprocidad e intercambio existe un antagonismo irreducible? ¿Por qué es la reciprocidad la esperanza de la

---

manuscrito. Cf. Karl Marx y Friedrich Engels, *Œuvres choisies*, Vol. III, Moscú, Éditions du Progrès, 1970.

humanidad? ¿Por qué, en fin, los pueblos organizados por la reciprocidad han sido temporalmente desestructurados por el sistema de intercambio?

Estas preguntas son cada día más importantes, en la medida que el fracaso del marxismo colectivista, del colectivismo en sí o, más bien, del comunismo vulgar, provoca un gran desamparo y que el sistema capitalista aprovecha el vacío teórico de sus adversarios para dar la ilusión de ser la solución necesaria, a falta de ser una solución humana.

Partiremos de las mismas observaciones de los pro-sandinistas para seguir el diálogo:

> En la sociedad miskita tradicional no existía una economía como tal, fuera del contexto social. La producción se llevaba a cabo por su valor de uso. Los hogares producían de acuerdo a sus necesidades y responsabilidades sociales. Si la desgracia afectaba a una familia, sus necesidades se veían satisfechas a través de las responsabilidades de parentesco, que tenían un efecto compensatorio. Ya que la necesidad regulaba la producción, el excedente sólo se limitaba a los márgenes de una posible emergencia; nunca se utilizaba para obtener beneficios. Se puede decir entonces que los Miskito eran "subproductores", porque no agotaban las capacidades productivas de su sistema de subsistencia.

Aquí es necesario discutir una petición convencional propia a los economistas, la de considerar la economía de reciprocidad como subproductiva o incapaz de producir excedentes, principio que el autor sandinista retoma de la siguiente forma: *nunca se utilizaba* (la producción) *para obtener beneficios. Se puede decir entonces que los Miskito eran «subproductores».*

Eso quiere decir que el autor relaciona la noción de excedente a la noción de beneficio o de lucro. Es exacto que no existe lucro en una economía de reciprocidad, pero es absurdo deducir que no existen ni excedentes ni beneficio o que el modo de producción indio es «subproductivo».

Nos limitaremos aquí a denunciar este error, a partir de las propias contradicciones del mismo texto.

El producto de un sistema de autosuficiencia y autosubsistencia es el alimento. Sin embargo, para los pueblos autosuficientes, organizados comunitariamente, y aún para los Miskito tradicionales, el alimento como obligación social es tan importante como el alimento para comer. La producción alimenticia incluye automáticamente la cantidad necesaria para regalar y compartir. No es de sorprender que el rasgo de comportamiento más admirado sea la generosidad; es más importante dar alimentos a otros y ser conocido como una persona generosa, que tener almacenada mucha comida y ser considerado como una persona avara y fría.

La producción encuentra aquí un motor sin límite. ¿En qué sentido? Porque si cada cual debe medir su prestigio social por su generosidad, quiere decir que está involucrado en una competición para mejorar su rango en la escala del poder, relacionado con este prestigio y que esa competición equivale a una dinámica de producción y de superproducción.

El autor hubiera podido descubrir aquí uno de los grandes principios de la economía de reciprocidad: *el poder de prestigio es proporcional al don*. Desde luego, se entiende porque la superproducción está automáticamente inducida por la competición para lograr el poder: porque para poder dar, hay que producir excedentes. De la misma manera que, en el sistema occidental, la producción es multiplicada por la competición para la acumulación, aquí la producción es multiplicada por la competición para el don.

Pero las dos competiciones son obviamente antagonistas. El autor observa ese antagonismo; es una lástima que no lo haya descifrado.

Observa entonces que una economía fundada sobre el don y la reciprocidad es antinómica (un «obstáculo» dice) con la economía fundada sobre la acumulación.

Los valores y prácticas tradicionales de los Miskito probablemente han obstaculizado en gran parte el desarrollo de la producción para el intercambio en el mercado. Para ciertos observadores, ello puede indicar que la cultura miskita ha sido una barrera ante el «progreso».

Debemos agregar que, para estos observadores, «el progreso» es sinónimo de progreso de la economía de intercambio y no del progreso de la economía de reciprocidad. Sin embargo, parece evidente que si la economía de reciprocidad es un obstáculo al progreso de la economía de intercambio, la recíproca se verifica también: la economía de intercambio es un obstáculo a la economía de reciprocidad, lo que aparece inmediatamente. En efecto, el autor reconoce por su parte:

> Sin embargo, dados los efectos desastrosos provocados por la dependencia del mercado en la sociedad tradicional, se puede suponer que estos valores, tal vez, hayan impedido la proletarización del pueblo miskito y su disolución como pueblo o nación. Esto no implica que la cultura miskita ya no esté en peligro, pero es seguro que la erradicación del control imperialista en la región ha detenido el proceso de desintegración.

Lo que equivale a decir que el desarrollo del intercambio es la causa del subdesarrollo de la reciprocidad.

4. LA CUESTIÓN DEL VALOR

El autor cita el valor miskito como diferente del valor de intercambio, pero no dice cómo se determina este valor en lo que llama «las prácticas tradicionales», es decir, en la economía de reciprocidad. Se puede decir que se determina de manera contraria al valor de intercambio: en lugar de representar algo acumulado, representa algo dado. El prestigio es proporcional al don y el valor no es otra cosa sino la cristalización de este prestigio.

Y, evidentemente, el hecho de recibir o de acumular equivale a una pérdida de prestigio y, por lo tanto, de valor: la acumulación es una pérdida de valor. Es lo que traducen, más o menos, estas observaciones de Roxanne Dunbar Ortiz:

> Esta donación de regalos se ve motivada por un simbolismo que tiene sus propias recompensas más allá de la mutua preocupación por los demás. Se dice que la capacidad de dar equivale a la suerte de poder dar y que la "suerte del regalo" viene del hecho de dar. En la sociedad miskita tradicional, no se supone que una persona saque provecho a expensas de otras. Se acepta el regalo, pero se debe transmitir la suerte con otro regalo. El recibir un regalo crea un sentimiento de incomodidad, el que a su vez implica una respuesta en especie, pero no necesariamente del mismo valor.

Para ser valor, dentro de un sistema de reciprocidad, el valor debe, sin embargo, ser comparado a una función invariable al igual que el valor de cambio. Esa función es el trabajo, pero cuando en una estructura de intercambio, la medida del trabajo viene a ser la fuerza de trabajo, en una estructura de reciprocidad, esta medida corresponde a la satisfacción de las necesidades de la comunidad. En un caso, es la producción, en el otro, el consumo es el determinante.

Es lo que indican estas observaciones, aunque las categorías sean expuestas en desorden, al revés de su orden lógico.

> Este valor y la repartición automática, que caracteriza la cultura tradicional, tiene muchos efectos, entre ellos, la redistribución de los alimentos para lograr la justicia comunitaria y reducir la posibilidad de acumulación. El sistema de distribución actúa como un medio regulador para la igualdad del consumo y permite al mismo tiempo reconocer y expresar las obligaciones sociales y la cohesión familiar.

Debemos precisar que es a partir del momento en que se niega reconocer el poder de prestigio vinculado con la reciprocidad, es decir, el poder político indio, cuando el sistema de reciprocidad está privado de su dinámica de producción. El problema de la autonomía o de la independencia de los pueblos indígena no se plantea en términos geográficos o históricos, sino en términos de economía política.

Fuera de la subsistencia, la principal razón de producir, en un sistema de reciprocidad, es el prestigio. Si el prestigio no es reconocido como medida del poder, entonces la sociedad de reciprocidad ya no tiene razón para producir excedentes y es imposible motivar el crecimiento y el progreso. A partir del momento en que los símbolos del prestigio y las funciones que atestiguan de la autoridad del prestigio ya no son reconocidas, ni por los colonos, ni por los mestizos, la sociedad india está descabezada de su poder, pero también de su dinámica económica. Se reduce naturalmente a la autosubsistencia y sufre el subdesarrollo. Pero el subdesarrollo no se debe al modo de producción indio, es una consecuencia de la colonización.

Hoy el respeto del otro, obliga a reconocer la articulación de los dos sistemas, la frontera entre los dos poderes, la legitimidad de dos autoridades, cada una en su campo. La dualidad de poderes entre Indios y Blancos o la independencia son entonces escritas como necesidades por las mismas condiciones históricas de Nicaragua.

Todos los intentos sandinistas para infiltrar, luego para asociar, en fin, para integrar a los responsables indígenas al Estado de derecho occidental, son etnocidarios, y el rechazo de los Miskito a todo compromiso que equivaldría a la desaparición de su autoridad política o de su estructura económica fundamental, rechazo por el cual debieron exiliarse, demuestra la irreductibilidad del ser social indio.

5. SUPERIORIDAD DE LA RECIPROCIDAD SOBRE EL INTERCAMBIO

El segundo argumento de la ideología antropológica capitalista es más difícil de refutar. La reciprocidad sería, según esta ideología, un intercambio primitivo. Bastaría con convencer a los Miskito de dejar sus relaciones de reciprocidad y adoptar el intercambio económico para tener fama de progresista (o hasta de revolucionario, porque hay dentro de los marxistas, gente para seguir el paso a los partidarios del intercambio: la economía de mercado planificado sería, según ellos, la panacea universal; los Miskito recuperarían la igualdad pero también podrían acceder a una forma de circulación de mercancías más eficaz que la del sistema de reciprocidad).

El autor nos permitirá rechazar esta tesis con sus observaciones:

> Aunque la reciprocidad es el centro del sistema de repartición de alimentos, se trata de una reciprocidad en el tiempo, dentro de un sistema, y no un intercambio personal de regalos. En la práctica, cierta gente es donante y otra receptora. Los viejos, enfermos y niños siempre son receptores. Los productores de alimentos más eficientes, es decir, los mejores pescadores de tortugas, cazadores, agricultores y los trabajadores empleados, son los mayores donantes y ellos no reciben.

El motivo del intercambio es el interés material de cada parte (el suyo por supuesto). Se puede decir, al contrario, que el motivo de la reciprocidad es el interés material del otro. Resulta que el intercambio es inmediato, dado que se produce sólo cuando cada uno de los interesados saca su «provecho». La reciprocidad es muy pocas veces inmediata, porque cada uno tiene que satisfacer al otro en seguida, cuando éste le pide algo, sin esperar a encontrarse él mismo también en necesidad;

como lo reconoce el autor: *se trata de una reciprocidad en el tiempo, dentro del sistema y no de intercambio de regalos*.

Por otra parte, el intercambio pretende compensar lo que está dado por lo que se adquiere y el intercambio tiende a la igualdad de las cosas intercambiadas porque cada uno busca cómo perder lo menos posible. Pero concierne sólo a los que poseen algo. Los que no tienen nada, no pueden cambiar nada, los que poseen poco van a sufrir la ley del más fuerte: el intercambio desigual. La igualdad de las cosas intercambiadas se traduce por una desigualdad de los individuos, porque la igualdad de las cosas intercambiadas interesa sólo a los que tienen los medios de intercambio y dejan a los otros en su pobreza.

La reciprocidad tiende hacia otra igualdad. Tiende a compensar el déficit de los más desfavorecidos hasta el punto que ciertas categorías sociales sólo son receptoras: *los viejos, enfermos y niños siempre son receptores*. Es decir, que reciben su parte cuando no la recibirían con el intercambio. En la reciprocidad, la desigualdad de las cosas dadas conduce a la igualdad de las personas, porque esta desigualdad de las cosas redistribuidas es tributario de la solidaridad y debe compensar las desigualdades naturales.

*

11

ETNOCIDIO, ECONOMICIDIO Y GENOCIDIO EN RUANDA

1ª publicación en francés en *Transdisciplines*, n° 13 y 14,
Paris, l'Harmattan, 1995.

*

1. LA RECIPROCIDAD EN RUANDA

Desde hace mil años –nos dice Édouard Gasarabwe– los
tres pueblos que crearon Ruanda, los Tutsi, los Hutu y los
Twa, han trenzado lo que llaman una *cuerda con tres hilos*[228]. Si

---

[228] Édouard Gasarabwe, *Le geste Rwanda*, Paris, Union Générale d'Éditions,
1978: «En Ruanda, como en los países de los Grandes Lagos, viven tres
pueblos en estrecha contigüidad desde hace por lo menos treinta
generaciones. Evaluada actualmente en más de tres millones y medio de
habitantes, la población ruandesa se distribuye en tres grupos
morfológicamente diversificados, que hablan no obstante el mismo idioma y
dotados por una larga historia común, de una cultura nacional específica y
muy marcada. Las estadísticas oficiales recientes dan cuanta de 90% de
Bahutu, 7% de Batutsi y 1% de Batwa. Los Bahutu son descendientes de
aradores que, en un tiempo que la historia escrita ignora, organizados en
familias patriarcales, colonizaron el Masivo y abatieron la selva. Los Batutsi
son descendientes de inmigrantes posteriores a las grandes colonizaciones de
los labradores. Se piensa que alcanzaron Ruanda a principios del inicio de
nuestro milenio llevando delante de sí un imponente hato de ganado bovino.
Su integración al medio de los labradores se hizo progresivamente en
detrimento de sus huéspedes, a medida que el poder político se desarrollaba
en el sentido de una monarquía patriarcal, réplica del poder familiar de los
labradores, enriquecida por la tradición militar y centralista de los pastores.
Los Batwa son descendientes de silvícolas, conocidos en toda el África
ecuatorial como los "primeros habitantes". En Ruanda, los Batwa no

257

la etnia se hubiera constituido originalmente por el principio de exclusión, que condujo al genocidio, evidentemente no quedaría sino una etnia de las tres, desde hace siglos. La guerra total, el genocidio racista, apareció en realidad con el fin de la colonización y no con las etnias. El término etnia, entendido como cultura, dio a luz al de *etnocidio*. El etnocidio denuncia la destrucción de las comunidades humanas, incluso cuando sus miembros no son ejecutados.

Pero Gasarabwe llama «etnia», no a la comunidad que se construye mediante lazos de reciprocidad en un imaginario dado, ni a la comunidad que se afirma por la unidad y la totalidad que la distingue de las otras, sino a la identidad que se pretende *excluyente* el otro: «uno de los hilos de la cuerda de tres hilos cuando no reconoce a los otros».

Tales *identidades excluyentes* nacen particularmente cada vez que la colonización destruye la reciprocidad interétnica o simplemente la reciprocidad. Es entonces que se propaga el racismo[229].

Aceptemos, sin embargo, su definición. Ruanda, precisa, estaba unificado por un principio de convivencia de todos sus súbditos. Incluso si, en la entrada en escena de los occidentales, algunos reyes bahutu aún combatían por su autonomía, esos

aceptaron la colonización agraria de los Bahutu vencedores. Se replegaron por todas partes al límite de los bosques progresivamente entregados a las llamas y la deforestación. Un número reducido, sin embargo, comerció con los distintos dueños de las tierras, vendiendo productos de cerámica y piezas de caza. El mestizaje es en nuestros días aún menos extendido que el que tuvo lugar entre los agricultores y los pastores». (p. 24).

(Nota: En el idioma kiñaruanda, el prefijo *ba* es la marca del plural, así Gasarabwe escribe para los occidentales: los Batutsi, Bahutu y los Batwa).

[229] «(…) los matrimonios interétnicos se operaban generalmente al interior de la etnia. Pero las excepciones a este uso fueron relativamente numerosas, teniendo en cuenta la escala mostrada por las fisonomías intermedias entre los prototipos "hamita y bantu" definidos por la antropología física. Pero esta mezcla, importante a nuestro parecer, no tuvo ningún efecto psicológico en el crecimiento de la conciencia étnica que, en vísperas de la descolonización, alcanzó el extremo límite del racismo, incluso en los individuos más "europeizados", a saber, el clero». *Ibíd*, p. 29.

combates no cuestionaban el *principio de unión* mismo[230]. Para los Hutu, como para los Tutsi, la unidad del pueblo se expresaba mediante un consejo de jefes de clanes y por un rey (*mwami*), él mismo entronizado, a veces, por un jefe religioso. Labradores y pastores tendían hacia la misma organización política.

Por otra parte, los Tutsi se establecieron con el asentimiento de los Hutu. No es inútil recordar cómo, en efecto, y según Gasarabwe, esta *integración recíproca* se efectuaba de forma política gracias a la complementariedad de los servicios que cada uno hacía al otro. Efectivamente el *imana*, la gracia divina, unía la sociedad en una sola totalidad espiritual, pero como es difícil ser libérrimo con otro si no se tiene en cuenta de lo que él necesita, los bienes materiales acompañaban casi siempre las circulación de los valores espirituales.

> Los Batutsi, al parecer, entraron pacíficamente en el medio agrario. (…) Probablemente tomaron el poder patriarcal de los clanes [de los Bahutu] por medio de la vaca, herramienta de conciliación entre el pastor y el labrador: la vaca complacía a este último, él se convertía en el cliente del primero según el esquema del *ubuhake*[231].

El edificio social, político, económico tradicional ruandés reposa en el valor del prestigio. Es, sin duda, el don el que engendra el valor del prestigio. El don se enriquece con el contra-don. Y el valor se acrecienta porque el don recibido sea vuelto a donar. La «crecida» del don acarrea el valor de prestigio. Esta crecida es la *ubuhake*.

---

[230] El *principio de unión*, que tiene su origen en lo que Lévi-Strauss llamó el sistema de «casa», significa la actualización según la polaridad de la homogéneización de una potencia afectiva nacida de una relación de reciprocidad, o «situación contradictoria» en palabras de Leví-Strauss. Esta actualización genera la *unidad de la contradicción* como segunda modalidad de la función simbólica.

[231] *Gasarabwe, op. cit.*, p. 40.

Pero el valor de prestigio debe ser reinvertido en nuevos dones y sacrificios[232] para valerle al donador como un prestigio superior. Ya que el valor de prestigio se representaba por el rebaño sagrado, los ruandeses anunciaban su rango por la importancia de su manada[233].

El *ubuhake* es el principio, del que Gasarabwe dice que «fue y queda como el elemento móvil de la revolución ruandesa». Ese término significa literalmente la «crecida de la vaca». La crecida es asimilada a la fecundidad de la vida (llevar un ternero). Pero es, en su traducción espiritual, la *fuerza del espíritu del don*. La crecida es entonces doble: para el donatario: bienes materiales y, para el donador, prestigio e igualmente rango social.

1 - La unidad ruandesa

Hay que insistir en la forma que toma, en Ruanda, la reciprocidad, esta estructura social que se encuentra en la base

---

[232] El sacrificio es tomado aquí como un don de todos para todos; un don que vale su nombre al grupo entero y que asegura un lazo social único entre todos. El sacrificio le permite a cada uno participar en la humanidad del grupo. El que las vacas puedan medir el sacrificio, hace de ellas una moneda sacrificatoria (pero no por ello una moneda de cambio. No se intercambia nada por las vacas). El don de una vaca establece un lazo social. Por ejemplo, el don de las vacas es utilizado en el matrimonio como manifestación del poder del marido. De las vacas depende que los jóvenes puedan contraer matrimonios, de los que nacerán los retoños del linaje «que permitirá al ascendente acceder al rango de ancestro en vez de convertirse en un espíritu condenado a errar al exterior de la jefatura».

[233] «Los grandes "feudales" podían ser servidores de otros "feudales". Los Bahutu, "nuevos nobles" por la riqueza en tierras y bovinos, se convertían en "castellanos". En lo más bajo de la escala, situación de la mayor parte de los agricultores y de los Batutsi desposeídos de rebaños, se encontraba el pueblo ávido de poseer y listo a comprometerse bajo la simple promesa del don de un "bovino"». *Ibíd*, p. 43.

de todas las sociedades humanas. La reciprocidad de origen puede ser definida como una relación de *cara a cara* en la cual cada uno toma en consideración la situación del otro. Ella *se generaliza* si cada frente a frente se desdobla, con cada uno, por ejemplo, recibiendo de un donador y donando a otro, con el último que vuelva a dar al primero. Se crean así redes de reciprocidad de las que cada miembro es un tercero intermediario entre otros dos. Ese estatuto de tercero intermediario se acompaña de un sentimiento de responsabilidad y, cuando el don va en los dos sentidos, del sentimiento de equidad.

En Ruanda, como en casi toda África, coexisten dos tipos de reciprocidad generalizada: aquella en la que cada uno asume el rol de intermediario, la *reciprocidad horizontal*[234]; y la *reciprocidad vertical*[235], en la que todos los miembros de la comunidad reconocen un solo intermediario. Se habla también de un *sistema de redistribución*.

Los *aradores* preferían un sistema de reciprocidad en el que las dos formas, vertical y horizontal, eran más o menos de importancia similar. Los *pastores* daban la preeminencia a la reciprocidad vertical. Esta última favorece en particular la potencia, así como autoriza una jerarquía. El rango social se

---

[234] Se utiliza el término de *reciprocidad horizontal* para las relaciones de reciprocidad entre comunidades en el estado disperso. La reciprocidad no excluye que cada uno dé lo más posible para obtener el reconocimiento de otros y aumentar su prestigio, pero el estado disperso de las comunidades impide que el prestigio pueda inducir la lealtad o la sumisión de los donatarios, a menos que sea el deseo de adquirir prestigio lo que obliga a los diferentes miembros de la comunidad a separarse y engendrar el estado disperso para poder afirmarse unos a otros como autónomos y soberanos.

[235] En las sociedades de reciprocidad positiva, los símbolos del prestigio adquirido por el don se traducen, para el donante, en la necesidad de recibir a su vez. Esta necesidad confiere al símbolo (*moneda de renombre*) la fuerza determinante que obliga al donatario al contra-don. La superioridad de un donante sobre el otro hace que el contra-don aparezca como un tributo. La relación asimétrica define una jerarquía, de ahí el nombre de *reciprocidad vertical*.

determina según se esté más o menos emparentado con el *mwami* (rey) o su linaje, o el que se sea tenedor de un capital de prestigio más o menos grande. Pero una diferenciación semejante no debe ocultar el principio de organización subyacente.

La reciprocidad vertical

Es, pues, importante precisar esta noción, ya que es uno de los datos principales de las contradicciones que vive Ruanda. De la base de la sociedad, la Choza[236] familiar, hasta la cumbre del Estado, es el mismo principio el que domina todas las prestaciones: la *unión* de todos alrededor de un solo *centro*.

> Sólo el centro de la Choza paterna posee las virtudes que hacen "grandes" a los hombres. (...) El asiento del jefe se mantiene permanentemente en el centro de la Choza: se impone en ella por sus dimensiones, su madera patinada y la veneración que generalmente le rodea[237].

El asiento está situado bajo la vertical de la cumbre del techo de la choza, cuya cima es un nudo de paja prolongado por una pértiga, que Gasarabwe compara bellamente a una antena espiritual. El asiento paterno está en el centro del *ikirambi* (la parte central de la choza):

> La presentación completa de los ritos, que tienen lugar en el centro de la choza, exigiría de nuestra parte una descripción técnica de los usos "esotéricos" de la vida

---

[236] La Choza (con mayúscula) significa la unidad y la totalidad de los habitantes de la choza, como se dice la Casa de los Borbones o la Casa Durand. «La Choza, Matriz del Linaje (*Inzu*), es para el animista un santuario purificador.» Gasarabwe, *op. cit.*, p. 375.

[237] *Ibíd.*, p. 376-377.

cotidiana y de la vida cultural, lo que quiere decir la elaboración de un tratado sobre la religión de un pueblo animista (…). pueblo, ya que la religión no es un asunto privado sino de grupo[238].

He ahí, pues, una organización centralizada por una palabra religiosa, en el sentido que une y que liga en una totalidad indivisa a los miembros de un grupo.

Cuando el centro *Kirambi* es el de la Choza-Palacio, se transforma en Santuario secreto, un "Sancta Sanctorum" del reino animista. Todas las consagraciones importantes del Reino se cumplen en este lugar: la entronización del rey y de las insignias del poder, la aceptación de riquezas, para las cuales hay que hacer un homenaje al cielo…[239].

Los rituales ruandeses tienen lugar en el centro de la choza, bajo la autoridad de un solo responsable. Ese redistribuidor es el mediador de la gracia, de la amistad, de la vida, de la fecundidad y de la salud entre las generaciones. Pero también organiza las relaciones matrimoniales, de hospitalidad, las redistribuciones festivas y los sacrificios, reuniendo la mayor cantidad posible de personas en la Choza, concebida entonces como totalidad humana, como persona moral.

En efecto, la Choza reúne no sólo a la familia primaria, la de la ascendencia y descendencia, sino a todos los aliados y sus hermanos, y las familias de las mujeres de estos últimos. (…) Los límites de la asociación privilegiada son la tribu y la raza[240].

Hemos partido de la gracia, nacida del don de los ancestros, captada por la antena, anudada en el templo de

---

[238] *Ibíd.*, p. 374-375.
[239] *Ibíd.*, p. 379.
[240] *Ibíd.*, p. 302.

caña, encarnada en la palabra del jefe de linaje que sesiona en el centro del *ikirambi* de la choza. Alrededor de la choza, las diversas actividades económicas se ordenan en círculos concéntricos, cada uno delimitado por una empalizada. El conjunto del territorio se llama *Rugo*. ¿Tiene ese término, *Rugo*, dos sentidos como la Choza, el de un hábitat y el de una familia?

> La elegancia de la exposición hubiera requerido una traducción estándar, como la de la etnología clásica: *cercada*. Atenerse a una adecuación semejante, sería comparable a traducir el francés "casa" por un término supuestamente equivalente, por ejemplo: abrigo. En esas condiciones, desdichado sería el estudiante de lenguas que quisiera comprender: la Casa de los Borbones... o, simplemente, la Casa Dupont. (...) En efecto, a los ojos del habitante de la pequeña república, *Rugo* hace resaltar algo muy distinto de la silueta de un cercado: el hombre adulto se define por su *Rugo*[241].

Todo está dicho, en los mismos términos de Lévi-Strauss: El principio de casa −decía él− es un principio de organización social fundada en la totalidad de comprensión recíproca.

> Es un concepto ético, cómo se dice la Casa de los Habsburg o la Casa de Francia[242].

La flecha es *central*, el asiento es el *centro* del *ikirambi*; el *ikirambi* es el centro de la Choza, la Choza es el centro del *Rugo*, y así el arco de círculo «es el canon mítico del Rugo»[243]. En fin:

> El *muryango* −en sociología− es una estructura superpuesta a los patrilinajes (...). Reúne a los *mazu* − chozas− clanes cuya extensión va más lejos que la "choza"

---

[241] *Ibíd.*, p. 195.
[242] Claude Lévi-Strauss, *Paroles données*, Paris, Plon, 1984, p. 190.
[243] Gasarabwe, *Le geste Rwanda, op. cit.*, p. 240.

en la misma "etnia" –raza– y más allá de la raza, a patrilinajes sin ninguna comunidad de linaje. Esta amalgama de razas así diferenciadas como los Bahutu y los Batutsi por su modo de vida anterior a la sedentarización de estos últimos, está para nosotros en el corazón de la formación de la nación ruandesa[244].

¿Pero cómo se realiza esta unidad?

Hace algunos años, sobre una colina ruandesa, antes de las divisiones étnicas y la cristianización, cada habitante podía contar con todos los otros: los trabajos de importancia, que amenazaban con durar mucho tiempo, reunían a todos los hombres hábiles para construir, incluso cultivar. (…)

Un *rugo* se instala y un *umuhana* se añade a la colectividad. El *umuhana* se analiza de la siguiente forma: *umu*: indicador de clase; *ha*: donar; *na*: "y"… partícula que expresa la reciprocidad al final de los verbos, la asociación entre los términos independientes.

El *muhana*, como indica su nombre, significa entonces: el participante, el socio, aquel con quien se intercambian los dones[245].

Una reciprocidad de la que hay que tomar la medida: no la que liga a cada partícipe al otro a cuenta de revancha, sino la que liga a cada uno a todos los otros. Dejemos hablar al autor para expresar este matiz:

La construcción –entre los Ruandeses– es en verdad un pacto. Así como los compañeros de guerra se juran fidelidad y asistencia en todas las circunstancias, tanto en casa como en el extranjero, intercambiando simbólicamente su sangre, así también los habitantes de una colina concluyen un pacto tácito mediante la

---

[244] *Ibíd.*, p. 316.
[245] *Ibíd.*, p. 243-244.

cooperación de la que acabamos de señalar algunos de sus rasgos esenciales. (...) Los obreros mismos conciben este acto [la construcción de la choza] no como uno de generosidad y humanidad, sino como la prueba de su propia existencia por y para el grupo. Se va a "construir", como se va a la guerra, sin sueldo...[246].

Es justo definir una categoría que da cuenta de esta fusión en un todo único del espíritu del don de los unos y los otros. Esta forma de reciprocidad, es el *compartir*.

Sólo nos falta un último centro a la dimensión de Ruanda... Sólo nos falta una palabra única para todo Ruanda, que sea la expresión de esta confianza de cada uno en todos, palabra política pero también religiosa, ya que da cuenta de la vida espiritual. Esta palabra es la del *mwami*[247].

En la vida profana nada asimila el *Rugo* al Estado; sin embargo, a partir de las consideraciones sobre el desenvolvimiento de numerosos ritos, se reconoce fácilmente el símbolo. Particularmente, cuando el rey se hace pontífice y conduce la liturgia, el Rugo-Palacio se convierte en el altar del Ruanda que gobierna.

El *rugo* del rey es un palacio vegetal, parecido al de los súbditos en cuanto al esquema y los materiales que lo componen. Pero, en el marco ritual, es el teatro de ceremonias que no pueden desenvolverse en ningún otro punto del país y, a tal título, tiene un peso particular.

El carácter semi-nómada del rey ruandés (...) se explica por la voluntad ritual de hacer del país entero el "*rugo* del soberano". Las ceremonias de entronización se desarrollan, sin embargo, en el corazón del país, en el recinto principal, llamado *bwami*... entre la realeza. (...) En el curso de los desplazamientos del soberano por las

---

[246] *Ibíd.*, p. 243.

[247] «*Mwami* es el equivalente de "rey", *mutatis mutandis*. El sustantivo se remonta a la organización de los Bahutu, que daban este prestigioso título al más antiguo, "el que es el más conocido", el jefe de familia». *Ibíd.*, p. 25.

diferentes moradas secundarias, al contrario, él esparce su carácter sagrado por todos los horizontes del Estado. Las moradas dispersas extienden la personalidad del monarca a la escala del país[248].

El *mwami* es el mediador entre el cielo y la tierra, con lo que, sobrepasando al hombre, no está menos llamado a la reciprocidad, o reconocido por él como principio de don o de generación. De esta relación de reciprocidad universal nace un principio divino, espíritu creador del Bien que une a todos los seres en la misma filiación o génesis. El hombre-rey-sacerdote es el testimonio de esta continuidad, de ese lazo, de esa potencia de ser que habla de generaciones en generaciones, del *imana*; es el redistribuidor de la gracia entre los Ruandeses. Esta gracia, que funda la Choza y hace crecer el *Rugo* –los reúne bajo la autoridad de una sola voluntad común– es representada en los rebaños que se convierten en una moneda espiritual, comprometida en los sacrificios y los duelos, por honrar la memoria de los ancestros, y en las alianzas matrimoniales o guerreras.

2 - La contradicción de sistemas

¿Es este valor espiritual de alguna utilidad para los occidentales?

En términos de librecambio, un tal valor de prestigio no tiene eficacia económica, a menos que sea transformado en su contrario, en valor de cambio y en capital[249]. Para ello hay que

---

[248] *Ibíd.*, p. 218-219.

[249] «Se dice a menudo que la vaca ruandés no tiene ningún valor económico. Una apreciación tal (…) en ningún caso puede ser la de un campesino, menos aún la de un criador de la antigua sociedad africana. La vaca confiere no solamente prestigio social a los "feudales", sino también

reemplazar las representaciones comunitarias de los Ruandeses por otras que puedan conciliarse con el sistema económico occidental. La destitución del *mwami* y la entronización de un príncipe cristiano por los Belgas, ya simboliza esta sustitución de imaginario.

Es el trabajo de largo aliento de la Iglesia católica el destruir las representaciones religiosas de los Ruandeses, para instalar en su lugar las representaciones occidentales. ¿Podría haberse producido pacíficamente esta sustitución, como la integración de los Tutsi y los Hutu?[250] ¿No son los valores religiosos cristianos y sus representaciones igualmente nacidos de estructuras de reciprocidad? Han evolucionado, sin embargo, en concierto con el modo de producción occidental para ser hoy compatibles con el librecambio, pero de sentido inverso al de los tiempos de los evangelios, hasta el punto de

---

abono y mantequilla al agricultor. Quien dice abono, dice bananeras que verdean, todo el año… esto no es insignificante. Quien dice mantequilla, dice fin a esas grietas, esas hendiduras que abruman los talones deshidratados por el polvo de los senderos rojizos del África. No hablemos del valor nutritivo de la leche, incluso en pequeña cantidad, especialmente para los niños». (*Ibíd.*, p. 41).

[250] La reciprocidad vertical engendra, en efecto, un sentimiento unificado de la gracia. Pero queda una dificultad. En los animistas, las estructuras generadoras de la gracia siempre están en vigor. Así el *Imana* es inmanencia. No está separado de la naturaleza humana. El *Imana* no es un dios metafísico. Cierto, se objetará que la ruptura metafísica puede ser tratada como un progreso de la conciencia religiosa: puede significar, por ejemplo, la pureza de lo sobrenatural, su liberación de sus condiciones imaginarias y la escritura, que asegura esta separación, puede ser considerada como una protección, pero como parte esta protección desactiva las estructuras sociales del origen de la gracia y somete a la palabra naciente a la palabra escrita, enfeuda la revelación a lo revelado. Puede así resultar una oposición (negativa ella) entre lo espiritual estéreo y la naturaleza desencantada. En suma, las religiones occidentales son primero teologías, discursos sobre la revelación; las religiones africanas son teogénesis, revelaciones en acto y sin cesar reactualizadas por la reproducción de las estructuras de reciprocidad. La violencia con la que las iglesias cristianas destruyen las religiones animistas ¿no se deberá a la obsesión porque las comunidades africanas disponen de las estructuras generadores de la gracia?

que la Iglesia católica, recientemente propuso, incluso a los africanos, adoptar el sistema capitalista[251].

La administración colonial, por su parte, entendía realizar la metamorfosis del *don* y del *prestigio* en *propiedad privada* y *ganancia*, es decir, revertir el orden económico ruandés de cabo a rabo, como recuerda Luc de Heusch[252]. Lo que se llama *democracia*, fue la generalización de la idea de *interés privado* en vez y lugar de la *ubuhake*.

Sin duda, podía encararse una revolución que habría permitido reemplazar la reciprocidad jerarquizada y desigual por una reciprocidad igualitaria, es decir, una democracia de ciudadanos responsables (más *umuhana* que *ubuhake*). Pero la democracia impuesta fue una inversión de la idea democrática africana: la libertad de los intereses privados.

Los europeos impusieron al pueblo de Ruanda, en vez y lugar de su sistema económico, el librecambio. En caso de crisis, los Ruandeses no pueden recurrir hoy a *sus* representaciones o a *sus* estructuras generadoras de valores humanos. Privados de sus referencias éticas, de su *imana*, y privados de las relaciones fundamentales que son su sede,

---

[251] Juan Pablo II dice, en la carta encíclica *Centesimus annus*, respondiendo a la pregunta: «¿Es un modelo que hay que proponer a los pueblos del Tercer Mundo?»: «Si, bajo el nombre de capitalismo, se designa un sistema económico que reconoce el papel fundamental y positivo de la empresa, del mercado, de la propiedad privada y de la responsabilidad que implica en los medios de producción, de la libre creatividad humana en el sector económico, la respuesta es seguramente positiva, aun si sería tal vez más apropiado hablar de economía de empresa o de economía de mercado, o simplemente de economía libre». (1ʳ de mayo de 1991, cap. IV, § 42).

[252] «Cuando en 1954, ante la demanda de Maquet, yo rodaba en Ruanda una película que ilustraba su libro, el contrato de clientela pastoral *–ubuhake–* existía desde siempre. Pero el rey (*mwami*), bajo la presión de la administración colonial, firmó el 1ʳ de abril de este año un decreto que, sin abolirla, tendía a asegurar su progresiva desaparición: el ganado de posesión del cliente podía ser repartido definitivamente por la demanda de una de las partes, según la siguiente relación: un tercio para el patrón, dos tercios para el cliente». Luc de Heusch, « Anthropologie d'un génocide: le Rwanda », *Les Temps Modernes*, n° 579, 1994, p. 1-19.

umuhana y *ubuhake*, se encuentran en un impasse «doble», un impasse «ciego».

Al interior de su *Rugo*, respetan rituales precisos y todos esos rituales son rituales de dones y de reciprocidad, que hacen del *otro* la preocupación de cada uno. Pero desde que tienen algo que ver con la Administración o el mundo exterior, deben actuar, al contrario, según sus intereses y considerar al *otro* como un competidor. Y bien, una tal contradicción no es reconocida. Este desconocimiento puede explicar la fragilidad de la conciencia colectiva.

El pueblo ruandés está, sin duda, más frágil y vulnerable que nunca; su ser social está fragmentado y no da la apariencia de una unidad nacional, más que porque se mantiene tal cual por fuerzas externas.

A la hora de la descolonización, parece que dos contradicciones se cruzan:

1) la de la *tradición africana*, fundada en la reciprocidad del don, y la *occidentalización*, fundada en el interés privado.

2) la de la *reciprocidad vertical* y de la *reciprocidad horizontal*, contradicción transformada por la Administración, en dominación de la etnia Tutsi sobre la etnia Hutu, en el tiempo de la tutela colonial, luego, de la etnia Hutu sobre la etnia Tutsi, con la democracia[253].

---

[253] «De los principados anteriores a los Batutsi sólo quedan leyendas dispersas. (…) Familias de pastores infiltraron el mundo agrícola, hasta el día en que una de ellas, la de los "Banyiginya" capturó a todos los tambores, los emblemas del poder, para imponer el suyo. La monarquía de los Batutsi, como dicen los Historiadores, había nacido». (Gasarabwe, *op. cit.*, p. 25).

«Algunos Bahutu, labradores, resistieron a la fascinación de la vaca y aún combatían el monarca *munyiginya*, el unificador de las colinas ruandesas, cuando entraron los europeos». (*Ibíd.*, p. 36).

«La Bélgica, heredera de Leopoldo II, practicó, como los alemanes, el principio de gobierno indirecto: mantuvo la autoridad política indígena más respetada, lo que tuvo como efecto reforzar el poder policial de los *Banyiginya*. (…) En 1931, el poder colonial privó definitivamente a los Bahutu

Quince años antes del genocidio de 1994, Gasarabwe había denunciado el *carácter sistémico* del genocidio en África en este doble impasse de occidentalización forzada de las sociedades africanas:

> Extendida al África Negra, una democracia del tipo de la Ruanda desembocó en un osario, ya que cada etnia, para gozar de seguridad y de la expansión legítima, desea formar un Estado independiente[254].

Un acontecimiento simbólico violento (como el asesinato del jefe de Ruanda) bastó para hacer aparecer este impasse como insoportable, acarreando su rechazo por el sacrificio de un chivo expiatorio.

> El sentido de la tiranía de los reyes se invirtió para degenerar en una sociedad dirigida enteramente hacia la destrucción de su pasado, gracias a la desaparición física de todos aquellos que recuerdan que ese pasado existió[255].

De todos los países africanos, Ruanda es uno de los que más desarrolló la reciprocidad vertical. Por este hecho es uno de los más vulnerables a la agresión occidental. Basta, en efecto, destruir la «cabeza» del sistema de redistribución, que también es el símbolo de todos los valores, para que la sociedad se sumerja en el caos. Es la misma tragedia que conocieron los imperios azteca, maya e inca, hace cinco siglos, en América central y del Sur.

---

el derecho de administrar las concesiones de las tierras y "pastizales francos" −*ibikingi*−, exilió al último monarca "independiente" *munyiginya*, entronizó a un príncipe cristiano para convertir a Ruanda al humanismo europeo y cristiano». (*Ibíd.*, p. 25-26).

[254] *Ibíd.*, p. 309.

[255] *Ibíd.*, p. 315.

2. LA JUSTICIA Y LA VENGANZA

Pese a todo, la locura que amenaza a una sociedad no se hace necesariamente asesina. Y bien, aquí, se convierte en locura de asesinato y encima esta locura de asesinato no se vuelve contra los agresores, contra los cristianos o los capitalistas, sino que, al contrario, se vuelve contra los africanos, contra los prójimos que igualmente son víctimas de la agresión. Ella es, de alguna forma, «suicidaría». No es el extranjero, el «Blanco», el que es odiado y destruido; los Ruandeses designan a otros Ruandeses como la etnia a ser destruida. ¿Cómo dar cuenta de un genocidio semejante en el que el racismo se vuelve más bien contra lo idéntico antes de hacerlo contra una «raza extranjera»?

Es del estatuto del asesinato, de la guerra, de la venganza, de la violencia, del que hay que comprender la transformación reciente al interior de la sociedad ruandesa.

En las comunidades ruandesas, como en todas partes en el mundo, los hombres sometieron el asesinato y la venganza al principio de la reciprocidad, debido a que, fuera de la reciprocidad, la guerra y la venganza son innominadas, no tienen sentido y se propagan sin nunca poder ser dominadas.

Recientes estudios sobre la venganza[256] (en los que se incluyen algunos estudios sobre las comunidades de los Grandes Lagos africanos[257]), mostraron que, en las comunidades en las que domina la reciprocidad de dones, la justicia, frente a una agresión, no solamente es reparación del daño, sino sobre todo la exigencia de que la víctima retome la iniciativa que era suya en una relación de reciprocidad y de la

---

[256] Ver Raymond Verdier (dir.), *La vengeance*, (4 vol.), Paris, Cujas, 1980-1984.

[257] Ver Serge Tcherkézoff, « Vengeance et hiérarchie ou comment un roi doit être nourri », en R. Verdier, *La vengeance,* vol. 2, Paris, Cujas, 1980, p. 41-59.

que fue expulsada por la violencia; es decir, que vuelva a ser parte activa en la creación del valor[258]. Así, el hecho de que la víctima reencuentre la iniciativa en una relación de paridad con el otro, es suficiente para restaurar la comunidad. No se trata, para el mediador encargado de hacer justicia, de exigir una masacre por una masacre, un asesinato por un asesinato, sino de restaurar una relación de reciprocidad, la que puede no ser de guerra o asesinato: es decir, que un asesinato puede ser reemplazado por un matrimonio o un don.

¿Cuál era en Ruanda la instancia que operaba, en cada conflicto mayor, esta conversión de la reciprocidad negativa en reciprocidad positiva? Esta instancia, que transformaba todo asesinato en lo que se llama una «composición», era el rey-sacerdote, el *mwami*. Sólo él, como principio de unidad de Ruanda, podía tranzar y juzgar los delitos importantes[259]. Pero suprimido él, el asesinato y la violencia ya no tienen mediación. El *imana*, la gracia divina, ya no puede descender en ninguna sede de justicia. Cada uno actúa en función de su interés. Y, en esta jungla, el que tiene miedo de los otros, toma la delantera. El razonamiento de Hobbes se convierte en realidad. Es cierto que es falso decir que el hombre nació como lobo del hombre. Nació hombre para el hombre; pero cuando se destruye el principio que lo hizo hombre, entonces se puede convertir en lobo para el hombre. La guerra de todos contra todos, la tesis del genocidio, no es un estado primitivo, es un estado inducido por la destrucción de la reciprocidad y el triunfo del interés.

La moral de las religiones importadas se revela frágil, ya que esas religiones están en connivencia con el sistema económico que destruye la reciprocidad y que provoca la

---

[258] Ver Gérard Courtois, « Le sens et la valeur de la vengeance chez Aristote et Sénèque », en R. Verdier, *La vengeance,* vol. 4, Paris, Cujas, 1984, p. 91-124 (Véase *Teoría de la Reciprocidad*, Tomo II).

[259] La fuerza vertical del rey era relativizada por diferentes rituales, de los que Luc de Heusch da una idea (cf. « Anthropologie d'un génocide: le Rwanda », *op. cit.,* p. 14).

locura asesina. La acción de los misioneros o de los humanitarios no deja, en realidad, de socavar las fuentes de la ética propia de los habitantes del país, para sustituirla por referencias específicas de una cavilación extranjera cuyos argumentos para hacerse garante de los derechos universales están lejos de ser decisivos.

En Ruanda, como la reciprocidad horizontal estaba sometida a la reciprocidad vertical, el rey-sacerdote era un juez soberano que reestablecía el equilibrio y la paridad de los términos de alianza. El *mwami* ordenaba el *precio de la sangre* para reafirmar el respeto de los valores supremos. ¿Qué puede ocurrir cuando los principios de la justicia y la organización tradicional de la justicia, en una sociedad como esa, son suprimidos? ¿Qué sentido pueden tener el asesinato y la venganza? El asesinato, la venganza y la guerra se convierten en la expresión ilimitada de lo *inhumano*.

Ciertamente mientras otro sistema se sobre imponía al sistema africano, otra justicia (colonial) se ejercía, pero, con la descolonización ¿quién podía mantener un código extranjero para reemplazar las realidades culturales ruandesas destruidas?[260]. Y ¿hay que apelar, hoy, a una nueva tutela internacional?

La autoridad del *mwami* ha sido revocada en provecho de un poder democrático de tipo capitalista (y actualmente una

---

[260] Algunos africanos aún proponen otra solución occidental, marxista colectivista, conducida por guerrillas homicidas… Pero, en todo el mundo, tales empresas fracasan. La solución terrorista o militar sólo engendra una dictadura materialista que anula, más violentamente aún que las expresiones colonialistas precedentes, la estructura de reciprocidad, el derecho de donar y la responsabilidad de cada uno respecto al otro, en provecho de colectivizaciones o planificaciones arbitrarias. El pueblo, privado de sus resortes, es inmediatamente reducido a la impotencia y la pobreza. Cuando las dictaduras militares agotan los recursos de la economía de guerra, cada uno se da cuenta de que tales liquidaciones sistemáticas de las fuentes de la cultura popular han tendido el lecho del capitalismo y del nacionalismo. Los pueblos desamparados y desarmados están abandonados a los fanatismos de los nacionalismos e integrismos.

dictadura). El *poder por el poder* se instaló a la cabeza del Estado, pero guardando la capacidad de mover a Ruanda a su antojo.

No obstante, la decapitación de la autoridad espiritual no quiere decir, en tanto que tal, que la costumbre de *compartir* haya sido abolida. Ella se mantiene como una nave desamparada. Así, ya que los Ruandeses estaban unidos en una misma totalidad de naturaleza religiosa, todo acontecimiento nacional continuaría propagándose como una onda del centro hacia la periferia, con Radio Mil Colinas a todas las colinas. Para explicar la difusión del asesinato o de la paz o de cualquier otro acontecimiento, basta el *poder*.

1 - El *alibi* de los occidentales

¿Existe una organización nazi Hutu que habría planificado el genocidio de los Tutsi? Aunque pueda dar créditos, esta tesis parece más bien una teoría débil. ¿No sería para esconder su parte de responsabilidad en la preparación de las condiciones del genocidio ruandés que los occidentales sostienen que el genocidio de los Tutsi tuvo algo de las milicias nazis formadas según una ideología nazi? Esta tesis tiene, evidentemente, la ventaja de librarlos de todo compromiso, ya que parece, en un primer momento, insensato decir que los consejeros técnicos franceses formaban milicias, no para combatir una guerrilla armada por otros, sino con la clara conciencia de provocar un genocidio de tipo nazi. Permite, sobre todo, escamotear las injerencias de la religión católica y del liberalismo económico, injerencias etnocidas y economicidas, y absolver a dos padrinos del etnocidio, trasladando con pocas dificultades la responsabilidad del genocidio únicamente a los Africanos.

Una observación semejante les parece injusta a aquellos que se dedican a tareas humanitarias, así como les pareció severo a los misioneros españoles el ser denunciados por

Bartolomé de Las Casas. Pero las buenas intenciones no valen como excusas: las raíces del racismo y del genocidio son el etnocidio y el economicidio.

En cuanto a los africanos, que utilizan los *alibi* de los occidentales con fines de propaganda, nos parece que dejan de lado el etnocidio y el economicidio. Se condenan a lo peor, preparan las condiciones de las próximas masacres de las que serán unos las víctimas, otros los verdugos.

La utilización de la democracia, para rechazar la tradición de la que los Tutsi eran los garantes, es sin duda un abismo de traición, ya que sin ética que le sea adaptada, la democracia, librada a la voluntad del poder, es inmediatamente sojuzgada por el racismo y el genocidio, y el recurso a la idea de democracia, para justificar las armas y la restauración de un poder que sea Hutu o Tutsi, sin referencias a la misma tradición, conduce a un régimen tan totalitario como el estalinista. La ideología de un poder semejante no puede prevalerse de ninguna superioridad sobre el racismo, que pretende denunciar, ya que el antirracismo no es más que la justificación de una dictadura racista de clase, en vez de serlo por la etnia. Así, el genocidio no es una propiedad genética de la etnia hutu...

Nuestra argumentación tiende a hacer recaer la responsabilidad del genocidio, y de otros crímenes contra la humanidad perpetrados por los unos o los otros en Ruanda, al liberalismo económico y al proselitismo católico, aunque ello está enmascarado por los occidentales, deseosos de no aparecer en primer plano y por africanos que se han comprometido en los roles que les atribuyen los occidentales o que ellos mismos se atribuyen, puesto que creen que el porvenir de la humanidad pasa por la solución occidental (la «democracia-osario» de Gasarabwe), bajo el pretexto de que sus desgracias de hoy no serían sino sacrificios necesarios.

Acreditan la idea de que los genocidios, perpetrados por los occidentales mismos, son el precio a pagar por la democracia: la democracia del dinero, ciertamente, pero no de la democracia de los hombres, negación *a priori* de todo asesinato. La democracia no puede fundarse en la depuración étnica de Serbios o Croatas, ni en la masacre de los Chechenos o de los Kurdos… o de los Tutsi por los Hutu.

Como quiera, la colaboración de las autoridades francesas en la preparación, si no en la ejecución del genocidio, es cada vez menos dudosa[261], como no hay duda

---

[261] Hoy los testimonios afluyen. El gobierno francés ayudó concientemente, de 1990 a 1993, al gobierno ruandés que liquidó durante este período a más de diez mil Tutsi. A propósito de la cobertura dada por el ministro Alain Juppé, de las implicaciones francesas, Éric Gillet escribe: «Rara vez el lenguaje habrá enmascarado tanto como aquí la hipocresía de nuestros responsables políticos. Rara vez habrá estado tan crudamente al servicio de la mentira y la duplicidad». Éric Gillet, « Le génocide devant la justice », *Les Temps Modernes*, n° 583, 1995, p. 228-271 (p. 230).

Los «intereses superiores de Francia» del gobierno de Édouard Balladur, como la «lógica industrial» del gobierno de Laurent Fabius, en el caso de la venta de sangre contaminada, enceguecieron a esos dirigentes políticos. Así, ni siquiera comprenden que son culpables de haber preparado un genocidio, así como no lo comprendía el mariscal Pétain. La revista *Les Temps Modernes*, n° 583 publica esta hipótesis de Jean-François Bayart (« La France au Rwanda » (entretien): El empeño de François Mitterrand en sostener al presidente Habyarimana se debería a que éste era un intermediario en la venta de tecnologías nucleares al África del Sur. En el mismo número de la revista, Éric Gillet recuerda que el Tribunal Internacional para Ruanda, creado por el Consejo de Seguridad, el 8 de noviembre de 1994, está habilitado para juzgar: «A cualquiera que hubiera (…), de todas formas, ayudado a alentar, planificar y preparar o ejecutar el crimen (…) sin que la calidad oficial de un acusado, sea como jefe de estado o de gobierno, sea como alto funcionario, lo exonere de su responsabilidad penal o sea un motivo de disminución de pena».

Éric Gillet establece una connivencia directa entre los responsables de la «Operación turquesa» y los responsables del genocidio, con los franceses protegiendo las radios ruandesas que cubrían el genocidio. Por su parte, F. Boucher Saulnier concluye, igualmente, en la complicidad del genocidio, que se extiende al Consejo de Seguridad de la ONU: «La masacre se hizo en tiempo real, en pleno día y en presencia de todos los protagonistas implicados. El teléfono funcionó en Kigali durante toda la duración del genocidio. Los llamados de socorro llegaban así directamente o indirectamente al cuartel general de la ONU. De la acera de enfrente se veía cumplirse la masacre. Se sabía el nombre y la dirección de las personas amenazadas. Incluso se las podía escuchar morir en línea. Se comprende que

sobre la de los consejeros belgas[262]. Es porqué los europeos basaron su defensa sobre el postulado de que los genocidios en África serían inherentes a la civilización africana.

2 - El rol de la Iglesia católica

En una conferencia debate, preparada por la asociación SARA en Montpellier, el 18 de abril de 1995, Charles-Albert Ryng, periodista, observaba que, desde 1902, la Iglesia católica introdujo una escisión en la unidad ruandesa. Los Tutsi rechazan primero a los misioneros. Tal actitud forzó a los Padres Blancos a escolarizar a los niños ruandeses alejados de las responsabilidades políticas, es decir, a los Hutu. La distinción de dos grupos, como clases sociales, es desde ya inducida por los Padres Blancos. Ella va a precisarse por una actitud similar, pero esta vez a favor de los «responsables políticos». Los Tutsi, a cargo de la organización de Ruanda, percibieron, en efecto, la importancia de los acontecimientos y adivinaron el peligro. En 1907, el tío del *mwami* le recomienda aceptar la formación de jóvenes Tutsi por los religiosos católicos. La institución religiosa reacciona favorablemente y forma entonces a las elites ruandeses en una proporción de 80% Tutsi. La teoría de los Padres Blancos es la del cardenal Lavigerie, según la cual: *Quien convierta a los jefes, tiene el país.*

Los Padres Blancos quieren dominar el poder y las escuelas. La Iglesia respeta aparentemente la unidad de la organización ruandesa, pero sólo de manera formal, no por respetar su racionalidad, sino con el fin de difundir su

---

los occidentales, y en primera fila de ellos Mitterrand, Balladur y Juppé, los tres perfectamente informados y solidarios por haber jugado la carta política del gobierno ruandés mientras que el genocidio se realizaba, tengan mala conciencia».

[262] Ver el testimonio de Luc de Heusch, *op. cit.*, p. 10-12.

doctrina. No buscan el encuentro de dos religiones, sino sustituir una por otra. En 1943, todos los jefes de Ruanda, o casi, son cristianos. En 1946, Ruanda es proclamado «Reino de Cristo-Rey» por el cardenal Lavigerie. La Iglesia vacía de contenido la organización vertical ruandesa para utilizarla como canal para su propia palabra. Y este cambio, transforma la *responsabilidad religiosa* de los Tutsi en *poder de policía*; lo que también quiere decir que los Hutu se convierten en *colonizados del interior*. La distinción de dos clases sociales se convierte en la de una clase dominante y otra dominada, a las que se les atribuyen calificativos étnicos.

Cuando piensa en dominar el desarrollo de las masas, la Iglesia echará la cáscara vacía del poder tutsi. El poder tutsi será definido como un poder «aristocrático». La segunda ala de la Iglesia, llamada progresista, dará su apoyo a las reivindicaciones sociales de las «masas» hutu… La Iglesia cambia de actitud e informa de su solicitud por el campesinado hutu. Para Charles-Albert Ryng, este cambio, independientemente de los contenidos que lo motivan, fue una catástrofe, ya que sellará una oposición entre dos clases, según un modelo occidental, bajo la forma de dos grupos étnicos: Tutsi y Hutu[263].

Esta división occidental tropieza con lo que era esencial a la conciencia ruandesa: el principio de unión. Esta contradicción, entre la división y la unión, desembocó en un impasse. Cada uno de los dos grupos no podría pretender a la

---

[263] «¿Cómo explicar ese súbito vuelco de la alianza política de las autoridades coloniales y de los Tutsi? Jean-Paul Harroy, el nuevo gobernador de Ruanda-Burundi, inicia, desde su llegada al país en 1956, una política de democratización inspirada en los modelos electorales occidentales. (…) Pero es la intervención de la Iglesia católica la que consumaría la ruptura con los Tutsi (…)». Luc de Heusch, *op. cit.*, p. 7.

279

unidad del todo, a no ser por la exclusión del otro. La lógica de la exclusión radical del otro, es así instaurada[264].

La lucha de clases que, en Ruanda, es una ficción revolucionaria, impuesta por los occidentales, tropieza con el principio de organización de la sociedad ruandesa, el principio de unión, que estructuraba a la sociedad ruandesa de la Choza de origen (hutu o tutsi) al Estado ruandés. Charles-Albert Ryng habla de un «temblor de tierra» que afecta a las familias ruandesas.

> El poder conduce desde ahora inevitablemente al predominio de una región, que favorece a los unos y excluye a los otros. La paridad (reciprocidad) es, a partir de entonces, imposible y quien pretendiese poseer la clave de una solución, mentiría.

Ese desafío debe dirigirse a aquellos que crearon este impasse, por ambición política y proselitismo religioso.

Monseñor Perraudin, pieza maestra del progresismo cristiano, defiende en su Carta pastoral, de 1959, la justicia social, la abolición de faenas, la libertad de expresión, el derecho al sindicalismo, la propiedad privada, etc., todo tipo de reformas democráticas a la francesa. Grégoire Kayibanda, un viejo seminarista convertido en Secretario particular de Monseñor Perraudin, forma el mismo año un gobierno provisional y la república es proclamada en 1961. Inmediatamente, cientos de miles de Batutsi son asesinados o huyen. Pero esta tragedia es considerada por los progresistas como el «precio a pagar por la democracia».

La desigualdad de la reciprocidad vertical sirvió de pretexto a los occidentales para inducir una rivalidad de clases, mientras que esta desigualdad podía ser corregida con más reciprocidad horizontal. Una tal rivalidad de clases, que no se

---

[264] Aún puede verse las huellas del seísmo político, al interior de la Iglesia, en la oposición de los partidarios del cardenal Lavigerie y los partidarios de la revolución democrática.

sostenía en la realidad ruandesa, se refugió en la categoría propuesta por los occidentales: el «etnicismo».

3 - La responsabilidad del genocidio

En 1964, Kayibanda, convertido en Presidente de Ruanda, se dirige a los refugiados tutsi, arengándoles:

«Suponiendo, por imposible, que toméis Kigali por asalto ¿cómo medís el caos del que seríais las primeras víctimas? (…) lo decís entre vosotros: "sería el fin total y precipitado de la raza tutsi". Y añade: ¿Quien es genocidio?»[265].

El jefe de Estado lo sabe; los estrategas, los hombres políticos en Ruanda lo saben; el genocidio es una realidad sistémica. En 1994, el genocidio se convertirá en un dato estratégico.

Théo Karabayinga y José Kagabo[266] citan igualmente el *Manifiesto de los bahutu*, de marzo1975:

¡Y si por casualidad (la Providencia nos guarde) interviniera otra fuerza que sepa oponer el número, la amargura y la desesperación a los diplomas [los Tutsi eran mayoritariamente diplomados]. El elemento racial complicaría todo y ya no habría posibilidad de plantearse el problema: conflicto racial o conflicto social[267].

---

[265] Mensaje del presidente Grégoire Kayibanda a los refugiados ruandeses, publicado en *Ruanda Carrefour d'Afrique*, n° 31, marzo de 1964.

[266] Théo Karabayinga y José Kagabo, « Les réfugiés, de l'exil au retour armé », *Les Temps Modernes*, n° 583, julio-agosto 1995, p. 63-90.

[267] *Ibid.*, p. 65 (cf. el texto integral del *Manifiesto de los bahutu*, en Fidèle Nkundabagenzi, *Le Rwanda politique 1958-1960*, Bruxelles, CRISP, 1961).

François Rukeba, fundador del partido monárquico, advertía:

> Los Ruandeses, privados de su madre patria, una vez determinados a volver, de buen o mal grado, harán un ataque que dispersará vuestras intervenciones militares y que se cerrará con la masacre general de los dos campos antagonistas[268].

La utilización de este dato sistémico, como fuerza estratégica, establece la responsabilidad directa del genocidio.

Como quiera, los franceses pueden ser denunciados como colaboradores del genocidio: los Tutsi cesaron toda agresión armada desde 1976. En 1990, nadie todavía consideraba que el genocidio podría ser utilizado como elemento de lucha por el poder. El ejército de Ruanda cuenta con sólo 3.000 hombres. El Frente Patriótico Ruandés (FPR), que defiende los derechos e intereses de los refugiados tutsi, toma entonces la decisión de reconquistar el poder por las armas. En seguida, Francia organiza la defensa del régimen, formando un ejército de 40.000 hombres. Como lo ha subrayado Luc de Heusch[269], los franceses no podían ignorar que las autoridades ruandesas preparaban un genocidio racista[270]. Pero la estrategia del genocidio ruandés no podía, con mayor razón, ser ignorada por los mismo responsables ruandeses y es con conocimiento de causa que algunos de ellos eligieron encarar el enfrentamiento armado. No es seguro que el FPR haya decidido también contar el genocidio de sus propios conciudadanos ¡como el «precio a pagar» por tomar el poder!

---

[268] *Ibíd.*, p. 71, (Carta del 24 de diciembre de 1967).

[269] Luc de Heusch, « Rwanda. Les responsabilités d'un génocide », *Le Débat*, n° 84, mars-avril 1995, p. 24-32.

Los recientes artículos publicados por la revista *Les Temps Modernes*, confirman una colaboración de hecho entre las autoridades francesas y los autores del genocidio.

[270] Encabezada por el partido fundado en 1959 por Grégoire Kayibanda: el PARMEHUTU (Partido del Movimiento de Emancipación de los Hutu).

Si resulta que el genocidio fue deliberadamente provocado por los responsables africanos, en tanto que integrado en una estrategia de conquista del poder, se hace difícil no inscribir esta estrategia en los datos de un sistema estructurado por la colonización económica y política de Ruanda, ya que se cuenta con él como un dato estratégico en la lucha por el control del poder. ¿No significa la demisión de las potencias exteriores, ante ese cálculo, que los padrinos del genocidio eran concientes de sus actos? En todos los casos, ninguna de las partes es capaz de resolver esta contradicción, entre una bipartición de la sociedad ruandesa, según las normas occidentales, por una parte, y, por otra, el principio de unión que es el eje vertical de esta sociedad africana.

Para haber tenido que abandonar su historia a potencias que promulgan una democracia anclada en el liberalismo económico y en su moral religiosa, y para no hacerse responsables de su país sino a condición de no cuestionar las concepciones occidentales, los Ruandeses están condenados al *osario democrático*. No son los únicos. Tragedias idénticas se preparan, en otras numerosas regiones africanas, con las mismas bases sistémicas.

3. DE RUANDA A BURUNDI

Desde la primera redacción de este texto, un número especial de la revista *Les Temps Modernes*: *Las Políticas del odio. Ruanda, Burundi (1994-1995)*[271], aporta importantes informaciones, testimonios y nuevos análisis, tras dos artículos

---

[271] Claudine Vidal y Marc Le Pape (dir.), « Les Politiques de la haine: Rwanda, Burundi (1994-1995) », *Les Temps modernes*, n° 583, 1995, p. 6-33.

fundamentales de Luc de Heusch[272] y «Genealogía del genocidio ruandés», de Dominique Franche[273].

Los autores están de acuerdo en decir que el racismo étnico es un fenómeno ligado a la colonización y no a la tradición africana. Concluyen, igualmente, en que las condiciones del genocidio, fueron preparadas por los occidentales.

El comentario de Michel Elias[274], sobre los acontecimientos en Burundi, nos permitirá mostrar cómo, a pesar de las situaciones diferentes, los africanos caen en la misma trampa. El autor señala el *principio de unión* y el prestigio[275]. Los enlaza inmediatamente a la reciprocidad vertical, que llama «relaciones de clientela»[276]. Muestra que la desorganización del reino acarrea un repliegue identidario de los colonizados:

---

[272] Luc de Heusch, « Anthropologie d'un génocide: le Rwanda », *Les Temps Modernes*, n° 579, 1994, p. 1-19; y « Rwanda. Les responsabilités d'un génocide », *Le Débat*, n° 84, 1995, p. 24-32.

[273] Dominique Franche, « Généalogie du génocide rwandais. Hutu et Tutsi: Gaulois et Francs ? », *Les Temps Modernes*, n° 582, 1995, p. 1-58.

[274] Michel Elias, « Burundi: une nation pétrifiée dans ses peurs », *Les Temps Modernes*, n° 583, 1995, p. 34-62.

[275] «Así, en Burundi, el colonizador se asombra y maravilla por encontrar un reino centralizado, políticamente organizado, culturalmente unificado, cuadriculado por sistemas complejos de autoorganización, bajo la férula de jefes prestigiosos. Reconoce la existencia de todas estas cosas pero, al mismo tiempo, las rechaza, ya que realmente no puede comprenderlas ni aceptarlas». Michel Elias, *op. cit.*, p. 35-36.

[276] «La dimensión más dinámica de las relaciones interpersonales, que se establecen a través de las relaciones de clientela (*ubugabire*), fue descuidada. Es de esta incomprensión fundamental que el colonizador iba a extraer una política de administración caracterizada por el hecho de que los términos hutu y tutsi adquieran una significación política que no tenían antes». *Ibíd.*, p. 36.

284

El habitante de las colinas, desorientado por las nuevas reglas de funcionamiento social va, por sí mismo, a buscar en la etnia una identidad simple y estable[277].

Explica cómo el etnicismo puede ser adoptado por sus propias víctimas:

¿Cómo, en efecto, habría podido soportar de otra forma el pasaje brutal de un sistema tradicional a la modernidad?[278]. Antiguamente situado, con toda su familia ampliada, en pertenencias hereditarias complejas (linajes, etc.) y comprometido también colectivamente en redes fundadas en lazos personales, se le pide de la noche a la mañana que comprenda que debe, en una "lógica del mercado", elegir en tanto que individuo aislado entre partidos y programas para los que se le solicita su "adhesión" individual. El etnicismo se convierte, sin duda, en el último y oscuro común denominador del lazo social cuando las otras relaciones están destruidas[279].

La historia de Burundi parece tener que diseñarse a la inversa de la de Ruanda. En el momento de la independencia, el *mwami* funda un gran partido, el UPRONA (Unión, Progreso, Nación) y, contrariamente a Ruanda, en el que el partido de la monarquía es barrido por la marea hutu, el UPRONA obtiene la adhesión del pueblo con una victoria indiscutible. Se podía esperar entonces que la revolución y la tradición, aliadas, lograrían la descolonización. Esta victoria era la obra de Louis Rwagasore, el hijo mayor del *mwami*. No será sorprendente, por tanto, que sólo diez días después, el que simbolizaba, a la vez, el *principio de unión* de Burundi y la resistencia al «Blanco», haya sido asesinado. Entonces la

---

[277] *Ibíd.*, p. 36-37.

[278] Nosotros diremos: de un sistema de reciprocidad a un sistema de librecambio.

[279] Michel Elias, *op. cit.*, p. 37.

historia de Burundi se convierte en la de Ruanda: la deriva hacia el enfrentamiento étnico.

El asesinato de Rwagasore marca el origen de una deriva que conducirá, por una parte, a la división del UPRONA y, por otra, a los primeros enfrentamientos Hutu/Tutsi. (...) En el futuro, en efecto, los policías hutu se dejarán seducir por la lógica de la solidaridad étnica. Por ser su etnia numéricamente mayoritaria, muchos sacan de ello un argumento para las aspiraciones al poder[280].

La continuación de la historia es la irreversible radicalización de los extremos en detrimento de los moderados. En Burundi, como en Ruanda, el poder, una vez vacío de contenido, se convierte en sitio de enfrentamientos necesariamente bipolarizados y radicalizados en las soluciones más eficaces, es decir, predeterminados por el racismo étnico.

Se alcanzó un paroxismo, durante la masacre de las elites hutu de 1972, que perpetró más de 200.000 muertos (ciertas evaluaciones calculan 500.000 víctimas). Esta tragedia comienza con una insurrección hutu en el Sur del país, el 29 de abril. A ese levantamiento localizado responde una "limpieza étnica" generalizada, operada por el ejército y la "Juventud Revolucionaria Rwagasore", salida de UPRONA. Los Hutu son conducidos en masa en camiones y desaparecen. Durante todo el mes de mayo hasta mediados de junio, las matanzas continúan a puerta cerrada. Todas las elites hutu fueron eliminadas, desde el ministro a los institutores y escolares. Un tercio de los estudiantes (los Hutu) de la universidad fueron matados; en el Ateneo de Bujumbura, desaparecieron trescientos alumnos, de los setecientos con que contaba el establecimiento. Todos los oficiales y soldados hutu fueron eliminados, 60% de los pastores protestantes, dieciocho sacerdotes y religiosos católicos. Los Hutu instruidos que

---

[280] *Ibíd.*, p. 38.

escaparon de la masacre se vieron forzados a la fuga. Ya no se encuentra ningún Hutu que haya estudiado en Europa. La mayor parte fueron asesinados. Los escapados están en el exilio. En algunos días, se cumplió una masacre espantosa.

Si se cree a un documento oficial, dirigido en 1968 al presidente Michel Micombero por su ministro de la información Martin Ndayahoze, esa masacre sólo es la realización de un plan de exterminio de las elites hutu preparado sobre todo por Arthémon Simbananiye [Ministro de Asuntos Exteriores, Cooperación y Planificación]. Este mismo Martin Ndayahoze, uno de los raros ministros hutu de Micombero, debía él mismo tener que ser víctima del "plan Simbananiye". Será asesinado en la matanza que había predicho[281].

La semejanza con el genocidio ruandés es tal que difícilmente se puede evitar la cuestión del carácter sistémico del genocidio. Es, sin duda, por lo que el presidente Mitterrand hablaba de genocidios en plural, revelando por ello mismo que estaba bien informado de lo que se tramaba en Ruanda; el modelo del genocidio ya estaba en sus archivos.

Michel Elias, por su parte, evita emplear el término de genocidio, sin duda, por no autorizar éste la amalgama que podría invocarse para justificar la colaboración francesa con el genocidio ruandés (que, supuestamente, prevenía otro genocidio como el de Burundi).

Pero en Burundi se trataba de un plan organizado, tanto más sistemático cuanto es dominado por una voluntad lúcida. *Una masacre a puertas cerradas*, dice el autor. La diferencia de estas puertas cerradas con la locura popular de Ruanda viene quizá de que los Tutsi son minoritarios en Burundi como en Ruanda, y no pueden confiarse a la «fuerza de las masas». Pero la lógica del genocidio, del *plan de limpieza étnica generalizada*, es la misma.

---

[281] *Ibíd.*, p. 41-42.

Cuando en 1993, los Hutu obtienen la mayoría en las elecciones, bajo presión internacional, esta mayoría está dirigida por un hombre de conciliación «atípico», Melchior Ndadaye, que rehúsa la deriva etnicista. Se cree que Burundi tiene una segunda oportunidad histórica. Pero nada llega a modificar el carácter sistémico del «ciclo»[282].

> Ese movimiento cíclico que da tres o cuatro vueltas completas desde 1965, alternando fases de opresión silenciosa, revueltas súbitas, represiones feroces y éxodos, habría podido detenerse en 1993. La llegada al poder de un equipo atípico en relación a las convenciones político-étnicas del pasado, legitimado por elecciones libres y mensajero de una nueva visión de lo que se trataba en Burundi, habría podido acabar con el ciclo mortal. Pero salir de ese ciclo era, sin duda, hacer peligrar a aquellos que durante tanto tiempo habían asegurado su movimiento. Era necesario, para ellos, que Ndadaye muera[283].

Pero ¿se puede salir de ese ciclo? El asesinato del *mwami* o de todo candidato «atípico» que pudiese restaurar el sistema africano ¿no estaba programado, desde los orígenes, por aquellos que se beneficiaban de la situación?

Los autores subrayan que la desaparición de la autoridad espiritual africana (basta para ello el asesinato del *mwami* o del presidente que juega su papel) acarrea una lucha por el poder favorable a quien utiliza las fuerzas más radicales.

La contradicción del principio de unión y el principio de oposición, introducida por el régimen parlamentario, es una

---

[282] «En la noche del 20 al 21 de octubre de 1993, se desencadena un golpe de Estado (...) El presidente será asesinado a bayonetazos a las 9:30 de la mañana en el campo de paracaidistas. Al mismo tiempo, eran igualmente asesinados el presidente de la Asamblea Nacional, el vicepresidente de la misma, el administrador general de la Seguridad Nacional». *Ibíd.*, p. 54.

[283] De tal manera que también todos podían sucederle. *Ibíd.*, p. 66.

contradicción mortal para los sistemas de reciprocidad centralizada del África.

Elias insiste en lo que llama «una historia repetitiva y amnésica» que parece indicar que los burundeses están en las fauces de una trampa de la que no conocen ni dominan los resortes. Así, su pronóstico no es más optimista que el que fue de Gasarabwe diez años antes del genocidio.

> Se pueden imaginar los destrozos del choque cultural que provocó la colonización en un universo que se había mantenido mentalmente estable hasta entonces: una sociedad piramidal en la que los clanes o linajes habían asegurado papeles tan jerárquicos como inmutables, donde las relaciones contractuales interpersonales tejían redes de protección y de servicio, donde el lenguaje servía más al misterio que a la comunicación. El universo burundés "descubierto" por el colonialismo fue "recubierto", es decir, destruido, deformado y reformulado. A su percepción deformadora, el europeo añadió otros modelos, basados en la competencia generalizada entre individuos, en la ideología de la igualdad de oportunidades y del proyecto individual, en los principios políticos de la mayoría y de la representación nacional[284].

El colonizador interpretó la jerarquía en clases, noble y plebeya, opuso esas clases arbitrarias en identidades étnicas Tutsi y Hutu, descalificó la autoridad religiosa autóctona y sus valores (¡el *misterio*! dice Elias) para sustituir la autoridad religiosa por la de las iglesias occidentales. Encontramos las dos contradicciones detectadas en Ruanda: una entre la reciprocidad vertical y la reciprocidad horizontal, transformada en la oposición de una clase noble y otra popular; la otra, entre el principio de reciprocidad y el principio del librecambio. Esas dos contradicciones son la cruz

---

[284] *Ibíd.*, p. 60-61.

sobre la cual se sacrificó al pueblo de Burundi y al pueblo de Ruanda.

Otros autores señalaron el carácter sistemático del genocidio, mostrando que el pueblo ruandés participó en el genocidio como si estuviera comprometido en una obligación social, la obligación social de asesinato, cuando el sistema de reciprocidad africano está desnaturalizado por la lógica del sistema occidental.

> Hemos interrogado, mirándolos a los ojos, a adolescentes de quince años que, con el machete en la mano, habían abatido sistemáticamente a todas las personas refugiadas en el recinto de un obispado. (…) vimos en esos ojos que mentían, el lugar del fracaso de cien años de pensamiento erróneo. Un pensamiento que consistió en aplicar allá, en sociedades cuya Europa no ha sido capaz de digerir la alteridad radical, los sistemas de clasificación racial teorizados en el curso del siglo XIX, y en apoyarse enseguida en ellos con el objeto de establecer el poder del colonizador y conservar de ese poder lo que podría ser tal después de la descolonización. Cuando se trató de apoyarse en los Tutsi primer– o en los Hutu – luego–, el universo mental fue el mismo: erigir clases sociales en etnias, fundar el futuro de un país en una divergencia racial, exacerbar lo que divide, rehusarse a apostar por aquello que une (…)[285].

Sin embargo, no seguiremos a Éric Gillet en un punto, en el que su expresión es ambigua: *erigir clases sociales en etnias*. El hecho mismo de interpretar las sociedades africanas de Burundi y Ruanda, en *clases sociales*, nos parece el error de origen. Nada puede impedir, luego, que dichas clases no se fijen, se petrifiquen en bloques étnicos, justamente al ser arbitrarias sus definiciones. Lo que se bautiza como rico o como pobre, noble o tercer estado, según nuestros cánones históricos, no se deja reducir a esas categorías occidentales. Lo

---

[285] Éric Gillet, « Le génocide devant la justice », *op. cit.*, p. 234.

religioso, por ejemplo, no está separado, como en Europa, de lo político, y la monarquía es, a la vez, autoridad política y religiosa. Cuando el contenido ético rodea a las estructuras formales occidentales, ese contenido es mutilado de su propia dinámica (la reciprocidad) para ser forzado por la dinámica de esas estructuras formales (la reciprocidad es transformada en la competencia de intereses).

Tampoco seguimos a Éric Gillet cuando reclama una justicia occidental, para los autores ruandeses del genocidio:

> La obra de justicia da su parte a cada uno. Restituye su dignidad al Hutu inocente y rompe por ahí mismo la maldición de una etnia culpable. Hace aparecer la diversidad que caracteriza esta etnia y crea, consecuentemente, nuevas condiciones de posibilidad de una libertad individual[286].

Esta individualización plantea problemas. Ser Hutu, es ser el centro de numerosas relaciones intersubjetivas que alimentan la responsabilidad de cada uno por todos. El principio de responsabilidad no está suspendido a una metafísica o a una religión separada. La responsabilidad es compartida por todas las partes comprendidas en el pacto de humanidad. Sería fácil decir que un adolescente de quince años, que ha matado con el machete a sus parientes próximos por alianza, es culpable, y que el misionero que ha destruido sistemáticamente la noción de *Imana*, en este adolescente, es inocente. ¿No sería haber quebrado los pactos que originan las personas, no sería haber roto todas las redes de reciprocidad para reducir a cada uno a su interés propio, la verdadera irresponsabilidad?

Esta destrucción, es cierto, podría ser compensada por el aporte de otras referencia éticas, exteriores, misioneras, pero entonces se necesita el apoyo de la coerción, como lo proponía

---

[286] *Ibíd.*, p. 269.

el Monseñor Lavigerie, para destruir y para imponer. Se vuelve a la lógica de la colonización.

A nuestro parecer, la justicia no debiera ser confiscada por los occidentales, sino que debería ser devuelta a los Ruandeses, a los jefes de la Choza, a fin de que apelen a su tradición y reestablezcan los equilibrios sociales, allá donde fueron desechos mediante un sistemático drenaje de lo simbólico. Es, de prójimo en prójimo, que cada familia puede y debe reconstituir el drama, «contar los muertos», con el objeto de reintroducirlos en la memoria colectiva y darles un sitio en la vida. Cada víctima debe ser reconocida y respetada como antes, ya que el olvido de una sola desequilibra a la comunidad entera. Lo que los antropólogos llaman «composiciones», deben ser cumplidos bajo el control de los jefes de los *muryango*, de los jefes de las colinas, y quizá también con los sacrificios expiatorios.

¿Hay una clave del futuro? Ella quizá está en esta pregunta de José Kagabo:

> ¿Es pensable, hoy, el Manifiesto de los Bahutu? ¿Es pensable la Carta de los grandes *Bagaragu* del *ibwami*? (Se trata de dos textos famosos, publicados en 1959, y que contienen las primeras manifestaciones escritas de posiciones políticas explícitamente fundadas en el etnicismo)[287].

¿Pero no están desamparados, los africanos, ante la dimensión de esta tarea? Se trata, nada más ni nada menos, que de volver a cuestionar la lógica occidental que condujo a esos dos manifiestos, que antes consideraron fundacionales.

¿Es posible cuestionar no solamente la colonización sino la occidentalización?

---

[287] Textos publicados por Fidèle Nkundabagenzi, *Rwanda Politique (1958-1960)*, Bruxelles, Centre de Recherche et d'Information Socio-Politiques, CRISP, 1962.

¿Se puede decir que hay que restablecer el *principio de unión*?[288].

¿Puede decirse que el *mwami* debe ser restablecido en sus prerrogativas espirituales?

¿Puede decirse que la justicia ruandesa debe ser descentralizada y que hay que reconocer la legitimidad judicial de las responsabilidades tradicionales africanas?

¿Pueden asociarse los representantes de los *muryango* en una cámara alta que haga contrapeso a una asamblea elegida?

¿Se puede discernir la economía del provecho, de la economía del prestigio, y crear interfaces entre la una y la otra, precisando el campo de batalla de cada una de ellas?

¿Se puede rogar a las iglesias extranjeras que renuncien al economicidio y al etnocidio?

*

---

[288] ¡Esta solución existe en la misma Europa! En Inglaterra, la monarquía conservó la suprema autoridad religiosa.

12

EL GENOCIDIO EN RUANDA

1ᵉʳᵃ publicación: « L'impasse génocidaire »
La revue du M.A.U.S.S., semestrielle, n° 10, Paris, 1997.

*

1. La importancia de las mujeres

African Rights acaba de publicar un documento, sobre el papel de las mujeres en el genocidio de Ruanda, titulado «No tan inocentes»[289], cuya lectura provoca sentimientos de horror: ¿cómo las mujeres, tan a menudo interpeladas en todo el mundo como portavoces de la paz, pueden transformarse en asesinas? ¿Cómo las mujeres, que tradicionalmente tienen el papel de asegurar la alianza, por oposición a los hombres a quienes se les da el papel de guerreros, pueden planificar el asesinato? ¿Cómo las madres, cómo las muchachas, habituadas a proteger y a criar a los niños, pudieron convertirse en matadoras de recién nacidos? Sin duda, hay que desenredar en la tragedia genocidiaria fenómenos diferentes, descubrir la manera en la que estos se ordenan para desembocar en esos extremos monstruosos.

---

[289] *African Rights*, «Not so innocent: when women become killers», London, 1995. Ver también de African Rights: «Rwanda. Death, Despair and Defiance», London, 1994.

Numerosas expresiones del informe de *African Rights* son bastante precisas como para recibir una significación propia.

Un número importante de mujeres y muchachas estuvieron implicadas en la masacre de maneras innumerables, infligiendo a otras mujeres, así como a niños, tratamientos extraordinariamente crueles.

El genocidio no se reduce a un complot preparado, planificado, por una organización que se inspiraría en una ideología del tipo nazi. Un complot semejante está en realidad sumergido de hecho por una fuerza que parece, en un primer momento, espontánea y autóctona.

La mayor parte de las víctimas fueron enterradas completamente desnudas a causa de los pillajes-fiestas de mujeres en el mismo lugar de las masacres. (...)

Muchas mujeres cuyos crímenes están detallados en este informe fueron a matar como a una partida de placer, acompañadas de sus niños.

Los autores emplean el término *fiesta*. La euforia se impone sobre la compasión por las víctimas. La «fiesta» comunica a todos el sentimiento de pertenecer a un ser común del que son eliminados aquellos que no participan de la unión sagrada. Incluso las muchachas y los niños de poca edad participan entonces de la *fiesta genocidiaria*.

El genocidio no es solamente un asesinato es, además, una *comunión* para sus ejecutantes.

Así como algunos jóvenes acompañaban a sus padres cuando iban a cazar y matar, muchachos y muchachas acompañaron a sus madres transformadas entonces en asesinas.

¡La *madre* está en su papel de *dar el ejemplo*. La infancia misma participa en el genocidio ya que quiere ser criada y educada!

Otras frases ponen en evidencia el papel preponderante de la madre como el *origen*, la *matriz*.

> Muchas mujeres eran participantes voluntarias. Se lucieron en el papel de animadoras del genocidio, alentando a los matadores con sus cantos y alaridos.

El genocidio está ligado al *prestigio* de las madres:

> La reputación de sus madres como curtidas matadoras acrecentaba el prestigio de los milicianos.

La iniciativa de las madres es una promoción para los jóvenes y se convierte a sus ojos en un heroísmo; la *maternidad* se convierte en el símbolo del asesinato.

Todas las descripciones que hacen intervenir esos caracteres: *iniciativa, voluntad, maternidad, aprendizaje, fiesta, comunión* e incluso *inocencia*, subrayan la importancia capital, en Ruanda, del principio de organización económica, política, social y religiosa que es el *principio de unión*.

2. El principio de unión

Dos formas de reciprocidad dominan la vida, en la región de los Grandes Lagos: la reciprocidad horizontal que obedece al *principio de oposición*[290] y la reciprocidad vertical (o centralizada) que obedece al *principio de unión*[291]. El *principio de unión* engendra una totalidad que puede llamarse *abierta* ya que

---

[290] El *principio de oposición* está considerado como la primera manifestación de la oposición simbólica.

[291] El *principio de unión* es una segunda modalidad de la función simbólica. Mientras que el *principio de oposición* está en el origen del pensamiento *clasificatorio* y científico, el *principio de unión* estaría en el origen del pensamiento *religioso*.

se despliega hacia el exterior, pero de la que también puede decirse *cerrada*, ya que por definición no puede reconocer otra entidad –que no sea ella misma– sino como extranjera.

Para mostrar la importancia capital de ese principio de unión, hay que leer y releer la obra de Édouard Gasarabwe[292]. De la choza familiar al palacio *mwami* (rey), el principio de unión es el principio rector de toda la sociedad.

> En efecto, la choza reúne no solo a la familia primaria, la de la ascendencia y descendencia, sino también a todos los aliados y hermanos de estos últimos y sus mujeres. (...) La choza, en el corazón de los símbolos, reúne la realidad de un ser andrógino, padre y madre a la vez, de la familia extendida que es el linaje. (...)
>
> La choza se convierte en la escultura viviente del Hombre Total, acuclillado para ser fecundado y para dar nacimiento, figuración de la unidad primordial en la cual Matriz y Flujo seminal están reunidos. La Choza aparece bajo el aspecto unitario del Hombre Viviente[293].

El principio de unión organiza la Choza[294], pero organiza también las Chozas entre sí y reúne, luego, diferentes linajes en una comunidad más importante, el *muryango*, y finalmente las «mil colinas» alrededor del altar del *mwami*. El *mwami* es el dispensador de la gracia y del prestigio que produce la economía de reciprocidad de toda la nación.

> Pero la choza no es solamente el símbolo del cuerpo humano, que se define por una comunidad de origen –la Matriz–; ella también es el centro de las riquezas del

---

[292] Édouard Gasarabwe, *Le Geste Rwanda*, (1978).

[293] *Ibíd.*, p. 302-304.

[294] Con una mayúscula, la Choza significa la unidad o la totalidad de los habitantes de la choza: «La Choza, como el Rugo, es una entidad compleja, tanto en su estructura material marcada especialmente por el ritual, como en su extensión simbólica, de la vivienda al clan y a la tribu». *Ibíd.*, p. 303.

mundo, que prolifera alrededor del Hombre, fecundador de lo vegetal y lo animal [295].

En la cumbre de la pirámide, el *mwami* preside al reparto de la redistribución a escala del Estado. Es el garante del lazo social, la expresión de la *palabra común* que testimonia de la espiritualidad de los miembros de una misma comunidad. Transmite, en efecto, el *imana*, la gracia divina, y es el servidor del Tambor, símbolo del poder de la *palabra*. El *principio de unión* que organiza la vida política, militar, social, económica de Ruanda es también religioso. La *fiesta* y el *sacrificio* son característicos del principio de unión; la *vida* y la *fecundidad* sus mejores símbolos.

El mito ruandés de los orígenes dice que una mujer, que no tenía hijos, retiró el corazón de una vaca sacrificada, lo guardó nueve meses en una jarra llena de leche en la que dio a luz a un niño, *Sabizeze*, que se convirtió, en la edad adulta, en *Gihanga* («el Fundador»). En el origen, se encuentra entonces el *sacrificio* que *engendra el espíritu*. El mito asocia el don-sacrificio al don de la vida y a la gestación. La madre es el símbolo de lo que está en el principio de la génesis. Se comprende, entonces, la importancia de la *mujer-madre*.

Este primer antepasado, Sabizeze, dio a su hija a su medio hermano Mututsi, que había ido más allá del río. El río simboliza la ruptura que hace de él un «extranjero»[296]. Se convierte en el padre de los *Bega*, lo que quiere decir «los de la otra orilla». La relación matrimonial avuncular está precedida así por la afirmación muy clara del principio de exogamia. Si el *principio de unión* se reconoce en la *madre*, el *principio de oposición*, del que se sabe que a menudo es el principio dominante a partir del cual se organizaron las primeras

---

[295] *Ibíd.*, p. 304.

[296] El «extranjero», el «otro», es el *muhana* («con quien se intercambia dones» –precisa Gasarabwe, p. 197.

sociedades humanas, aparece con *los dos primos que se enfrentan de una y otra parte del río*.

Gihanga, Maestro del Tambor (símbolo de la *palabra*) y de las vacas sagradas (símbolo del *sacrificio*), tuvo dos herederos. Uno se convirtió en el *Mwami*, el otro en el «arcipreste» del reino, el *Mutsobe*, asistido por un Consejo de pares, los *Abiru* («los hombres de la casa del *mwami*»), el principal de los cuales, el *Mutege*, tiene el mando de los Tambores.

Pero, aquí, el principio de oposición queda enfeudado al principio de unión. Subrayemos que la repartición del reino es imposible o, más bien, que está sometida al principio de unión: la función política del *mwami* se ejerce bajo el control del Consejo que nombra la reina-madre del *mwami*. Sólo el Consejo puede suprimir y reemplazar a la reina madre.

> La dependencia del soberano del "Colegio Sagrado" está subrayada por el acto mismo de la consagración: el príncipe presta juramento a los Tambores, sentado en las rodillas del Mutsobe, el cual está sentado sobre el trono. (…) El Tambor está encima de los reyes[297].

Los africanos, en Ruanda, eligieron darle la primacía al principio de unión. Los occidentales, ciertamente, han eliminado a aquel que encarna el principio de unión, el *mwami*, «servidor de los Tambores», pero sin duda no los clanes maternales que dominaban los Tambores. La mujer se queda entonces, y según la tradición, la que toma la iniciativa del principio de unión, ya que es su clan el que nombra al Tambor. Y bien, «es la palabra del tambor la que pronunciaba las grandes ejecuciones y los exilios de los grandes señores feudales rebeldes» –recuerda Gasarabwe.

---

297 *Ibíd.*, p. 37-38.

3. Un «impasse»

En la sociedad ruandesa, la reciprocidad según el principio de unión puede ser brevemente ilustrada por dos expresiones características, *Umuhana* y *Ubuhake*.

El *umuhana* es la reciprocidad requerida cuando se funda una familia. Cuando se forma una joven pareja, la vecindad se moviliza para construir su casa. No se trata, pues, de un don a cargo de retorno, precisa Gasarabwe, sino de un acto que significa el tomar en cuenta al otro como si se tratara de su propia familia, un acto similar al pacto de sangre de los guerreros. *Se va a «construir» la comunidad como se va a la guerra*; para sí mismo tanto como para el otro, ya que este es parte de la totalidad de la que cada uno asume la existencia.

El *ubuhake* (literalmente la «crecida de la vaca») es una forma de reciprocidad centralizada. Los criadores disponen de rebaños sagrados. Les dan a los cultivadores vacas que les han tienen el uso. Estos guardan los terneros pero restituyen las novillas al ganadero. Cuanto más vacas puede donar éste, más grande es su prestigio. Él mismo es deudor de un ganadero más poderoso, y así sucesivamente hasta el *mwami* que, supuestamente, posee todas las vacas del reino.

> El *Buhake* (institución socioeconómica compleja cuya vaca es el soporte) determina las relaciones sociales entre los receptores de bovinos y los donadores[298].

Ya hace veinte años, Gasarabwe advertía:

> El *ubuhake* fue y se mantiene como el móvil de la revolución ruandesa, que se implicó en una lucha de "clanes" sin equivalente en el África Negra. Hoy en día, Ruanda no conoce sino un problema social, que le sirve de coartada por todos aquellos que no pueden encararse de

---

[298] *Ibíd.*, p. 314.

forma realista: la reabsorción del colonialismo interior que marca el fin brutal de los Batutsi. El sentido de la tiranía de los reyes se ha invertido para degenerar en una sociedad del todo dedicada a la destrucción de su pasado, gracias a la desaparición física de todos aquellos que recuerdan que hubo ese pasado. El reino del presidente Kayibanda habrá estado marcado por un fanatismo sin equivalente en la historia de los reyes, que nunca habían llevado tan lejos la oposición entre las clases sociales y las razas, confundidas en un solo conjunto logístico[299].

Para imponer el intercambio libre, la administración colonial obtuvo, en 1954, del mismo *mwami*, que los dueños de las vacas puedan convertirse en propietarios de éstas, bajo la demanda de una de las partes, según la siguiente relación: un tercio para el donador y dos tercios para el donatario[300]. Se suprimieron así los lazos sociales, creados por la reciprocidad, y que aseguraban la unidad de la nación ruandesa. Se sustituyó una lógica concurrencial –y solamente entre dos clases «étnicas»– a la de la reciprocidad (el *ubuhake*) que estaba articulada en diferentes niveles (casa, linaje, etc.), asegurando una diferenciación progresiva en la unidad ruandesa. En vez de ser solidarios, los Ruandeses se volvieron competidores. Los Hutu, tradicionalmente cultivadores, y los Tutsi, tradicionalmente ganaderos, ya no estuvieron asociados por la complementariedad de sus servicios, sino opuestos según las reglas de la economía de librecambio de la oferta y la demanda. Las relaciones de alianza, selladas por la comprensión de los mismos valores, se convirtieron en enfrentamientos de intereses ciegos.

El liberalismo engendró entonces una oposición de clases (ricos y pobres), que fue pronto transformada en *lucha de clases* por los revolucionarios marxistas.

---

[299] *Ibíd.*, p. 314-315.

[300] Cf. Luc de Heusch, « Anthropologie d'un génocide: le Rwanda », *Les Temps Modernes*, n° 579, Paris, diciembre de 1994.

Se ha cuestionado mucho la instauración, por los belgas, de una carta de identidad que designaba dos clases sociales (Hutu/Tutsi) en términos étnicos[301]. Esta división administrativa «racializa» en términos étnicos una complementariedad de servicios entre ganaderos y cultivadores, y encima la transforma en una relación de fuerzas entre intereses antagonistas. Las consecuencias de esta brutal intervención son desastrosas: ligada al librecambio, la democracia parlamentaria tuvo por efecto someter el principio de unión, al principio de oposición. Desde que sólo los partidos pueden pretender al poder, el principio de unión no puede ser invocado por cada uno de los partidos sino al interior de ellos mismos. Pero como la totalidad social, engendrada por el principio de unión, no conoce nada fuera de sí misma, todo partido, desde que accede al poder, no puede sino excluir radicalmente al vencido. El mito fundador de Ruanda lo dice bien: ¡el reino no puede ser compartido!

La enfeudación de la unión a la oposición es contraria a toda la tradición ruandesa que, recordamos, se fundaba sobre la enfeudación del principio de oposición al principio de unión.

4. La aculturación al servicio del genocidio

Las mujeres más educadas fueron matadas por mujeres entre las que se encontraban mujeres igualmente educadas.

El asesinato del personal médico, enfermos y refugiados fue facilitado por el hecho de que un importante número de doctores masculinos y femeninos y enfermeros/as sostenían a los matadores. Identificaban a

---

[301] En 1931, se introdujo una carta de identidad que mencionaba la etnia, determinada en función del número de vacas poseídas.

sus colegas tutsi para los asesinos, les suministraban listas de pacientes tutsi y revelaron sus escondites.

El genocidio no hace intervenir, ni una revancha de las víctimas de la modernidad, ni un desprecio por aquellos que son aculturados. No reposa en una oposición de personas instruidas según los criterios occidentales, y personas instruidas según otras referencias.

La «educación» de los que llevan el genocidio (ministros de la función pública, médicos, profesores) así como la «educación» de las víctimas, llama entonces la atención: ese criterio de «educación» no hace referencia al orden social africano. Es desconocido en la clasificación tradicional (familias, clanes, clases de edad y estatus). El hecho de que el genocidio implica, sobre todo, a africanos llamados *instruidos* – en realidad *aculturados*– obliga a referirse a las categorías occidentales.

> Se vio a mujeres y muchachas en las barricadas, verificando las cartas de identidad, preludio de la masacre de miles de personas "incriminadas" por el solo hecho de que sus cartas tenían la mención "Tutsi". (...)

> Muchas mujeres instruidas, incluidas enseñantes, funcionarias y enfermeras, hicieron listas de las personas a ser matadas que dieron entonces a los soldados, milicianos y oficiales locales, organizando los pogromos.

El asesinato no está manifiestamente contenido por ningún límite tradicional, tal como la familia, el clan, el linaje; se expande tanto como lo autorizan los criterios clasificatorios instaurados por el colonizador, sobre todo la distinción de clases bajo etiquetaje étnico, y son mujeres aculturadas las que pueden utilizar esos criterios.

> Las enseñantes participaron en el genocidio más que todas las otras profesiones (...) eligiendo a aquellos que había que matar.

Es imposible exagerar el enorme papel desempeñado por los medios de comunicación. (…) Antes abril de 1994, numerosas mujeres trabajaban en los periódicos, consagrándose a atizar el odio entre comunidades. (…)

Las mujeres instruidas tuvieron una responsabilidad especial en la gran implicación de las mujeres en las matanzas.

Uno no puede contentarse con concluir que la aculturación no ha impedido el genocidio. El informe de *African Rights* insiste en el hecho de que las principales iniciadoras del genocidio son mujeres que participaban al más alto nivel en las formas del poder occidental.

Las pocas mujeres que ocupaban posiciones en la administración civil fueron de las peores criminales.

El genocidio no comenzó en el monte. Se da, al contrario, allá donde la aculturación era más fuerte, en la enseñanza, en la función pública, en la prensa y los medios de comunicación; allí se propagó más rápidamente.

5. Pero ¿por qué el genocidio?

Según los informes de *African Rights*, existiría una relación inmediata entre la relación matrimonial exogámica (entre Hutu y Tutsi) y la clasificación de las víctimas.

Las personas que denunciaron no eran solamente oscuros refugiados sino los propios vecinos, amigos, colegas y a veces incluso su propia familia.

En la designación de las víctimas o de los salvados, no entran el desprecio, la hostilidad, para unos, la amistad, por los otros, sino una discriminación lógica y predeterminada:

Muchas mujeres denunciaron a las víctimas, escondidas por sus maridos.

Se trata de parientes exogámicos. ¿Es decir que la relación matrimonial se transformó en vector del genocidio?

Madres y abuelas se rehusaron incluso a esconder a sus propios hijos y nietos tutsi. Los niños tutsi, bebés incluidos, eran un riesgo, vistos como futuros soldados del RPF. Fueron matados por hombres y mujeres.

El matrimonio, cuando unía a Hutu y Tutsi, pues, se transformó en asesinato. Esta inversión de la alianza matrimonial en asesinato puede explicarse por el hecho de que el don y la venganza antes estaban regidos por el mismo principio de reciprocidad. El cambio de mediación (la mediación del don por la del asesinato) no llegaba a destruir a la sociedad misma, desde el momento en que la reciprocidad se mantenía; lo que quiere decir, también, que en la sociedad tradicional el asesinato gratuito como tal no tenía sentido.

La dificultad está en comprender por qué la reciprocidad, que limita la venganza por una relación entre las muertes recibidas y dadas y que obedece a reglas, está sumergida por una violencia unilateral genocidiaria.

Es, precisamente, la desaparición del principio de reciprocidad la que deja el asesinato librado a la barbarie, destruye el control de la violencia mediante valores éticos tales como el honor o la justicia, aunque estén éstos traducidos al imaginario de la violencia. En un sistema que ya no tiene sentido, el asesinato se hace ciego y pierde toda referencia. Está «libre» (como el intercambio) y es genocidiario.

Dos lógicas, las de los africanos y la de los occidentales, unen aquí sus efectos respectivos. Las mujeres obedecen a la tradición africana de la unión sagrada, pero en un contexto impuesto por los occidentales, en el que las estructuras de reciprocidad que organizan la tradición son destruidas y reemplazadas por un enfrentamiento entre clases étnicas. Tal es el **impasse genocidiario** al que están conducidos los pueblos de Ruanda y de Burundi. Éste resulta de la contradicción entre las matrices de humanidad africanas y las estructuras del sistema capitalista.

El genocidio no es «africano», es una consecuencia de la imposición, a los sistemas de reciprocidad africanos, de una economía capitalista. Es la consecuencia de la interdicción de la democracia comunitaria, fundada en la reciprocidad y la responsabilidad de cada uno frente al otro, de una «racialización» de los individuos en competencia por sus intereses.

La democracia representativa libera del imaginario tradicional y, con ello, suprime también las obligaciones de cada uno respecto a los valores sociales y morales creados por las estructuras de reciprocidad heredadas de la tradición, y destruye, entonces, el principio de la integración mutua de las tres etnias originales en la unidad de la nación ruandesa.

Si se distinguen las diversas fuerzas en competencia, las causas del genocidio empiezan a aparecer. La *fiesta*, la *unión*, el papel preponderante de las *mujeres-madres*, la *inocencia* y la *fe* común a los jóvenes o los niños, son características del principio de unión. No son determinantes del asesinato mismo, si contribuyen a darles una parte de su amplitud. El asesinato se convierte en colectivo, se convierte en genocidio, con la destrucción de los lazos de reciprocidad y la distinción de dos clases rivales definidas en términos étnicos para acceder al poder. No se trata, de un dato africano, sino de un dato impuesto a los africanos.

6. Un recurso contra el genocidio: el *imana*

El Tribunal Penal Internacional para Ruanda, creado por la ONU, que ejerce en Arusha, en Tanzania, tiene por misión castigar a los autores del genocidio en Ruanda (el de

307

1994, pero sin referencia al de 1963-1964, perpetrado bajo la presidencia de Grégoire Kayibanda. Es, sin embargo, en esta época (1959-1964), que el genocidio de los Tutsi fue imaginado por los políticos en el poder. Las competencias de ese tribunal fueron definidas de manera que no incluya a ningún testigo por hechos anteriores al mes de abril de 1994 y que no pueda iniciar persecuciones contra personas que no sean de nacionalidad ruandesa; una forma, para los occidentales que instituyeron este tribunal, de limitar el genocidio a sus ejecutores y de liberar de toda sanción a aquellos que podrían ser convencidos de ser los colaboradores, instigadores o principales interesados en el genocidio –suerte de confesión de su responsabilidad, ya que uno no se pone al abrigo de la justicia amordazándola se es inocente.

Imaginemos un tribunal que instruye el proceso del etnocidio con toda libertad. Tendría que hacer comparecer a los «responsables políticos» determinados a la manipulación del principio de unión, ese principio de confianza religiosa que une las poblaciones a la autoridad nacional; «responsables políticos» determinados a la exclusión de la parte opuesta, en nombre del mismo principio de unión, en fin, a los «responsables políticos» que se han decidido utilizar esa pareja de fuerzas en términos de violencia y a organizar el genocidio[302].

Al mismo tiempo que a los responsables políticos del genocidio, el tribunal tendría que juzgar a los adolescentes que mataron a machetazos a mujeres, niños, ancianos, parientes,

---

[302] «Aquellos guardan la conciencia fría de sus objetivos. Así, el general Bizimungu, jefe de estado-mayor de las Fuerzas armadas ruandesas, pudo declarar cínicamente al Informante especial de las Naciones Unidas, en el mes de junio de 1994, que las autoridades ruandesas podrían apelar a la población para que ellas paren las exacciones, y que la población los escucharía, pero que la conclusión de un acuerdo de cese del fuego era una condición previa a tal llamado. El general Bizimungu –concluye Gillet– no podía hacer más abiertamente ¡la confesión de su culpabilidad ¡y la de las autoridades ruandesas!» Éric Gillet, « Le génocide devant la justice », *Les Temps Modernes*, n° 583, juillet-août, 1995.

amigos, con tal de que hayan sido designados como «cncmigos»; a mujeres asesinas de cientos recién nacidos que hayan sido designados como Tutsi; a muchachas que empaparon sus manos en la sangre de sus camaradas, desde que eran designadas como Tutsi, con todos participando de una fe común que recuerda la de los católicos cuando las masacres de San Bartolomé, y las guerras de religión, llamadas «santas» por las Iglesias, o el genocidio ordenado por Pol-Pot a un pueblo igualmente organizado por el principio de unión y sometido a divisiones que le fueron impuestas desde el exterior.

Podría decir que esos niños, adolescentes, mujeres, religiosos, madres culpables de genocidio, se convirtieron en asesinos locos, irresponsables al estar tomados por un impasse genocidiario.

Este tribunal independiente convocaría a los responsables del etnocidio en Ruanda y les preguntaría en nombre de qué principios de justicia destruyeron las referencia culturales de Ruanda. Convocaría a los responsables del economicidio en Ruanda y les preguntaría por qué reemplazaron la reciprocidad tradicional de la comunidad ruandesa, la *umuhana*, por la *competencia y el librecambio*; por qué destruyeron la *ubuhake* y crearon *dos clases étnicas*. Inculparían a aquellos que imaginaron la posibilidad del genocidio como una solución política y a aquellos que financiaron y armaron un proceso político que sabían que conduciría al genocidio.

El *impasse genocidiario* es la contradicción del *principio de unión*, factor dominante de la integración recíproca de las comunidades ruandesas, que se puede comparar al principio de reparto o de comunión en vigor en las iglesias occidentales, y del *principio de competencia* entre intereses particulares o de grupos, traducidos aquí en términos étnicos, luego parlamentarios. La unidad producida por la reciprocidad tradicional está reprimida en el inconsciente colectivo por las normas occidentales, pero vuelve a la superficie cuando una de las partes accede al poder. Se expresa, inmediatamente, por la exclusión de quienes no están integrados a la unión nacional a falta de reciprocidad… Si los partidos deciden emplear la

309

violencia, el genocidio se convierte entonces en un arma estratégica.

Y bien, como si nada, como si no hubiera pasado nada, los mismos procesos de etnocidio y de economicidio, que prepararon el genocidio, se reproducen fuera de Ruanda. Todos los que pretenden al poder, siempre están atrapados por este impasse lógico y nuevas masacres genocidas tienen lugar en Zaire o a puerta cerrada en Burundi.

¿Por qué no dar preeminencia a las formas modernas de la reciprocidad que engendran los valores humanos, sobre la competencia por el poder? ¿Por qué no dar una expresión moderna a las estructuras tradicionales de la *Ubuhake* y de la *Umuhana* que permitieron la integración mutua de las comunidades ruandesas? Pero he aquí que la *umuhana* debería triunfar en beneficio de todos los africanos y no de algunos con la exclusión de otros. Entonces, la hospitalidad y la generosidad legendaria de las «casas» de Ruanda alimentarían nuevamente el poder del *Imana*.

El techo de la choza ruandesa se llama *igisenge: gu-seng-a*, que significa «ornamentar mediante un trabajo de fina cestería», pero también «orar Dios-Imana»; *i-seng-esho*, «lo que sirve para orar, la oración»; *i-seng-ero*: «el lugar de la oración»[303]. Y el domo de la Choza está prolongado por una pértiga, una antena, que dirige al *Imana* la oración de la casa «*Seka, Cururuka*»:

«Sonríe, Levántate… o ¡Preséntate!»

*

---

[303] Gasarabwe, *Le Geste Rwanda, op. cit.*, p. 352-353.

13

GENOCIDIO EN RUANDA:
UN ANÁLISIS DE LAS RESPONSABILIDADES

1ª publicación en *La Revue du M.A.U.S.S.*, sem., n° 14,
Paris, 1999.

*

El crimen racista traduce la impotencia, el temor al otro, sobre todo cuando el otro, percibido como extranjero, se revela súbitamente idéntico a sí mismo o, la inversa, cuando el prójimo, el hermano, se revela tan diferente de uno mismo, que parece traicionar la causa común.

El pasaje del temor al otro a su exterminio sistemático requiere, sin embargo, un intermediario entre lo afectivo y lo lógico: la ideología, elaborada por intelectuales, como por ejemplo, en Francia, Alexis Carrel. La ideología racista pretende que los caracteres psicológicos de los hombres, sus facultades mentales, su conciencia, están determinadas por factores genéticos; igualmente, sostiene que esos mismos factores genéticos están ligados a caracteres somáticos que permitirían entonces reconocer *a priori* los caracteres psicológicos.

Una ideología semejante no parece haber sido impuesta en Ruanda. La ausencia de criterios ideológicos incluso obliga, a los asesinos, a recurrir a la carta de identidad, otorgada por los belgas, para discernir o designar a las víctimas. ¿Sobre qué se funda entonces la determinación de los asesinos? ¿Se funda en motivaciones afectivas irracionales? Ciertas reacciones de miedo como la de cientos de miles de campesinos ante la ofensiva y las masacres del FPR (febrero de 1993)[304] podrían hacerlo creer, pero esas reacciones han sido sometidas a una fría determinación lógica: el informe de *African Rights* precisa, en efecto, que las mujeres hutu mataron a los recién nacidos clasificados «tutsi», ya que ellos eran *futuros soldados del FPR*. Esas mujeres postulaban que, una vez adultos, sólo podrían actuar según una lógica idéntica a la suya: la liquidación de todos aquellos que no estarían clasificados como «tutsi». Ellas reaccionaban a una determinación clasificatoria racional.

Pero ¿por qué esta referencia a la venganza tradicional se generaliza en genocidio? ¿Por qué la violencia ya no tiene límites, no obedece a ninguna regla? La cuestión de la responsabilidad y de la culpabilidad se plantea a otro nivel que el de la oposición tradicional: *los que no son aliados son enemigos*.

José Kagabo escribe, en agosto de 1994:

> Son los mismos que han matado a la familia de Munyambo y a la familia de Nturo: esos dos estaban identificados como "grandes Tutsi", históricamente conocidos, y es por eso que fueron especialmente liquidados, inmediatamente. El slogan era: "Nosotros, conocemos las cosas del pasado. Antes [1959-1961] se 'trabajaba'. Nosotros damos el 'cómo' y ustedes arreglan el asunto de esos Tutsi. Ahora a ustedes les toca 'hacer el trabajo', decían los jefes milicianos a los asesinos a sus órdenes[305].

---

[304] «En febrero de 1993, una nueva ofensiva militar del FPR provoca el desplazamiento de ocho cientos mil personas. (...) Esos campesinos hutu, que huyen del avance del FPR, están hambrientos por el desvío de la ayuda alimenticia.» (desvíos realizados por el gobierno de Ruanda). Cf. Jean-Hervé Bradol, « Rwanda, avril-mai 1994. Limites et ambiguïtés de l'action humanitaire. Crises politiques, massacres et exodes massifs », *Les Temps Modernes*, n° 583, 1995, p. 126-148.

[305] José Kagabo, « Après le génocide. Notes de voyage », *Les Temps modernes*, n° 583, 1995, p. 102-115 (p. 108-109).

El genocidio no comienza, entonces, en abril de 1994, como lo dejan pensar las instrucciones dadas al Tribunal Penal Internacional, creado para juzgar a los culpables. Estaba previsto como un arma política por los hombres en el poder en los años 1960 para guardar el poder en su ventaja[306].

Claude Lanzmann publicó, en *Les Temps Modernes*, el testimonio de José Kagabo, del que dice:

> Por sobre todo, invito a los lectores a leer o meditar las *Notas de viaje* de José Kagabo, texto de una inteligencia, de una honestidad y una profundidad conmovedoras, que recusa todos los eufemismos y afronta la más central de las cuestiones: "Hay que saber cómo se ha matado". Para poder salir de ello –escribe– será necesario que todos puedan hablar sobre este tema[307].

Su testimonio habla, efectivamente, con una fuerza terrible, no solamente por los acontecimientos que describe, sino también por su comentario, por el texto mismo.

> La única pregunta que me parece plantearse, es la dificultad de repartir las culpas entre los grandes culpables y los pequeños culpables. Los grandes culpables –si uno queda en la lógica de los análisis occidentales de la racionalidad– son aquellos que han pensado el genocidio, lo han organizado, etc. Pero cuando se examina la forma en la que los pequeños culpables lo han ejecutado, entonces, ahí, ya no hay teoría de la gran o pequeña culpabilidad que se mantenga. Cuando pienso en Claver, a quien se ha arrastrado durante días por la calle, dándole golpes... me digo que en las órdenes dadas por los pensadores del genocidio no habían instrucciones de uso. La persona que ha pensado en hacer una barricada de su

---

[306] De 1961 a 1994 la colusión de autoridades políticas occidentales, con esos asesinos, nunca ha parado.

[307] Claude Lanzmann, Présentation, « Les Politiques de la haine: Rwanda, Burundi (1994-1995) », *Les Temps modernes*, 583, 1995, p. 1.

cuerpo desnudo y mutilado encontró eso sola, no se le dijo que lo haga. Si uno puso toda su inteligencia en la concepción, el otro consagró su genio en encontrar la forma de muerte que quería dar. (…)

Conozco a una pareja de antiguos institutores protestantes. Según los estereotipos de Ruanda, son personas de condición más bien modesta. Tenían una hija que comenzaba en la facultad de medicina de Butare. Conozco al muchacho que la mató antes de matar a sus padres. Les dijo: "Parece que su hija estudia medicina (…)". Dio la orden a sus milicianos: "Hay que abrirle el cráneo, hay que ver qué parece el cerebro de una chica tutsi que estudia medicina", delante de los padres. (…) Luego, mataron a los padres, cortando primero los pies de la mujer y poniéndolos bajo la nariz de su marido. "¡Huele! ¡Huele la muerte!" –le decían. (…)

He conocido a sus padres [del asesino]. Cuando dejé Ruanda, su padre que llegaba a los sesenta años, y su madre habían vivido como personas que no tenían problemas de identidad en relación a los Tutsi, gente que ya no vivía en las colinas desde hace muchos años; eran puramente urbanos, que nunca tuvieron vacas, nunca tuvieron campos. La mujer hacía comercio, como en muchos otros hogares. De golpe, el hijo de esa gente se descubre de una crueldad extrema, en el nombre de una ideología a la que su existencia nunca estuvo asociada históricamente. Quiero decir que, habiendo elegido domicilio en la ciudad desde la época colonial, sus padres nunca estuvieron verdaderamente implicados en relaciones sociales hutu-tutsi (…).

Para mí –comenta Kagabo– habría que clarificar eso, si se quiere evitar el riesgo de una criminalización colectiva[308].

¿Cómo clarificar todo eso? José Kagabo dice que aparentemente nada puede explicar el comportamiento del

---

[308] Kagabo, *op. cit.*, p. 110-112.

asesino, *si uno se queda en la lógica de los análisis occidentales de la racionalidad*. Sus padres eran personas *que ya no vivían en las colinas desde hace muchos años, urbanos puros.* Si se traduce esta observación en términos tradicionales africanos, se podría decir: «personas que han perdido toda tradición de *umuhana*»[309].

Kagabo insiste: *puramente urbanos, que nunca tuvieron vacas, nunca tuvieron campos.* En términos africanos, «personas que ya no tienen una relación de *ubuhake*»[310]. Y el autor precisa que quiere significar la ruptura de las relaciones de reciprocidad tradicional: *Quiero decir que, habiendo elegido el domicilio en la ciudad desde la época colonial, esos padres nunca han estado verdaderamente implicados en relaciones sociales hutu-tutsi.*

La oposición, entre la situación urbana asociada a la época colonial y las relaciones sociales hutu-tutsi, es clara. El texto indica, incluso, que las relaciones de intercambio sustituyen la relación de reciprocidad hutu-tutsi: *La mujer hacía comercio.*

En las referencias occidentales, pues, todo era normal, nada dejaba presagiar un caos mental que «da cuenta del psicoanálisis» –como dice el autor en la introducción de su testimonio. El racismo está ausente de la muy ordenada aculturación de los paisajes ruandeses que rompen con su tradición. ¿Provendría la ideología racista de la tradicional oposición hutu-tutsi? Pero ¿qué sucede con el texto de Kagabo

---

[309] *Umuhana*: forma de reciprocidad que puede llamarse «compartir». Pacto de unión en el que cada uno dona para todos y todos para cada uno.

[310] La *ubuhake*, literalmente la «crecida de la vaca», significa una forma de reciprocidad desigual y centralizada que los occidentales traducen de forma errónea por *servidumbre*. El himno nacional republicano ruandés dice: *Republika yakuye ubuhake*, lo que Gasarabwe traduce por: «La república ha abolido la servidumbre». Se trata de un don de los pastores de bovinos a los agricultores que desean bovinos para el abono o la mantequilla. El don crea el prestigio del donador y diversas obligaciones para el donatario. Pero este está libre de aceptar o no el don. Ver *supra* D. Temple, «Etnocidio, economicidio y genocidio en Rwanda» (1995).

315

si lo interpretamos sustituyendo la lógica occidental por una lógica africana?

La «crueldad extrema» del asesino es introducida por un «de golpe» (*De golpe, el hijo de esa gente se descubre de una crueldad extrema*. Pero, precedentemente, Kagabo había dicho:*¿Cómo (de golpe o progresivamente) se ha revelado de una crueldad impensable hasta entonces? He conocido a sus padres...* El «de golpe» es pasaje al acto pero ¿no sanciona una potencialización *progresiva*? Ese *progresivamente* está inmediatamente asociado a la historia de los padres. La ideología en cuestión sería la de una contradicción irremediable tutsi-hutu. Es, por lo menos, lo que deja suponer la lógica occidental. Pero, cómo esta oposición pudo convertirse en la base discriminatoria para un genocidio, es algo que aún hay que precisar.

Tratemos de descifrar el texto de José Kagabo sobre el asesinato mismo a pesar de la prueba. Primero, las palabras del asesino: tienen dos sentidos: Lo que se representa el asesino, la expresión de crueldad. Y lo que dice el inconsciente a través de su demencia. Lo que dice buscar, está *en* el cráneo. Lo que se ha vuelto loco en la cabeza de él, el caos mental, tiene su correspondencia, su imagen, en el cráneo de su víctima:

> Hay que abrirle el cráneo, hay que ver qué parece el cerebro de una chica tutsi que estudia medicina. Delante de sus padres, abrieron el cráneo de la muchacha, sacaron su cerebro, lo mostraron...

Él quiere ver lo que plantea un problema: *Hay que ver a qué se parece el cerebro*, podría también decir: *quiero saber a qué se parece el cerebro de un hombre institutor o pastor...*

A ese nivel de lectura, se podría pensar que de lo que se trata es de la aculturación, no necesariamente del *impasse* que tratamos de desvelar.

Pero el asesino precisa: «de una chica tutsi que estudia medicina». Ordena la cuestión según la dualidad hutu-tutsi. Y bien, no se trata de una oposición que tendría una raíz tradicional (que pondría en juego una característica *tutsi*) sino de una oposición expresada por una imagen típicamente si no exclusivamente occidental: la «medicina». Si el hecho de *estudiar medicina* es invocado como una diferencia para cualificar la oposición hutu-tutsi ¿no es para recusar que se pueda establecer el genocidio en oposiciones complementarias hutu-tutsi? ¿No rehusaría el inconsciente prestar la ideología racista a la tradición? Se podría traducir: *la exclusión recíproca es, en los términos occidentales, que ello ocurra.* El término *medicina* es, él mismo, simbólico, puesto que el médico «cura» al enfermo como el occidental «trae la civilización»... Que el discurso del inconsciente precise que la estudiante es una futura médica y no solamente una estudiante, o una universitaria, comunica otra fuerza increíble a ese testimonio: la *medicina* tiene un valor significante tanto como el *cerebro*: el crimen es una disección anatómica de la locura.

¿Dónde ubican la puesta en escena del crimen? ¿Cuál es el significado de esta disección? La respuesta es una frase lacónica, sin verbo, entre dos puntos, como en un decorado de teatro: *Delante de los padres.* Es ahí que pasa el drama. *Después, mataron a los padres, cortando primero los pies de la mujer y poniéndolos bajo la nariz del marido. «¡Huele! Huele la muerte», le dijeron.* El asesino está preso *de pies a cabeza* en la locura e informa la tragedia de la madre al padre. Se le hace comprender al padre que, de la hija a la madre, todo huele a muerte. El inconsciente del asesino dice: la génesis de la humanidad está podrida, todo huele la muerte. Una muerte que no ha encontrado expresión simbólica en el lenguaje del padre. «Lo que es reprimido en el orden simbólico, resurge en lo real» – dice Jacques Lacan. La crueldad es el retorno del lenguaje en lo real, cuando se crea un vacío en la conciencia o cuando ya no hay símbolo para decir la verdad o que el orden simbólico está en el impasse.

José Kagabo concluye:

> Para mí, no hay más genocidio popular que de genocidio hutu. Hubo un genocidio, cometido por una

317

fracción de los Hutu, y hay pobres imbéciles que cayeron dentro[311].

El «enceguecimiento»

Pero nos da, inmediatamente, una idea de la forma en que se constituye la imbecilidad (imbecilidad que, tal vez, es el límite de la psicosis). Cuenta, luego, la historia de un ruandés cuya hija tuvo un hijo sin haberse casado, lo que, según la tradición, debió haberle valido el ser expuesta a bestias feroces en la selva.

> Pero como ya no había selva, y de todas formas la ley de los Blancos (la policía, la Iglesia) habían suplantado la costumbre, había que inventar otro suplicio. Reventaron los ojos del bebé...[312].

«Esta historia —comenta José Kagabo— dice hasta qué punto la sociedad ruandesa reprime lo real». Nos ofrece así una clave: la *represión* de lo que él llama *real* para los africanos. Para él, se trata del genocidio desde la independencia.

> Cuando se leen los textos de los Ruandeses de todo lado, sobre las masacres, los diferentes ciclos se convierten en "los sucesos del 59", "los sucesos del 73". La violencia está ahí, se la vive pero no se la dice.

Pero lo real, desde la independencia, es también que las referencias del mundo exterior sustituyen a las referencias tradicionales, es decir, que las expresiones tradicionales son reemplazadas por expresiones nuevas venidas del exterior, y

---

[311] Kagabo, *op. cit.*, p. 112.
[312] *Ibíd.*, p. 113.

318

las costumbres reemplazadas por obligaciones sobre las cuales los ruandeses no tienen ningún ascendente. (*Como no había selva y que de todas formas los Blancos habían suplantado las costumbres…*). Esa *represión* es impuesta por los occidentales (la policía, la Iglesia). Entonces lo que es reprimido por mucho tiempo retorna: se revientan los ojos del niño. ¡Cómo lo real podría demostrar con más violencia que ¡lo reprimido es un *enceguecimiento*!

> Reventaron los ojos del bebé para que no vea los campos, para que no vea las vacas.

Y más lejos:

> Ese tipo era un Hutu de la ciudad: no tenía vacas, no tenía pastizales, ¡pero su nieto ilegítimo constituía una amenaza para el rebaño!

Enceguece a su nieto como para anticipar una incursión enemiga, imaginando que, en una sociedad patrilineal, el niño descubrirá más tarde una paternidad enemiga, y reconocerá, para destruirlos, a las vacas y campos de su abuelo. Sin duda, hay ahí una explicación, una razón que el criminal invoca para justificar su acto. Nuevamente, es lo esencial de la tradición tutsi-hutu, la relación del *ubuhake* lo que resurge a la superficie.

Pero ¿por qué el abuelo del bebé reprimía hasta ese punto la contradicción entre modernidad y tradición, que era entonces del todo evidente? ya que *estamos en los años 50*, como precisa Kagabo[313].

Como para prevenir la pregunta, Kagabo había presentado así a este hombre:

---

[313] Es en abril de 1954 que la administración colonial obtiene del *mwami* la firma del decreto que permite abolir la *ubuhake*.

319

Un hombre atiborrado de galones y de medallas de viejos combatientes, cristiano, como ni Dios padre y el hijo reunidos no lo pudieron ser, siempre en la misa.

Es decir, como el «porta-estandarte» de la aculturación civil y religiosa. Como había hecho para la historia de los padres y la narración del asesinato de la muchacha, José Kagabo aproxima la descripción de la aculturación del padre (*las medallas de los viejos combatientes, la misa*) y la tradición hutu-tutsi más estándar (*los pastizales, las vacas*). Son exactamente los mismos términos que vuelven en los dos textos: en el primero *urbanos puros, que nunca tuvieron campos ni vacas*. En el segundo, *Ese tipo era un Hutu de ciudad, no tenía vacas, no tenía pastizales* ¿quién diría que esos términos no son sintomáticos?

Bajo la cubierta de una violencia tradicional lógica, según la tradición, (la exposición de las hijas-madres) el *enceguecimiento* significa la contradicción que debe vivir el niño. No pertenece más al sistema de reciprocidad de los pastores con los agricultores, pero es partícipe de la competencia entre propietarios rivales. Pero esta contradicción no es reconocida, en el orden simbólico: es reprimida, negada por los occidentales, que afirman unilateral y absolutamente lo bien fundado de sus normas religiosas, económicas y políticas. Esta contradicción reprimida sale de repente a la superficie donde se resuelve en lo real mismo, en lo real, como lo llaman los psicoanalistas, esto *perfora los ojos*.

No se termina de leer el texto de José Kagabo. La redacción de la revista *Les Temps Modernes* ha respetado su escritura con finura. El texto habla con tal fuerza que somete la lengua francesa a la verdad que se encarga de decir: él dice «los padres reventaron los ojos del bebé para *no* que vea las vacas, para *no* que vea los campos». El enceguecimiento trata de la negación. Es el *no* el que es revelado por el enceguecimiento.

Ver las vacas queda tan luminoso, tan presente como siempre. Está ahí, aún está ahí, ya que es un dato simbólico en sí, pero esta luz es enmascarada, escondida, reprimida. Es porque ver las vacas ya no es visible, legible, comprensible, que se le revientan los ojos. Es la interdicción de comprender lo que significa «ver» las vacas que se materializa, somatiza, por el enceguecimiento. Los abuelos expresaron en lo real lo que está reprimido en el orden simbólico: la contradicción de las referencias tradicionales y occidentales. Comprender la relación hutu-tutsi, aprehender la contradicción de esa relación social y de la relación social impuesta por los Blancos, he ahí lo que fue ocultado.

¿Por qué Kagabo hace seguir la narración del asesinato de la muchacha estudiante de medicina, por esta anécdota diciendo: «Cada vez que pienso en la violencia en Ruanda, recuerdo la historia de un tal Elías» (el hombre que enceguece al niño), si no es para aclararnos sobre el genocidio mismo? «Esta historia data de los años 1950». Y precisa entonces el contenido de ese mensaje: la represión.

> Si la cuento, es para decir hasta qué punto (y a qué precio también) la sociedad ruandesa reprime lo real.

En el mismo momento en el que se pregunta: *Habrá que clarificar bien todo eso, si se quiere evitar el riesgo de una criminalización colectiva*, Kagabo se refiere a un crimen que *revienta los ojos*. Y bien, ese crimen tiene lugar en un contexto etnocidiario[314] y economicidiario que él estigmatiza con expresiones características.

Es, pues, muchos decenios después, que el *impasse genocidiario*, el impasse de una norma extranjera y de una norma autóctona contradictoria, el impasse del poder-sin-reparto de la tradición unitaria y la oposición de grupos de

---

[314] Con Robert Jaulin, definimos el término *etnocidio* cómo la sustitución impuesta desde el exterior de referencias culturales extranjeras a las referencias culturales autóctonas y, por *economicidio*, la sustitución de las estructuras de reciprocidad para el don por las estructuras de producción para el intercambio cuando éstas, igualmente, son impuestas desde el exterior.

intereses rivales, se llega a conocer. Denunciada por Édouard Gasarabwe en 1978, no ha dejado de ser contada como un arma estratégica utilizada como amenaza de respuesta a toda agresión armada y a veces invocada como justificación de la rebelión armada desde hace cincuenta años. La continuación de los combates, por parte de unos, el asesinato del presidente ruandés por los otros, mientras que el proceso de paz estaba en curso a partir de los Acuerdos de Arusha (agosto 1992) muestran que los responsables políticos acabaron por aceptar el paso de la amenaza al acto.

¿Qué parte tienen los occidentales, franceses y belgas, en esta lógica? Los autores interrogados por la revista *Les Temps Modernes*, basándose en observaciones sobre el terreno, abruman a Francia, de la que dicen que es: «directamente cómplice, por segunda vez, en su historia, de un genocidio»[315].

Desde nuestro punto de vista, el de un análisis teórico, la responsabilidad del impasse genocidiario incumbe, de una manera más amplia a todas las autoridades occidentales. Los occidentales saben desde siempre que las sociedades africanas están organizadas en sistemas comunitarios. La contradicción, de los principios económicos de la sociedad africana y de los principios de economía occidental, es reconocida por los políticos como por los religiosos, pero es ocultada a sabiendas, y es sistemáticamente negada para no comprometer, en caso de no hacerlo, la expansión económica occidental. No compartimos, pues, la opinión de Claudine Vidal cuando dice:

> No creemos que el análisis sociológico o antropológico pueda, de momento, hacer inteligible una perversión semejante del lazo social. Sólo se la puede constatar[316].

Los análisis antropológicos y sociológicos, sobre todo los análisis africanos, revelaron claramente y, desde hace tiempo,

---

[315] Bradol, « Rwanda, Avril-Mai 1994. Limites et ambiguïtés de l'action humanitaire, crise politiques, massacres et exodes massifs », *op. cit.*

[316] Claudine Vidal, « Les politiques de la haine », *op. cit.*

que los occidentales conducen las poblaciones de África al caos y llevan adelante sus propios objetivos económicos sin vacilar ante ningún sacrificio.

Gasarabwe, al denunciar las causas del genocidio de 1963-64, estigmatiza el impasse genocidiario desde 1978 con lo que llama la «democracia-osario». Recordaba que la reciprocidad en Ruanda (el *ubuhake*) era el factor de integración de tres comunidades originarias de Ruanda y que no se podía destruirla si no se la reemplazaba. Sus análisis fueron publicados en Francia, en París; es más, en una colección de bolsillo y bajo la autoridad de Robert Jaulin, cuyo renombre indiscutible está asociado a la denuncia del «etnocidio»[317].

¿Responsabilidad colectiva, difusa de los occidentales? Sin duda, como lo era la de los franceses por su asentimiento de la política de Pétain, bajo la Ocupación alemana; pero una responsabilidad que se acrecienta y se precisa con la acumulación de competencias y de información en la cumbre de la jerarquía política. A este nivel, la crítica teórica está confirmada por el testimonio de aquellos que dan cuenta de pruebas de colaboración en el terreno[318].

Sin embargo es lógico que esos análisis provoquen una resistencia tremenda, para retomar la expresión de Claudine Vidal, de parte de aquellos que defienden sus intereses y privilegios, ya que pone en cuestión el modelo de sociedad al que someten a los africanos de hoy. Es también lógico que susciten la resistencia de los marxistas, que no conciben progreso social sino a partir de la lucha de clases, acentúan la oposición y por ende su contradicción con la unión, cerrando así el *impasse* en el que las jóvenes generaciones africanas son cegadas.

*

---

[317] Robert Jaulin, *La Paix blanche: introduction à l'ethnocide* (1970), y del mismo autor: *La Décivilisation: politique et pratique de l'ethnocide* (1974).

[318] Ver Bradol, *op. cit.*

14

LA PALABRA DE UNIÓN Y
EL ORIGEN DE LA PALABRA RELIGIOSA

Resumen de las finalidades de la reciprocidad

La primera relación de reciprocidad, en la que nace el sentimiento de humanidad, es la reciprocidad de parentesco, estudiada por Lévi-Strauss bajo el nombre de «intercambio de mujeres». Pero la reciprocidad interesa inmediatamente a todas las actividades humanas, las *prestaciones totales* de Mauss, que producen el sentimiento de una presencia espiritual generalizada, que Mauss llama entonces con un nombre polinesio, el *mana*.

Cuando esta fuerza espiritual se manifiesta como revelación de sí misma, se revela de manera afectiva, como la afectividad de la libertad. La reciprocidad constituye, en efecto, una matriz en la que fuerzas antagonistas, tales como la cohesión del grupo y la singularidad de los individuos, la homogeneidad del parentesco y la diferenciación exogámica[319], se relativizan mutuamente hasta producir en el psiquismo humano una resultante que no es solamente la ausencia de toda determinación física o biológica, sino la aparición de la conciencia de conciencia.

Es, con todo, la naturaleza, puesta en juego por la reciprocidad, la que permite el nacimiento de esta conciencia de conciencia inmaterial. La revelación de la conciencia a sí

---

[319] Lo que Marcel Mauss recapitula diciendo que, desde el origen de las comunidades humanas: «*las oposiciones cruzan las cohesiones*».

misma es manifestación sobrenatural, solamente si llamamos naturaleza a las fuerzas físicas y biológicas.

La conciencia humana es sentimiento de sí misma, cuando las fuerzas físicas y biológicas, confrontadas por la reciprocidad para producirla, son integralmente relativizadas por su antagonismo; ella es iluminación del mundo y se convierte en el *sentido* de las cosas, cuando una de esas fuerzas queda en exceso sobre la otra en relación a su momento contradictorio.

Puede ser, entonces, una pura conciencia afectiva cuando resulta de un momento *contradictorio en sí* o, al contrario, convertirse en una conciencia objetiva cuando en sus límites queda una parte no-contradictoria. Desde entonces, es posible desarrollar, ora la interioridad de la conciencia de conciencia por la intensidad de su emoción, ora invertir esta emoción en la otra orientación y convertir esta intensidad en conocimiento de las cosas. Estas dos orientaciones, que han sido reconocidas en el origen de la conciencia humana[320], se excluyen mutuamente[321].

La conciencia humana en un sistema de intercambio y en un sistema de reciprocidad

Sin embargo, la mayoría de los antropólogos sostienen la idea que lo propio de la conciencia humana es de ser conciencia de algún horizonte como objeto de conciencia, y lo

---

[320] La *conciencia afectiva*, para Lévy-Bruhl (*La mentalité primitive*, 1922), por ejemplo, y la *conciencia racional* para Lévi-Strauss (*Les Mythologiques*, *L'Homme nu*, 1971).

[321] Sobre la lógica de estas manifestaciones, ver Lupaco, *Le principe d'antagonisme et la logique de l'énergie* (1951), y Temple, « Le principe du contradictoire et les structures élémentaires de la réciprocité » (1998), ver *Teoría*, Tomo II, «Los fundamentos antropológicos».

llaman entonces *conocimiento*. Es a la conciencia como conocimiento que concedieron la primacía, y la conciencia afectiva se juzgó irracional.

Queda el hecho de que, al desconocer así el rol de la orientación mística del espíritu, el pensamiento se encierra en el solo conocimiento de las cosas y propone una definición cada vez más pobre de lo que está en el corazón de la conciencia humana, el sujeto mismo, vaciándolo de toda auto-consistencia.

Pero parece que no puede ser de otra forma, cuando la conciencia de conciencia está pensada a partir de una experiencia individual. Y bien, en una sociedad regida por la economía de intercambio, cada uno está programado para no pensar sino a partir de interés y por ello de forma individual.

No ocurre lo mismo en una sociedad de reciprocidad, en la que se comprende espontáneamente que la conciencia de conciencia es engendrada a partir de una relación de la conciencia con la de otro. Cuando por la reciprocidad, la conciencia de cada uno se construye a partir de acontecimientos que involucran al otro tanto como a sí mismo, la conciencia de conciencia resultante es en efecto común a ambas partes. La conciencia de conciencia es ciertamente una conciencia de sí misma, pero que se presenta como *otro sujeto* que sí mismo y que se puede llamar, para demarcarla del yo de cada uno, trascendental. Un tal sujeto es la humanidad en cada uno de nosotros. Hay que disociar ese Sujeto del yo, y a este Otro, del otro.

Un Sujeto semejante nacido de la reciprocidad es él único en condiciones de manifestarse en primera persona, de una forma puramente espiritual. Inmediatamente, se manifiesta de una forma distinta a la de las expresiones biológicas, a través de la Palabra, pero desdoblada entre lo que es sí mismo como Sujeto y lo que es el Otro como otro Sujeto, lo que autoriza por una parte una reflexión del Sujeto sobre sí mismo y por otra parte una aprehensión objetiva (en el sentido que da a este término el hecho de ser reconocido como verdad o referencia por todos quienes participen a su génesis).

Los espíritus

La Palabra que traduce un sentimiento semejante, liberado de toda materialidad, utilizará un significante que no pueda evocar ninguna determinación, un significante arbitrario, por ejemplo el *imana* en los Hutu y los Tutsi de Ruanda, el *kakarma* en los Aguaruna del Perú, la *charis* entre los antiguos griegos, el *mana* en los melanesios; tal sentimiento es independiente de los caracteres propios a la personas implicadas en la relación de reciprocidad, depende más de la estructura en la cual participen estas personas. En este sentido, es un *espíritu* que se recibe participando de la estructura.

Puesto que una misma persona puede ser comprometida en distintas estructuras de reciprocidad, podrá ser habitada por varios espíritus, adquirirlos o perderlos. La energía espiritual que resulta de toda estructura de reciprocidad da sentido a todo lo que la reciprocidad puede implicar, ya sea que las cosas utilizadas en la reciprocidad adquieran un valor simbólico, o bien que las fuerzas puestas pendientes para construir la reciprocidad no sean iguales y que la que aparece en exceso en el horizonte de la conciencia afectiva se defina como polaridad objetiva (es decir no-contradictoria) de la conciencia. Sin embargo, como la conciencia afectiva aparece mientras que desaparece todo horizonte particular, el espíritu parece nacer de nada, sino de sí mismo, y pueden suponerlo al origen de la naturaleza, a la cual da sentido, y en consecuencia, como su creador.

La «conciencia afectiva de lo sobrenatural» –para retomar la categoría de Lévy-Bruhl, nace de una relación que no puede ser sino contradictoria en sí misma ya que resulta del enfrentamiento de fuerzas antagonistas gracias a la mediación de la reciprocidad, pero se manifiesta por un sentimiento que, por su naturaleza afectiva, es absoluto en sí mismo[322]. Un sentimiento semejante comunica enseguida ese carácter absoluto a la Palabra que lo expresa. Su decir es Verdad. La primera Palabra será, pues, Ley o Mandamiento[323].

Cada relación de reciprocidad es la matriz de un sentimiento vivido por los socios de la relación de reciprocidad como la llegada de una potencia espiritual perfectamente libre y soberana (la toda potencia divina). Los occidentales, que dan la primacía a la conciencia objetiva, rechazan a estas potencias toda realidad existencial, material, pero deducen también a veces que son ilusiones. El hecho, ya, de no participar de relaciones de reciprocidad los impide seguramente de ser la sede de tales sentimientos o tales espíritus. No hacen ya la experiencia de las conciencias emocionales, la experiencia directa de los espíritus.

En toda sociedad de reciprocidad, al contrario, los espíritus son sentimientos reales probados por todos los miembros de la comunidad. Constituyen incluso la naturaleza espiritual de una comunidad. Tienen una eficiencia sobre el comportamiento de los unos o de los otros. La lesión de las matrices de reciprocidad produce, por lo tanto, graves perturbaciones en el psiquismo de los miembros de la comunidad. Los terapeutas, en estas comunidades, lo saben bien que, para restablecer el equilibrio psíquico (y psicosomático) de una persona en dificultad, le proponen rituales donde la reciprocidad se restablece en un plan imaginario, con el fin de servirle de modelo y permitirle reconstruir en su vida las estructuras perjudicadas.

---

[322] Ver Françoise Alquié, *La consciense affective*, Paris, Vrin, 1979.

[323] Se puede confundir este imperativo con la «obligación» de Mauss. Esta es la expresión del sentimiento de humanidad que dicta sus condiciones de existencia. Sin la *obligación de donar, de recibir y de devolver*, la *obligación* de reciprocidad, no hay posibilidad de reproducir el advenimiento del sentimiento de humanidad.

Las dos Palabras

A partir de la primera palabra, la que dice *yo*, se revela una nueva estructura de reciprocidad, como si el *yo* guardaba en el centro de su «absoluité» emocional el secreto de la reciprocidad. El *yo* es realmente reversible en *ti*, es decir que ha de sentido sino para dirigirse a otros. La palabra del *yo* del ser tiene para estructura ocultada la reciprocidad[324].

Es por el otro que se habla y de que se espera una respuesta. Ahora bien, todo significando se presenta a la conciencia como no-contradictorio, y tenemos aquí lógicamente dos opciones no-contradictorias posibles: la de la unión y la de la oposición. El tema que se exprese por la Palabra de unión, es el *él*. El tema que se exprese por el otro que significa la oposición, se dice por un duelo: mí/tú (hijo-padre, tío-sobrino, hermana-esposa...) y pronto por uno de estos términos solamente que implica el otro implícitamente.

La estructura de origen de las dos Palabras es, para una de ellas, aquella que los lingüistas reconocieron en la oposición diádica, la diferenciación, la oposición correlativa. La otra, esa inversa que se reconoce en la unión, la comunión.

Palabra de oposición, Palabra de unión. La primera está en el origen de los procesos de clasificación y del pensamiento científico. Nada tiene de sorprendente que haya sido inmediatamente reconocida por los pensadores occidentales como modalidad fundamental del lenguaje simbólico. Esta Palabra reconduce la reciprocidad en el sentido tradicional del término, es decir, como principio conciente de organización de la sociedad[325]. Pero Lévi-Strauss incluso ha intentado reducir

---

[324] Émile Benveniste, *Problèmes de linguistique générale*, Paris, Gallimard, t. I (1966), t. II (1974).

[325] El capítulo de *Las Estructuras elementales del parentesco*, titulado «El principio de reciprocidad», es inmediatamente seguido, en efecto, por el capítulo titulado «La organización dualista», como si la organización

esta modalidad de la función simbólica (la Palabra de oposición) a un proceso vital, y la reciprocidad al control psicológico del principio de oposición. Pero es allí confundir la génesis del sentido con la de la vida, y reducir la función simbólica a una modalidad de la energía vital.

Pero la conciencia humana dispone de una segunda posibilidad de expresión: la Palabra de unión, el origen de la palabra religiosa. La Palabra de unión no distingue ni clasifica, reúne, al contrario, todo en la unidad. Quiere expresar lo que trasciende las relaciones biológicas de una comunidad, como una conciencia de sí única para todos sus miembros. Requiere un significante capaz de llevar en su propia naturaleza lo que puede igualmente manifestarse por el juego de los términos opuestos que se diferencian el uno del otro.

Es fácil verificar que si los primeros discursos humanos utilizan oposiciones correlativas tales como lo alto y lo bajo, la luz y la sombra, etc., también utilizan términos medios, tales como el centro, la cumbre, el medio, el gris, el árbol, el corazón, etc.

El yugo del significante

Pero ¿por qué no dispone la conciencia de medios propios para traducir lo que es de un orden diferente al de las fuerzas físicas y biológicas, y por qué debe pasar bajo el yugo de significantes no-contradictorios? ¿Por qué ese yugo?

---

dualista fuera su aplicación. «Creemos, más bien, que ellas [las organizaciones dualistas] reposan sobre una base de reciprocidad que ofrece un carácter funcional y debe ser presentada independientemente en innumerables colectividades humanas. Como trataremos de mostrar, el sistema dualista no da a luz a la reciprocidad: constituye solamente su puesta en forma». Lévi-Strauss, *Les Structures élémentaires de la parenté*, *op. cit.*, p. 81.

Si la Palabra es la expresión de una conciencia afectiva, brotada de la experiencia contradictorial de las fuerzas antagonistas, esta expresión no puede hacer, pareciera, el impasse del cuerpo ni de la naturaleza. Si lo hiciese, sería encerrada en lo absoluto. Por *encierro*, habría que entender una homogeneización de segundo nivel, pero de la misma naturaleza que la homogeneización que fue necesaria relativizar por la diferenciación para darle nacimiento. Y esta homogeneización sería una forma de muerte para lo contradictorio mismo, por consiguiente para la conciencia de conciencia (para la conciencia afectiva pero también todo sentido).

De este encierro escapa la conciencia de conciencia (en tanto que ella misma es contradictoria) rehusándose a permanecer idéntica a sí misma, prisionera de lo que podría llamarse la *unidad de la contradicción*. Ella deriva entonces en lo que le es opuesto de una homogeneización del Absoluto, deriva en la diferencia de este.

Esta actualización de la conciencia en el seno de las fuerzas de la naturaleza, es una suerte de diferenciación en un segundo nivel. La revelación, engendrada por la relativización de las fuerzas antagonistas de la vida y de la muerte, amenazaba con encerrarse en su identidad, procede al movimiento inverso de dar sentido a la naturaleza. Los Ancianos decían que el espíritu daba una alma a cada cosa de la naturaleza o nombraba las cosas como siendo o habiendo sido humanas.

El segundo nivel de la reciprocidad

Pero ¿por qué la afectividad de una conciencia revelada a sí misma, en el seno de la interioridad de una relación recíproca, no se traduce de forma directa? El absoluto que la caracteriza ya explica esta imposibilidad. Pero una explicación semejante es negativa; significaría una impotencia, lo que sin duda no está en la naturaleza de lo absoluto. El absoluto, al contrario, garantiza la alteridad radical de cada uno. Una Alteridad, que Lévinas opone a la Trascendencia de lo Mismo, una Alteridad que no puede reducirse a la diferencia, que no puede integrarse en la organización de las formas superiores de vida, una Alteridad irreducible.

En lo real, la reciprocidad quiere decir: «casarse a la hermana del adversario, ofrecer la hospitalidad al enemigo en peligro, ocupar el herido en vez de acabar con el, compartir las comidas con quien está privado de ellos…». De estos actos todos los días reiniciados, reflejan los mismos sentimientos primordiales, la gracia, la amistad, la responsabilidad, la justicia, y no es hombre que, naciendo de las matrices de reciprocidad concretas, no esté constituido inmediatamente como ser humano, libre, dotado de voluntad, responsable, justo, amistoso y bueno.

Pero estos valores inaugurales son tributarios de obligaciones materiales, y la Palabra designa inmediatamente las condiciones de su nacimiento como dificultades naturales: el prestigio es la obligación de *dar lo más posible*, el honor la *obligación de venganza*… Ahora bien con la ayuda de las representaciones de lo real, es posible construir estructuras de reciprocidad ideales por las cuales podrán nacer sentimientos liberados de las dificultades de lo real. Por lo tanto, que la eficiencia del simbólica que da a cada uno su nombre de hombre se asigna a la Palabra, una representación, un símbolo puede substituirse al real: el desposorio se convierte en una prenda. Máscaras, tótems y dones son palabras significativas en su contexto cultural, que pueden redistribuirse según relaciones de reciprocidad homotéticas de las relaciones de reciprocidad de lo real. Emancipados de su contexto, tales símbolos se convierten en referencias y toda imagen o representación de esta naturaleza transporta el *mana*. Son cosas consagradas.

Una reciprocidad imaginaria que redobla la de lo real se forma por manera idéntica a partir de la reciprocidad negativa

333

como a partir de la reciprocidad positiva: entre los Aguaruna (Shuar del Norte de Perú), la Palabra tributaria de la reciprocidad de venganza encarga el asesinato. Para reaparecer más allá de su actualización en el asesinato, debe encontrar sentido dentro de la reciprocidad de los asesinatos reales: exige que el homicida *sufra* la muerte. Cuando la palabra que designa la venganza pide matar, y compromete a la víctima o al clan de la víctima al asesinato, estamos bien en lo real. Pero, si esta eficiencia se asigna ahora a la propia palabra, se interpretará cualquier muerte sufrida, incluida la muerte por accidente o enfermedad, como la eficacia de una palabra profesada por un enemigo. La muerte accidental o natural se informa así a un asesinato imaginado, y se percibe el propio mundo real en adelante como un reflejo de este mundo imaginario. El imaginario se vuelve más real que lo real; el mundo natural no es más sino una sombra de éste. Los almas o espíritus viven en un cuerpo y le dan para un momento alguna consistencia, algún realidad, antes de que da la vuelta al polvo, y que se pierda en el movimiento perpetuo de la naturaleza. El imaginario se ha substituido al real[326].

El tercer nivel: lo simbólico puro

Sin embargo, la diferenciación de segundo orden, a su turno, debe ser relativizada, así como la homogeneización de segundo orden, para que el Absoluto no se hunda en una dinámica no-contradictoria y para que continúe la génesis de una potencia espiritual de un orden superior.

Homogeneización y diferenciación de segundo orden se relativizan el uno por el otro para constituir la matriz de lo que

---

[326] Ver D. Temple y M. Chabal, *La réciprocité et la naissance des valeurs humaines*, Paris, L'Harmattan, 1995.

nos parece estar en el origen de la idea de la *resurrección*. La resurrección es aquí el renacimiento de la conciencia de conciencia por ella misma. El Absoluto no es pues todo. Más allá del Absoluto están la *encarnación* y la *resurrección*, de donde procede el espíritu que calificaremos como *puro*[327].

A partir de la Palabra de unión y de la Palabra de oposición hemos entrevisto entonces dos discursos que conducirán la génesis del espíritu humano a organizar la sociedad; uno tiene carácter científico, el otro carácter religioso. Cada una de ambas Palabras dice los mismos valores humanos fundamentales: responsabilidad, justicia, libertad…[328]. Cada una manifiesta la eficiencia de esas fuerzas espirituales, aunque de manera excluyente respecto de la otra, en tanto que polarizadas por contrarios (la diferenciación y la unión). Pueden cohabitar, pero cada una en el límite de la otra.

Cada una de las dos Palabras puede hacer aparecer a la luz del día el secreto de su nacimiento y desplegarse como nueva matriz de libertad. Puede relativizarse a sí misma, en efecto, y de esta relativización renacerá una libertad más alta.

A partir de la Palabra de oposición

La antropología desde hace mucho tiempo mostró cómo las sociedades se organizan según este principio de oposición. Si la Palabra que dice el sentimiento de ser humano por la oposición amigo-enemigo (blanco opuesto a negro) puede

---

[327] Ahí hay todo un dominio que escapa al conocimiento ordinario, pero no a la investigación científica por poco que ésta no quede en un solo nivel.

[328] Ver D. Temple, «El principio de lo contradictorio y las estructuras elementales de la reciprocidad» (1998), *Teoría*, Tomo II; Publicación en francés en *Principe de réciprocité*, coll. «Réciprocité», n° 19, France: Lulu Press, Inc., 2019.

invertirse («yo soy el polo de enemistad cuando tú te defines como el polo de amistad, pero yo soy el amigo cuando tú te defines como el enemigo»), el redoblarse indica que Yo es, a la vez, enemigo o amigo de un Tú que es, a la vez, amigo y enemigo. Las dos mitades, entonces, son correlativas, de tal manera que la amistad está íntimamente unida a la enemistad, creándose así una distancia social propicia, de la que nacen sentimientos más complejos que el de la sola humanidad, y que tendrán sentido el uno en relación al otro.

A través de la Palabra de oposición, los Aymaras se dotan de una primera distinción, que permite decir que, entre las mitades negra y blanca se encuentra su sentimiento de ser humano, pero esas dos mitades iguales entre sí son llamadas *churrus* (madres), que llevan *qallus* (camada de pequeños). En el lenguaje pictórico de los Aymaras, cada mitad blanca o negra está rayada con la otra, la negra con blanco y la blanca con negro. Así, las mitades se relativizan ya que, por el redoblarse inverso de su diferencia, encuentran cierta identidad (negra y blanca) cada una y, sin embargo, la diferenciación opera nuevamente, ya que así nacen, al interior de esta identidad reencontrada cuatro secciones: las cuatro comunidades de base (*ayllu*) de la sociedad aymara[329].

La humanidad se despliega, en los Aymaras, entre los dos polos. El otro siempre es el espejo del Otro, pero el Otro es desde ahora *otro superior* o, por lo menos, de otro nivel que el de la reciprocidad de las fuerzas concretas de la vida. Es Otro, nacido de la reciprocidad del lenguaje, ya que la reciprocidad fue reproducida de manera conciente, como *regla de reciprocidad* que puede aplicarse a todo.

---

[329] Véase Verónica Cereceda, « Sémiologie des tissus andins: les *talegas* d'Isluga », *Annales*, année 33, vol. 34, n° 5-6, Paris, 1978, p. 1017-1035. Versión en español: «Semiología de los textiles andinos: las talegas de Isluga», *Revista de antropología chilena*, Universidad de Tarapacá, vol. 42, n° 1, 2010, p. 181-198. Ver también *Las dos palabas*, cap. «La coexistencia de las dos palabras entre los Aymaras», *Teoría*, Tomo II.

A partir de la Palabra de unión

Los Aymaras son diestros con la Palabra de oposición, pero también con la Palabra de unión. ¿Cómo se puede escapar al yugo de la Palabra de unión cuando ésta se institucionaliza como principio de unión?

La Palabra de unión reúne todo, hace converger hacia un centro –la unidad de lo contradictorio– los sentimientos que nacen del frente a frente de la reciprocidad de origen. Una cumbre tal que focaliza la *totalidad* en un punto único, es el hogar del altar.

La Palabra de unión, sin embargo, extiende ahora su poder, irradia, difunde y el centro se convierte en el centro de la *redistribución* de los valores espirituales. La fuerza centrífuga de la redistribución redobla, invirtiéndola, la fuerza centrípeta del principio de unión.

¿Cómo una redistribución de lo mismo puede escapar a su eterno retorno? Pero si el Todo se relativiza a sí mismo y deja de ser él mismo, entonces la Nada toma alguna consistencia. Entre el Todo y la Nada que la rodea, la frontera no puede ser eliminada bajo pena de poder traducirse por una oposición entre contrarios. La frontera, entre el uno y el otro, se convierte en una zona intermedia; en la luz que palidece, pasa progresivamente a la sombra de las tinieblas que se aclaran. La redistribución no es solamente repartición de bienes entre los que no tienen bienes. La comunidad no es cerrazón de lo similar sobre lo similar, sino apertura de lo semejante hacia lo no semejante.

¿Qué quiere decir apertura hacia la Nada del Todo? Los Huni Kuin (Kashinawa) del Perú responden que no se puede saber nada de esa Nada, pero que se puede reconocer su huella: en el «orden kashinawa», la huella de lo que lo destruye y lo corrompe[330]. La pureza del ser Huni Kuin está afectada en ello, debido al hecho de que los occidentales llegaron a poner en peligro los principios de la reciprocidad huni kuin.

Pero ¿es suficiente reconocer al otro por sus huellas, para venir al cabo de la alienación religiosa? A partir de la relativización del centro y de la periferia, la idea de un pasaje continuo y, sin embargo, diferenciado significa que existe, entre el brillo de la revelación pura y las tinieblas de lo que está fuera del Todo, una región indecisa, una zona de penumbra en la que, a veces, se aventuraba Francisco de Asís cuando se dirigía al hermano Lobo o a la hermana Muerte. Llamar hermano al lobo, y hermana a la muerte, está más allá de las significaciones ordinarias...

Este sobrepasar poético es un juego de discurso que libera lo espiritual de los límites del imaginario, del yugo de significantes, como los del día o de las tinieblas, con los cuales buscamos decir las cosas.

De esta «salida» debieran pensar los religiosos, como una regla que se aplicaría también a ellos mismos, para obtener la relativización de su propia alienación[331]. A partir de entonces, la paradoja de los significantes abre un lugar que parece vacío o silencioso, vacío de toda certidumbre, silencioso de todo enunciado de fe o dogma y no solamente de toda realidad, en el que el sentimiento de humanidad se convierte en paciencia y humildad; confiere a la emoción una mayor fragilidad y, al sufrimiento, la discreción de la tristeza.

---

[330] Ver Robert jaulin, Prefacio, en Patrick Deshayes y Barbara Keifemheim, *Penser l'Autre chez les indiens Huni kuin d'Amazonie*, Paris, L'Harmattan, 1994, (p. 5-27).

[331] El Éxodo, referencia bíblica de la teología de la liberación, es ciertamente la liberación de los oprimidos. Pero el Faraón deja partir al pueblo de Moisés. Se trata, por tanto, más de una liberación de su propia servidumbre, una partida hacia Otra parte, una auto-liberación, que de la pretensión de liberar al otro.

¿Cómo combatir la alienación religiosa?

Sin duda, es posible hacer co-existir las dos palabras por la separación de lo político y lo religioso, de la ciencia y de la fe, como se hizo en los países occidentales. Un estrategia así está en vigor en la frontera de los países europeos y de los países de religión islámica, donde desgraciadamente la palabra política se apoya mucho más en la fuerza armada que en la reflexión intelectual. Ya sea en Afganistán, en los Balcanes, en Turquía, en Irán o en Argelia, esta estrategia no da los frutos esperados. Es que puede conducir, tanto a la expansión de las dos palabras, como a la conjunción de sus alienaciones.

Una segunda estrategia consiste en reconocer, como interlocutores legítimos, a los religiosos que se desvían en el umbral, antes que a aquellos que se vuelven hacia el centro; a legitimar el pensamiento progresista, antes que el pensamiento totalitario. Pero los intelectuales laicos experimentan a menudo cierto déficit de palabra religiosa, por estar muy reprimida, de manera que están fascinados por aquellos de sus interlocutores que testimonian más bien del centro, antes que del umbral.

Por otra parte, esta segunda estrategia está ante un obstáculo de orden práctico. Hoy la tierra está acabada. La fuga, fuera de la empresa totalitaria, ya no es posible; por lo menos no como lo era en los tiempos de los franciscanos que descubrían el nuevo mundo. Para las jóvenes generaciones, ya no hay esperanza, futuro y ni siquiera un horizonte al que fugar, aunque sea en los mares.

En la esfera religiosa, el impasse se ha hecho trágico. Ya antes de la segunda guerra mundial, las fronteras se habían cerrado para el pueblo judío que no podía refugiarse sino en los guetos, donde los esperaban los verdugos. Y, aún hoy, si no fabricara su propio refugio ¿dónde iría?

El «en otra parte» y el «umbral» no existen. El «en otra parte» debe hacerse en el sitio, en el interior de los Estados, pero los Estados son una presa ideal para los integrismos. El poder religioso islámico pretende incluso alcanzar la palabra que los desafía, donde quiera que esté en el mundo.

La tercera estrategia es la de invitar al espíritu religioso al trabajo de reflexión sobre sus propias fuentes, a fin de que él mismo domine las estructuras generadoras de su evolución y las alienaciones que lo amenazan. Una estrategia semejante ha tomado el relevo de la teología de la liberación.

Hoy en día, la teoría que se da el nombre de «teografía» pretende reconocer la manifestación del advenimiento de la humanidad en los imaginarios propios de cada sociedad. Todos los pueblos son humanos para ser la sede de una revelación de la conciencia como conciencia de conciencia. Como la etnografía precede a la etnología, la «teografía» se ha convertido en un paso previo metodológico a la teología[332].

También habría que hablar más de teogénesis que de teología, o de antropogénesis más que de antropología, ya que el sujeto humano no se construye solamente a partir del conocimiento sino sobre todo a partir de estructuras de reciprocidad.

Por tanto, la religión descubre, en la Palabra de unión, hasta qué punto la lógica de su significante empobrece la revelación, de la que quiere testimoniar, abordará el absoluto de una manera crítica que pondrá en causa la repetición o la integridad del mandamiento. Si, mediante una reflexión sobre los fundamentos antropológicos de la Palabra de unión, el religioso reconoce las estructuras primordiales, en las que nace la natura afectiva, el sentimiento absoluto que se encuentra en el corazón de toda revelación y que llama Dios; si ve a Dios en su nacimiento, si se inquieta entonces por la matriz que es su cuna, se dará cuenta de que esta matriz es lo contrario de la idea de absoluto; que ella es lo contradictorio mismo, la relativización de toda no-contradicción por su contrario y que

---

[332] La teología de la liberación se proponía como una liberación para los otros; la «teografía» como un medio de salir de sí mismo para acceder al Otro.

esta relativización es el medio de abrir un «espacio» y una «duración» a la libertad; un espacio fuera de toda medida; el infinito que está fuera del tiempo, la eternidad.

El infinito y la eternidad están entonces a su disposición, si puedo decirlo así. Puede engendrarlos a su conveniencia. Esta sobrenaturaleza, que lo fascina; no lo oprime ya hasta el punto de hacer hincar sus rodillas. Aquí, el diálogo se convierte en liberación, ya no del mal, que la Palabra de unión atribuye a los otros, sino de sí mismo; la libertad se convierte en su propia liberación y, del mismo golpe, en generación del Otro y desde entonces ella es creadora.

*

15

DEL ECONOMICIDIO AL GENOCIDIO

(1998)

1. La reciprocidad de los dones

Malinowski, desde 1920, plantea el problema de un antagonismo entre la economía de los polinesios y los occidentales, en términos que no dejan ninguna ambigüedad. Muestra, en efecto, a comunidades organizadas por una economía fundada en la reciprocidad de los dones.

Ya, Cristóbal Colón había revelado que en las sociedades caribes se imponían el don y el compartir, principios radicalmente opuestos a aquellos que motivaban a sus compañeros[333]. Subyugado por la liberalidad de los indígenas, Colón los compara a los primeros discípulos de Cristo. Luego, viendo que hacían poco caso del valor del intercambio, dedujo que ignoraban el valor de las cosas, que no sabían ni medir ni comparar y que estaban desprovistos de razón. Los trata entonces como a animales salvajes. Pronto, dará la orden de que se les enseñe que recibir sin pagar es robar y, para que ello sea claramente percibido por todos, ordenará que se corte la nariz y las orejas de quienes no hubieran comprendido[334].

---

[333] Cristóbal Colón (1892), *Cartas y relaciones*, Madrid: Librería de la Viuda de Hernando y C°.

[334] «Y como en ese viaje que hice a Cibao ocurrió que algún Indio robaba más o menos, si se descubría que alguno robaban, se los castigaba cortándoles la nariz y las orejas, ya que son partes que no se pueden ocultar. Así se aseguraba la recuperación de la gente de toda la isla dándoles a entender que lo que sido hecho a algunos Indios era porque habían robado y

Malinowski comprende, al contrario, que los polinesios no ignoran la medida, ni la comparación, ni el valor, ni la moneda. Se da cuenta de que su economía es tan racional como la de los occidentales, y no le parece irracional a sus ojos por el hecho de estar fundada en un principio inverso al suyo:

> Ese código social tal como se lo encuentra en los indígenas del *kula* está, sin embargo, lejos de debilitar la sed de posesión. Al contrario, asimila la fortuna a la grandeza, y la riqueza se convierte en una marca indispensable del rango social, el símbolo del mérito personal. Pero lo importante es que, para ellos, tener significa donar y aquí los aborígenes difieren mucho de nosotros[335].

En 1923, Mauss generaliza la constatación de Malinowski a todas las sociedades humanas «distintas de la nuestra», luego se da cuenta de que, incluso la nuestra está fundada por la reciprocidad de los dones. La generalización del descubrimiento de Malinowski será por sí misma suficiente para la gloria de Mauss; pero el autor del *Ensayo sobre el don* descubre también que la reciprocidad de los dones obedece a la conminación de un valor ético (la *obligación* de las prestaciones de *donar, recibir* y *devolver*)[336]. A esta conminación, a este imperativo, de carácter kantiano, lo llama con un término polinesio, el *mana*. Inmediatamente, el antagonismo entre el don y la acumulación puede ser traducido como un antagonismo entre el imperativo moral y el interés, haciendo aparecer dos motivaciones, para la inversión y para la producción, mientras que, desde Thomas Hobbes, un solo

---

que ordenaría tratar muy bien a los buenos y castigar a los malos. (Instrucciones al Maestro Pedro Margarita, 1 abril de 1494)». Colón, *op. cit.,* p. 106-107. Ver *supra* «El Quid pro quo histórico entre los Caribes».

[335] Malinowski, *Les Argonautes du Pacifique Occidental,* Paris, Gallimard, 1963, p. 155.

[336] Marcel Mauss, *Ensayo sobre el don.*

principio era imaginado como el motor de la economía: el interés.

Hobbes pretende que los primeros hombres, dotados por la naturaleza de una razón calculadora, estimaban que era más ventajoso pillar en el jardín del otro que cultivar el propio, o que era necesario defenderlo mediante el ataque preventivo. La guerra de todos contra todos, sin embargo, habría sido superada cuando la razón mostró las ventajas del contrato y del intercambio[337]. Una tesis tan pobre no se explica, si no se admite la concepción que Hobbes se hace de la razón humana, la más reductora y simplista que quepa imaginar: la capacidad de calcular en el propio interés.

Cuando uno razona, todo lo que se hace es concebir una suma total a partir de la adición de las partes: o

---

[337] «Y porque el estado del hombre, como se ha expuesto en el capítulo precedente, es un estado de guerra cada uno contra cada uno, situación en la que cada uno se rige por sus propios motivos y que no existe nada, en lo que uno tiene el poder de utilizar, que eventualmente no pueda ayudaros a defender vuestra vida contra vuestros enemigos, se desprende que, en este estado, todos los hombres tienen un derecho sobre todas las cosas, e incluso sobre el cuerpo de los demás. Es por ello que, por tanto tiempo como dure ese derecho natural de cualquier hombre sobre cualquier cosa, nadie, por muy fuerte o sabio que sea, no puede estar seguro de llegar al término del tiempo de vida que la naturaleza otorga ordinariamente a los hombres. Consecuentemente, es un precepto, una regla general de la razón, que todo hombre debe esforzarse por la paz tanto tiempo como tenga la esperanza de alcanzarla: y, cuando no puede obtenerla, le es natural buscar y utilizar todos los recurso y ventajas de la guerra. La primera parte de esta regla contiene la primera y fundamental ley de la naturaleza, que es la de buscar y continuar la paz. La segunda recapitula el conjunto del derecho de la naturaleza, que es el derecho a defenderse con todos los medios de los que se dispone. De esta ley fundamental de la naturaleza, por la cual está ordenado que los hombres se esfuercen por la paz, deriva la segunda ley: que se consienta, cuando los otros también consienten en ello, a desarmarse en toda la medida que se piense que ello es necesario para la paz y la propia defensa del derecho que se tiene sobre todo: y que uno se contente con tanta libertad respecto a los otros como se concedería a los otros tenerla hacia sí mismo». Thomas Hobbes, *Léviathan, op. cit.*, p. 129-132.

concebir una resta, a partir de la sustracción por la cual una suma es restada de otra (...) A partir de ello, podemos definir, es decir determinar, lo que se entiende por la palabra razón cuando uno la cuenta entre las facultades de la mente. En este sentido, en efecto, la Razón sólo es el cálculo (es decir la adición y la sustracción) de las consecuencias de la denominaciones generales en las que hemos convenido para anotar y significar nuestros pensamientos: para anotarlos, digo, cuando calculamos para nosotros; y para significarlos, cuando demostramos, cuando le probamos nuestros cálculos a otros[338].

A partir del comportamiento de algunos de sus conciudadanos, Hobbes generaliza la idea de que los hombres están movidos por el egoísmo. El ejemplo que toma de América para ilustrar su idea[339], es particularmente inadecuado, ya que todas las sociedades indígenas de América practican economías sofisticadas de la reciprocidad de los dones, y dominan la guerra mediante el principio de reciprocidad.

---

[338] *Ibíd.,* cap. V.

[339] «Puede parecer extraño a quien no ha sopesado bien las cosas, que la naturaleza pueda disociar así a los hombres y volverlos inclinados a atacarse y destruirse los unos a los otros: es por ello que, tal incrédulo respecto a esta inferencia sacada de las pasiones, este hombre desearía verla confirmada por la experiencia. Así, volviendo hacia sí mismo, cuando parte de viaje, se arma y trata de estar bien acompañado, al irse a acostar, cierra todas las puertas y, en su propia casa, cierra los cofres con llave (...) ¿no incrimina a la humanidad por sus actos como yo lo hago por mis palabras ? (...) Se pensará quizá que un tiempo semejante nunca existió ni un estado de guerra como ese. Creo, en efecto, que nunca fue así de una forma general en el mundo entero, pero hay mucho lugares en los que los hombres viven así actualmente. En efecto, en muchas partes de América, los salvajes, aparte de las pequeñas familias en las que el acuerdo depende de la concupiscencia natural, no tienen ningún gobierno, viven hasta hoy a la manera animal que dije más arriba». *Ibíd.*, p. 124-125.

2. La interpretación de la reciprocidad de los dones como intercambio

Mauss y Malinowski sustituyen las imaginaciones fantasiosas de los economistas por una observación científica de las sociedades humanas. La conclusión es lo contrario de la ficción de Hobbes. La reciprocidad de los dones es practicada por todas las sociedades del mundo como fundamento de su economía, fuera de la sociedad occidental.

Pero, como la economía fundada en el intercambio aparece como última y que se impone rápidamente en la tierra entera, Mauss se pregunta si el intercambio no es como la última fase de la evolución. Se dedica entonces a interpretar la reciprocidad como un intercambio primitivo. Para hacerlo, se representa el valor moral, el *mana*, como una propiedad del donador, una propiedad ciertamente de un género particular, psicológico, aunque adquirido *a priori*, lo que le permite suponer que, cuando se dona, se dona del sí. El valor del sujeto acompañaría así al objeto donado, pero no podría alienarse definitivamente. Esta imposibilidad explicaría el retorno del don y, entre donadores, el intercambio de los dones. La distinción progresiva del valor simbólico y del valor de uso, en el curso de la evolución de la sociedad humana, permitiría la diferenciación del intercambio económico y del intercambio simbólico[340].

La interpretación antropológica de la economía del intercambio, como última fase de la evolución, es sin duda una de las razones por las cuales la economía política nunca llega, ni aún hoy, a concebir otra economía diferente que la del intercambio. Cuando la economía política se vuelve hacia la antropología, descubre, en efecto, una perspectiva de investigación que va a su encuentro y que la conforta.

---

[340] Ver Temple y Chabal, «Marcel Mauss: el tercero en la reciprocidad positive», *Teoría de la Reciprocidad*, Tomo I.

La teoría de Lévi-Strauss, que le reconoce un papel fundamental a la reciprocidad, no cuestionó sin embargo el primado del interés y del intercambio, todo lo contrario, ya que Lévi-Strauss recusa la referencia que Mauss opone al interés, bajo el nombre de *mana*. Según Lévi-Strauss, los indígenas recurrirían al *mana* como a un *deus ex machina* para explicar el ir y venir de los dones y, ello, porque no llegarían a formar el concepto teórico del intercambio.

Lévi-Strauss reemplaza las *obligaciones* de *donar, recibir y devolver* por el *intercambio*, pero precisa inmediatamente que, en las sociedades «arcaicas»: en el intercambio, hay más que las cosas intercambiadas. Ese *más*, es:

1) la reciprocidad «como la forma más inmediata bajo la cual se pueda integrar la oposición de *yo* y del *otro*».

2) el don «que cambia a los individuos en asociados, y añade una nueva cualidad al valor transferido».

3) la Regla «como exigencia»[341].

Cuando Lévi-Strauss dice que la reciprocidad genera una comprensión recíproca y que el don aporta, como contenido a esta comprensión, la confianza y la amistad, se inscribe en el pensamiento de Mauss, que ya interpretaba las *obligaciones* de donar, recibir y devolver, como un lenguaje simbólico destinado a instaurar la confianza y la paz.

El intercambio entonces no está en condiciones de desplegarse por sí mismo, ya que requiere la comprensión mutua que le debe a la reciprocidad, y que requiere, igualmente, la paz que recibe del don, aunque es cierto que Lévi-Strauss vuelve a dar a la lucha por la vida sus prerrogativas y admite que cada uno trata de promover su interés contra el de otro. No pone en duda la idea de que los hombres estén movidos, los unos contra los otros, por su

---

[341] Lévi-Strauss, *Les Structures élémentaires de la parenté*, p. 98.

interés propio y que la razón no esté puesta al servicio de la defensa de esos intereses bien comprendidos.

Sustituye desde entonces la *regla* al *mana*. La regla difiere de la Ley, que nos reenviaría a una conminación de contenido ético, ya que es una operación lógica que se aplica a diversos contenidos. Y se aplicaría aquí, según Lévi-Strauss, al intercambio.

Retendremos aquí el hecho de que Lévi-Strauss, como Mauss, aísla la reciprocidad y el don, como estructuras particulares, pero que apela a la regla para subordinar esas estructuras al éxito de los intercambios cuyo móvil sigue siendo el interés.

3. Intercambio y don en el sistema occidental

Aquí hay que entender por intercambio una prestación, cuyo objetivo es el asegurarse el cumplimiento del propio interés, aunque sea en detrimento del otro. Tales intercambios no son desconocidos por las sociedades de reciprocidad, pero no son imaginados sino con la condición de facilitar la reciprocidad. En la sociedad occidental, al contrario, es el don el que está enfeudado al intercambio. Está concebido como un cebo para iniciar los intercambios. He aquí, por ejemplo, cómo Cristóbal Colón imagina el papel del don cuando encuentra a las sociedades del Nuevo Mundo:

> Luego vinieron, nadando hacia las chalupas de los navíos en los que estábamos y nos trajeron loros, hilo de algodón en ovillos, azagayas y muchas otras cosas que intercambiaron con otras que nosotros les dábamos, tales como perlas de vidrio y cascabeles. En fin, tomaban y daban lo que tenían, todo de buena voluntad[342].

---

[342] Colomb, *La découverte de l'Amérique, op. cit.*, p. 119.

349

La primera ofrenda de los amerindios es una manera de desearles la bienvenida a los extranjeros, y a la que Colón responde igual pero, en su mente, esos gestos de benevolencia están ordenados según la preocupación de sacar partido del otro. Colón inscribe esta ofrenda con la intención de iniciar intercambios fructuosos. Quiere establecer auspicios favorables al comercio, y supone la misma intención a los autóctonos. No duda de que los amerindios sean iguales a los españoles, ya que cree que están motivados por el mismo objetivo: el interés. Desde el segundo día de su llegada observa:

> Traen pelotas de algodón hilado, de azagayas y otras pequeñas cosas que sería fastidios enumerar. Daban todo por no importa qué que les ofreciera. Yo estaba atento y trataba de saber si había oro[343].

Cinco siglos más tarde, Lévi-Strauss describe todavía el don como el medio de establecer la confianza con el objeto de permitir a los intercambios satisfacer los intereses.

> Las pequeñas bandas de los Nambikwara del Brasil occidental normalmente se temen y se evitan, pero al mismo tiempo, desean el contacto, ya que este les suministra el único medio de proceder a los intercambios y procurarse así los productos o artículos que les faltan[344].

La primera parte de la frase es la parte del etnógrafo: observa un equilibrio de fuerzas, extraño ya que es totalmente contradictorio (*se temen y se evitan, pero al mismo tiempo desean el contacto*). De este equilibrio nace una distancia social, nueva en la naturaleza, en la que pasarán cosas decisivas: el reconocimiento mutuo, la palabra, el diálogo. La segunda parte de la frase es una explicación: la aplicación a las

---

[343] *Ibíd.*

[344] Lévi-Strauss, *Les Structures étémentaires de la parenté, op. cit.,* cap. VII «L'illusion archaïque», p. 98.

motivaciones indígenas del *a priori* de la economía occidental: el intercambio para apropiarse de las riquezas materiales del otro. La relación de interés es manifiestamente postulada. Sin embargo, la observación no deja de desmentir este *a priori*:

> Regalos recibidos, regalos dados, pero silenciosamente, sin regateo, sin expresión de satisfacción y sin reclamación y sin lazas aparente entre lo que es ofrecido y lo que es obtenido. Se trata entonces de dones recíprocos y no de operaciones comerciales...

La ideología del interés sería, con todo, la más fuerte. Lévi-Strauss dirá, en efecto:

> pero puede alcanzarse un estado suplementario: dos bandas que han llegado así a establecer relaciones cordiales durables pueden decidir, de forma deliberada, fusionarse instaurando entre los miembros masculinos de dos bandas respectivas una relación artificial de parentesco: la de los cuñados: y bien, dado el sistema matrimonial de los Nambikwara, esta innovación tiene como consecuencia inmediata que todos los niños de un grupo se convierten en las parejas potenciales del otro grupo, y recíprocamente...[345].

Y bien, ellos no se fusionan, sino todos serían hermanos; instauran la reciprocidad en términos de alianza matrimonial para que las dos bandas permanezcan frente a frente, a buena distancia, a la vez amigas y enemigas, y para que las esposas de los unos queden hermanas de los otros y los esposos de las unas, hermanos de los otros. Este equilibrio que nace de una situación, que no puede ser más contradictoria, entre fuerzas de atracción y repulsión, de fusión y de diferenciación, es la sede del sentimiento de humanidad, la matriz del lazo social, un principio de unidad, si se quiere, pero de un orden

---

[345] *Ibíd.*

superior, espiritual y no biológico. ¿No lleva, la reciprocidad de dones, a los Nambikwara, a la de alianza, ya que ésta es una matriz perenne y que da al sentimiento de humanidad un rostro familiar? Esta revelación encuentra, en efecto, un espejo en el rostro del otro y su presencia se ve en su mirada y su prestancia.

Pero para los occidentales, el don sirve solo para desarmar al adversario, ponerlo en confianza para que la confrontación pase de la violencia a la competencia pacífica, y el verdadero motor es el interés ¡y que las hijas de unos sean intercambiadas por las de otros! y Lévi-Strauss concluye:

> Los intercambios son guerras pacíficamente resueltas,
> las guerras son la salida de transacciones desafortunadas[346].

Esta filosofía parece inversa a la de las comunidades de reciprocidad, en las que de lo que se trata es de crear, como dicen los Kanak (Nueva Caledonia), «una sola Palabra», es decir una comprensión mutua, un solo techo, vale decir, un sentimiento de humanidad compartido por todos. Los valores espirituales son el bien común que, los unos y los otros, tienen a la vista, cuando empiezan a renunciar a su interés propio para tener en cuenta el del otro.

Se comprende entonces que dos motivaciones pueden concurrir o afrontarse para motivar la producción. Una puede ser formulada así: *Si para ser hay que dar, para dar hay que producir.* Y la otra: *Si para tener hay que intercambiar, para intercambiar hay que producir.*

---

[346] *Ibíd.*

4. La teoría indígena de la reciprocidad

A pesar de su reverencia por el intercambio, las teorías de Mauss y Lévi-Strauss conducen a lo que uno acepta designar como teoría de la reciprocidad o, según una expresión de Lévi-Strauss mismo, *teoría indígena de la reciprocidad*, ya que ella emerge de la observación de innumerables hechos, que la idea de intercambio no llega a traducir incluso cuando se le da una definición tan amplia como la de Jean Duvignaud:

> Se califica como intercambio en general a toda alienación de bienes, toda prestación de servicios, toda comunicación de obras o de signos que implican una reciprocidad, directa o no, inmediata o diferida[347].

Sin duda, para explicar la dificultad de los antropólogos, para liberarse del *a priori* del intercambio, se puede cuestionar la filosofía occidental para la cual la conciencia humana no está fundada como tal sino en tanto que conciencia de algo (ello comprendido cuando ella sólo es conciencia de sí misma). Si la relación del uno y el otro está, en efecto, forzada a pasar por una objetivización semejante, en contraparte esta objetivización hace necesario el recurso al intercambio.

En la reciprocidad, de lo que se trata no es del objeto, sino del sujeto humano, y la conciencia debe ser interpretada como una revelación, como el nacimiento de un sentimiento de humanidad simultáneamente para los unos y los otros. El sujeto no está entonces dado *a priori*, con todos sus valores morales, sino que está por construirse. El valor ético no podría ser medido, reducido a obras, signos, bienes constituidos, ya que es el producto de la actividad humana, y que luego

---

[347] Jean Duvignaud (dir.), *La sociologie, guide alphabétique*, Paris, Denoël, 1972.

tendrían que ser intercambiados, como lo notaba Radcliffe-Brown citado por Mauss y Lévi-Strauss[348].

Lévi-Bruhl había percibido esta dimensión metafísica o sobrenatural de la conciencia, pero no pudo interpretar su misterio hasta el punto de renunciar a su tentativa de dar cuenta de él.

Lévi-Strauss ha ironizado sobre esta conciencia afectiva, ciertamente con razón, en tanto que ella sirve de recurso a la imaginación para suplir un análisis científico que flaquea. Ahora bien, aquí, se trata de otra cosa: no de invocar al *mana* para explicar los fenómenos de la vida, sino de reconocer y aprehender las matrices de los valores humanos y del sentido, de comprender cómo se engendra el sentido del universo. Definir el *mana* como un *significante vacío*, un símbolo cero, como propone Lévi-Strauss, es aún acordarle un rol explicativo y una eficiencia de orden lógico. En realidad, el *mana* no es nada que no sea un puro producto de la reciprocidad. La conciencia humana es, en la reciprocidad, no el instrumento de medida, una facultad de cálculo, sino un sentimiento de sí mismo en tanto que pura revelación. En las prestaciones totales de los orígenes, el *mana* es la revelación de una comunidad de sentido para todo lo que la reciprocidad abarca, y cuando esas prestaciones están diferenciadas las unas de las otras, se convierte en el sentido de cada una de ellas.

Las sociedades, de las que se ocupa la antropología occidental, profieren, por tanto, una palabra totalmente diferente a la que pronuncia la sociedad occidental. Dicen que, en la reciprocidad, de lo que se trata es del sujeto humano, del valor, el valor ético, no «reificable», no comparable, no medible, como los Caribes se lo daban a entender entonces a los buscadores de oro españoles. Dicen que la estructura

---

[348] «El objetivo es ante todo moral, el objeto es el de producir un sentimiento amigable entre las dos personas en juego, y si la operación no tendría este efecto, todo estaría fallido». Radcliffe-Brown, *Andaman Islanders* (1922), citado por Mauss, *Essai sur le don, op. cit.*, p. 173.

fundamental del lenguaje es una relación con el otro, regida por el *principio de reciprocidad*; que la reciprocidad produce sentido, el *mana*, que la reciprocidad es una matriz de valor, dándole al término de matriz un sentido biológico y no solamente matemático.

El *mana* pertenece al donador, como lo vio Mauss, pero no de forma innata; le pertenece ya que el donador lo recibe de la reciprocidad. Si el hombre se compromete en una relación de reciprocidad de dones, recibe el *mana* como *prestigio*, si participa de una relación de reciprocidad de venganza, lo recibe como *honor*... Pero no lo posee antes de haberse comprometido en una relación de reciprocidad.

Eso significa que el donador no accederá al ser social, creado por la reciprocidad, si aquel, a quien destina el don, no participa de la reciprocidad. El don es así tributario del otro, ya que está forzado a dirigirse a quien lo reconoce por la prueba del contra-don o de otro don (la *obligación de devolver*, de Mauss). El don es ciertamente libérrimo, pero depende de esta obligación: la reciprocidad, ya que es justamente la reciprocidad la que le da sentido.

Desde que el sentido de las actividades, puestas en juego en la reciprocidad, no es un *a priori*, no es la propiedad de un individuo, sino que está revelado o engendrado por la interactividad de la reciprocidad; desde que ésta precede a la subjetividad, el sistema imaginado por Lévi-Strauss debe ser modificado. La reciprocidad puede estar subordinada al intercambio, en función de los intereses de los unos y los otros, pero también puede crear el ser social, el sentimiento de humanidad y ser desarrollada por ella misma, independientemente del intercambio, como matriz del ser social, la humanidad. La fórmula original: *más dono, más soy*, significa: *más dono, más humano soy*.

5. La economía de reciprocidad

Y bien, *para donar, hay que producir*. No es posible, en efecto, engendrar la humanidad si no se toman en cuenta esas condiciones de existencia, es decir, la necesidad del otro. No hay producción de ningún valor humano sin la atención necesaria a las condiciones de existencia del otro: la hospitalidad, el don de víveres y de cuidados, la protección física... La reciprocidad es pues el fundamento de una economía en el sentido restringido del término, la producción y la repartición de bienes y comodidades materiales.

Al término de su análisis de la economía de la reciprocidad, en la *Ética a Nicómaco*, Aristóteles muestra que, en definitiva, es la necesidad (*chreia*), la necesidad del otro, la que es determinante de la producción del donador. No se trata de donar solamente, sino de donar lo que el otro necesita, precisa en efecto, el filósofo[349].

Evidentemente, el don y la acumulación son dos resortes antagónicos de la producción social o individual. Y, sin embargo, ese antagonismo se resuelve en provecho de un solo sistema, el de la acumulación. Ya que si uno dona cuando el otro recibe, toda la riqueza material se acumula de un solo lado. Hemos definido como *Quid pro quo* histórico la ilusión de las comunidades de reciprocidad cuando consideran, a los colonos que ven desembarcar, como a hombres provenientes de sociedades de la misma naturaleza, es decir, como a otros donadores. Nadie puede dudar, en efecto, en las comunidades de reciprocidad, que los europeos no respetan los principios fundamentales de la economía humana; nadie pudo imaginar, *a priori*, que ellos eligieron fundar su poderío sobre el principio del interés y el intercambio. Si acumulan, es para donar, se

---

[349] Cf. Temple y Chabal, (1995), «La reciprocidad simétrica en la Antigua Grecia», en *Teoría de la Reciprocidad*, Tomo I.

cree; si intercambian, es para adaptar la redistribución a sus donatarios…

En tanto dure la ilusión, y ella puede durar mucho tiempo, ya que dura todavía, los dos mecanismos fundadores de los dos sistemas económicos antagonistas añaden sus fuerzas para transferir de un solo lado toda la riqueza material. De los estudios antropológicos, se debería retener que tienen dos fases, vehiculando hechos que ponen en cuestión las categorías con las cuales los aprehenden.

De Mauss, habría que recordar que su tentativa de interpretar la reciprocidad como un intercambio, no lo convence a él mismo. De Lévi-Strauss, que la articulación del intercambio y de la reciprocidad, en beneficio del intercambio, no borra la distinción formal entre los dos conceptos.

De los análisis más modernos, que hacen aparecer las estructuras de reciprocidad como las matrices del *lazo social* y que confirman el descubrimiento mayor de Malinowski: el antagonismo de dos motivaciones de la producción humana: una, que es la de engendrar los lazos de humanidad; la otra, que es acumular los medios materiales en su interés privado y de acrecentar su poder sobre el otro.

*

III

CARTAS

16

CARTA A MIJAÍL GORBACHOV

Por

Jean CARDONNEL, Mireille CHABAL, Dominique TEMPLE

(Enero de 1989)

Publicado en *RIDAA*, n° 19-20, año VIII, Valencia, 1990.

Mijaíl Gorbachov,

Un gran soplo vino del Este para reanimar la esperanza de paz. Nos sorprendió o, más bien, no nos esperábamos que viniera de las nieves del Kremlin. Es la primavera en Moscú… Usted sueña con un templo o con una ciudad radiante en la cima de una colina. Su palabra nos recuerda el pensamiento de Gandhi, su provocación no violenta por la paz. Nos vuelve a descubrir los horizontes deslumbrados de un gran negro americano, Martin Luther King, quien decía: «Vi la Tierra prometida».

Oímos casi por primera vez en el mundo occidental a un responsable político tener un lenguaje de humanidad, un lenguaje no utópico, ya que atestigua un profundo respeto de la realidad, puesto que nace de la inteligencia de la vida concreta de los hombres de hoy día.

> Desde siempre filósofos y teólogos han tratado ideas sobre valores humanos eternos pero no se trataba sino de especulaciones escolásticas condenadas a no ser sino un sueño utópico[350].

---

[350] Mikhaïl Gorbatchev, *Perestroïka. Vues neuves sur notre pays et le monde*, Paris, Flammarion, 1987, p. 207.

Hoy en día, la Humanidad está obligada, bajo la amenaza de una muerte nuclear, a recurrir, para pensar en su supervivencia, a la solidaridad.

Clásico en su tiempo, el precepto de Clausewitz, según el cual la guerra es la continuación de la política por otros medios, está irremediablemente superado... Por primera vez en la Historia, basar la política internacional sobre normas morales y éticas comunes a la Humanidad entera se ha convertido en una exigencia vital[351].

Una amenaza planea sobre la inmortalidad del género humano. No es porque él fuera mortal sino porque los mismos hombres tienen, a partir de ahora, el poder de destruirlo.

Nosotros –la Humanidad entera– estamos embarcados en el mismo navío y no tenemos otra posibilidad que zozobrar o navegar juntos... Debemos ganar todos; si no, perderemos todos[352].

La espina dorsal de una nueva manera de pensar es el reconocimiento de la prioridad dada a los valores humanos, o para ser más precisos, a la supervivencia de la Humanidad[353].

Usted revela que la supervivencia de la Humanidad depende de un último recurso: la ética. Vemos ahí, de repente, como al llegar al borde de un precipicio, el abismo de nuestro sistema de civilización. Al Este como al Oeste, los valores humanos son tragados. Es la muerte total, la muerte del ser. Desde entonces la *perestroïka* (en ruso, «reestructuración») es más que una gran reforma económica: es una revolución. No

---

[351] *Ibíd.*, p. 200.

[352] *Ibíd.*, p. 207.

[353] Discurso de Mijaíl Gorbachov ante la ONU del 7 de Diciembre 1988, en el *Bulletin* editado por el Gabinete de Información Soviético, 14 place du Général Catroux, 75017 Paris, p. 3.

concierne solamente a la Unión Soviética, sino al mundo entero.

> Hoy en día, hemos entrado en una época donde el interés de la Humanidad entera deber situarse en la base del progreso. La comprensión de este hecho exige que la política mundial parta, a su vez, de la prioridad de los valores universales[354].

Las Naciones Unidas escuchan por fin una voz que coloca a los detentadores del realismo político entre los ingenuos.

> Sería ingenuo pensar que los problemas que desgarran a la Humanidad contemporánea pueden ser resueltos por los medios y métodos que han sido utilizados o parecían convenientes en el pasado[355].

Pero he ahí que usted renuncia a la captura de la paz, a su apropiación en las normas de su ideología. Es a la desimperialización del mundo a la que usted procede cuando propone que la paz sea desde ahora el fruto del diálogo, de la comprensión mutua, en fin, de la reciprocidad.

> Estamos lejos de considerar que nuestra visión sea la única buena. No disponemos de ninguna solución universal, pero estamos dispuestos a cooperar con toda sinceridad y honestamente con miras de buscar respuestas a todos los problemas, hasta a los más arduos, pero queremos cooperar sobre un pie de igualdad en la comprensión mutua y en la reciprocidad[356].

El diálogo, y mejor aun, la comprensión mutua. He ahí lo que se opone radicalmente a toda solución unilateral y que nos

---

[354] *Ibíd.*, p. 3.

[355] Mijaíl Gorbachov, *Perestroïka, op. cit.*, p. 14.

[356] *Ibíd.*, p. 13.

lleva a esa claridad luminosa de la reciprocidad. Según nosotros, no es por azar que usted ha colocado en tercer y último lugar este término de reciprocidad. He ahí una palabra que tomamos en toda su resonancia. La igualdad podría concebirse en la línea de una corrección de las desigualdades de nuestro sistema actual –el sistema de intercambio, individual o colectivo– pero la comprensión mutua, he ahí que ella ya va contra el objetivo clásico del interés, motor del intercambio. Ella nos conduce inmediatamente a la reciprocidad.

Me parece percibir que usted pone en duda algo más que el intercambio desigual: el intercambio mismo.

Al contrario de una opinión común que admiten bastantes revolucionarios, el intercambio no es la forma suprema del respeto del prójimo, parte siempre de la consideración de sí y no de la consideración del otro. Incluso en el intercambio igualitario, el interés de cada uno se impone sobre el bien común,

> La fórmula del desarrollo en detrimento del otro llega por sí misma a su fin; a la luz de las realidades de hoy, un verdadero progreso no es posible ni en detrimento de los derechos y libertades del hombre y de los pueblos, ni en detrimento de la naturaleza[357].

Estamos felices de ver que usted cuestiona, como nunca esto se ha hecho de manera tan firme, no solamente todo lo que es hegemónico en el mundo sino también la única fórmula considerada como reguladora de la economía mundial, el mismo intercambio.

> Nos hemos aproximado al límite, más allá del cual la espontaneidad desordenada conduce a un impasse. Así, la comunidad internacional deberá aprender a formar y a dirigir los procesos de forma que se pueda salvar la

---

[357] Discurso de Mijaíl Gorbachov ante la ONU, 1988, p. 4.

civilización, de hacerla más segura para todos y más favorable para una vida normal.

Se trata de una cooperación cuyo sentido podría más bien ser expresado por las palabras "co-creación" y "co-desarrollo"[358].

Usted se identifica con las aspiraciones de la Humanidad entera que se abre hacia un horizonte muy diferente al del interés. Ahí nos pone en evidencia todo su rigor, puesto que usted se eleva directamente contra la primacía de aquello que, privado o colectivizado, conduce al imperialismo.

Usted ha visto en el orden del desarmamiento la vanidad de lo absoluto de una fuerza destructora.

Símbolos materiales y portadores de una potencia militar absoluta han puesto al mismo tiempo en evidencia los límites absolutos de esta potencia[359].

Usted no podía dejar de ver hasta qué punto la gran potencia es vana tanto por su forma militar o económica.

El crecimiento económico mundial descubre las contradicciones y los límites de la industrialización de tipo tradicional. Su extensión a lo largo y en profundidad nos empuja a una catástrofe ecológica[360].

Bajo la presión de los hechos, los dos pilares de la real política se derrumban:

1) La potencia todopoderosa de un Estado, obtenida gracias al crecimiento de la fuerza militar.

2) La industrialización ilimitada, el concepto de un desarrollo económico tal como se practica, «en detrimento del otro» o de la naturaleza.

---

[358] *Ibíd.*, p. 4.

[359] *Ibíd.*, p. 2.

[360] *Ibíd.*, p. 2.

La cuestión, hoy en día, no es situarse sobre el mismo terreno que las naciones capitalistas sino mostrar que el socialismo es una capacidad innovadora de relaciones humanas. También usted propone transformar la competencia entre las naciones en emulación para contribuir a la felicidad de todos.

Es la vida de la Humanidad la que usted escoge para fundar la economía en lugar del interés privado, principio de la muerte del ser. No obstante, hasta ahora nuestras reformas y revoluciones han sido hechas en un marco motivado por el interés, en el estricto marco del intercambio: por sus formas colectivistas, las revoluciones, que han inspirado el marxismo, no han cuestionado este intercambio.

Todas las estructuras económicas actuales, planificadas en el Este, privatizadas en el Oeste, son estructuras de intercambio y el modo de producción occidental entero está unificado por el interés. Pero la ética que usted invoca, como el potencial del socialismo, es justamente lo que destruye el interés. Sería naturalmente una paradoja referirse a la ética universal si la reforma económica de la *perestroïka* no tuviera sino como último efecto exacerbar el interés privado. Es necesario entonces inscribir esta misma reforma económica en la estructura fundamental que usted llama la reciprocidad que lejos de justificar el interés, libera por el contrario la iniciativa de cada cual al servicio de la felicidad del otro.

La economía mundial está en trance de convertirse en organismo único fuera del cual ningún Estado puede desarrollarse normalmente, cualquiera que sea su régimen y cualquiera que sea su nivel de desarrollo económico.

Esto pone en el orden del día la cuestión de la elaboración de un mecanismo fundamentalmente nuevo de funcionamiento de la economía mundial, de una nueva estructura de la división internacional del trabajo[361].

---

[361] *Ibíd.*, p. 2.

Elaborar un nuevo mecanismo de la economía, una nueva estructura de la división del trabajo, es reemplazar la vieja estructura del intercambio por la nueva estructura de la reciprocidad.

Usted pone en evidencia que se vuelve imposible no sobrepasar el egoísmo del intercambio. La reciprocidad, por el contrario, da vida a un Tercero, Otro diferente de sí mismo, que no se reduce a ningún otro particular: se trata de la Humanidad, ese Otro al infinito, el ser al cual cada uno está llamado en lo que hay de más singular, un ser-más, una «plusvalía de ser».

El descubrimiento del principio de reciprocidad, como fundamento de la ética, pone a disposición de todos el poder de construir la Humanidad. He ahí el ideal que animaba a los grandes revolucionarios:

> Elevar el nivel de las responsabilidades sociales como el de la esperanza[362].

Su sentido de la ética y de su fe en la Humanidad son los frutos del Árbol de la Vida reencontrado.

Nos parece que todo su esfuerzo conduce hoy a plantar ese Árbol de la Vida sobre el suelo común de toda la Humanidad para que sus raíces vengan de todas las naciones y sus hojas y sus frutos se extiendan sobre la tierra.

Lo que en un principio usted planeaba para la Unión Soviética concierne ahora al mundo entero. Mientras que usted reconoce que la fuerza de las naciones y hasta la amenaza de la fuerza no puede determinar más las relaciones mundiales, usted ve surgir una nueva energía en los pueblos que subordina los intereses particulares al interés superior de la Humanidad.

---

[362] Mijaíl Gorbachov, *Perestroïka, op. cit.*,p. 38.

El impulso hacia la independencia, la democracia y la justicia social se manifiesta en toda la multiplicidad de sus planes y de sus contradicciones por movimientos populares amplios y con frecuencia violentos. La idea de democratización del orden mundial en su conjunto se ha convertido en una potente fuerza política y social[363].

Unas fuerzas se han constituido en el mundo que empujan, de una manera u otra, a entrar en un periodo de paz. Los pueblos, amplios sectores de la opinión pública, desean en efecto arduamente que las cosas mejoren y quieren aprender a cooperar. A veces incluso estamos impresionados por la fuerza de esta tendencia. Es importante que este género de sentimientos comience a concretarse en la política[364].

Esta internacionalización de la cooperación y del respeto del prójimo está en el origen de una democratización radical que usted coloca como el epicentro de la revolución en el corazón de las relaciones de todos los pueblos de la tierra, al más alto nivel: La Organización de las Naciones Unidas.

Usted no renuncia al ideal de la Revolución de Octubre cuando usted constata, a partir de los hechos históricos, que hay que superar la idea de un partido o de una nación revolucionaria por aquella de una vida democrática en la cual todos los hombres y todos los pueblos tienen los mismos derechos.

El carácter obligatorio del principio de libre elección está igualmente claro para nosotros. No reconocer ese principio conlleva a la consecuencias más graves para la paz universal. Negar ese derecho de los pueblos, bajo cualquier pretexto, bajo cualquier fórmula, significa atacar al equilibrio frágil que se ha conseguido instaurar. La

---

363 Discurso de Mijaíl Gorbachov ante la ONU, *op. cit.*, p. 6.
364 *Ibíd.*, p. 7.

libertad de elección es un principio universal que no debe conocer excepciones[365].

Es una ruptura decisiva con la estrategia de ayer, la estrategia de Lenin. Hoy usted propone inaugurar la práctica de una democracia directa y generalizada.

Pero esta democracia es lo contrario de la tiranía del liberalismo y del colectivismo; usted no minimiza el peligro que un gran número decepcionado por tal socialismo, cerrado al deseo de la felicidad de cada persona, se dirija hacia una concepción liberal de la libertad. Su apuesta es tan audaz que corresponde a la exigencia del momento: liberar la iniciativa, sin volver a la ganancia como móvil de las actividades humanas. La fragmentación de los individuos polarizados por su éxito no puede ser de ninguna manera un remedio al régimen autoritario.

La libertad del liberalismo, la libertad privada de complemento, la libertad autosuficiente es aquella de un tipo de hombres que se bastan a ellos mismos, libertad de estar aislados los unos de los otros.

Algunos hoy, hasta en la misma URSS, evocan todavía un paraíso donde el intercambio produjera la abundancia y la paz. Se sueña con un intercambio sin explotación del hombre, como los Aztecas soñaban, antes de la llegada de los occidentales, con un tiempo nuevo donde el sacrificio a los dioses no implicara el sacrificio humano. En su libro *Perestroïka*, Abel Aganbeguian recuerda con nostalgia:

> La producción de mercancías y las relaciones mercantiles y monetarias aparecieron muchos siglos antes del capitalismo. (...) En la antigua Grecia y en la antigua Roma había mercados bastante desarrollados, el sistema

---

[365] *Ibíd.*, p. 5.

monetario funcionaba; las relaciones mercantiles existían igualmente en la sociedad feudal de la Edad Media[366].

Pero en la antigua Grecia, el valor no se elaboraba a partir del intercambio; la teoría del valor económico era aquella del valor de reciprocidad. El prestigio obtenido por la redistribución establecía la jerarquía de las responsabilidades. El crecimiento económico estaba él mismo motivado por la competencia, por el prestigio. El intercambio existía pero se veía menospreciado, reservado a los esclavos. Evidentemente, el simple hecho de que se encontraran acorralados seres humanos vistos como subhombres muestra que todas aquellas formas antiguas de reciprocidad estaban condenadas a muerte, puesto que su concepto excluía al extranjero y engendraba la esclavitud.

La reciprocidad no se libera de sus alienaciones si no se da, a la vez, un horizonte universal. Sin la humanidad, la reciprocidad es un privilegio. Sin la reciprocidad, la humanidad no es más que un engaño.

El intercambio, práctica universal, puede cumplir con su papel con la condición de estar subordinado a la reciprocidad. Ahí donde se despliega sin mesura, provoca el subdesarrollo del Tercer y del Cuarto Mundo, la desaparición de los más fundamentales valores humanos. En el sistema capitalista, la misma crítica es incapaz de aceptar el reto y la vida no tiene refugio.

Usted rechaza el engranaje liberal y la mecánica colectivista como los únicos polos de la alternativa de nuestra Humanidad.

Apreciamos el coraje con el cual trata de liberar el impulso revolucionario de lo que lo frenaba, la sumisión religiosa a la trascendencia de la colectivización: de igual modo que, sobre el altar del culto de la personalidad, se inmola a la

---

[366] Abel G. Aganbeguian, *Perestroïka. Le double défi soviétique*, Paris, Economica, 1987, p. 139.

370

personas; sobre el altar de la colectivización, se sacrifica a la comunidad. En todos los sitios en donde fue impuesto, el colectivismo forzó a los pueblos al repliegue sobre unas bases de subsistencia al margen del socialismo, de la industrialización y hasta de la historia, porque paralizó la reciprocidad.

Colectivizar es retirar a cada cual la iniciativa del don; es militarizar la riqueza de la imaginación y la extraordinaria variedad del nombre del hombre, hasta su dignidad y su mismo prestigio.

Colectivizar es caricaturizar la comunidad, es matar la vida. Es como si todos los escalones que suben al templo en la cima de la verde colina fuesen suprimidos; como si el estado no fuese más que una alta meseta inaccesible a los humildes para sólo estar reservado a aquellos que supiesen acoplarse al aparato del partido para acceder a él.

La ciudad radiante se convierte en la ciudad prohibida.

> Ese comunismo vulgar, decía Marx, esa primera superación positiva de la propiedad privada no es sino una manifestación de la ignominia de la propiedad privada (…)[367].

Si en su país la colectivización fue, según usted, necesaria a la victoria ganada en nombre de la Humanidad entera sobre el nazismo, no se deduce que sea una fase normal del desarrollo socialista; es por lo tanto así como fue interpretada por el estalinismo. Este error le cuesta hoy al movimiento socialista a escala mundial estar en el callejón sin salida, ya que la colectivización rompe el resorte fundamental del progreso que usted llama el factor humano:

---

[367] Karl Marx, *Manuscrits de 1844*, Paris, Éditions Sociales, 1972, troisième Manuscrit, p. 87.

Lo que es grave es que la gente haya perdido el hábito de pensar o de actuar de manera independiente y responsable[368].

Nosotros basamos la realidad humana y el mismo nombre de Humanidad sobre la reciprocidad; decimos que es la reciprocidad lo que permite al hombre ser el origen de su ser. Entonces, sin reciprocidad, fuera de alcanzar un pensamiento común, lejos de alcanzar la paz, fuera de toda responsabilidad, separada de toda esperanza, sólo quedan nuestras conciencias individuales, unidas a la defensa de los intereses egoístas, aquella que usted denomina justamente como de consumo vulgar, es decir, burgués. Es la colectivización la que, en los países socialistas, destruyó la participación de cada cual en la reciprocidad. También es indispensable recordar que el socialismo no puede ser una construcción *a priori*:

> El desarrollo de la democracia es la principal garantía de la irreversibilidad de la perestroïka. Cuanto más democracia socialista tengamos, más socialismo tendremos. Tal es nuestra inquebrantable convicción, una convicción que no nos dejará jamás. Haremos avanzar la democracia en economía, en política y en el interior del partido mismo. La creatividad de las masas sigue siendo la fuerza decisiva de la perestroïka. No hay nada más poderoso[369].

Es indispensable, y no solamente en la Unión Soviética, reafirmar como soberano el poder democrático sobre bases nuevas y redefinir los Soviet como unas comunidades de reciprocidad. Será un formidable ejemplo para todas las comunidades socialistas del mundo.

---

[368] Mijaíl Gorbachov, *Perestroika, op. cit.*, p. 88.
[369] *Ibíd.*, p. 86.

Es, sin duda, vital para la misma *perestroïka* descubrir sus relaciones con las comunidades de reciprocidad instauradas a lo largo de la historia en el mundo entero.

Si los Soviet no se reconocen en las estructuras ya establecidas por las tradiciones de reciprocidad de cada pueblo, los valores más modernos no se arraigarán, los pueblos serán prisioneros de su identidad negada hasta que el frente de la independencia étnica se convierta en un frente revolucionario.

Hoy, toda comunidad étnica opone sus valores de reciprocidad a la alienación del poder erigido sobre la ganancia. La dinámica étnica, de todas las luchas de liberación del Tercer Mundo, es lo que salva del imperialismo del intercambio a los valores de reciprocidad fundamental. Civilizaciones enteras se yerguen contra el materialismo del intercambio.

Su Estado es el mejor situado en el mundo para no ignorar las cuestiones étnicas que pueden ensangrentar el planeta. El diálogo, sobre la cuestión previa del respeto de las fronteras étnicas, debe poder evitar el desmoronamiento de Babel.

Volver a descubrir el sentido de la Unión de Repúblicas Socialistas Soviéticas es apelar a la desverticalización del poder.

No se atacará en sus raíces el principio de hegemonía, contrario a la reciprocidad, mientras permanezca viva la idea de una etnia dominante. Del mismo modo que usted no puede concebir una patria del socialismo, no puede contemplar la primacía de una cultura. Si la tierra Ármenla tiembla, el poder imperial de Moscú no es mejor solución que el separatismo. Estamos seguros de que, en nombre de su principio absoluto de inviolabilidad de la libre elección, usted preferirá coordinar a dar órdenes.

Es de capital importancia que la Humanidad reconozca lo más pronto posible la reciprocidad, como principio de la ética, si quiere evitar que los unos y los otros no retrocedan

373

hacia los espejismos del pasado o no se pierdan en la falsa solución del intercambio.

Existe un prejuicio coriáceo según el cual las comunidades de reciprocidad tradicionales serían primitivas. Tenemos que invertir este postulado: esas comunidades prefirieron quedarse al margen de nuestra evolución, para salvar lo que hay de eterno en el hombre. Su negativa a participar en un mundo materialista, preservó hasta ahora su ser espiritual como el propio corazón de la humanidad. La resistencia de las comunidades de reciprocidad al movimiento, aunque irresistible, de la economía de intercambio, demuestra el respeto de las condiciones del advenimiento del ser humano.

Nosotros disociamos hoy la idea de «primordial» de la de «primitivo». Lo que guardan, para los tiempos futuros, esas comunidades son los principios fundamentales del nacimiento y del renacimiento de la Humanidad universal; son las raíces del ser. Es del claro reconocimiento de esos principios, de lo que esperamos la generalización de las bases revolucionarias de la Humanidad de mañana.

Como usted propone la idea de reunir regularmente, bajo la égida de las Naciones Unidas, una asamblea de organizaciones sociales del mundo entero, no sería más conforme a su proyecto de suscitar una conferencia internacional para que todas las comunidades étnicas sean reconocidas universalmente como culturas y palabras imprescriptibles de la Humanidad y que sus derechos sean protegidos por una nueva Carta. ¿No es ya hora de condenar solemnemente todo etnocidio, ahora, que esas culturas capitales del patrimonio de la Humanidad están amenazadas de desaparición?

Cuán felices seríamos si usted utilizara su prestigio, al lado del movimiento comunista internacional para que se reconozca a las comunidades de reciprocidad, como los fermentos de una nueva revolución, en vez de reducirla a una mano de obra proletaria. ¿En vísperas de su muerte, el mismo Marx no había abierto esta vía reconociendo las bases de la revolución futura en las comunas campesinas de su país?

El estudio especial que hice y donde busqué los materiales en las fuentes originales me convenció de que esta comuna es el punto de partida de la regeneración social en Rusia, pero con el fin de que pueda funcionar como tal habría, primero, que eliminar las influencias deletéreas que la acosan desde todos los lados y después asegurarle las condiciones normales de un desarrollo espontáneo[370].

Esas comunidades, irreductibles al culto de la acumulación y del intercambio soberano puesto que son indiferentes u hostiles a la privatización y a la ganancia, se convertirían en otras tantas fuentes de revolución que usted desea para construir una sociedad al fin solidaria.

Es posible generalizar los principios que usted propone en la cima y de redoblar la dinámica que viene desde arriba por una dinámica que viene desde abajo. Descubriendo la reciprocidad, como estructura generalizada del ser de la Humanidad y como la base de la democracia, usted ha hecho de esta manera renacer la esperanza para toda la Humanidad.

La reciprocidad se convierte en el principio de una tercera revolución.

Los más grandes filósofos han tratado de comprender las leyes del desarrollo social y responder a esta pregunta capital: Cómo hacer feliz, justa y segura la vida del hombre. Dos grandes revoluciones, la francesa de 1789 y la rusa de 1917, ejercieron una influencia poderosa sobre el carácter mismo del proceso histórico y modificaron fundamentalmente el curso de los acontecimientos mundiales. Pero hoy un nuevo mundo está naciendo delante de nuestros ojos. Exige la búsqueda de nuevas vías hacia el futuro[371].

---

[370] Marx, «Carta a Vera Zasúlich», 8 Mars 1881.
[371] Discurso de Mijaíl Gorbachov ante la ONU, 1988.

La Revolución francesa opuso a la alienación de los sistemas de reciprocidad en la imaginación de los poderosos, el sistema de intercambio, pero éste no suprimió solamente las alienaciones de la reciprocidad; suprimió la reciprocidad misma.

En cuanto a la Revolución de Octubre, por su colectivización del intercambio, rompió con el lucro pero sin restaurar la reciprocidad; más aun: la destruyó donde existía todavía.

Usted vuelve a descubrir el principio universal que funda a toda la Humanidad desde los orígenes. Y usted desea volver a poner en las manos de los propios pueblos, representados en las Naciones Unidas, una formidable ambición. Ellos no sabrían responderle si no innovan una revolución que hiciera referencia desde una tradición menos profunda a una tradición más profunda.

Una palabra maestra nos llega, cuya fuerza simbólica transciende las fronteras del país y del pueblo que la profiere.

La *perestroïka* desencadena la visión de un cuadro que se mueve y parte hacia un horizonte insospechable. Las últimas sílabas de la *perestroïka* sugieren la troïka. Los poetas de los pueblos y los pueblos poetas miraban con ojo escéptico donde la tristeza le disputaba a las ilusiones muertas, una *troïka* inmóvil, petrificada. Ella evocaba el fin de todos los impulsos populares y de repente se mueve, arranca al ritmo de una esperanza indesarraigable y sus campanas, campanillas y campaniles no cesan de tocar en la gran estepa rusa... hacia el infinito. Sus caballos precipitan su paso. Ella despega de la tierra congelada, alcanza las alturas de un universo donde se borran las querellas de campanarios en la hora en que hombres y mujeres de su tierra viajan a través del espacio.

Si la *troïka* se libera de su carril, si tiene alas, sabemos que el imperio del frío puede desaparecer y los mismos Estados podrían bien no ser monstruos fríos, ya que usted invita a Estados y pueblos a corresponder de manera creativa a los acontecimientos.

«El tiempo ha dado materia a la reflexión».

«La evolución del mundo atraviesa un momento crucia»l[372].

Por más importantes que sean, las dos grandes revoluciones de nuestra civilización no han llegado hasta las raíces del Árbol de la Vida.

En sus límites, se plantea la pregunta sobre la supervivencia de la Humanidad. Es su ser lo que está en juego. Se arraiga en la reciprocidad.

Millares de hombres la suscitan y la resucitan en las fronteras del intercambio.

El hielo del intercambio está roto entre los pueblos. Comienza la solidaridad. Van a surgir iniciativas. Se esboza entonces el «co-desarrollo» y la «co-creación»: gestos estructurales de inagotable reciprocidad.

Jean CARDONNEL, Mireille CHABAL, Dominique TEMPLE

Enero de 1989.

---

[372] *Ibíd*, p. 1.

ANNEXOS

17

LA *PERESTROÏKA*:
UN SALTO CUALITATIVO EN ECONOMÍA

1ª publicación en *Revista Iberoamericana de Autogestión y Acción Comunal*, RIDAA, n° 19-20, año VIII, Valencia, 1990.

*

Una cosa es segura: toda economía basada en la competencia, todo poder basado en la acumulación sin límites, conducen hoy en día a la Humanidad al abismo.

En la Unión Soviética, una parte de los responsables tomaron conciencia de estos datos históricos y propusieron parar la competencia entre las naciones.

¡Desde el momento en que los comunistas proponen reestructurar las relaciones de las naciones sobre otros principios, algunos se imaginan que esos principios deben de ser los suyos y que tienen el campo libre! No comprenden que la competencia militar está condenada, que la competencia ideológica está condenada, que la competencia económica está condenada. No comprenden o fingen no comprender que la competencia, el librecambio y el capitalismo deben ceder el puesto a la solidaridad, a la reciprocidad, a un nuevo orden económico mundial, en el cual serán, sin embargo, llamados a participar en el diálogo.

Está claro que las condiciones de la lucha por la liberación humana han cambiado radicalmente. El análisis «gorbachoviano» recalca:

1) La lucha entre las naciones capitalistas y revolucionarias no puede ser sancionada por la victoria de uno o del otro campo, sin acarrear la muerte de la Humanidad.

2) La eficacia de la tecnología moderna permite alcanzar inmediatamente los límites de la explotación del planeta. Mas, la tierra no puede ser explotada absolutamente sin ser herida en sus mecanismos vitales. La muerte ecológica amenaza al mundo.

He aquí las condiciones objetivas debidamente reconocidas hoy en día por el análisis político de los marxistas y que modifican su estrategia revolucionaria.

Hay otra que cambia sus perspectivas desde el interior. Es el fracaso de la colectivización. Hay, pues, que revisar la idea de que la neutralización del librecambio, por la colectivización, sea. una solución económica. Basándose en recursos más profundos que la polémica del «intercambio desigual», la crítica debe poner en duda el intercambio por su materialismo.

El interés individual, incluso cuando está colectivizado, no da cabida a los derechos humanos: el intercambio, incluso cuando está planificado, no generaliza más que intereses materiales.

Pero las relaciones que apoyan los valores espirituales o éticos, a los cuales aspira la Humanidad, dependen de un principio que se opone radicalmente al del interés privado: la solidaridad, y de una estructura diferente a la del intercambio: la reciprocidad. Los valores humanos fundamentales son engendrados por la reciprocidad. Hemos olvidado que, gracias a la intervención de la reciprocidad, el hombre se ha liberado de la ley universal del intercambio para dominar a la naturaleza. Nuestra civilización, a pesar de estar establecida desde el origen sobre el principio de la reciprocidad, ha escogido reactualizar para nuestro beneficio la ley natural del intercambio. Hemos domesticado la barbarie, la hemos adiestrado contra el prójimo y nos hemos apropiado de la riqueza de toda la tierra. No solamente hemos sacrificado la ética a nuestro éxito material… hemos puesto en duda hoy hasta la supervivencia del género humano.

De una parte, Marx, al cual se vilipendia por moda, no se había equivocado: el desarrollo de las fuerzas productivas ha alcanzado un nivel caracterizado por contradicciones decisivas y que nos obligan a inventar nuestra sociedad.

El análisis de M. Gorbachov, quien concluye en la necesidad de poner en el orden día de las Naciones Unidas «la cuestión de la elaboración de un mecanismo fundamentalmente nuevo del funcionamiento de la economía mundial, de una nueva estructura de la división internacional del trabajo», nos obliga a un salto «cualitativo» que consiste en dotar a la economía mundial de un nuevo motor, cuyos efectos puedan acumularse indefinidamente sin poner en peligro el equilibrio de la vida. Aquí solidaridad y reciprocidad no son solamente reconocidos por ser generadores de valores éticos de la Humanidad sino porque son necesarios para los límites objetivos del desarrollo capitalista y socialista occidental.

*

18

GLÁSNOST, DEMOCRACIA, *PERESTROÏKA*

1ª publicación en la *Revista Iberoamericana de Autogestión y Acción Comunal*, RIDAA, n° 19-20, año VIII, Valencia, 1990.

*

No conocemos sino una interpretación occidental de la perestroïka, la interpretación capitalista. Tomadas por sorpresa, las fuerzas de la izquierda están mudas o muy turbadas.

Sería imposible que democracia, reciprocidad y transparencia, ideales de la revolución, emerjan de los últimos decenios del socialismo: se alzarían más bien contra la herencia socialista, hasta cuando son puestas en marcha por comunistas. La condena del colectivismo es, en efecto, tan radical que permite al mundo capitalista hacer la amalgama del colectivismo y del socialismo. Ahí mismo la perestroika está interpretada como la adhesión del socialismo al liberalismo, la confesión de una derrota, el desmoronamiento mismo del comunismo. No es solamente el colectivismo estalinista, sino hasta la crítica de Marx, los que serían arrastrados por el movimiento popular liberado por la glásnost, la democracia y la perestroika.

Esta manera de ver perpetúa la competencia entre el Este y el Oeste, da hasta la victoria al Oeste. Sin duda, podemos hacer algo mejor. Por tanto, los mismos representantes soviéticos, aunque rechazan la interpretación de la perestroïka como una rendición al librecambio y a la democracia burguesa, no proponen las premisas de ninguna otra teoría; su tesis de una economía de mercado socialista nos depara la idea de una descentralización de la planificación y se reúne con aquella de la economía mixta: ahí no hay nada de revolucionario.

No nos queda sino el pensamiento de Gorbachov para ver lejos y afianzar los principios de una nueva economía mundial: los principios de solidaridad y de reciprocidad entre las naciones. Gorbachov se refiere igualmente a los valores éticos. Durante mucho tiempo, los marxistas, para oponerse al idealismo, a la utopía religiosa, a la metafísica, se definían como materialistas, aunque su materialismo tenga poco que ver con el cientifismo del siglo XIX. Este materialismo firmaba la reconquista para todos del derecho a participar en la génesis de la Humanidad. Pero de ese materialismo, muchos se pasaron a un materialismo que se mide por la vara del materialismo capitalista.

El materialismo hoy en día reivindica para el hombre la responsabilidad de ser el creador de los valores éticos, de ser el origen de la vida espiritual. Los valores humanos son los frutos del árbol, el árbol hunde sus raíces en la tierra. La reciprocidad, la perestroïka, son la estructura elemental que hacen existir los valores humanos. Ella es el principio de vida de toda democracia.

Cuando Mijaíl Gorbachov habla de tercera revolución, propone sobrepasar las dos primeras o que la reflexión alcance más profundamente lo que es el orden de lo primordial. Llama a la revelación, a las raíces del ser. El marxismo-leninismo debe consecuentemente ser profundizado e incluso superado por una crítica más radical y no mitigada del liberalismo burgués. Sobre las cuestiones de la propiedad, del interés privado, de la acumulación capitalista, la crítica se mantiene tan rígida como la de Marx, y pone en duda lo que los análisis de 1789, de la Comuna, o de Octubre de 1917 no se atrevieron a tocar: la estructura misma del intercambio: la crítica debe alcanzar hoy hasta las razones de las comunidades humanas, volver a encontrar los principios de reciprocidad que las fundaran.

Las organizaciones revolucionarias del mundo entero tienen un reflejo tibio ante la perestroïka: están de acuerdo sobre la débil idea de que el «gorbachovismo» sería un asunto de la Unión Soviética. Es incontestable de todas formas que el análisis teórico de Gorbachov sobrepasa el marco soviético, no a causa de la influencia mundial de ese gran país, sino porque sus bases de pensamiento son universales. Es la Humanidad entera que se encuentra ante la cuestión de la supervivencia, obligada a la reflexión común: el argumento pacifista y el argumento ecológico no tienen fronteras, ponen en duda la competencia, el poder para todas las naciones y obligan a recurrir a la ética universal. La libre decisión reconocida por la Unión Soviética para todas las naciones es ella misma la condición de validez de un diálogo internacional. Pero lo que es insostenible es dejar creer que los capitalistas tienen, gracias al hecho de la democracia, toda libertad para imponer su punto de vista.

La democracia no es sumisión a la ley del más fuerte económico, irreducible a la colaboración. Las nuevas tesis hacen más necesario que nunca un nuevo orden económico mundial. Ya es tiempo para darse cuenta de la importancia de los principios que sustituyen a los del colectivismo y dan vida a las comunidades. Hay que reconocer en la perestroïka, en la reciprocidad, el nuevo mecanismo de desarrollo. Sobre la territorialidad recobrada de las comunidades humanas, el intercambio debe ser enfeudado a la reciprocidad fundadora.

*

19

CARTA A LOS JESUITAS

(1997)

Reverendos Padres de la Compañía de Jesús,

El documento que han publicado en México, el 14 de noviembre de 1996: «Neoliberalismo en América Latina, aportes para una reflexión común»[373], invita a cada uno de sus hermanos a una reflexión sobre el neoliberalismo que definen como una economía de competencia liberada de toda traba, precisando que la competencia pura provoca sufrimientos irreparables y la expulsión social de los más débiles.

La distinción entre el liberalismo tradicional y el neoliberalismo ¿es una respuesta pertinente a la crisis del capitalismo?

Proponen corregir las iniquidades que provoca esta competencia, en particular las desigualdades en la repartición de los ingresos y de las riquezas, y de las desigualdades en la repartición de los medios de producción o de intercambio, gracias a la intervención del Estado. Dicen que el neoliberalismo, «al oponerse a la intervención redistributiva

---

[373] Provinciales Latinoamericanos de la Compañía de Jesús, *Neoliberalismo en América Latina. Aportes para una reflexión común*, Documento de trabajo, 14 de noviembre de 1996, México, reed. *TEMAS*, N° 10, p. 88-100, abril-junio de 1997 [en línea].

del Estado, perpetúa la desigualdad socioeconómica tradicional y la acrecienta». Cuando añaden:

> El neoliberalismo introduce el criterio de que solamente el mercado posee la virtud de asignar eficientemente los recursos y fijar a los diversos actores sociales los niveles de ingresos. Se abandonan así los esfuerzos por alcanzar la justicia social mediante una estructura progresiva de impuestos y una asignación del gasto público que privilegie a los más desfavorecidos; y se dejan de lado intentos por la democratización de la propiedad accionaria o la reforma agraria integral[374].

¿desean que el Estado se esfuerce en regular lo mejor que se pueda, en el interés privado de cada uno, la competencia y el intercambio, o lamentan que todos los ciudadanos no participen aún del sistema de la libre empresa, que todos no estén todavía integrados a la máquina productiva que destruye el planeta? ¿Su ambición de construir una sociedad más justa se reduce a la preocupación de obtener la igualdad en la producción y en la posesión de las riquezas?

Lo que está puesto en tela de juicio hoy, es la libertad de aumentar la riqueza sin límites, porque tal aumento conduce a una explotación del planeta que no es generalizable, ni duradera.

La idea que, en nombre de la igualdad, se va permitir a todos participar en la producción ilimitada de las riquezas, no me parece ya de actualidad, no porque este igualitarismo haría injuria a algún otro principio tal como la justicia (la igualdad no es necesariamente la justicia, en particular cuando la igualdad no conduce a una ventaja para los más desfavorecidos tan importante como la ventaja que podría ofrecerles una organización que haría derecho a cierta promoción de las competencias), sino porque el hecho de producir siempre más riquezas ya no es aceptable. Hoy, la tesis

---

[374] *Ibíd.*, p. 93.

de una regulación en la producción de valores mercantiles, mediante la igualdad de oportunidades, no hace sino enmascarar, bajo un principio de justicia, la incompatibilidad de una actividad sin límites con un mundo finito.

No es porque todos los hombres podrán producir para intercambiar, en vez de sólo algunos privilegiados, y no es porque la igualdad de oportunidades será instituida en una competencia leal para la producción de valores mercantiles, que la relación entre el hombre y el planeta, por una parte, y la relación entre el hombre y el hombre, por otra, habrán cambiado de naturaleza.

Ahora bien, es la naturaleza misma de esta relación la que está en tela de juicio, porque el planeta no puede soportar un presión sin límites sobre sus recursos, y porque la extensión del sistema del librecambio se hace, de hoy en adelante, en desmedro de las relaciones generadoras de valores humanos.

La única posibilidad de producción infinita, que no ponga en peligro el planeta y el género humano, es la producción de valores espirituales.

¿Es deseable la participación popular en el liberalismo (o en el capitalismo popular)?

Su argumentación conlleva otra pregunta: ¿Por qué el Estado estaría puesto al servicio de la regulación de los intereses privados, fuesen éstos de todos, pues dicen acertadamente, que su ideal es el de la *propiedad accionarial*, es decir, una forma de propietarismo privado generalizado?

Ustedes no defienden la misma idea de propiedad que los revolucionarios franceses de 1789, para quienes la reivindicación de la propiedad significaba la liberación del servilismo. En efecto, en el Antiguo Régimen, la propiedad no era reconocida sino para los nobles y los clérigos. Así, cualquiera que nacía sin propiedad era contado únicamente

389

como mueble de la propiedad de otro, era siervo y sujeto a servicios personales a merced. La reivindicación de la propiedad no justifica la propiedad en sí misma, sino que condenaba su exclusividad, desde el momento en que esta exclusividad tenía como consecuencia la servidumbre. La reivindicación de la propiedad para todos era, entonces, una forma de libertad.

Sería, sin duda, equivocado confundir esta libertad con la propiedad exclusiva o privada. En la reivindicación de la propiedad era denunciada, con la servidumbre, la propiedad misma, pero bajo la forma que tenía en la época: la propiedad de la propiedad (la propiedad privada entonces, ¡la privatización de la propiedad!).

El acceso a la propiedad, para los revolucionarios, significaba otra cosa: que la alienación ya no se refería a la persona sino al fruto de su trabajo. El trabajo podía entonces ser considerado como lo que Marx llamó el *trabajo social abstracto*. La reducción del trabajo social abstracto, del trabajo del artesano o del artista, lo privaba de la firma irrevocable de su individualidad, pero le permitía adaptar este trabajo a los proyectos de la empresa industrial[375].

Así, la alienación del trabajo en el trabajo asalariado era la otra cara de un don y de una renunciación, renunciación a su propia autonomía, en beneficio del inmenso despegue de lo universal sobre las alas de la paloma. Había algo de don en la alienación del trabajo, porque el obrero aceptaba su explotación con la esperanza que la empresa universal produciría un mundo mejor y esta confianza en la emancipación, mediante la industria, de las condiciones penosas de trabajo arcaico alimentaba su abnegación. Digo

---

[375] En una comunidad de reciprocidad, aquel que recibe un objeto no puede utilizar este objeto a fines distintos a los para los cuales ha sido ofrecido, y aún si recibe miles de cosas, éstas no pueden ser vendidas, ni invertidas, porque son los símbolos de la *amistad* de aquellos que las dieron. En la empresa industrial, el valor se vuelve símbolo de un trabajo social en el que toda la humanidad se reconoce.

que había algo de don en el universalismo del proletario, porque no era para él que el obrero aceptaba condiciones inhumanas, sino para la humanidad futura.

Es por eso que el tema de la Revolución Francesa fue primero Propiedad, Igualdad y Fraternidad, antes de ser Libertad, Igualdad, Fraternidad, cuando la Propiedad fue utilizada por la burguesía en un sentido opuesto a lo que significaba para los revolucionarios.

Ahora bien, he aquí que ustedes no defienden esta propiedad revolucionaria, que acompañaba la fraternidad universal, sino la propiedad de los accionarios, el mismo tipo de propiedad que la propiedad de la burguesía, de los que encierran la plusvalía del trabajo, esta parte del don dirigido a la humanidad por los trabajadores, en el provecho y la especulación, es decir, en un capital que se invierte sólo para acrecentar su potencia con insolencia y con desprecio hacia el otro.

> En efecto, al descuidar la producción del capital social, el mercado queda al servicio de los más educados, de los que poseen infraestructura y ponen las instituciones a su servicio, y de los que concentran la información. (…) De hecho no se ha dado un proceso de incorporación de los pobres, de los sectores populares y clases medias en las relaciones económicas de manera creciente, con capacidades para retener el valor agregado por ellos y superar la pobreza[376].

Por cierto, denuncian aquí el hecho de que el Estado está puesto al servicio del capital de una minoría, pero ustedes lo ponen al servicio del capitalismo popular. No detienen así el objetivo del capital: el poder. Lo reparten de manera diferente.

---

[376] Provinciales Latinoamericanos de la Compañía de Jesús, *Neoliberalismo en América Latina, aportes para una reflexión común, op. cit.,* p. 94.

¿Es el poder la apuesta de lo político?

El mercado debería ser controlado, dicen ustedes, porque:

> con la entrada del neoliberalismo se ha acentuado los desajustes que produce en la sociedad la actuación del mercado que no está bajo control por la sociedad civil y el Estado.

Si se acepta el neoliberalismo, hay que corregir sus excesos y, por lo tanto, se requiere cierto control. Pero entonces, ¿cuál es la fuerza que ustedes llaman el *control social*? ¿Dónde se encuentra aquel que controlará la iniciativa y la responsabilidad de cada uno?

Ustedes piden que el poder político sea democrático. Pero ¿la cultura y el patrimonio espiritual, deben ser ordenados y planificados por aquellos que acceden al poder a partir de una competencia por la riqueza, fuese ésta, proporcional y justa? A la motivación de lo político –el servicio del bien público–, se sustituye inmediatamente otra motivación: la pretensión de imponer su marca, su estilo, su imaginario al bien público, y se desencadena la competencia por el poder. El poder deja de ser la posibilidad de servir al otro, y se vuelve en la posibilidad de dominar al otro.

Evitan esta crítica, aportando como solución a la controversia entre los que piden menos Estado para que las fuerzas del mercado puedan establecer las condiciones objetivas para todos, y los que quieren más Estado para impedir que las fuerzas del mercado hagan injuria a los seres humanos, una regla proporcional cuyo aspecto clave es el *bien común*:

> Contrariamente al pensamiento social de la Iglesia, que considera que debe haber tanto Estado cuanto lo requiera el bien común (…)[377].

Pero la dificultad se encuentra tan sólo postergada: ¿A qué llaman ustedes el bien común? Entiendo que consideran el bien común como una luz universal, pero también que no serviría de nada si no iluminaría una mirada, que no puede ser separada de aquél que ve a través de ella. ¿Cómo podríamos disociar el bien común de la visión del bien que cada uno ve nacer en su relación con el otro? Así, no hay dos personas que puedan dar una misma definición del bien común. ¿Debemos aceptar que éste corresponde a los valores expresados en el imaginario de los que los invocan? ¿Debemos remitirnos a las tradiciones, a los mitos, a su propio imaginario o, más aún, postular que el bien común es innato en los seres humanos o adquirido mediante un proceso irreversible?

La historia reciente nos muestra cuán frágil es la idea de valores universales innatos o adquiridos: veinte siglos de cristianismo en Europa no han impedido el fascismo o la Shoah…

El imaginario del bien común ¿puede servir de matriz de los valores humanos?

Ustedes expresan su ideal del bien común en el imaginario de América Latina, lo que significa obviar a la América India, y precisan que, en su opinión, el porvenir debería estar organizado por este imaginario en la unidad, como si el etnocidio, el economicidio y el genocidio de las comunidades amerindias fuesen adquiridos e irreversibles:

---

[377] *Ibíd.*, p. 95.

Al hacer estas reflexiones, es importante mirar a la totalidad de América Latina y el Caribe. Este territorio, de raíces culturales y espirituales comunes, ha sido considerado como un mosaico de naciones con destinos distintos. Mirar así las cosas hacia adelante no es posible. Equivaldría a aferrarnos a un pasado que se acabó. Todavía no sabemos qué significa esta unidad latinoamericana. Pero el proceso acelerado que conduce hacia allá es vigoroso e irreversible[378].

Sin embargo, las comunidades amerindias de los Andes y de la Amazonía, los campesinos que son cada vez más numerosos en interesarse por los principios de reciprocidad comunitaria, los descendientes de esclavos africanos o asiáticos que resisten a la economía liberal, y otros más, innumerables, se refieren a otros conceptos, que se expresan a veces en el imaginario cristiano, pero también en imaginarios distintos de aquel en el que ustedes traducen su propio ideal del bien común, de tal manera que sus opciones no son tan irreversible o irrevocables, como ustedes sostienen.

Lejos de adherirse a un pensamiento único, muchos se interesan más por la alteridad que por la identidad, y piensan que el porvenir de América del Sur y de América Central, cuyos orígenes lejos de ser comunes son al contrario diferentes, queda abierto y plural.

No es solamente el imaginario latinoamericano, que debemos criticar bajo pena de conducir al despotismo, sino todos los imaginarios desde el momento en que los unos o los otros pretenden imponerlos, en vez de relativizarlos mediante el diálogo. Un bien común que no es el producto de tal relativización, mediante la reciprocidad y el diálogo entre civilizaciones diferentes, es totalitarismo.

Su visión del futuro está fundada en una concepción de la historia que me parece errónea, «este territorio, dicen, de raíces culturales y espirituales comunes, ha sido considerado

---

[378] *Ibíd.*, p. 99.

como un mosaico de naciones con destinos distintos». Se refieren aquí a una antropología que intentó hacer creer que las sociedades indias y occidental, que se enfrentan desde el primer día, se diferencian únicamente por sus representaciones. Tendrían entonces razón en invocar estos imaginarios diferentes para construir valores simbólicos comunes.

Pero dan por supuesto (al igual que la antropología que critican) la existencia de raíces culturales y espirituales, comunes a los occidentales y amerindios. Olvidan el hecho que los unos han destruido a los otros, por el genocidio, el etnocidio y el economicidio, y obvian la *contradicción de sistemas* que se encuentran en el origen de estos crímenes.

La historia exige el reconocimiento de las razones por las cuales poblaciones enteras han sido aniquiladas, que las víctimas sean rehabilitadas y que se detenga el aniquilamiento espiritual de los culpables o la vergüenza de los que se detenga heredado esta responsabilidad.

Pero, ustedes mismos, heredan una responsabilidad particular que involucra la contradicción entre las matrices de los valores propios de las comunidades indígenas y coloniales: por haber asumido el papel de los *tubicha* y de los *pa'i* en las relaciones guaraní, los jesuitas no pueden ignorar en qué consiste el sistema de reciprocidad y, en particular, la reciprocidad de dones.

Además, sus predecesores han traducido en el imaginario cristiano los valores producidos por el sistema de reciprocidad de los Guaraní y conocen por experiencia la contradicción entre su sistema de producción y aquel que los colonos han impuesto mediante la violencia. No ignoraban que el antagonismo entre aquel que da, para ser socialmente, y aquel que toma, para asegurarse del poder, es mortal para aquel que da. Lo que rehúsan los garantes del orden social, es reconocer el decaimiento moral de aquel que toma las cosas.

Pero la contradicción no queda sino como una línea divisoria de las aguas, entre la economía occidental y la economía india y, de manera más general, entre el sistema de librecambio y todos los sistemas de reciprocidad del mundo.

Su intento de borrar esta contradicción no es solamente una agresión insidiosa hacia los pueblos «indios», sino también una violencia mortal hacia las nuevas generaciones, que deben liberarse de los límites de la economía liberal.

La respuesta humanista del liberalismo al totalitarismo

Sin embargo, los mismos liberales (John Rawls, por ejemplo) han definido principios que permiten evitar los dos escollos tradicionales del liberalismo: el escollo del sacrificio de los más pobres en el interés de la mayoría (el utilitarismo), el escollo de la lucha sin merced, en nombre del valor supremo de la libertad, al precio de la igualdad (el libertarismo).

El primer principio del nuevo liberalismo, tal como fue formulado por John Rawls, plantea la igualdad frente a los bienes fundamentales; el segundo, el derecho a la diferencia de cada uno, mientras la actualización de ésta tenga por efecto el mejoramiento de la suerte de los más débiles. Ordenada a este principio de reciprocidad (el cuidado de los más débiles) la competencia entre los unos y los otros se vuelve una emulación al servicio de la equidad[379].

Pero para que este principio de reciprocidad sea el resultado de una conjunción de intereses privados, o de un simple contrato social, como lo desean los liberales, hay que imaginar que los hombres tengan el sentido innato de la responsabilidad para el otro, y que su propio interés se confunda *a priori* con aquel de la humanidad entera, que reciban tal sentimiento de la naturaleza o que lo reciban como herencia de la tradición y de la historia. Es, por supuesto, esta

---

[379] John Rawls, *A theory of justice*, 1971.

última hipótesis la que toma el liberalismo. El liberalismo se basa, así, en valores adquiridos gracias a un proceso histórico particular[380].

¿Se debe imponer tal proceso a la humanidad entera? ¿Todos los pueblos del mundo deben pasar por el modelo histórico de la sociedad occidental?

¿No es esta forma de neocolonialismo que propone el magisterio al cual se refieren y que optó claramente por el sistema capitalista?

Juan Pablo II, en *Centesimus annus*, responde a la pregunta siguiente: «¿Es un modelo que hay que proponer a los pueblos del Tercer Mundo?»:

> Si bajo el nombre de capitalismo designamos un sistema económico que reconoce el papel fundamental y positivo de la empresa, del mercado, de la propiedad privada y de la responsabilidad que implica en los medios de producción, de la libre creatividad económica en el sector económico, la respuesta es seguramente positiva, aun si sería tal vez más apropiado hablar de economía de empresa o de economía de mercado, o simplemente de economía libre.

Entiendo, por lo tanto, que les sea difícil participar de otra perspectiva diferente que la del capitalismo. Entiendo, por lo tanto, su distinción entre el neoliberalismo y el liberalismo como un medio dialéctico, que han imaginado, para combatir la inhumanidad del sistema capitalista, aunque, en realidad, sea imposible establecer una contradicción radical entre el neoliberalismo y el liberalismo tradicional. Entiendo, igualmente, por qué tienen que acudir a la noción del bien común, como medio para imaginar otras motivaciones a las inversiones económicas que la competencia por la riqueza.

---

[380] John Rawls, «Les libertés de base et leur priorité», en André Berten, Pablo da Silveira, Hervé Pourtois (Textos reunidos y presentados por), *Libéraux et communautariens*, Paris, PUF, 1997.

Pero, frente al impasse al que conduce el acudir a la trascendencia, impasse ilustrado por el integrismo y las guerras de religiones, o los genocidios, me parece más importante redescubrir las estructuras productoras de valores humanos que de referirse al sistema liberal latinoamericano, aun si tiene la fuerza consigo, y aun si está preconizado por el magisterio romano. La fuerza no es la irreversibilidad. La misma irreversibilidad no crea el derecho.

Además, es posible crear otra sociedad diferente a la sociedad capitalista, refiriéndose a los orígenes del cristianismo. Es decir, que el diálogo es posible en lugar del pensamiento único.

Numerosas referencias a las estructuras generadoras de los valores del pueblo judío son idénticas o compatibles con aquellas que fundan la humanidad de los pueblos amerindios, africanos o asiáticos, y surgen todo lo contrario de lo que propone su Soberano Pontífice.

Si el imaginario adquirido de la tradición, revelación, mito o historia, no es procedente, si el liberalismo, porque reduce la razón a la razón calculadora del provecho, es incapaz de generar los valores propios del ser humano, ¿no sería entonces urgente redescubrir las matrices de la humanidad en el origen de todas las comunidades humanas y respetar sus principios?

Si las estructuras de producción de los valores humanos fuesen universalmente reconocidas, el imaginario mediante el cual se expresarían estos valores, no sería un obstáculo a la comprensión y al reconocimiento mutuo, y el bien común podría ser la obra de la humanidad entera.

¿No se debería, hoy, imponer un límite a la acumulación de las ganancias, de tal manera que cada uno, una vez llegado a este límite, ya no pueda acumular información, conocimiento o medios técnicos con el fin de sobrepasar al otro, sino más bien que se sienta invitado a ponerlos al servicio del otro?

¿Acaso no es tiempo de reconocer a los hombres la libertad de refundir la sociedad sobre las estructuras generadoras del lazo social? ¿Acaso no es tiempo de asignarles los medios de producir (el subsidio universal[381]) para dar, así como una territorialidad distinta de aquella de la propiedad privada y del librecambio, en la cual se desenvolvería la reciprocidad de dones?

*

---

[381] Ver *Teoría*, Tomo II, «La Renta Básica Universal».

20

CARTA A LAS ONG

1ª publicación: « Le rôle des ONG dans l'économicide »,
cap. 3 de « L'économicide », *INTER Culture*, vol. 21, n° 1,
cahier 98, Centre Interculturel Monchanin, Québec, 1988.
Versión en inglés: «Dominique Temple on Economicide»,
Issue 98 (winter 1988).

*

Las ONG y el economicidio

Los valores de prestigio de un sistema de redistribución y reciprocidad expresan, naturalmente, el poder del donante y exaltan las características que les son propias, pero, al mismo tiempo, pretenden dar testimonio del ser social del que todos toman parte. Esto no puede reducirse a una expresión particular porque, en la reciprocidad, el ser social nace de la relación con el otro, es decir, que la conciencia de ser es, en primer lugar, comunitaria y no se refiere a la identidad de uno o de otro sino a un Tercero que les es común. El prestigio del otro es entonces tan importante como el propio. Esta es una de las razones del llamado «mimetismo» occidental del Tercer Mundo. Sin embargo, esta sed por los valores de prestigio de los otros, no explica por sí sola que el Tercer Mundo haya adoptado las representaciones del prestigio occidental.

En cuanto al sistema capitalista, pretende sustituir los valores indígenas de prestigio por las mercancías que han tomado en su lugar. Se trata de imponer, al sistema indígena, la producción de bienes de exportación que le proporcionen las divisas necesarias para comprar los bienes de prestigio, que les son propuestos, para sustituir los valores propios.

La manera de imponer esta producción es por medio del crédito. Desde el punto de vista indígena, el crédito se traduce por una distribución inmediata de mercancías de prestigio que puede ser interpretada, en las categorías indígenas, como una redistribución que justifica la reciprocidad productiva y sojuzgada: ésta se convierte en producción de bienes para la exportación que puede convertirse en medio de cambio.

El crédito, o más bien la deuda, genera una forma de tributo de producción para el intercambio, que explica que las teorías monetarias hayan podido imponerse en el Tercer Mundo. Recordemos que estas teorías pretenden que el desarrollo de los países del Tercer Mundo exige que se conviertan en productores de las mercancías que les son más ventajosas, en el mercado de intercambio, a fin de disponer de la traducción monetaria que les permitirá, después, comprar a quienes lo producen a menor costo lo que se les ha hecho necesario.

Sin embargo, si la Independencia de los Estados del Tercer Mundo permite una reorganización de los sectores de la economía de subsistencia en el marco de la reciprocidad, a partir del cual se reconstituyen los valores tradicionales, el eje «producción occidental de mercancías de prestigio –> producción indígena de valores de intercambio para la exportación» se opone al eje «producción indígena de valores de consumo –> regeneración de valores indígenas de prestigio».

En consecuencia, resulta imperativo, para los defensores del librecambio, destruir los sistemas de reciprocidad tradicional, hoy como ayer, en cualquier lugar donde subsistan o empiezan de nuevo a manifestarse.

Para los occidentales resulta necesario impedir, de una vez por todas, que se reconstituyan sistemas de reciprocidad comunitaria. Se trata también de favorecer la integración de estas sociedades, a la economía occidental capitalista, a fin de evitar su explotación por los movimientos comunistas: se trata, pues, de reemplazar la producción indígena de reciprocidad por una producción destinada al intercambio.

Los programas internacionales de ayuda técnica, financiera o de cooperación económica y científica (revolución verde, transferencia de tecnología, etc.) se han multiplicado, contribuyendo a la destrucción o a la dependencia de las economías regionales y nacionales, pero sin llegar a alcanzar en forma definida a las comunidades rurales más aisladas o a las comunidades indígenas más resistentes a la integración.

Y es aquí donde los defensores del librecambio y de las teorías monetaristas ceden la palabra a las Organizaciones No Gubernamentales (ONG). Éstas, en efecto, utilizan capitales que no están sujetos a una necesidad inmediata de rentabilidad y que escapan a las presiones de la producción capitalista. Estos capitales pueden entonces asimilarse –al menos parcialmente y mejor aun que el crédito– a inversiones a fondo perdido, es decir, al Don.

Todas las ONG pueden jactarse de ser donadoras o protectoras. Estos títulos, más que su eficacia económica, explican su crédito y su éxito en el campo de la ayuda y la cooperación de los países occidentales. El reconocimiento del prestigio que, para las comunidades indígenas, está automáticamente ligado con las donaciones, las establece como autoridad política.

Se puede distinguir entre las ONG donadoras y las ONG de asistencia técnica, que no disponen directamente de fondos ni de poderes económicos. Las ONG donadoras pueden tener su propio servicio, como es el caso de algunas organizaciones nacionales de cooperación bilateral, o bien, utilizar a las ONG de asistencia técnica como intermediarias para administrar, controlar o redistribuir los fondos de los programas de ayuda.

Las organizaciones indígenas y campesinas resienten esta tutela. Después de haber reivindicado el contacto directo con las ONG de financiamiento y el control de las ONG técnicas, buscan, ahora, contratos directos de reciprocidad con «profesionales» o incluso contrapartes de reciprocidad; es

403

decir, buscan controlar la orientación y la definición de los programas de desarrollo y reemplazar a los técnicos occidentales por los suyos.

Sobra decir que no existe ONG, técnica o de financiamiento, que haya aceptado este tipo de control o de contrato.

Frente a estas reivindicaciones de las organizaciones indígenas o campesinas, las ONG prefieren buscar interlocutores nacionales, relevos de las ONG técnicas nacionales, que se proponen como nuevos intermediarios y que se legitiman en nombre de la independencia nacional.

Sin embargo, para ser eficaces, las ONG deben todavía adaptarse a las dimensiones de las estructuras indígenas de reciprocidad, lo que justifica una estrategia de intervención a nivel microeconómico, ya que las estructuras indígenas de reciprocidad han sido disociadas e, incluso, atomizadas, por la colonización. Se trata de adaptar los proyectos de desarrollo a nivel de la empresa comunitaria de la aldea, o sea, a nivel de la unidad principal de reciprocidad.

Este nuevo despliegue de la acción de las ONG, sobre las estructuras de reciprocidad, esta adaptación, permite la sustitución del poder a un nivel étnico o familiar, según el caso, y gracias a esta sustitución de autoridad, el técnico o el organismo de financiamiento puede decidir los proyectos de inversión en lugar de las autoridades de la aldea, de las autoridades comunitarias, étnicas o familiares. Como traduce su autoridad en los términos de sus competencias, induce, quiéralo o no, un desarrollo de tipo occidental.

Podemos ilustrar este comportamiento economicida con un ejemplo norteamericano en Bolivia.

Se sabe que, en las comunidades de reciprocidad, durante las ceremonias rituales que permiten a socios acceder a un estatus superior o formar parte de él, se escoge una persona autorizada para expresar la tradición, es decir, la ley de la comunidad. Por ejemplo, en las bodas de las comunidades andinas, la persona elegida para dar el testimonio de la comunidad y de su tradición debe dar el ejemplo de aquello que genera el valor para la comunidad: el Don. El ser escogido para bendecir el matrimonio, para ser el padrino, obliga primeramente a dar y después a unir por la palabra a las dos partes que desean fundar una relación matrimonial de reciprocidad. Dar es, aquí, el acto que establece al padrino en su rol de referencia ética. En otros casos, no da él mismo pero realiza la distribución de las ofrendas de unos y otros como centro colectivo de las relaciones de reciprocidad simétrica a fin de que todas se traduzcan por un sentimiento común, una ley y una palabra única. El padrino redistribuye los dones que recibe y esta redistribución le confiere la autoridad que consagra la identidad étnica.

Una ONG norteamericana, entre las más importantes de Bolivia, se denomina Plan de Padrinos. Pretende establecer relaciones similares a las de la parentela entre familias indígenas y norteamericanas. Estas últimas conservan el anonimato pero ofrecen dinero. El padrinaje es asumido por la propia ONG que redistribuye los fondos. A través de estos dones, queda asegurada la autoridad indígena pero se proclaman los valores religiosos norteamericanos y no los de la ética de las comunidades aymaras o quechuas.

La sustitución de poder es evidente. La sustitución de referencias, tanto a nivel económico, en donde el dinero viene a remplazar los valores de redistribución indígenas (hoja de coca, por ejemplo), como a nivel de representación cultural, en donde las ideas religiosas y las creencias sustituyen los valores tradicionales. El anonimato de las familias norteamericanas permite a la institución administrar libremente los fondos, según una estrategia que no permite jamás al Aymara o al Quechua escapar a la nueva ley, es decir, al sojuzgamiento moral cuando no al tributo material. En realidad, es el sojuzgamiento moral lo que busca esta ONG, a fin de sustituir el prestigio aymara por el prestigio definido en términos occidentales y al «padrino» autóctono por un Dios norteamericano.

Aunque no todas las ONG declaran tan abiertamente sus intenciones, todas deben su autoridad al Don.

Algunas ONG pretenden defender las culturas autóctonas y recurren incluso a una fianza antropológica, pero es fácil constatar que con el pretexto de respetar a la cultura indígena, se trata en realidad de disociarla de la economía de reciprocidad. Para lograr esta separación, definen la economía política en términos occidentales (producción de valores de intercambio). Como generalmente no existe una economía de este género en el mundo indígena, las ONG recurren a las tesis antropológicas según las cuales la economía de intercambio estaría, en realidad, escondida, disfrazada o integrada[382]. Esta tesis autoriza entonces a los técnicos occidentales a descubrirla, desenmascararla o, más bien, a inventarla, reinterpretando, en términos occidentales, las categorías indígenas y justificando así su intervención.

El antropólogo cultural, por su parte, se beneficia al adquirir autoridad sobre la propia cultura indígena.

Uno pretende ser un especialista de la cultura, el otro de la economía. Se reparten la comunidad o la etnia tomando uno el cuerpo, el otro el alma, cada uno según su competencia.

Pero esta manera de disociar la cultura indígena de la economía que la sostiene, negando la existencia de los otros sistemas económicos que no sean el intercambio, permite a los occidentales desarrollar la producción para el intercambio al amparo del respeto a la cultura indígena; es lo que podríamos llamar una política de «flores cortadas».

A nivel de las raíces económicas, la tarea de un técnico occidental es reemplazar el proceso indígena de reciprocidad por un proceso de producción «rentable» (o que él estima rentable en términos de valor de intercambio). El efecto de esta política es desarrollar, en los territorios descuidados por las empresas coloniales o capitalistas (o por la cooperación técnica bilateral e internacional), formas de producción privatizadas o

---

[382] Esta tesis fue sostenida en particular por Pierre Clastres en su Prefacio al libro de Marshall Sahlins, *Âge de pierre, âge d'abondance*: *L'économie des sociétés primitives*, Paris, Gallimard, 1976.

colectivizadas que orientan la producción indígena hacia el intercambio y hacia la creación de un medio de cambio.

Sin embargo, es muy difícil denunciar a estas ONG como etnocidas. Se defienden de la acusación con gran convicción, recurriendo de inmediato a la garantía antropológica. Por otra parte, explotan cierto capital de confianza indígena. Algunas veces se presentan incluso detrás de responsables indígenas. En otras palabras, se presentan como los griegos, en el caballo de Troya, frente a los troyanos[383]. El caballo de Troya es aquí el Don, la propia ayuda al Tercer Mundo.

Debemos reconocer que su acción etnocida es únicamente indirecta. Son las infraestructuras económicas implantadas las que desempeñarán ese papel: en efecto, generan sus propias representaciones, las cuales entrarán en competencia con las representaciones tradicionales. La sustitución de referencias culturales se efectuará al resolver un conflicto de generación, pero son los propios indígenas quienes realizan dicha transformación. En este caso el etnocidio está particularmente bien disfrazado.

Pero no por ello es menos directa la acción de las ONG a nivel económico: consiste en sustituir la infraestructura de reciprocidad por una infraestructura de intercambio. Esto es lo que propongo llamar «economicidio». Es la función esencial y sistemática de las ONG occidentales.

El economicidio no es exclusivo de las ONG. Es también característico de la cooperación técnica y de la ayuda internacional. Pero las ONG son prácticamente las únicas fuerzas occidentales que pueden intervenir en las comunidades indígenas. Constituyen el frente «pionero» del desarrollo de la producción para el intercambio, pero un frente disfrazado, ya que estas organizaciones de carácter caritativo, religioso, humanitario, se presentan como una alternativa a las instituciones gubernamentales e intergubernamentales.

---

[383] El «Caballo de Troya» era también una ofrenda, un don. Ver La *Odisea* de Homero.

Drenan la ayuda desinteresada de particulares y de las asociaciones occidentales privadas, en nombre de la solidaridad, de la lucha por la justicia social, de los derechos del hombre y de los pueblos. Si la cooperación oficial ignora casi siempre a las comunidades campesinas e indígenas y ya no engaña a nadie, las ONG se engañan, en primer lugar, a sí mismas y engañan doblemente a los demás: a los donadores occidentales y a las comunidades indígenas.

Sin embargo, las consecuencias de su intervención han llegado a ser tan evidentes que las comunidades y organizaciones indígenas las cuestionan cada vez más, cuando tienen derecho a la palabra y acceso a los medios de comunicación. Cabe precisar que este cuestionamiento no tiene nada que ver con la explotación del fracaso de las ONG, por una crítica neoliberal de motivaciones dudosas. Esta crítica tiene por efecto autorizar una justificación tercermundista que derrota fácilmente los argumentos demagógicos pero que aprovecha la ocasión para sofocar la crítica surgida de las comunidades indígenas.

Esto no quiere decir que los pueblos del Tercer Mundo desconozcan el intercambio. Se puede decir, por el contrario, que desde sus orígenes todas las comunidades lo conocen, pero lo utilizan únicamente en las fronteras o para las actividades serviles, y no para generar valor. Para generar valor, recurren a la reciprocidad de tal manera que, finalmente, el intercambio se utiliza poco o nunca dentro de las comunidades indígenas. Sin embargo, en la actualidad, el liberalismo económico pretende que el intercambio debe dirigir la economía de las comunidades y generar el valor de referencia.

Tampoco se puede pretender que las comunidades no deseen practicar el intercambio con los occidentales, por lo menos cuando ello las beneficia, ya que es el único medio de comerciar con ellos. De hecho, desarrollan ciertas bases de producción destinada al intercambio, lo que explica algunas alianzas de comunidades indígenas con empresas occidentales; pero en este caso, se debe subrayar que esas actividades están dirigidas al mercado de intercambio, fuera de las comunidades y no dentro las fronteras comunitarias. Tales iniciativas quedan normalmente sujetas a la autoridad indígena que está determinada exclusivamente por las leyes de reciprocidad intra-comunitaria.

El intercambio está entonces supeditado a esta reciprocidad y no lo contrario. Es decir, que existe una alternativa indígena al desarrollo promovido por los occidentales y es por ello que las autoridades que dirigen el proceso económico indígena deben enfrentarse a las tutelas extranjeras del tipo de las ONG.

Esta autoridad indígena es la de los responsables legítimos del desarrollo comunitario o del etnodesarrollo y, por lo tanto, sí existe una línea de frente, entre los responsables de las comunidades y los representantes economistas o etnólogos del occidente, sobre la cuestión de la definición del desarrollo y del control de los medios de éste.

En esta línea se sitúan, por una parte, los puestos de avanzada de la sociedad del «hombre unidimensional» o del *homo aequalis* con su materialismo ideológico, su economía de intercambio y de competencia, sus enajenaciones idealistas y religiosas y, por otra parte, los de las sociedades del Tercer Mundo fundadas en la reciprocidad, los valores étnicos y una praxis en donde la vida concreta y la vida espiritual no están enajenadas una en relación a la otra.

Sin embargo, para estas últimas, es dramático que no se reconozcan las leyes de su sistema y que cada una quede prisionera de su imaginario cuando el reconocimiento de sus razones teóricas les permitiría comprenderse entre sí e instituir, de frontera a frontera, relaciones de respeto mutuo y de solidaridad, tal vez de manera universal.

La confusión entre la caridad y el don

Se acostumbra decir que las ONG actúan de buena fe y que sus acciones en el Tercer Mundo no están inscritas en un plan concertado de etnocidio. Entonces ¿cómo explicar los hechos? ¿Debemos considerarlos como la actualización de sus principios fundamentales? Creo que pudieran explicarse por una confusión entre caridad y don.

Es sintomático, por ejemplo, que la Iglesia católica trate de silenciar la Teología de la Liberación, como lo demuestra la prohibición impuesta al teólogo Leonardo Boff de expresar sus ideas, con el pretexto de que la traducción de la fe en una praxis marxista al lado de los campesinos en lucha, constituye un compromiso con el mundo, un compromiso político, mientras que las obras misioneras, que se fundan en la práctica del don materialmente desinteresado, serían obras espirituales y legítimas ya que apolíticas.

El don no representa, para los religiosos, un acto de economía política sino, por el contrario, un acto antieconómico ya que toman como referencia las definiciones de la economía política occidental (es, en efecto, antieconómico en una economía de intercambio). Pero tal definición de la economía es característica de un etnocentrismo occidental exacerbado que se puede comparar con el racismo. Se llama economía política a la economía política del intercambio y se considera en seguida que la economía de reciprocidad, de las sociedades del Tercer Mundo, es una forma arcaica de la misma; si no, no se trata de economía.

A partir de esta tautología, es fácil para las iglesias decir que no practican un compromiso económico o político cuando establecen su poder sobre el don. Sin embargo, la autoridad de las misiones sobre las comunidades es la que los indígenas reconocen a los donantes. Y la pacificación religiosa, desde la fundación de las reducciones en América del Sur por los franciscanos y los jesuitas, hasta las de las misiones norteamericanas actuales, está fundada en el don.

De hecho, las iglesias han traducido su autoridad, adquirida en términos de prestigio, para que sea reconocida por los propios indígenas: esto lo manifiesta, en América, la extraordinaria fastuosidad de las ceremonias religiosas. Sin embargo, es cierto que las fiestas religiosas son espacios de enfrentamientos culturales complejos, ya que los indígenas utilizan las imágenes de los santos, de las vírgenes y de los Dioses para conservar, como al amparo de éstas, sus propias tradiciones que corresponden a sus estructuras de reciprocidad y no a las motivaciones cristianas. Pero les sería difícil a las iglesias sostener que utilizaron las fiestas y el prestigio sin conocer los beneficios que podían obtener de ello. De hecho, para obtener la autoridad, utilizaron y utilizan todavía a sabiendas, el don y utilizan las fiestas, bailes y cantos en representaciones religiosas con la esperanza de sustituir la ética de los pueblos indígenas por las creencias occidentales.

Antiguamente, los misioneros dependían de la administración o de los colonos para hacerse de los bienes materiales que redistribuían: hachas de hierro, machetes, ganado, telas manufacturadas, etc. En la actualidad, distribuyen parte de la ayuda al Tercer Mundo (dispensarios, hospitales, escuelas, talleres, aserraderos, cooperativas, servicios de prensa y de edición, imprenta, etc.), pero, el mismo principio, les permite usurpar la autoridad política y espiritual.

Daré un ejemplo a partir de un recuerdo personal. Un día, desembarqué en un punto aislado de Amazonía, en donde vivía un misionero en contacto con una comunidad dirigida por un jefe legítimo. Este último me dijo:

> Ese sacerdote vino aquí hace 10 años trayendo consigo un barco, más tarde trajo un dispensario y después un aserradero. Pero para que siga viviendo aquí, ha llegado el momento de que nos dé otra cosa ¿podrías sugerirle que traiga calaminas para los tejados? Desde que nos

instalamos aquí, han cortado todas las palmeras de los alrededores y no tenemos palmas para renovar los tejados de nuestras casas.

El misionero parecía no darse cuenta de que su poder provenía exclusivamente de sus donaciones. El día en que estos servicios desaparecieran, su poder se desvanecería. Esto lo confirmó el obispo de la región: «Hace 400 años que estamos aquí y cuando partamos podremos decir que no quedará ninguna huella de nuestro paso».

La razón de esto parece deberse a la autoridad conquistada por el don que debe ser reproducida periódicamente por otro don y cuando esto no ocurre, el prestigio desaparece. Esta es la dificultad de las misiones que piensan poder establecer su autoridad sobre el don.

Se enfrentan, sin embargo, a otra dificultad que explica que su poder quede siempre sin contenido. En el sistema de la reciprocidad, la legitimidad de la autoridad pertenece a quienes producen el don y los «indios» saben bien, por ejemplo, que no son los sacerdotes quienes producen lo que distribuyen… Los indígenas piensan que la autoridad que conceden a los misioneros debería ser restituida a los productores del don. Los indígenas aceptan fácilmente que las misiones dependan de las administraciones coloniales, sin ver en ellas otra cosa que un poder político transitorio o delegación que remite a un poder superior, el de la sociedad occidental en su conjunto y, por ende, a su sistema económico, el sistema capitalista.

Si el don de los misioneros y de los sacerdotes depende del sistema que los produce materialmente, esto revela su alianza con el sistema de producción y de explotación capitalista. Así, el compromiso político de las iglesias, a pesar de sus protestas de autonomía, es bien claro.

El don obliga, a quien lo recibe, a reproducirlo cuando es posible para reconquistar su dignidad perdida, al aceptar el don de otro, y si no a sojuzgarse y aceptar el nombre del donador, por ejemplo, el nombre de cristiano. Esta es la razón por la que los misioneros pudieron cristianizar a los indígenas y organizar su producción al servicio de nuestra civilización. Pero dar es siempre dominar y recibir, someterse, y es, por esta vía, que las misiones y reducciones impusieron su ley a las sociedades del Tercer Mundo.

Desafortunadamente no se puede identificar las representaciones religiosas occidentales con las de la reciprocidad indígena. En efecto, la sociedad occidental, al reducir la economía política a la economía de intercambio, reduce el concepto de valor económico al de riqueza material y las otras dimensiones del valor son expulsadas a un universo metafísico que se convierte en el campo predilecto del inconsciente y de la religión.

Esta dicotomía, casi esquizofrénica, de la economía política y de la religión, se opone a lo que los misioneros y antropólogos llaman *sincretismo* indígena. Pero el sincretismo parece, más bien, ser una coherencia de los hechos y de sus representaciones, una vida dialéctica de unos a otros, una praxis, y también la integración de la imagen del otro a la construcción de la identidad y de la unidad humana. En realidad, las iglesias occidentales tienen pocas probabilidades de llegar a imponer sus ideologías, sus creencias, sino logran previamente destruir los sistemas de reciprocidad indígena. Para obtener algún éxito, deben asociarse durante un tiempo a la represión colonial, directa o indirecta, como en la época de Marcos en Filipinas, de Duvalier en Haití, de Somoza en Nicaragua, de Stroessner en Paraguay, etc., antes de heredar una situación en donde podrán intentar reconstruir las bases sociales conforme a sus objetivos, en suma, bases occidentales. El etnocidio es un requisito previo de las iglesias y el economicidio es, de hecho, su principal arma para llevarlo a cabo. En este nivel es donde se encuentra la alianza profunda, indefectible de las iglesias con la colonización y, más allá, de ella con el librecambio y el sistema.

Podemos resumir: Dar es dominar, pero la dominación de la misión está sujeta a la colonización del sistema capitalista, cuya lógica es dominar para tomar. La política de las iglesias es

413

una política de alianza enteramente objetiva que se puede calificar de política conservadora.

Para quienes no quieren comprometerse con la política de derecha, es decir, con el sistema capitalista, queda la solución de entrar realmente en el juego revolucionario indígena, lo que es entonces denunciado por los conservadores como política de izquierda (por ejemplo, la teología de la liberación en Brasil o Perú). Pero esta iglesia silenciosa, esta iglesia del silencio o «de los pobres», se enfrenta entonces a un problema teórico aún más grave que le exige una conversión importante.

Recordemos aquí que las comunidades de reciprocidad y las sociedades de redistribución están fundadas sobre estructuras de reciprocidad generadoras de valores éticos, incluso cuando se han enajenado en evoluciones donde la reciprocidad se hace desigual y en donde la ética está dominada por el imaginario del prestigio. Tras las más complejas estructuras de la reciprocidad, se encuentran siempre estructuras de base que otorgan al ser social la más humana de sus realidades. El intercambio se opone directamente a esta dinámica de creación de un ser superior, comunitario, porque es la expresión del interés individual, del interés privado. En la reciprocidad, la definición del hombre no puede reducirse a la de una identidad cualquiera, ni la suya ni la del otro −es la del «gran otro»− la de un ser superior a sí mismo y al otro para resultar de su interacción: un «tercero incluido», es decir, exactamente lo contrario del «tercero excluido» de la lógica del intercambio (que es también la lógica occidental). Este «tercero incluido», en las sociedades de reciprocidad, es el ser mismo de la comunidad. Recibe obviamente el nombre de humanidad.

Todos los que participan en relaciones de reciprocidad pueden aspirar al título de Nosotros los Verdaderos Hombres/ Nosotros los Hombres Verdaderos. A pesar de que este nombre es específico a cada comunidad, en virtud de las características y de las condiciones materiales de la reciprocidad, a pesar de que este nombre pueda petrificarse en

414

representaciones imaginarias singulares que pueden llegar a ser antagónicas unas de otras, se reproduce de manera sistemática en todas partes en donde se reconstituyen estructuras de reciprocidad. Es por eso que puede definirse como el nombre de toda la humanidad y no sólo con el de una comunidad étnica única y, por lo tanto, recibir un nombre propio universal: por ejemplo, Dios.

Pero es mejor darle a esta realidad del ser social el nombre de la propia humanidad y conservar el nombre de Dios para su enajenación en un absoluto, cuya fetichización se convierte en el arma de un poder particular, el de los religiosos y los sacerdotes.

Pero, tal vez, esta es la razón de que muchos religiosos se sientan incómodos en sus iglesias cuando están en contacto con el Tercer Mundo y de que rompan con ellas para reconocerse como hombres en el seno de las nuevas comunidades en lucha del Tercer Mundo. Esta ruptura parece ser el fenómeno religioso más importante de nuestra época, en las sociedades occidentales, porque revela una verdadera vida espiritual en el corazón mismo del occidente y con un sentido universal. Sin embargo, estos religiosos se ven confrontados a las fuerzas populares de liberación, cuya praxis con frecuencia es de tipo occidental, y son muchos los que deben aceptar el surco de los análisis marxistas y practicar la ideología marxista; ideológica, porque es pura ideología querer imponer a la realidad del Tercer Mundo una vía de liberación fundada en la crítica del enajenamiento del sistema occidental, cuando las sociedades del Tercer Mundo no pertenecen a este sistema. Esta crítica no se justifica más que en los escalones coloniales del imperio capitalista y dentro del sistema capitalista; más allá de sus fronteras ya no es pertinente y debe dejar su lugar a las teorías de la reciprocidad.

Colectivización y comunidad

La principal confusión marxista, que es posible denunciar aquí, es la de la colectivización como sistema de producción comunitaria.

El marxismo original es la crítica del sistema económico de la sociedad de derecho privado occidental determinado por el intercambio. Esta crítica denuncia la privatización de los medios de producción, que tienen como consecuencia la explotación del trabajo y la reducción del valor a una cantidad de trabajo biológico, en definitiva a una cantidad de energía «material». Antes de ser materialista, por sí mismo, el marxismo denuncia el materialismo del intercambio, que conduce a la reducción del «hombre total» a una energía de producción dentro de un mundo privado de praxis ética y que obliga a la dependencia de religiones y morales, metafísicas, etéreas.

Sin embargo, después de la crítica, el marxismo se encuentra frente a la necesidad de proponer una alternativa. Es ahí donde el comunismo se extravió, ya que a partir de ese punto cero, queda atado al concepto de intercambio, lo que propone es el intercambio igual, generalizado, medido por la cantidad del trabajo producido. Para ello requiere la socialización de los medios de producción. Lo que el marxismo generaliza, es siempre una producción de valores materiales. La proposición de base sigue siendo materialista. A falta de una crítica del propio intercambio, el sistema comunista sigue siendo materialista y, en ese sentido, inhumano.

Aquí hay que comprender muy bien en qué consiste el antagonismo entre intercambio y reciprocidad. Por medio del intercambio se genera un valor exclusivamente material, mientras que por la reciprocidad se genera un valor enriquecido con otras dimensiones hasta la más alta que es la de la ética. Es de lamentar que el marxismo no haya reconocido este antagonismo y que haya quedado prisionero del intercambio y de una concepción materialista como la del liberalismo económico. Es cierto que el valor ético puede enajenarse en los imaginarios de prestigio propios a cada identidad étnica; podríamos, tal vez, hablar de etnicidad como enajenación de la ética universal pero nunca se enajena tanto como en el intercambio en donde desaparece por completo.

Esta enajenación de la ética en los límites de la imaginaria étnica, que pueden conducir a exclusiones recíprocas, ha llevado a críticos a interpretar estos límites como fuentes de racismo. Por otra parte, la enajenación del don permitió interpretar los valores de renombre o de prestigio como signos de despotismo y, por lo tanto, como obstáculos a la revolución.

Pero no hay que olvidar que en todos los sistemas de reciprocidad, el valor de prestigio traduce también el valor ético. Esta equivalencia es tanto más precisa cuanto la reciprocidad es más igualitaria. Es menos precisa cuando la reciprocidad se vuelve desigual o sometida, como llegó a serlo en los grandes sistemas de redistribución de los antiguos imperios. Pero la colonización desorganizó estos imperios, descubriendo las bases del sistema como innumerables estructuras de reciprocidad elemental, liberadas de la desigualdad y del tributo. Estas se han convertido en fuentes autónomas de valor, estrechamente ligadas al sentimiento de justicia. Esto es lo que funda a la justicia como motor económico. Se puede decir que la justicia tiene su propia fuerza, como dinámica de la economía, por ser una necesidad del hombre más importante aún que las necesidades de subsistencia.

Es entonces cuando puede realizarse una alianza con las organizaciones marxistas, en torno al tema de la justicia social, a pesar de que las reivindicaciones de unos y otros proceden de determinaciones diametralmente opuestas: en efecto, unos quieren mejorar las condiciones del intercambio, mientras que los otros intentan disminuir su importancia para restablecer la reciprocidad. Ahora bien, una alianza en torno al objetivo de un «precio justo» es empíricamente posible. Unos ven en el precio justo la remuneración de su fuerza de trabajo, los otros entienden por ello el respeto de sus equivalencias de reciprocidad. Ética y materialismo aparecen aquí como una pareja de fuerzas que producen su efecto en el mismo sentido contra un adversario común pero que, una vez en el poder, revelarán que son contradictorias.

Pero es claro que la colectivización va en contra de esta dinámica de impulso de la producción. En efecto, suprime la individualización del renombre, el prestigio o la responsabilidad personal y, por consiguiente, obstaculiza toda competencia entre unos y otros para producir más o mejor. La anulación del prestigio tiene como consecuencia inmediata el volver inútil el trabajo creador o productor de excedentes. Sólo queda a los individuos, como motivación de la producción, el autoconsumo biológico. La colectivización constituye, por tanto, una dinámica del subdesarrollo de las comunidades de reciprocidad. Su fracaso es, por cierto, evidente en las sociedades campesinas de la Unión Soviética, de la RDA, de Polonia, de Checoslovaquia, de Vietnam, de Nicaragua y de China por lo menos hasta que ésta rehabilitó la granja familiar y comunitaria.

En estos países, el motor de la producción colectivista es, sobre todo, la necesidad, la penuria en el consumo, la autosubsistencia biológica. La confusión entre comunidad y colectividad es, en definitiva, tan grave como la de la caridad con el don. Provoca, en efecto, el paro en el crecimiento y en la evolución económica.

Podemos, por tanto, decir que, de la privatización a la colectivización occidental, las comunidades del Tercer Mundo van de Caribdis a Sila.

El tercermundismo de inspiración marxista no vale mucho más que la ayuda capitalista al Tercer Mundo. Uno utiliza el don como caballo de Troya para destruir la economía tradicional; el otro se niega a reconocer el don y la reciprocidad como fundamentos de otro sistema económico diferente del intercambio generalizado. Ninguno de los dos reconoce el don y la reciprocidad como bases de la comunidad y principio de un desarrollo post-capitalista (y post-marxista).

Cada uno de ellos quiere destruir –y en ello están objetivamente aliados– las fronteras de las comunidades para imponer su ley: la ley del intercambio desigual, para unos, y, para otros, la del intercambio igual pero colectivizado. Pero los dos muestran que obedecen de hecho a la lógica del intercambio, mientras que es sobre la reciprocidad que se fundamenta la comunidad.

El economicidio consiste, por lo tanto, en destruir las bases económicas de reciprocidad de las comunidades, ya sea para imponer la privatización de la propiedad, o para imponer la colectivización. Este economicidio es, hoy, el arma más secreta, tal vez la más eficaz, en todo caso, la más maquillada del Occidente.

*

21

«MÉXICO PROFUNDO»
CARTA A GUILLERMO BONFIL BATALLA

(26 de Noviembre de 1990)[384]

---

[384] Durante el Congreso de Barcelona «500 años del encuentro de dos mundos» (1990), Guillermo Bonfil Batalla acababa de publicar *México Profundo: Una civilisacion negada*. Este libro magnífico tuvo un enorme éxito. Impactó fuertemente porque revelaba, en un bello estilo y acompañado de una convincente ilustración científica, que las sociedades mexicanas disponían de una vivencia de profunda riqueza, y cuya lógica no era la que le imponía sistemáticamente la modernidad capitalista. La contradicción de estas dos lógicas resplandecía en cada página.

No obstante, cuando yo terminé de exponer mi punto de vista sobre la reciprocidad, Bonfil Batalla fue el primero en inquietarse por una cuestión que quedaba en suspenso en su libro: había descrito, efectivamente, dos sistemas opuestos; el uno, de intercambio, justificado por la competencia entre intereses privados y, el otro, de reciprocidad y dones; pero le parecía haber presentado al primero, como un sistema dinámico, y al segundo, como un sistema estático. Le pareció, al contrario, que yo había insistido sobre la dinámica del don y la reciprocidad y me pidió una crítica de su libro *México Profundo*. Yo rechacé la demanda porque nunca había ido a México y me hubiera sido difícil ser suficientemente preciso en mi análisis.

Pero Guillermo Bonfil Battalla insistió y argumentó, pidiéndome trabajar con él, porque haciendo la suma de las observaciones de *México Profundo*, había llegado a la conclusión que la dinámica del sistema de reciprocidad abría un porvenir a las poblaciones mexicanas. Él quiso completar este libro y me propuso participar en ello con una crítica que lanzaría la discusión sobre este punto preciso: las sociedades de reciprocidad no son estáticas.

Comencé esta crítica. Fue interrumpida por la muerte accidental de Guillermo Bonfil Batalla. Es, tal vez, anti-deontológico publicar un texto que pretendía ser una contribución a un trabajo común, cuando su iniciador, aquel que tenía que ser su principal artesano, ya no está; más aún, cuando el tiempo marcó el documento y éste quedó inacabado.

Si, publicamos este texto inconcluso es porque trata de la dinámica de la reciprocidad, a menudo descuidada, y porque pretende revertir la opinión común según la cual la comunidad se definiría por una identidad que vendría a ser una frontera paralizante. Y justamente este tema de la comunidad, como prisionera de una identidad colectiva que impediría a los hombres salir de ella y participar en la historia universal, es recalcada, actualmente, por los defensores del sistema capitalista.

Esta tesis de la inmovilidad del sistema de reciprocidad ¿no jugaría el rol de denegación, en el sentido psicoanalítico del término, es decir, el rol de una acusación que atribuye a otro algo del cual uno mismo no quiere reconocerse sujeto o causa? A juicio mío, los capitalistas temen reconocer que las murallas en cuestión no son los límites naturales de la reciprocidad, sino la interfaz de la reciprocidad y del intercambio. Y más aún, temen darse cuenta que esta interfaz se debe esencialmente a la naturaleza del intercambio, pues son los accionistas del intercambio quienes se excluyen de la reciprocidad. El librecambio generaliza esta interfaz negativa hasta que se vuelva propiedad privada. Y nos damos cuenta entonces que la reciprocidad, por el contrario, destruye este límite. Esta paradoja significa una tremenda deficiencia del sistema de intercambio: las murallas, que esterilizan la inversión y la producción generalizada para el *vivir bien*, se deben a la economía de intercambio.

Era este punto, justamente, el que Guillermo Bonfil Batalla quería poner en juego en la siguiente discusión, que pensaba proponer a la filosofía política de su país: quería mostrar que la reciprocidad podía ser el motor de una avanzada económica, social, política; que sería una alternativa a la decadencia prometida por la integración de la sociedad mexicana al modo de vida capitalista. Se trata aquí, solamente, de precisar una articulación del pensamiento de Bonfil Batalla a la hora en la que nos dejó su reflexión en pleno auge.

Dos civilizaciones se interpenetran, luchan, pero nunca se confunden. La etnología mexicana pone el acento sobre la complementariedad, la armonía, la ecología, como referencias de la Tradición y que son, evidentemente, opuestas a la competencia, la acumulación y la explotación. Lo que se intento agregar es que el sistema de los pueblos amerindios no es estático, sino que crece también; crece, por lo menos, en lo que podemos llamar lo ético. Pero no podemos olvidar que, la creación de lo ético, empieza por el respeto de las necesidades del otro; por tanto, pues, también por un orden económico. Por eso viene la idea de «dos economías» (y no solamente una). Caso contrario, lo ético sería nada más que un sistema de compensación de la inhumanidad de la economía capitalista.

Lo que proponen, hoy, muchos colaboradores del sistema capitalista es insuflar, a la ley del valor del sistema capitalista, motivos morales. Pero estos motivos ¿dónde los encuentran? ¿en las religiones? ¿no resucitan acaso al idealismo? Me parece que la ética, que surge de la reciprocidad, da a la misma reciprocidad un papel económico tan importante, como el rol económico que otorga el interés privado al sistema de intercambio y de competencia.

Una frase de *México Profundo* parece resumir la tesis de Guillermo Bonfil Batalla sobre la economía amerindia:

> Hay una lógica práctica en la distribución del tiempo de trabajo y en la diversificación de las actividades. Pero esa lógica se pone de manifiesto únicamente si se conocen los objetivos últimos de la actividad productiva, las necesidades que debe satisfacer. Las culturas indias tienden a la autosuficiencia[385].

Es verdad que si la reciprocidad se funda sobre el don, el don mismo, teniendo la necesidad de conocer la necesidad del

---

[385] Guillermo Bonfil Batalla, *México Profundo: Una civilisacion negada*, México: Secretaría de Educación Pública y el Centro de Investigaciones y Estudios Superiores en Antropología Social, 1987, reed. por la editorial Grijalbo en 1989, p. 42.

otro, la complementariedad de los estatutos de una comunidad, bastaría para satisfacer el consumo de todos.

¡Pero...! El don no se preocupa por los límites del consumo del otro. Una vez alcanzadas éstas, las sobrepasa mediante el convite, la fiesta, el *potlatch*... No hay límites al don. Ninguna autosuficiencia puede pretender detener el crecimiento de una economía de reciprocidad. El crecimiento está asegurado por la lógica del don, y, encima, es acelerada por la competencia entre donadores quienes, todos, quieren adquirir el rango más elevado en la jerarquía del prestigio.

Lo que pudiera sugerir que la economía del don es una economía de autosuficiencia, es, tal vez, el hecho de que en ciertas comunidades, cuando la producción material satisface las necesidades de todos, la inversión en la producción de esta riqueza material se detiene en beneficio de otras producciones menos visibles. Pero no se puede limitar la producción del don, por el consumo material, porque el don está implicado en una estructura más fundamental: la reciprocidad que produce más de lo que produce el don. Produce, en efecto, un valor espiritual (la *philia* o la *charis,* en griego antiguo, el *mana* de los polinesios...), un sentimiento que se encuentra en el origen de las artes, de la religión, de la cultura...

Así, pues, si no vemos que la producción se concretiza en un consumo material, como en el caso del *potlatch*, es que el tiempo de trabajo se ha reconvertido en producción espiritual: danza, música, filosofía... Y el deseo del hombre es infinito.

Si la palabra «suficiencia» me parece no poder describir esta magnífica aspiración hacia lo espiritual, el prefijo «auto» me parece paradójico para definir una relación que siempre es una apertura hacia los demás. No es la unidad de la familia la que cuenta, en las sociedades de reciprocidad, sino la invitación de la familia a otras familias; no es la autonomía del linaje, sino la invitación del linaje a otros linajes; no es la subsistencia de una etnia, que interesa a una etnia, sino entrar en relaciones, aunque sean guerreras, con otras etnias.

La noción de alteridad es fundamental en la economía del don: es la articulación elemental de la reciprocidad. La reciprocidad no es el encierro de tú en mí, ni de mí en tú, sino que empieza por la apertura de mí a tú y de tú a mí, y sigue con la apertura de nosotros a los demás, etc. Cerrar la reciprocidad por una frontera, en algún sitio, hace pensar en esta leyenda relatada por Lewis Hyde en *The Gift*: dos religiosas se daban limosna mutuamente, pero exclusivamente entre sí; su tumba se transformó en un pozo del cual nadie podía beber porque el agua se había envenenado.

Es verdad que, a medida que se construye una comunidad, las relaciones de reciprocidad se vuelven complementarias entre sí y las producciones culturales se tornan tributarias del imaginario complejo de esta comunidad. La unidad, de esta cultura y de esta economía, ofrece al extranjero cada vez menos posibilidades de integración inmediata pero, ante todo, no puede ser compatible, a causa de su complejidad, con otra organización que se base en otro sistema de reciprocidad. La solución consiste entonces en encontrar el medio de redistribuir los valores, de los unos y de los otros y viceversa, gracias a *puentes de reciprocidad intercomunitarios*.

Me parece que lo que describe Polanyi como *comercio a larga distancia* (en especial refiriéndose a los imperios amerindios) constituía estos puentes de reciprocidad entre comunidades distintas. Había, por cierto, búsqueda de equivalencias, pero de equivalencias simbólicas, entre los personajes que así comerciaban. ¡No niego, por tanto, la existencia del trueque! Todas las sociedades humanas han conocido el trueque, pero todas o casi todas, lo han reducido a una actividad de segundo nivel, a un recurso. Creo que se ha sobredimensionado el trueque, en las prestaciones de las sociedades de reciprocidad, en relación a las prestaciones regidas por el don.

Frente a las apariencias, con las cuales los hombres se entretienen, la pregunta planteada en *México Profundo* es: ¿por qué los hombres actúan así? Bonfil Batalla contesta:

Intervienen, desde luego, mecanismos de presión social (…). La presión social, sin embargo, exige también alguna explicación. Y ésta se halla en el hecho de que la participación es una condición indispensable para ser reconocido y admitido como integrante del grupo, de ese grupo que, se asume como depositario exclusivo de un patrimonio cultural heredado. Para tener acceso legítimo a ese patrimonio y para poder intervenir en las decisiones sobre el mismo, es necesario ser miembro del grupo; y para serlo (el círculo se cierra) se debe probar que se aceptan las normas colectivas[386].

El *todo* ejercería entonces un control sobre las *partes*. La *unidad de la comunidad* controlaría a los diferentes miembros de esta comunidad, en la medida en que pretendiesen acceder al poder de esta comunidad. Pero esta *presión social*, incontestablemente reguladora ¿puede ser una fuerza motriz de la evolución de esta sociedad? La Tradición ¿sería sólo un conservatorio del patrimonio para la identidad colectiva, que se opondría a toda innovación?

¡Hay, tal vez, otra manera de interpretar la Tradición!

En un sistema de reciprocidad, la Tradición es un lenguaje común que proporciona a cada uno un acceso a relaciones de reciprocidad. No dispone *del* discurso: dispone *al* discurso; no cierra: autoriza. La regulación, desde ya, no es más un encierre en un molde cultural. Todos los escalones de la responsabilidad política parecen destinados a dar más potencia al donador.

El don de cada uno no se debe limitar, controlar, condicionar, sino multiplicar, aumentar, acelerar. Si se interpreta la Tradición, como el capital de estos procesos de apertura, entonces intenta conferir a la energía de cada uno su más grande eficacia.

---

[386] *Ibíd.*, p. 51.

El sistema de reciprocidad hace pensar en un solenoide en el que mientras más se reproducen los círculos, más intensa es la inducción magnética. Mientras más se multiplican los ciclos de reciprocidad, tanto más crece el valor producido. Los ciclos se reproducen, no para estabilizar o conservar una ventaja obtenida, una situación adquirida, sino porque del corazón de cada ciclo nace una plusvalía espiritual. Si ponemos nuestra atención en el equilibrio de fuerzas, que hacen un ciclo, da la impresión que siempre es el mismo: A da a B, y B da a A, etc., o A da a B que da a C, que da a A... Pero la *philia*, el *mana*, producido por la reciprocidad, es de valor 1, para el primer ciclo, de valor 2 si el ciclo se reproduce, de valor n si el ciclo se reproduce n veces. El equilibrio es, por tanto, una noción equivoca, sino engañosa, porque hay que contar el valor de lo que no se ve: la *philia*, el *mana*, el Tercer indiviso.

Si no remarcamos este mecanismo de crecimiento de la energía espiritual, que funda la cultura, estaríamos reducidos a considerar la cultura como un patrimonio caído del cielo o engendrado por la tierra de manera misteriosa. Los primeros franciscanos y jesuitas, que desembarcaron en tierras americanas, creyeron que el patrimonio espiritual que encontraron, y que no podían negar, había sido dado a los indígenas por Dios en otros tiempos y que, por tanto, éstos habían conocido la Biblia. Para justificar su misión, inventaron, luego, que los indígenas habían perdido el santo libro durante el diluvio o, también, que lo que poseían de mística les había sido traído por la predicación del apóstol Tomás, que hubiera dado la vuelta al mundo por China. Referirse a la historia, como a otro *deus ex machina*, para explicar este patrimonio, sería remitirse ya no a Dios, ¡sino al Diablo! El motor de la historia de las comunidades indígenas es nomás la reciprocidad.

No se puede decir, a la vez, que el don es el motor de la economía y que la economía está subordinada a la preservación de un patrimonio cultural, o que el don perpetua un orden establecido o restaura la coherencia de una identidad colectiva preformada. Sería tratar la economía de reciprocidad de manera funcionalista. Hay que concebir a la reciprocidad como una dinámica de apertura hacia el otro; el don, como una superación de sí mismo, como una invitación al otro y, eso, no con la preocupación de algún interés privado, sino con la preocupación de un más-allá de lo que ya existe, con la preocupación o el deseo de una realidad de un orden superior, que no pertenece a nadie.

Esta potencia superior de nuestra conciencia humana no tiene límite objetivo. Por tanto, tiene un nombre: libertad. La finalidad del don es de orden ético, aun si la abundancia material es una condición *sine qua non* para ello. Los estatutos de una comunidad están todos ordenados en torno a este eje evolutivo e, incluso, a este eje dialéctico, la dialéctica del don.

Llama la atención la semejanza entre ciertas páginas de *México Profundo*, dedicadas a la economía de prestigio, con aquellas escritas por William Carter y Mauricio Mamani, en *Irpa Chico*[387], que describen la misma economía en Bolivia. Se ve los mismos principios hasta en los detalles, para comunidades, las unas herederas de los Aztecas y las otras de los Incas. He aquí, por cierto, un argumento para la unidad de la civilización amerindia. En Bolivia, como en México, las comunidades están fundadas por el principio de reciprocidad. La reciprocidad es la sede del sentimiento primordial de la humanidad y cuanto más se participa de la reciprocidad, tanto más se adquiere autoridad moral. Pero ¿cómo participar de ella?

Primero y ante todo, por esta palabra silenciosa y mágica, entendida por todos, tanto por enemigos como por extranjeros y amigos: el don.

Aquí y allá, los principios son los mismos: más se da, o mejor se da, más «grande» se es y tanto más respetado por todos, pues la autoridad tiene el mismo sentido para todos.

---

[387] William E. Carter y Mauricio Mamani P., *Irpa Chico. Individuo y comunidad en la cultura aymara*, La Paz, Bolivia, Juventud, 1982.

Cuanto más se es estimado, tanto más se recibe la confianza de los demás y se tiene responsabilidades sociales y políticas, hasta económicas. Y cuanto mejor se cumple con los cargos, mejor si de manera generosa, tanto más se crece en la escala del prestigio.

Sin embargo, los dos análisis parten de una misma idea que, me parece, dice las cosas de manera invertida: parten de la idea de un control de la inversión de cada uno por la comunidad. Este control existe indiscutiblemente. Pero lo esencial es el trabajo-para-el-don, puesto que este trabajo es el que crea la comunidad y la civilización, no a la inversa.

No obstante, porque se observa comunidades creadas en el pasado, existe la tentación de explicar la motivación del don, de la generosidad, del altruismo, como si la totalidad fuese primera e incitase a cada uno a dar y a merecer su integración social en esta totalidad, y a ser reconocido dentro del orden establecido. Luego, es tentador explicar la identidad de esta totalidad, como una herencia del pasado y ya no como un futuro por construir. Así, el patrimonio sería un objetivo para cada individuo que intentaría apropiárselo. O también, cada uno intentaría conformarse lo mejor que se pueda al imaginario antiguo, para no desaparecer a los ojos de los suyos. Frente al mundo exterior y frente al extranjero, percibidos desde luego como amenazas hacia esta identidad, hasta como enemigos irremediables, se estaría en la defensiva para proteger su imaginario. Para adherir a la identidad tradicional, cada uno se confinaría a obligaciones sociales que se volverían coacciones, obligaciones de servir a sus más prójimos, pero con el objetivo reductor de asemejarse a ellos. En vez de ser un acto libre y creador, en vez de ser la expresión del deseo y de la audacia, una apuesta por la humanidad, el don sería el precio a pagar, la coacción a sufrir, para recibir de una sociedad protectora, su nombre de ciudadano o de hombre. Sólo los audaces traspasarían los límites y recorrerían el mundo.

Por cierto, la preocupación del interés privado, que caracteriza los usos y costumbres occidentales, una vez extrapolada y proyectada sobre las comunidades de reciprocidad, puede justificar tal ideología. Es también posible que una religión no tenga otra salida que este encierro identidario sobre sí mismo que conduce al fascismo, y que conciba al don como la remisión de la libertad perdida.

Pero tales ideologías o tales religiones, no son características de un sistema de reciprocidad.

Quisiera, ante todo, entender por qué la etnología se aferra a esta tesis de la primacía de la identidad comunitaria o de la conservación del patrimonio (tesis que se podría llamar *patrimonialista*) sobre la dinámica creadora del don.

Según *México Profundo*, la idea del primado de la identidad comunitaria está ligada a dos nociones claves: la noción de *igualdad* y la noción de un *equilibrio universal*. Veámoslo:

> Resulta visible la correspondencia entre los diversos aspectos de la cultura india que se han mencionado hasta aquí. La orientación de la producción hacia la autosuficiencia es congruente con la economía de prestigio: ambas tienden a igualar los niveles materiales de vida y obstaculizan la gestación de diferencias de riqueza (…)
>
> Todo esto se expresa y se justifica en el orden de las ideas a través de una visión trascendente del hombre y del universo. Según esa concepción, la naturaleza, de la que forma parte el hombre, está regida por un orden cósmico al que deben ajustarse todos los seres[388].

Pero no podemos decir que las relaciones de reciprocidad provocarían sólo la igualdad de las riquezas, si se entiende por ello que esta igualdad obstaculizaría la génesis de las diferencias… Sería, más bien, la posesión de las riquezas que provocaría, tarde o temprano, el detenimiento de su producción. Sin embargo, en el sistema occidental, la competencia por la posesión más grande permite la diferenciación, a pesar de la acumulación. Y pasa lo mismo

---

[388] Guillermo Bonfil Batalla, *México Profundo, op. cit.,* p. 51-52.

entre los donadores. La dialéctica del don no tiene por finalidad poseer menos o, incluso, nada, dando todo, porque la competencia entre los donadores para dar más los unos que los otros, implica, por supuesto, una producción siempre renovada e intensificada de lo que es bueno dar.

Pero ¿habría, por tanto, que referirse al *equilibrio armonioso del universo*? Ahí también dudo que, la idea de insertar al hombre en un equilibrio de fuerzas universal, sea indígena. Esta idea me parece una interpretación occidental, que invierte la visión indígena para hacerla compatible con sus presupuestos. En las comunidades amerindias, la naturaleza está conminada a ser testigo de la universalidad del don. Si los cantos tradicionales dicen que, en el origen, todo era humano, que los peces eran hombres-peces, que los monos eran hombres-monos, los jaguares hombres-jaguares, y que quedan, hoy, sólo hombres-hombres, dicen también que los demás hombres han perdido sus relaciones de reciprocidad y se han vuelto animales. Por lo tanto, son las relaciones de la naturaleza las que son concebidas, a partir del modelo de las relaciones entre los hombres, y no a la inversa, las relaciones entre los hombres a partir del modelo de las relaciones de la naturaleza. Es por eso que el mundo puede ser encantado de espíritus, porque de todas las relaciones que se puede establecer con la naturaleza, nacen los espíritus. La naturaleza que ni da, ni toma, está descrita entonces como el caos. No veo inmovilidad en esta armonía o en esta espiritualización del universo: retomo la idea de equilibrio, pero el equilibrio también puede crecer e intensificarse sin tregua.

Las comunidades de reciprocidad han descubierto la matriz del sentimiento que las hace nombrarse humanas; han descubierto la matriz de los valores humanos. Lo que mueve a los hombres en la reciprocidad, y eso en todas las sociedades, es un llamado a la humanidad, o una sed de libertad que encuentra su motor en el deseo del deseo del otro –para retomar la expresión consagrada por el psicoanálisis. Hay, por tanto, cierta fascinación por todo lo que puede revelar el más-allá. ¡Y sólo Dios sabe cuánto se sirven los poderes de tipo

431

religioso de esta fascinación! Hay, así, fascinación por la creación, en tanto facultad que haría competente al hombre y le haría asumir responsabilidades. Pero nos damos cuenta que esta facultad nace y puede ser producida y reproducida. Puede ser producida por los hombres, pero también por la integración de las relaciones de la naturaleza en las relaciones de reciprocidad. Entonces ¿por qué rechazar la generalización de la reciprocidad a la naturaleza? Si la relación con el otro conduce a agarrar una pluma, una flor o una fruta para dar una expresión o un rostro a los valores espirituales, más aun conduce a agarrar una yuca o un maíz para saciar la necesidad más inmediata del otro; entonces esta flor, esta mazorca de maíz o esta yuca se vuelven significantes. Son cargados de sentido, son palabras. El don es una palabra silenciosa. Así, el hombre puede comenzar a integrar al lenguaje del don la naturaleza entera, las plantaciones de maíz y de yuca, los trabajos de irrigación, el arado y la yunta de bueyes… Y luego el sol, la lluvia y también las estrellas y hasta las fuerzas espirituales que podría imaginar más allá de nuestra esfera.

Por no conocer las leyes físicas, que rigen el movimiento de los astros, los hombres han imaginado que eran movidos por potencias espirituales. El hombre postula así la reciprocidad con la naturaleza en dos sentidos: por extensión de sus propias relaciones e imaginando, con audacia, que existen en otros planetas otras estructuras análogas a las suyas y que mueven las luminarias celestes. Así, o bien atribuyen un alma a la naturaleza, o le reconocen generosamente una, *a priori*. Existe, efectivamente, una experiencia trascendental, pero no es anterior a la experiencia de la reciprocidad; es hasta inmanente a ésa.

La primera experiencia de reciprocidad, de donde surge una conciencia común entre los hombres y que se refiere al sentido, tiene lugar entre los seres humanos. Sólo después son iluminadas y nombradas las realidades de la naturaleza, tanto animales como materiales, que, a primera vista, caóticas y ciegas respecto de sí mismas. Lo son desde el momento en que pueden adquirir un sentido y tienen un sentido cuando son integradas a relaciones de reciprocidad. Una buena manera de darles un sentido, de nombrarlas humanas, es haciéndolas figurar en historias en las que son consideradas como donadoras… Se vuelven entonces la sede de un alma análoga a la de los hombres, de un *mana*, divino.

La ciencia hizo retroceder el mundo de los espíritus. Cantidad de espíritus, imaginados para explicar el curso de las cosas, han tenido de dejar el campo a explicaciones científicas, y una de las dos maneras de animar a la naturaleza casi desapareció. Y, sin embargo, en el momento exacto en el que esta ciencia llega a su apogeo (la teoría de la relatividad generalizada de Einstein), descubre zonas de indeterminación, regiones vacías de tiempo y de espacio pero llenas de una «sustancia inmaterial», transparente, y descubre que este estado, fuera de la naturaleza física, fuera de la materia, fuera de la energía, nunca se borra completamente. Aun cuando la acumulación o la avalancha de fenómenos llega a crear un orden natural no-contradictorio, en el que aparecen sólo lo material y lo energético, este «estado inexistente» queda siempre al centro de todos los dinamismos que constituyen este orden «existente». Está presente en el corazón de sus redes y de sus mallas más finas, como una realidad parecida a la realidad psíquica que postulan los pueblos, que lo llaman *mana* o *imana*, etc., y que lo consideran como motor y fuente del *equilibrio* del mundo. Esta intuición prodigiosa, de una armonía probablemente universal, se encuentra así rehabilitada por la ciencia que tenía por misión denunciar sus efectos perversos. Los espíritus que se relevan entre sí, de manera imponderable pero sistémica –de tal manera que los podemos llamar también el Espíritu– tejen entre las cosas una coherencia misteriosa, como si el mundo fuese animado de un psiquismo latente del cual la conciencia humana sería el prodigioso amplificador.

En contra de la idea de autosuficiencia, yo haría prevalecer que una economía, fundada sobre el don en reciprocidad, no intenta arruinar a otro, como pretende la competencia, en el sistema capitalista. Le permite, al contrario, maximizar sus capacidades productivas; lo que explica que las sociedades de reciprocidad sean sociedades de abundancia, como lo muestran las observaciones de Sahlins, pero en vez de poner sus capacidades productivas al servicio de las armas y de los capitales, las ponen al servicio de los valores éticos y de la felicidad de la humanidad.

En una reciprocidad bien entendida, el don incluye los medios de producción del don, de tal manera que nunca pueda haber desempleo. Cada uno recibe *a priori*, de los demás, los mejores medios de producir para los demás, es decir, en función de sus competencias, como lo que está pasando con el estatuto de los docentes, al menos cuando la enseñanza es una enseñanza del Estado, es decir, laica, libre y gratuita. No veo en ello una razón para que los mejores sean neutralizados por los menos buenos; sino, al contrario, una razón para la supresión de esta escandalosa dicotomía entre los mejores y los menos buenos. En el momento en que cada uno recibe los medios para hacer valer sus cualidades personales lo más que se pueda, no existen ya mejores y peores, sino diferentes. La diferenciación de los estatutos de producción da, a cada uno, la posibilidad de ser el mejor en su ser propio.

Pero entonces ¿por qué esta dinámica del don no es visible hoy; por qué no crea hoy mismo los valores que no dejan dudas sobre su pertinencia; por qué vemos funcionar a la reciprocidad, sólo en las condiciones de la reproducción de cierto patrimonio histórico?

Mi respuesta es que la colonización occidental ha decapitado o desmembrado los sistemas de reciprocidad y que ha desnaturalizado los valores de prestigio, interpretándolos en sus propias categorías de referencia. Prefirió, por ejemplo, la idea del *interés privado*, que se cuenta en potencias monetarias o militares, a la potencia de los *valores éticos* (los imperativos morales, los espíritus, los dioses…). Y así, por la fuerza, impuso su «derecho» a todo el planeta.

Así, pues, si no es ya posible producir, para adquirir autoridad en la jerarquía del prestigio, ya no hay razones de producir para dar. De este modo, las economías de tipo amerindio se encuentran privadas del motor de su crecimiento y se encierran en lo que el etnógrafo objetivo constata: la autosuficiencia. La producción, antes supeditada a la fiesta, a la invitación y a la abundancia, a las artes y a la vida intelectual o espiritual, se reduce a la satisfacción de las necesidades más elementales de unidades de consumo, reducidas a su más simple expresión y cerradas sobre sí mismas. El intercambio puede volverse, desde luego, un recurso para asegurar la supervivencia alimenticia. Y como es más fácil obtener trigo o soya norteamericanos, satisfaciendo la demanda capitalista (en mano de obra, por ejemplo) que producir uno mismo soya y trigo, la integración al sistema capitalista se vuelve irreversible. La diferencia tecnológica, que permite la acumulación del capital, otorga al intercambio desigual un sentido unilateral.

Entendemos la ventaja que sacan los ideólogos del sistema capitalista al declarar toda economía, fundada sobre el don, como «irracional». Pueden fácilmente demostrar esta irracionalidad, cuando la economía de reciprocidad está inmersa en un sistema mundial, en el que la fuente del poder es la acumulación de las riquezas. Todas las instituciones internacionales están construidas sobre el modelo occidental. Ni una se refiere a otra concepción de la economía política, diferente a la del mundo capitalista. No hay interfaces planetarios entre la reciprocidad y el intercambio, sino sólo a nivel de los hogares. El sistema de reciprocidad se encuentra mutilado de toda perspectiva de desarrollo y porvenir.

Por cierto, los capítulos de historia de *México Profundo* describen admirablemente este proceso de mutilación histórica, de decapitación y desmembramiento de la civilización mexicana, pero empezamos recién a descubrir la *economía de reciprocidad*, como economía del trabajo para el otro.

Esto explica la inmovilidad de las sociedades no-capitalistas, porque por el momento viven sin conocer las matrices de lo que adquirieron a lo largo de su historia. Y están brutalmente sumergidas, por las ideologías capitalistas, que pretenden explicar la reciprocidad como si fuese el intercambio; el don como si fuese un préstamo; el trabajo-don como si fuese un trabajo-provecho.

La violencia de la sociedad capitalista logró someter toda rebelión; pero toda rebelión es, en realidad, vana, *a priori*, no porque el sistema capitalista fuese más eficaz, sino porque la rebeldía es ciega. Al contrario, cuando las comunidades del Tercer Mundo entiendan la lógica de su sistema, en vez de rebelarse ciegamente o de refugiarse en el pasado, conocerán también la victoria. Las sociedades no-occidentales no están vencidas; están enceguecidas. ¡Que descubran la *Teoría de la Reciprocidad* y el porvenir de la humanidad será de ellas!

La razón del fracaso sistemático de los indígenas, frente a los Blancos, no se debe a una relación de fuerzas materiales, sino al hecho que no nos damos cuenta de la contradicción entre el sistema de acumulación y el sistema del don, o también de la contradicción entre la lógica del provecho y aquella del prestigio. Así, no se entiende por qué el sistema de reciprocidad se derrumbó frente al sistema de intercambio y por qué las cosas siguen así.

Hay que recordar, por lo tanto, que en la época de Cristóbal Colón, los «indios» de América imaginaban a los hombres recién llegados, como otros hombres o dioses, pero perteneciendo a su mismo sistema. No imaginaban otra razón del poder, que aquella del prestigio. Todas las sociedades originarias, de la Patagonia a Alaska ¿no estaban acaso organizadas a partir de los mismos principios de reciprocidad? Y, probablemente, no vino a la mente de alguna autoridad indígena llamarse «hijo del dios vivo», sin participar uno mismo de una relación de reciprocidad; sin pertenecer, de alguna manera, a una estructura generadora del ser común, que se llamaba dios y que llamamos hoy «la humanidad». Para todos, la gloria, la gloria divina, era la expresión del ser social engendrado por la reciprocidad, cuya eficiencia era tan potente que la podían imaginar ¡como fuerza motriz del sol!

En cuanto a los occidentales, tenían sólo a la vista el oro y no atribuían prestigio a una autoridad fundada sobre el prestigio de los donadores. Su poder se instauraba sobre la privatización de la propiedad. Los valores espirituales, los pisaban y sus símbolos, los quemaban para extraer lingotes.

Pensemos entonces en la articulación de estas dos lógicas: el uno da, mientras el otro acumula. Las dos dinámicas suman sus efectos para transferir el poder material de un solo lado, y sin retorno. Este poder confiere, a aquel que lo recibe y lo institucionaliza mediante la propiedad privada, los medios de la violencia necesaria para no preocuparse más por rebelión alguna.

Pero lo que quería enfatizar, es que este *quid pro quo* no ha caducado; sigue vigente en todo el mundo y, a saber, entre todas las relaciones económicas, sociales, culturales, políticas de hoy, entre capitalistas y no-capitalistas.

La perpetuación del *quid pro quo* explica la derrota de los usos, costumbres, tradiciones, culturas de todas las sociedades del mundo frente al librecambio. De esta derrota permanente, proviene tal vez este cansancio de los pueblos que rechazan entonces ellos mismos su propio sistema de valores. Algunos ya no quieren vivir para morir y se suicidan (los Andamán o los Guaraní, por ejemplo).

Que se revele el *quid pro quo*, y se dará un maravilloso vuelco; primero, psicológico porque aquellos que reconocerán el *quid pro quo*, vivirán su cultura ya no como una muerte, sino como una resurrección.

Constituyamos inmediatamente redes de reciprocidad, interfaces y territorios liberados del sistema capitalista; territorios en los que la reciprocidad esté autorizada sin límites, y no habrá más fronteras entre los hombres, sino aquellas que les opondrán los capitalistas mismos con los límites de su propiedad. Pero el tiempo de los capitalistas ha pasado y podríamos decir, como los Aztecas que veían morir México, que ya los fortines capitalistas son ruinas. Nuestra lucha, en realidad, ya no se vuelca en contra de ellos, los ignora, porque tenemos cosas mejores que hacer que combatirles: tenemos que construir un mundo mejor, y sabemos cómo. El criterio del intercambio o de la reciprocidad, es más que una frontera de civilización, más que una interfaz de sistemas, es un umbral histórico.

Cada uno puede, ahora, escoger y reconocer si el otro práctica el intercambio o la reciprocidad; si es un enemigo o un aliado y adaptar su actitud en consecuencia. De esta simple línea divisoria de las aguas, un mundo todavía en la neblina se descubre como la tierra en el alba: ese día es el de la libertad de ser humano.

*

22

CARTA A JAVIER MEDINA

(2003)

Quisiera aclarar un problema en el que introduje alguna confusión. En Bolivia, diferentes escritores e investigadores ilustraron el concepto de «complementariedad antagonista» o «complementariedad de opuestos».

En mi libro, *Estructura comunitaria y reciprocidad*[389] mostré que todo lo que resulta de una relación de reciprocidad como momento contradictorio, es decir, como resultante de la relativización de los contrarios, da sentido al uno o al otro, según uno de ellos domine. El sentido, pues, consiste en el hecho de que lo que es contradictorio en sí ¡interfiere con los contrarios!

Pero el sentido en cuestión no puede expresarse sino por significantes no-contradictorios. Toda la función simbólica resulta de ello.

La estructura lógica no-contradictoria de los significantes puede ser entonces, ora la diferenciación, ora la uniformización. ¿Cómo denominar a esos dos referentes lógicos de la palabra? Primero llamé al uno «Palabra de complementariedad» y al otro «Palabra de contradicción». ¿Por qué? Porque la complementariedad recuerda que los dos términos, que se diferencian, están correlacionados el uno con el otro, es decir, que los dos son simultáneamente reales… Son complementarios ya que uno no puede ser sin el otro. Y

---

[389] Dominique Temple, *Estructura comunitaria y reciprocidad: Del Quid pro quo histórico al economicidio*, La Paz: Hisbol-Chitakolla, Serie: Ensayos para repensar el país (Javier Medina dir.), 1989.

«Palabra de contradicción» ya que la contradicción reúne en la unidad a términos opuestos.

Y bien, releyendo tus textos, comprendí que el principio de complementariedad antagonista, al que te refieres, es de hecho el principio de complementariedad de Bohr. El punto de vista de Bohr es el siguiente: puesto que la realidad se manifiesta de forma no-contradictoria, ora bajo una forma homogénea, ora bajo otra forma heterogénea, según la naturaleza de la medición que se hace de un hecho, se harán sucesivamente mediciones antagonistas y se dirá que esas mediciones son «complementarias». El principio de complementariedad se convierte entonces en una operación mental destinada a enlazar entre sí las mediciones no-contradictorias pero antagonistas entre sí de una entidad realmente contradictoria en sí misma, pero que se manifiesta, ya sea por una o por otra de esas formas no-contradictorias y antagonistas entre sí bajo el efecto de la medición.

El principio de complementariedad de Bohr significa entonces aquí que el espíritu humano trata fenómenos como si fueran realmente complementarios. Pero es el espíritu él que hace la operación. El «como si» permite tratar a «contrarios verdaderos» (la dualidad onda-partícula, en su caso) que se excluyen mutuamente, como a oposiciones correlativas. Así, se podrá decir que la onda es complementaria de la dualidad corpuscular: que la salud –que es en realidad exclusiva de la enfermedad– y la enfermedad son complementarias entre sí, que la vida y la muerte son complementarias, como si fueran la derecha y la izquierda o lo alto y lo bajo, que son realmente complementarios. Así, ustedes dicen que la oposición y la unión son complementarias como se dice del Este y el Oeste, etc. Pero es el erudito el que hace esta operación, porque se representa así, de forma no contradictoria, el hecho de que los dos contrarios habitan simultáneamente en lo contradictorio.

Introduje una confusión entre lo que llamo la Palabra de complementaria y el principio de complementariedad antagonista, al que ustedes se refieren, ya que éste significa la capacidad, para los Aymaras, de expresarse, ora mediante esta

Palabra que llamo de complementariedad (adjudicada por los Aymaras principalmente al linaje masculino) ora por la Palabra opuesta, la que llamo Palabra de contradicción (y que los Aymaras la adjudican al linaje femenino). Así, cuando me di cuenta de que había introducido esta confusión y que la anterioridad del uso de la Palabra complementariedad le pertenecía a ustedes, renuncié a la definición de las dos Palabras como Palabra de complementariedad y Palabra de contradicción y sustituí esas apelaciones por las de Palabra de oposición y Palabra de unión. Por «oposición», esta vez, hay que entender oposición correlativa y no oposición de contrarios. Es todavía una ligera causa de error, ya que ustedes llaman a veces al principio de complementariedad antagonista, «principio de complementariedad de opuestos», pero no creo que sea infranqueable para los espíritus atentos.

Va de sí que los textos suyos sobre el tema son importantes, ya que a menudo se califica de irracionales a quienes se expresan, ora por la Palabra de unión, ora por la Palabra de oposición, en función del principio de complementariedad antagonista. Como quiera, a causa de esas discusiones que tuvieron lugar a propósito del principio de complementariedad de Bohr, se sabe de lo que se trata, y el hecho de que ustedes recuerden sistemáticamente el principio de Bohr, cuando apela al principio de complementariedad antagonista, le permite ser comprendido por sus interlocutores.

Sin embargo, hay que precisar que si el hombre aymara habla con la Palabra de oposición, aspira a la verdad. Pero cuando la mujer aymara habla con la Palabra de unión para decir lo mismo, también aspira a la verdad, ya que cada una de esas manifestaciones compromete a la totalidad de la energía invertida originalmente. La alternancia de las Palabras es una alternancia de soberanía, lo que da a la mujer y al hombre actitudes inversas, a las de los pueblos en los que el hombre y la mujer sólo son soberanos en la medida en la que dicen lo mismo con la misma Palabra.

Otro concepto que he encontrado en sus tesis y sobre el que falta volver para aportar alguna precisión, es el de holismo.

Cuando yo estudiaba botánica, me había interesado en las primeras formas vegetales y recuerdo haberme impresionado por tipos de algas que viven en los estanques salobres. Esas algas, según las circunstancias, podían disociarse: eran entonces algas unicelulares. Pero si las condiciones de salinidad se modificaban, he aquí que podían unirse mediante un gel y formar entonces una suerte de hoja que llamamos un *talo*, uno de cuyos lados se diferenciaba del otro: uno era reproductor y el otro aseguraba el crecimiento. En otras especies, esta hoja se redoblaba y formaba un saco, con las dos hojas que podían quedar pegadas la una a la otra o al contrario separarse. Entre los dos pliegues, el aire le permitía al alga flotar y tener siempre una parte en el agua y otra en el aire. Me interesaba en esas algas y veía en ellas las formas de organización que les permitían a los vegetales marinos ¡subir a tierra!

Estaba entonces sorprendido por la relatividad de nuestros conceptos de célula, talo, tejidos, órgano y organismo y por la plasticidad de la vida, que podía expresarse tan bien, tanto bajo una forma unicelular, como multicelular o incluso pluricelular, etc.

Cuando comprendí el principio vital de Bergson, del que dices que era una intuición justa, que había encontrado su expresión científica con el principio de Pauli, me di cuenta de que, desde el origen, todo lo que es material es viviente, es decir, que la vida no es otra cosa que la diferenciación, pero quien dice diferenciación dice también correlación de polos opuestos que se diferencian el uno del otro, y esta correlación es el factor de unidad que da a los diferentes elementos su forma compuesta. Aristóteles decía que la diferenciación sería mejor llamada la organización. Así, cuando el alga se diferenciaba, ella se organizaba, y cuando se de-diferenciaba, volvía convertirse en células todas iguales entre sí.

Si se sigue en los animales ese proceso biológico evocado aquí, en un nivel muy superior al de las células, el proceso de diferenciación de los individuos, en provecho de una forma compuesta superior llamada holística, esta organización también es perceptible: así en las hormigas o las abejas.

Se ha estado tentado de comprender los lazos de las relaciones humanas de las comunidades de la misma forma, pero entonces no es necesario, para ello, apelar a la conciencia de conciencia ni a los valores humanos, que no tienen lugar en un determinismo semejante. El materialismo vitalista hace, en realidad, impasse en la conciencia.

Se puede preguntar entonces si entre la diferenciación-organización biológica y la de-diferenciación antagonista (la homogeneización) no puede abrirse una tercera vía que sería la de nuestra conciencia humana. En esta hipótesis, el equilibrio metabólico entre catabolismo y anabolismo, que ciertamente no tiene señal química o física, puede ser llamado el espacio psíquico.

El animal, el vegetal, son formas de existencia cuyo equilibrio queda polarizado por la vida, mientras que el hombre parece haber podido relativizar esta polaridad dominante. Retorna esta polaridad contra sí misma, en efecto, gracias a la reciprocidad. La reciprocidad crea el equilibrio sistemático de las fuerzas antagonistas, ya que las vuelve simétricamente contra ellas mismas.

Ella crea, además, para cada uno de los participantes, un equilibrio oscilante entre el uno y el otro y que es la sede de una conciencia de conciencia, simultáneamente en todos los individuos que participan. Pero no como una totalidad constituida a partir de una diferenciación biológica. Esta conciencia humana resulta de un acontecimiento social: la reciprocidad; es por ello que digo que la reciprocidad es la matriz o la cuna de la humanidad.

El sí mismo, conciente de sí mismo, pertenece a todos y a nadie en particular. No constituye, sin embargo, un tercer personaje en relación a cada uno. Es el principio del sujeto y de la libertad en cada uno (lo que es expresado, a veces, por la metáfora de una trinidad: el espíritu entre padre e hijo). Se puede especificar la cosa por un nombre simbólico: Dios, y decir entonces que la encarnación de Dios, su actualización, es decir, la eficiencia de esta conciencia de conciencia, es el Verbo.

Pero entonces se sabe que las fuerzas puestas en juego en la reciprocidad, para ser relativizadas en una resultante que es la conciencia de sí, han desaparecido para ser y ser transformadas en ese Verbo que así parece no tener precedente.

También se puede decir que lo que presento como la resultante de dos contrarios es, en realidad, la fuente de esos dos contrarios, como lo pensaban los primeros filósofos griegos (la *potencia*). Y nadie puede decir, aquí, si el Dios nace de la relativización de contrarios, cada uno de ellos ciego respecto de sí mismo (el caos), o si el Dios es el principio de la naturaleza primitiva, inconsciente de sí misma, es decir, que él la crea o la norma.

Decir lo uno o lo otro es decir lo mismo, desde el punto de vista simbólico, es decir, desde el interior de una lógica de lo contradictorio. Pero lo que puede afirmarse en los dos casos es que el Dios es la luz en las tinieblas, ya que los contrarios son ciegos respecto de sí mismos, mientras que la conciencia de conciencia es conciente de sí misma.

Basta imaginar equilibrios intermedios entre los contrarios y lo contradictorio para tener que ver como una luz, que ya no es un puro deslumbramiento del alma sino una iluminación de un horizonte, horizonte que es un reflejo del mundo en exceso en relación a lo que es consumido para engendrar la conciencia de sí.

El absoluto caracteriza lo contradictorio perfecto y se opone entonces a lo que lo relativiza y lo pone en peligro o lo corrompe de manera que el mundo y sus horizontes no contradictorios aparecen como un amenaza. De ahí ciertos fanatismos que, en nombre de Dios, matan todo lo que lo que no se somete.

Pero, recíprocamente, el «materialismo biológico» conduce a un enfrentamiento con lo que relativiza su polaridad orgánica en beneficio de la vida espiritual: por ejemplo, el enfrentamiento del hitlerismo con el pensamiento judío. El pueblo judío nace de la *revelación*, como todos los pueblos de la tierra y lo dice proclamándose el *elegido* del Dios. Y el hitlerismo preconiza el triunfo de la raza superior, es decir, de la organización biológica susceptible de imponerse sobre todas las otras. El enfrentamiento de esas dos teorías condujo al exterminio del pueblo judío. Existen todavía analistas que confunden genocidio y Solución final y que no comprenden que el crimen contra la humanidad alcanzó, con el antisemitismo, un desafío infranqueable.

Pero todo eso debe aclararse y es necesario proseguir la reflexión en cuanto concierne a lo que se dice bajo la máscara del holismo: el holismo que se constituye en el imaginario de un Dios o el holismo hitleriano que sacrifica la conciencia a la organización de una nación biológica.

La manifestación de los valores éticos, en los que se comparte la libertad según las estructuras de reciprocidad en vigor, es la manifestación de algo que es absoluto en sí, en tanto que el resultado de la desaparición de lo que se relativiza mutuamente ¿pero absoluto de qué? de la libertad, pues (aún de los valores en los cuales se traduce esta libertad). Como quiera, es cierto que, en nombre de los valores constituidos, la Palabra puede instaurar una dominación con carácter imperioso. Es el mandamiento o la Ley. Una Ley de la que el hombre quiere ser el autor y no el sujeto. Resulta de ello que un pensamiento que se dice *revolucionario* no acepta el mundo dado tal como es dado, aunque sea el de Dios, pues quiere crearlo comprendiendo, en él, sus riesgos y peligros.

Pero existe entonces otra definición del holismo que también puede engendrar cierta confusión. La libertad puede expresarse, en efecto, por la Palabra de oposición o la Palabra de unión, de las que hemos hablado: si se expresa mediante la Palabra de oposición, conduce a una dignidad humana en cada uno de nosotros, es decir, a la *individuación del Sujeto*; pero

445

si se expresa por la Palabra de unión, conduce a una expresión única para todos: la religión. Mis amigos africanos dicen que la Palabra religiosa islámica es una calabaza que rueda y traga todo lo que encuentra a su paso. He ahí un holismo que es dominado entre los Aymaras y Quechuas, ya que no es sino la Palabra de unión del linaje femenino constantemente relativizado por la Palabra de oposición del linaje masculino… Es tiempo de interesarse en las matrices y las condiciones de existencia de los valores éticos.

Vuelvo, en fin, sobre una cuestión que se ha planteado bajo el nombre de *tecnología simbólica*.

Si todo en el mundo contiene una parte, por débil que sea, de contradictorio, ella posee un alma, un *alma natural*. Y bien, reforzados por la reciprocidad entre sí, los hombres se propusieron reproducirla con la naturaleza e inventaron lo que llamo *quimeras de reciprocidad*, confiriendo a la naturaleza el ser una participante al mismo título que otro hombre. Así, el cielo donaría la lluvia, el sol la luz, el fuego el calor, el agua peces, la selva los pájaros y la naturaleza sería nutridora del género humano y los hombres responderían entonces a la naturaleza cuidándola mediante el labrado y la crianza de animales. Los hombres, mediante las *quimeras de reciprocidad*, crearon así, en ellos mismos, sentimientos que se pueden llamar *espíritus*. Hay una posibilidad de confusión entre lo que acabo de llamar las *almas naturales* y esos espíritus.

¿Puede o no el hombre entrar directamente en contacto con las almas naturales? Si esta relación es posible ¡nada impide que las quimeras sean estructuras de diálogo con la naturaleza y las tecnologías simbólicas (los rituales) reales debates con la naturaleza! Para un espíritu utilitarista ¡estoy en pleno delirio! Pero observo que, cuando un hombre se dirige a otro hombre, la comunicación se realiza con esta parte de lo que se manifiesta bajo la forma no contradictoria, es decir, de un significante, pero no es el significante lo que es importante, es lo que significa y que, él, da cuenta a menudo de lo que acabo de llamar el alma, es decir, de lo contradictorio. Y bien, si el lenguaje nace de una relación entre almas, no veo por qué un lenguaje adaptado no permitiría a los hombres entrar en relación con las almas de los animales y los vegetales... lenguaje apropiado, digo, ya que la reciprocidad con la naturaleza es desequilibrada. Con todo, los animales domésticos ¿acaso no testimonian de una inteligencia afectiva cuando son llamados a relaciones de reciprocidad con los hombres? El juego, que es reconocido por muchas sabidurías como un pasaje de la naturaleza a la cultura, ya que la gratuidad suspende en él la determinación rigurosa de la vida y de la muerte ¿no es una ocasión de dicha para los animales, por ejemplo, el caballo, el perro, la llama, el camello, muchos pájaros, etc.?

Las tecnologías simbólicas no tienen solamente un sentido utilitario. Hay que reconocer, ciertamente, el carácter útil de cierto ritos: el Anciano que sabe que la nueva luna aumenta los riesgos de helada o que el fenómeno del Niño se produce cada cuatro años, al tomar la iniciativa de las siembras de forma apropiada y diciéndoles a los suyos que el año será bueno y que pueden sembrar mucho, o que será malo y que deben proteger los campos, utiliza rituales que movilizan a toda la comunidad en una *catexis* a que no tendría lugar sin su iniciativa. Pero no sólo asegura que unos y otros tengan una información reguladora de la producción, no crea solamente, entre todos, un sentimiento de pertenencia colectiva frente al destino o, incluso, un lazo social que resulta eficaz para precaverse de los accidentes de unos y otros, pues él también crea espíritus que encantan la naturaleza y trata de entrar en connivencia con el mundo; intenta encontrar las armónicas de la confianza que lo instauran como a uno entre los otros seres que tiene un alma, por mucho que éstas estén sumergidas en lo más profundo de las actualizaciones físicas y biológicas dominantes, una inmersión en un mundo inexplorado en el que el lenguaje ordinario ciertamente ya no tiene contacto, pero en el que la experiencia de una sensibilidad fina puede unirnos al *mana*, al alma de las cosas.

Esa misteriosa inmersión espiritual exige la regresión de nuestra conciencia de conciencia al nivel de las conciencias de conciencias primitivas, al nivel de las almas minerales, vegetales y animales, o bien el acuerdo es posible en sentido inverso: esas almas serían, entonces, soñadoras de eso en lo que se sentirían llamadas ¡a sumergirse ellas mismas!, es decir, en nuestra propia conciencia y de este modo nosotros iríamos al encuentro de su deseo.

No sé nada de todo eso, sé solamente que la materia misma no obedece a los dictados de la conciencia, ya que ella obedece a sus propias leyes, pero que la parte cuantificada que está en ella, el alma, por frágil que sea, es sensible, y que esta sensibilidad está disponible en todas partes, sin lo cual el mundo no tendría ningún sentido, fuera del que nosotros le daríamos.

Observo también que cuando el hombre trata de alcanzar una expresión más pura de su espiritualidad o de su energía psíquica, trata, mediante la tecnología simbólica, de escapar al peso de los significantes, al yugo de lo no-contradictorio. Las palabras van entonces a entrecruzarse según la geometría de lo contradictorio, donde los significantes serán destruidos los unos por los otros. El murmullo que acompaña el pensamiento se confunde con el de esos bellos molinos de oración que inventaron los tibetanos. Es así como los *yatiri* combinan colores, sustancias, signos o incluso símbolos y erigen figuras en las que lo contradictorio es rey, consumando la Palabra de oposición y la Palabra de unión: es la mesa que se dirige a los ancestros y los vivientes, pero también a la naturaleza, llamas, ovejas, cielos, montañas, aguas, tierra y cielo, a manera de hacer nacer uno(s) espíritu(s) universal(es).

He ahí por qué, a mis ojos, tu idea de una tecnología simbólica es importante. La tecnología simbólica no es una técnica solamente productora de comodidad social o medioambiental para el mayor reposo de nuestro espíritu; es una invitación a los árboles y las flores, a los pájaros, a las praderas, a la dicha. Así el hombre tiene el sentimiento de que su alma es una parte del alma divina, como dicen los Guaraní, y que el alma del mundo es ella misma dichosa cuando el hombre se dirige a ella con humanidad.

*

EPÍLOGO

La noche de mi última exposición en el Museo de etnografía de La Paz, Beatriz Palacios y Jorge Sanjinés nos invitaron a ver de nuevo juntos *La nación clandestina* (1990). Al medio de la historia, un estudiante de camisa blanca que, presentimos, pronto sería manchada de una estrella roja, huye en el campo desnudo. Encuentra un *jilakata* y una *mama t'alla...* Les pide un poncho aymara que lo escondería de la mirada de los militares. El *jilakata* se dirige hacia la *mama t'alla* y le dice en aymara: «¿Qué quiere este hombre que no le podemos ofrecer?». Pero el estudiante, que no entiende, se da cuenta demasiado tarde que no conoce ni una palabra de aymara. Desde hace quinientos años, los colonos y sus hijos, aun revolucionarios, ignoran todavía el idioma de sus anfitriones. Los militares se acercan entonces al estudiante y lo matan. Deslumbramiento de la imagen... se dio la vuelta a una página blanca. Jorge Sanjinés ha pasado del otro lado de la historia, de la historia occidental, y acaba de abrir las puertas del futuro...

La denuncia de los errores del comunismo por su principal responsable, Mijaíl Gorbachov, ha quitado a todos los movimientos de liberación revolucionarios las referencias ideológicas –y, a veces, los apoyos prácticos– de su acción. De golpe, se han encontrado huérfanos o, por lo menos, sin defensa frente a sus adversarios. Todas las comunidades y naciones del mundo deben encontrar nuevas referencias fiables para enfrentar el mundo occidental[390] y, contando consigo mismas, interrogar su tradición. Mi idea es que si descubriesen

---

[390] A lo largo de este proceso, se dan cuenta con sorpresa que los sacrificios que le han sido impuestos por las referencias marxisto-leninista-maoïstas y que trataban su propia reflexión, eran tan destructivos que las del adversario que combatían, de ahí ciertos compromisos históricos.

451

una matriz de la humanidad en su origen, podrían oponerla de manera irrevocable a los que pretenden destruir su cultura.

Cada comunidad ha emprendido esta reflexión. El primer resultado que surge es que todas las comunidades humanas han nacido de un mismo principio: el principio de reciprocidad.

Sólo los que deciden preferir el interés privado a la reciprocidad se exilian de la humanidad.

Aparece, igualmente, que el principio de reciprocidad se ha materializado en algunas pocas estructuras elementales de reciprocidad universales.

Finalmente, aparece que los valores humanos, generados por estas estructuras elementales: la justicia, la amistad, la responsabilidad, se presentan diferentemente según los lugares o los eventos históricos.

Puesto que cada comunidad anuncia sus valores y quiere hacerlos reconocer por todos, a través de signos, frases, lenguas, tributarios de estas representaciones, se podría pensar que la comprensión existente, a nivel de las matrices de los orígenes, se iba a perder.

Sin embargo, dos principios lógicos, y dos solamente, permiten a las representaciones de estos valores traducirse y comunicarse: el principio de unión y el principio de oposición, que son el origen de lo que he llamado las dos Palabras, la Palabra religiosa y la Palabra política. Los Aymaras lo saben. Al adoptar un sistema de parentesco paralelo, han confiado la responsabilidad del principio de oposición a la línea masculina y el principio de unión a la línea femenina. Por lo tanto, siempre es posible reconocer esta doble lógica en todas las sociedades.

Además, a nivel de las estructuras lingüísticas, el mismo principio de reciprocidad da a la palabra la facultad de construir más sentido. Y, aunque los idiomas diversifican las culturas al infinito, podemos pasar de la una a la otra porque son los mismos principios los que se encuentran en la base.

Para volver a las estructuras de base, todos los pueblos del Sur disponen en adelante, para enfrentar el principio de interés que motiva la economía del Norte, de otro principio más racional: el principio de reciprocidad. Si el Norte ha desarrollado, al precio de sacrificios humanos inconmensurables, una razón instrumental capaz de resolver importantes problemas materiales, el Sur proporciona el descubrimiento de las matrices de los valores humanos, el medio de terminar con la pobreza y el medio de producir valores éticos. El frente reconstituido del Sur, opone una razón espiritual a la razón material del Norte.

Muy pronto, la sociedad occidental y occidentalizada deberá renunciar a la omnipotencia del provecho y dejar surgir una nueva territorialidad económica, en la cual la aplicación del principio de reciprocidad permitirá hacer florecer a voluntad los valores de amistad, de justicia y de responsabilidad.

No nos debe sorprender que los pueblos descubran, antes que los intelectuales, que las estructuras fundamentales de la reciprocidad son las matrices de los valores éticos y de su cultura, porque los intelectuales son tributarios de sus estudios o de sus propios escritos sobre el capitalismo, el marxismo, el leninismo, el trotskismo o el maoísmo, y no han podido o sabido prever que caducarían tan brutalmente. No es sorprendente que la historia se haga en delante de manera pragmática.

La fiesta de la reciprocidad

El primero de noviembre de 1987, más de 300.000 hombres y mujeres se han reunido en el cementerio de El Alto y, en todos los cementerios del país, decenas de miles hicieron lo mismo. He recibido, en el pequeño cementerio donde fui invitado, numerosas ofrendas, todas más lindas las unas que las otras. Y todos los que tenían la responsabilidad de honrar a sus parientes difuntos se daban ofrendas entre sí. Personas pobres pasaban de tumba en tumba, con bolsas grandes, para recibir panes y frutas. Me han dicho que, antes, se distribuía *ch'uñu* o papa y que los que habían perdido su cosecha a causa del granizo, de la helada, de la sequía, de las inundaciones o de otras desgracias, podían reconstruir una cosecha de fortuna y pasar así el invierno. Reciprocidad entre los unos, Redistribución para los otros: los dos grandes principios de organización de la sociedad están ahí presentes. El principio que irradiaba a todas partes no era el provecho sino el don. Y se dice que los ricos no ignoran que los que parecen desprovistos porque lo dan todo, son los depositarios de los sentimientos espirituales.

Entre los que dan y los que reciben nace un sentimiento de afección, de simpatía o, por lo menos, de reconocimiento. Esta compasión interna quiere expresarse. Se expresa por la acción de gracias: entre los unos y los otros aparece entonces una segunda reciprocidad, una reciprocidad de oración, gracias a la cual cada uno convida a la fiesta de los vivos a los difuntos de otras familias.

«Reciban mi oración»

La reciprocidad en lo real, el don de los alimentos, la preocupación por los medios de existencia del otro, la reciprocidad de invitación, ha dado a luz sentimientos de compasión y de amistad que se expresan, a su vez, en una palabra, una acción de gracias, que engendra el espacio sobrenatural. Estas oraciones son dadas y devueltas como una invitación mutua entre las almas de los difuntos.

Pero esta fiesta de la reciprocidad no termina ahí.

He visto en los mercados, en medio de las frutas y los panes, pequeñas muñecas muy finas, grandes como el puño cerrado. Me han dicho que antes eran de una masa de quinua, la *k'ispiña*. Hoy, son de cerámica. Los padres las dan a sus hijos con la recomendación de hacerlas bautizar, de tal manera que se vuelvan sus padrinos. He aquí que la fiesta asocia las generaciones presentes a las que están por nacer: los futuros ahijados. Todas las generaciones se encuentran así juntadas en la tradición de la reciprocidad.

Pero la observación de estas muñecas nos revela otra cosa. Ya no se trata de un «cara a cara» entre familias que honran sus difuntos, tampoco de la redistribución de los ricos a los pobres, sino de una revelación aparentemente unilateral. Los padres dan a sus hijos de manera irreversible. En realidad, se trata de una relación de reciprocidad generalizada, puesto que se da unilateralmente a su descendencia lo que se recibió unilateralmente de su ascendencia. He aquí que cada uno recibe para dar.

Las cosas son aún más profundas. ¿Qué se recibe? Se recibe la responsabilidad de ser padrino. Y los padrinos de matrimonio, de ambas partes de la pareja, recuerdan que la alianza matrimonial es mucho más que un orden de la naturaleza para asegurar la conservación biológica; recuerdan que el matrimonio es también una relación simbólica entre los hombres y que es, mediante el don y el respeto mutuo, que será engendrada la humanidad como fuerza espiritual. Los dones del padrino y de la madrina son muchas veces dones materiales. Sin embargo, tales dones engendran un sentimiento de pertenencia comunitaria o de acceso a la humanidad entera; un sentimiento de dignidad, de ser «persona» (jaqichasiña)[391]. La reciprocidad en lo real es una primera matriz para la aparición de un sentimiento de humanidad que se expresará por la obra de una vida al servicio de la comunidad entera[392].

Lo que importa aquí es que esta relación esté producida al nivel de los niños. ¿Por qué se les designa de antemano como padrinos de niños por nacer, cuando todavía son niños? He ahí el secreto de la reciprocidad. Su meta es permitir que cada uno sea, a la vez, donador y donatario para que pueda ser la sede de una conciencia de conciencia sin la cual ni la conciencia de dar, ni la conciencia de recibir, tendría sentido.

Además, en la reciprocidad ternaria cada uno (aquí el niño) parece ser sede única de esta conciencia de conciencia, porque su donador (sus padres) le aparece únicamente como donador y su donatario (la muñeca de cerámica) solamente como donatario. El niño se da cuenta que sólo en asumir esta conciencia de conciencia y en esta soledad, se desarrolla el sentimiento de responsabilidad.

---

[391] «No es sólo una responsabilidad "espiritual", como en el cristianismo, sino total, pues apoyarán y ayudarán en los trabajos comunales a la nueva pareja. Se considera a los padrinos como segundos padres y su responsabilidad es tal que algunos aseveran que dependerá de ellos el éxito o el fracaso de la nueva pareja». Sebastián Mamani N., Jacqueline Michaux, «El matrimonio aymara y la mujer en el mundo andino», *Raymi*, n° 6, Centro Cultural Jayma, La Paz, 1989, p. 10.

[392] «Existen requisitos para ser padrino o madrina. A veces se exige que los padrinos mayores hayan ejercido cargos de autoridad comunal. En general, los padrinos deben ser gente prestigiosa, es decir, de buenos modales y de conducta irreprochable, pues se piensa que la pareja será el reflejo –casi la reencarnación– de los padrinos que tengan: se dice en aymara: *"jaqichir awkin wilapamp ch'aqt'ataw"* y *"kasarayir awkit mistutawa"*». (*Ibíd.*)

Fiesta de la reciprocidad de todos: de los vivos, que no han nacido, y tal vez nunca nacerán y cuya existencia ya es eterna[393]; pero también fiesta de la responsabilidad de dejar, después de sí mismo, las condiciones necesarias para la existencia de la humanidad.

Hoy día, el sistema capitalista está en su apogeo, lo que podría significar: en vísperas de su declive. No puede ya pretender crecer sin límite cuando la tierra es finita. Ya no puede pretender suprimir, en todas partes del mundo, las estructuras de reciprocidad generadoras de valores humanos, sin que la competencia de todos contra todos haga correr al planeta el riesgo de una implosión. Será entonces obligado aceptar lo que hemos llamado la doble economía, es decir, una territorialidad nueva en la cual los hombres liberados de la lógica del provecho podrán producir en base a otros criterios diferentes a su interés privado y por otras razones diferentes a la competencia por el poder.

En la fiesta del primero de noviembre, todas las mujeres y los hombres de este país se reúnen para la celebración del don y de la reciprocidad y muestran que el pueblo ya camina hacia la tierra prometida…

*

---

[393] Es decir, fuera de los tiempos de la naturaleza.

457

POSTFACIO DE LA PRIMERA EDICIÓN DE 2003

Jacqueline Michaux

(2003)

El racionalismo occidental clásico, basado en el principio de no-contradicción, la lógica binaria, la física mecánica, la objetividad, marginó y excluyó todo lo que no entraba bajo los criterios de racionalidad que proponía. Durante siglos, el quehacer de las sociedades amerindias, ha sido considerado como «irracional» y un obstáculo a la idea de modernidad y progreso que dominaba en el país: la territorialidad discontinua, la rotación de cargos políticos, los usos y costumbres, las medicinas tradicionales, una utilización medida y ritualizada de la tierra y de los recursos naturales, las *markas* y los *ayllus*, una representación de la persona como pareja y de la pareja como familia, una espiritualidad proyectada a toda la naturaleza, prácticas rituales de ofrendas y sacrificios *(waxt'a* y *wilancha)*, representaciones holistas de las enfermedades y del cuerpo, entre otros.

Desde hace más de veinte años, investigadores indígenas, en alianza con otros no indígenas, han propuesto una serie de conceptos capaces de reflejar su propia racionalidad no occidental. En aymara, por ejemplo, los términos de *qamaña* (calidad de vida), *pacha* (cosmos animado), *tinku* (reciprocidad negativa entre dos opuestos), *chachawarmi* (pareja como complementarios), *jaqi* (pareja como persona), *ayni* (reciprocidad bilateral), etc. sirven para expresar un pensamiento y una realidad que no se sometían a las categorías científicas occidentales. La *Teoría de la Reciprocidad*, elaborada y difundida durante más de treinta años, se enmarca en este esfuerzo común por superar la racionalidad occidental con una nueva racionalidad y la lógica de lo contradictorio (tomo II) permite tal superación.

En estas líneas, quisiera proponer una vista panorámica de algunos aportes de Dominique Temple que en los futuros años deberían alimentar la agenda de la investigación científica en el Sur y permitir así redescubrir a las sociedades originarias en su especificidad y en sus relaciones con el Estado.

La teoría de la reciprocidad como método

La Teoría de la Reciprocidad, como toda teoría, implica un método científico de análisis y de investigación. Este método no está presentado como tal por el autor, sino en filigrana en toda la obra.

En primer lugar, se propone diferenciar tres niveles de aprensión de la reciprocidad: lo real, lo simbólico y lo imaginario.

En lo *real* se construyen las relaciones concretas entre actores: dones y contradones entre dos o más participantes. Dones de productos, pero también de cortesías, de abrazos, de servicios, de palabras cuya circulación está estructurada de diferentes maneras que permiten asociar cada relación de reciprocidad a una estructura específica. Existen estructuras binarias (entre dos personas, familias o grupos) y ternarias (entre más de dos participantes) que encontramos a nivel comunitario andino en los cargos políticos y festivos o en los padrinazgos (estructura ternaria), en las compadrazgos, *aynis* diversos (estructura binaria horizontal), en los trabajos comunitarios (estructura binaria generalizada), en los rituales (ternaria bilateral), en las relaciones de filiación (ternaria vertical), etc. Esta reciprocidad se instaura desde el momento del saludo con el que se debe dirigir uno hacia cada participante de una reunión, hasta el compartir festivo de comida, de bebidas y de alegría que concluye todo ritual o acontecimiento comunitario.

Según las comunidades, los ayllus o las regiones, ciertas estructuras serán privilegiadas. Sería fundamental *hacer visible las estructuras privilegiadas por cada pueblo indígena*, para mostrar, luego, cómo se articulan entre sí para formar sistemas complejos propios a cada comunidad étnica.

En este sentido, sería pertinente analizar las *ceremonias específicas* (familiares, presteríos, agrícolas, etc.) en las que se crean o reanudan las relaciones de reciprocidad, mostrando por ejemplo la importancia para cada familia de saber en qué redes de reciprocidad están implicados. En el contexto festivo aymara, la práctica de anotar cuidadosamente en un cuaderno la cantidad y naturaleza de los dones entregados y, más que todo, la posición específica de cada familia en cada relación de reciprocidad –contradon (devolución), primer don, o cariño (don puro)–, proporciona datos sobre las redes de reciprocidad en las que está involucrada cada familia. A menudo, tal contabilidad es interpretada por la antropología clásica como una muestra del interés personal de los participantes, pues se realizaría para asegurarse haber recibido «lo mismo que se ha dado»[394], concluyendo así en la dimensión «interesada» y «calculada» de todo don. Pero la Teoría de la Reciprocidad nos sugiere, más bien, que esta contabilidad permite justamente evitar toda desviación de la reciprocidad de equivalencia en beneficio personal, como una garantía de respetar el compromiso asumido al recibir un don. Estos miles de cuadernos familiares y libros de actas comunitarios, diseminados en todo el territorio, son *los archivos secretos de la gestión comunitaria de la reciprocidad*.

Llegamos, ahora, a otro concepto clave de nuestro método: lo *simbólico*. Toda estructura de reciprocidad permite la relativización de dos polos contrarios y su transformación en

---

[394] Interpretación propuesta, por ejemplo, por Alban Bensa en una reciente conferencia dictada en La Paz sobre las ceremonias realizadas entre los Kanakes (Nueva Caledonia) al cabo de año de duelo (Universidad de la Cordillera, 2002).

un espacio en sí contradictorio, llamado «T» o Tercer Incluido, en la teoría de Stéphane Lupasco, ampliamente desarrollado en «Los fundamentos filosóficos de la reciprocidad» (tomo II). El concepto de «contradictorio», es decir, de algo en sí contradictorio, tiene que ver con muchos acontecimientos comunitarios. En las comunidades andinas es frecuente buscar un equilibrio contradictorio entre la vida y la muerte, como mecanismo para llegar a un estado de conciencia superior a las conciencias elementales de la vida y de la muerte: tomar alcohol hasta caer inconsciente, vivir el parto como una muerte, esperar el latido del corazón de una llama después de la ablación ritual del órgano… son actos que buscan recrear permanentemente equilibrios contradictorios entre dos contrarios.

Para Temple, la función simbólica es la creación de esta conciencia superior, sentimiento compartido y *sentido*, a partir de las estructuras de reciprocidad. Y esta conciencia compartida genera, entendemos, el *lazo social*. Pero cada estructura no crea el mismo sentimiento: la reciprocidad bilateral puede generar la amistad; la ternaria, la responsabilidad; etc. *Esa es la dimensión altamente cualitativa de la reciprocidad, que permite no sólo la producción de valores materiales, sino también de valores humanos (confianza, equidad, justicia, responsabilidad, etc.)*: es la economía humana que, a duras penas, se intenta (re)crear de la nada en los países del norte, dentro del propio sistema capitalista.

En este sentido, en los presteríos y las fiestas de redistribución, los donatarios no están contabilizando sus regalos, para evaluar sus beneficios personales, sino sus compromisos futuros de reciprocidad o aquellos que han sido cumplidos, para saber quienes tienen que recibir los homenajes de donador, así como de quienes se los debe recibir. Ya sabemos (tomo I) que no sólo los bienes materiales circulan en las fiestas, los presteríos o los padrinazgos: al deshacerse de un bien, el donador recibe el reconocimiento social de todos, su prestigio, que no es sino la expresión, en el imaginario de todos, del sentimiento compartido. No se trata de un capital social, como si el donador pudiera acumular prestigio a la manera de acciones bancarias, sino de un capital social –si queremos llamarlo así– como producción intangible, creada, compartida por todos y, por ende, que no pertenece a nadie. Es la comunidad entera que goza de este prestigio cuando su fiesta es opulenta, un gozo prometedor de una producción abundante para toda la comunidad. Y es al donador que recae el honor de ser investido del emblema de esta creación inmaterial: su prestigio.

Así, a la lectura de Dominique Temple, descubrimos que los valores humanos, estos valores que tanto aficionan los pueblos indígenas a punto de querer recordarlos con chicote en el cuerpo de aquellos que los olvidaron, estos valores tienen un origen, una génesis. Los valores se crean y se recrean con relaciones concretas entre personas, grupos, comunidades, a partir del principio de reciprocidad. Así, «La reciprocidad y el nacimiento de los valores humanos» (tomo I) es un mensaje de libertad para aquellos que veían, en el retorno ciego a una tradición austera, la única salida al desmoronamiento de la humanidad (cf. por ejemplo «Carta a Guillermo Bonfil Batalla», tomo III).

Nuestro desafío, como investigadores, es, por supuesto, inventar técnicas capaces de «medir» lo intangible, lo cualitativo producido por la reciprocidad. Si bien resulta difícil evaluar en sí la confianza, la amistad, la responsabilidad, se sugiere que las expresiones simbólicas de estos sentimientos en cada sociedad o comunidad permiten tal visibilización, pues la afectividad se siente, pero se expresa luego en palabras, en gestos, en oraciones, en manifestaciones de alegría, en emociones, en cantos, en melodías y ritmos, en danzas y dichos, en el arte. Ese es el nivel *imaginario* de la reciprocidad, cuyos lenguajes han sido muy poco analizados hasta la fecha. En el segundo tomo, Dominique Temple nos revela una modalidad desconocida de la función simbólica: la Palabra de unión, rompiendo así con la tradición estructuralista de dirigir su atención al solo principio de oposición («Las dos Palabras», tomo II). Más aun, descubrimos que estas dos modalidades son, a su vez, utilizadas para recrear lo contradictorio, a partir de la expresión no-contradictoria inicial. Tanto el principio de oposición como el principio de unión permiten la creación de equilibrios contradictorios de segundo nivel. Son estos lenguajes complejos que nos toca aun revelar.

Por otro lado, la dimensión intangible y cualitativa de la economía de reciprocidad se puede medir por la frecuencia de los acontecimientos que ocasionan su creación. Alban Bensa mencionaba, por ejemplo, que las ceremonias de redistribución entre los kanak se desarrollan por lo menos dos veces al mes, en una sociedad que cuenta con tres mil personas. Podríamos así contabilizar las relaciones de reciprocidad que intervienen en un período determinado, relaciones familiares, interfamiliares, comunitarias, intercomunitarias, interregionales, etc., tanto de carácter económico, social, político o religioso; en espacios privados o compartidos que involucran una cantidad precisa de participantes.

Introduciremos, ahora, un nuevo instrumento de análisis: las *formas de la reciprocidad.* Las formas elementales son tanto positivas, negativas como simétricas. Es decir, que podemos dar, recibir y reproducir el don, como también podemos quitar, ser privado de un bien, y reproducir el robo o el golpe. Ambos mecanismos conducen a la creación del sentido de humanidad que se expresará, en el caso de la reciprocidad positiva, por el prestigio del donador y, en el segundo caso, por el honor del guerrero. La forma simétrica se da en una estructura equilibrada.

Pero quiero llamar la atención sobre una forma muy discriminada en la civilización occidental judía-cristiana: la reciprocidad negativa. Los últimos capítulos del segundo tomo de la obra muestran cómo la violencia, en las sociedades indígenas tanto amazónicas como andinas, ha sido condenada, pues se la interpretó como una perturbación del orden social o como una tara cultural, en vez de entender que el objetivo, que motivaba los actos de venganza, era también la creación del lazo social. Vemos la fecundidad de este concepto en el análisis de la sociedad shuar (tomo I) y de los mercados de reciprocidad negativa («El comercio o el mercado de reciprocidad negativa», tomo II)[395].

Los quid pro quo

A partir del análisis de los *Quid pro quo históricos* (Tomo III), se vislumbra una nueva interpretación de la relación entre las comunidades amerindias y Estado boliviano, marcadas por permanentes etnocidios, economicidios y genocidios. Ya algunos estudios develaron Quid pro quo en el campo de la educación (Arnold y Yapita, 2000), del manejo territorial (Yampara, 2000), de la noción de desarrollo (Medina, 2000, 2001, 2002), de la economía andina (Layme, 1989), de la salud (Michaux, 2000)[396], entre otros.

La idea central del Quid pro quo es que el enfrentamiento, entre las sociedades indígenas y occidentales, reside ante todo en la confrontación de dos paradigmas, de dos civilizaciones: la una basada en el principio de reciprocidad, que privilegia el lazo social, y la otra basada en el principio de intercambio, en el que predomina la producción de valores materiales por interés personal, y que cada civilización interpreta al otro en función de su propio paradigma,

---

[395] Este estudio de Dominique Temple, presentado en el Tomo II, procede de una investigación en curso, cuyos resultados serán publicados posteriormente.

[396] ARNOLD, D. y J. Yapita, *El rincón de las cabezas. Luchas texuales, educación y tierras en los Andes*, La Paz, Universidad Mayor de San Andrés, 2000; YAMPARA, Simon *El ayllu y la territorialidad en los Andes: una aproximación a Chambi Grande*, Memoria profesional, La Paz, Universidad Mayor de San Andrés, 2000; MEDINA, J., NUNINGO, A., TORREZ, M. y otros, *La comprensión indígena de la Buena Vida*, La Paz, GTZ/FAM, 2001; LAYME, F. y TEMPLE, D. *Economía Andina*, La Paz, Raymi N° 11, Centro Cultural Jayma, 1989; MICHAUX, J. *Salud de las mujeres e interculturalidad*, Tesis de doctorado, Bruselas, Universidad Libre de Bruselas, 2000.

generalizándose malentendidos recíprocos. Así, el concepto de Quid pro quo permite restituir a los pueblos amerindios un papel protagonista en su propia historia puntuadas de reivindicaciones y rebeliones, no sólo en contra de un Estado enemigo, sino en la defensa de sus propias territorialidades de reciprocidad y de las instituciones que operativizan esta reciprocidad, entre las cuales se encuentra el sistema de cargos políticos que juega un papel esencial, pues activa todas las redes de reciprocidad tejidas a lo largo de la vida (padrinazgos, compadrazgos, alianzas matrimoniales, filiación, aynis, etc.). Las reivindicaciones territoriales y de autonomía política (Medina, 2003)[397] bien podrían ser ligadas a la necesidad de mantener una *territorialidad para la reciprocidad* que sería animada y drenada por las *redistribuciones de sus autoridades* organizadas por el sistema de cargos rotativos.

Sabemos que la élite política criolla intentó permanentemente avasallar los territorios indígenas queriendo imponer, mediante un sin fin de leyes, la propiedad privada y la desestructuración de los grandes territorios tradicionales. Pero la civilización occidental no acepta otro sistema diferente al suyo, o bien lo asimila, o bien lo excluye (o lo destruye); mientras las civilizaciones amerindias reconocen al otro, porque la creación del lazo social, a partir de una relación de reciprocidad, es su principal imperativo. ¡Las sociedades indígenas tienen habilidades interculturales que no tiene la elite criolla! Así, el otro puede ser considerado como un opuesto complementario (principio de oposición), o un centro de redistribución (principio de unión), sea en base a una reciprocidad positiva (el Estado protector que redistribuye), sea a una reciprocidad negativa (el Estado usurpador de tierras y fuerza de trabajo) y, probablemente, en base a ambas formas

---

[397] MEDINA, J., BUSTILLOS, F., ARAMAYO, F. y otros, *Municipio Indígena. La profundización de la descentralización en un Estado multicultural,* La Paz, Ministerio de Participación Popular/FAM-Bolivia/Padep-Componente Qamaña, 2003.

de reciprocidad, según las épocas y los lugares. A partir de ahí, podemos entender que las comunidades indígenas, se hayan apropiado de los elementos del sistema de intercambio (comercio, educación, tecnología) poniéndoles al servicio de sus propios imperativos sociales: los beneficios monetarios serán redistribuidos en fiestas cada vez más ostentosas, la escuela servirá para apropiarse de las armas del enemigo para su propia defensa territorial (escritura, en especial), la telefonía celular, la *Web* o los medios de transporte permitirán ampliar las interacciones. No son verdaderas interfaces concertadas pero, en fin, son mecanismos de apropiación que dan la posibilidad de incursionar en el sistema de intercambio para de alguna forma reforzar el sistema de reciprocidad.

Cuando el Estado no cumple su rol, cuando no redistribuye nada o intenta a escondidas redistribuir a otros (a transnacionales o a países vecinos, por ejemplo) las riquezas naturales inalienables (el gas natural, por ejemplo), que garantizan las redistribuciones presentes y futuras, es decir, cuando las relaciones de reciprocidad son negadas, cuando la explotación se vuelve intolerable, es que todos luchan hasta *dar su vida*. Así, podemos entender las rebeliones y sublevaciones indígenas, desde el siglo XVII hasta la fecha, como una suerte de *reciprocidad negativa*, como si al desaparecer la posibilidad de relaciones positivas ayllu/Estado (dones y redistribución), surgiría una forma negativa: la guerra. Porque de alguna manera, la reciprocidad negativa, generadora de dignidad y honor para los combatientes, será mejor que la total humillación. La venganza genera valores (Tomo II) expresados en el honor del guerrero, en «la dignidad del pueblo», como lo subraya hoy un panel a la entrada de la ciudad de El Alto, después de los últimos acontecimientos que se dieron en Bolivia en contra de la exportación del gas natural a un país vecino y a los Estados Unidos.

Quedan por investigar detalladamente los Quid pro quo que se dieron en cada pueblo indígena, en cada ayllu y capitanía, para reescribir la historia del país con nuevos lentes (y mentes), empezando por un estudio sobre «El Quid pro quo entre los Incas» que, lo intuimos, Dominique Temple nos sugiere emprender.

Mercados y ferias

Los mercados y las ferias articulan entre sí ambos sistemas, pues encontramos en ellos intercambios monetarios, trueque, reciprocidad basada en equivalencias, que se articulan entre sí según modalidades por descubrir.

Pero sería importante también analizar las ferias y mercados como espacios de creación del lazo social, expresado en los múltiples rituales y fiestas que puntúan su ciclo anual. Son espacios sociales, además de económicos, en la medida en que no siempre se compra o se vende, pero sí se comparte: un plato de comida y una cerveza con parientes o amigos, unas palabras con un paisano encontrado «por casualidad». Y se recrea, a la vez, en ellos espacios domésticos: las vendedoras almuerzan, cuidan a sus hijos pequeños, los amamantan y los cambian, controlan las tareas de los más grandes... todo eso desde sus puestos de venta, verdaderas torres de control femenino.

La feria es también un espacio en el que el imaginario muestra sus más bellas expresiones: los jóvenes exhiben su última pollera y su nueva manta el domingo en una emulación mutua por mostrar su gusto en escoger modelos y texturas, combinar colores, adornarse de brillos y oro. Es un espacio de seducción que conduce al encuentro y a la alianza.

Ahora bien. Creo que el mayor aporte de los últimos trabajos de Dominique Temple, es haber mostrado que la compra y venta en un mercado indígena (y no así capitalista) es también una transacción definida por el principio de reciprocidad pero, esta vez, de reciprocidad negativa. En los mercados andinos, por ejemplo, no existen precios fijos sino precios relativos. El precio se evaluará entre el comprador y el vendedor, a diferencia de los supermercados en los cuales los precios son fijos y cuyo único objetivo es la ganancia monetaria. Algunas vendedoras rechazan toda relación con el comprador si éste no le inspira suficiente confianza, como para poder generar un sentimiento positivo, que se expresará como una promesa de buena venta para todo el día. Para deshacerse del comprador, la vendedora enuncia un precio tan alto que ni siquiera con rebaja el comprador podría aceptar la transacción. «Comprar es quitar» sugiere Dominique Temple, y sentimos que existen estrategias para proteger sus bienes de las manos enemigas. En cuanto a la fijación de los precios existen leyes complementarias a la oferta y la demanda. El precio anunciado y consensuado dependerá, por ejemplo, de la capacidad económica del comprador. A menudo, una persona aparentemente más pudiente pagará más que otra de menos recursos. Así, el mercado permite una suerte de redistribución indirecta de los más ricos a los más pobres.

En el mercado se articulan la alianza y la enemistad: se *ch'alla* (hacer libaciones) el puesto de los amigos en Carnaval, se comparte con ellos comida y palabras, pero con los enemigos, se evita el contacto (hasta con la mirada), se protege de las «maldiciones» con una rápida «limpia» ritual con flores de retama.

Estudios interdisciplinarios sobre los mercados, las ferias, las fiestas (el Gran Poder, por ejemplo) permitirían elaborar una verdadera Economía Política Indígena, que contemplaría principios y leyes de la Economía de Reciprocidad, fijación de precios, monedas de reciprocidad, redes de relaciones económicas (familiares, locales, regionales, interregionales…) criterios de medición de la dimensión cualitativa y de los valores simbólicos de la reciprocidad, articulaciónes e interfaces entre sistemas.

Interfaz

El *label* («El label» y «La honda de David», tomo II) es una de las propuestas concretas de interfaces elaborada por el autor. El autor distingue la marca comercial, que es una propiedad privada o el derecho de autor que es un monopolio en cuanto a la explotación de una producción, del *label*, que es una autodelimitación a estas privatizaciones. Es una restricción, porque impide la apropiación de lo que pertenece a un orden natural (label como apelación de origen) o cultural (label étnico). Detallada en el tomo II, esta teoría pone las bases conceptuales y jurídicas para una redefinición de las producciones indígenas, en especial a la producción artesanal, tan amenazada hoy por la privatización y la usurpación.

Y más aun, la construcción de interfaces entre sistemas y civilizaciones toma hoy otro rumbo en Bolivia, pues el desafío actual no consiste sólo en redibujar el mapa del país, sino en crear interfaces entre estos nuevos espacios territoriales complejos y heterogéneos.

Lingüística y derecho indígenas: un vocabulario de la reciprocidad

Son miles los términos, expresiones, dichos, proverbios y mitos que expresan en todos los idiomas indígenas las obligaciones de reciprocidad (dar, recibir y reproducir el don), las estructuras y las formas de reciprocidad y la producción de los valores que implican. Constituyen no sólo un patrimonio a defender, sino un material invalorable para la elaboración de una Teoría de la Reciprocidad desde el Sur. Equipos interdisciplinarios deberían emprender tales recopilaciones y análisis, pues constituyen la base del derecho consuetudinario, de los usos y costumbres. Y la teoría de la reciprocidad permite entender la génesis de las consignas éticas transmitidas por la tradición oral para así liberarlas de su carga coercitiva.

Conclusiones

En realidad, la agenda de investigación que nos inspira esta trilogía sobrepasa en mucho las pistas evocadas en estas líneas: son *los sistemas de reciprocidad vigentes en todo el continente americano* que nos toca develar, y éstos intervienen en lo económico, lo social, lo político, lo jurídico, el arte, la medicina, la educación. A cada uno, ahora, le toca delimitar sus prioridades, rediscutir los conceptos, cuestionar los planteamientos, a partir de las realidades locales. Lo adivinamos: tal empresa no podrá ser realizada por un pionero solitario, sino por equipos interdisciplinarios en centros de investigaciones consecuentes con los verdaderos imperativos sociales de hoy.

Y quisiera cerrar esta entrega generosa de una vida entera de investigación, reflexión y lucha, mencionando algo más personal respecto a la *Teoría de la Reciprocidad*. Yo aprendí, en tantos años de diálogo con Dominique Temple, que la reciprocidad es, ante todo, un principio para la vida y que nuestra cotidianidad es el espacio de análisis privilegiado para entender y construir nuestras relaciones con los demás. Dominique es un cazador solitario que, tal un *tacana*, distribuye sus presas a todos aquellos deseosos de compartirlas porque han escogido para sus propias vidas el camino de la humanidad y de la libertad. Esta trilogía es la muestra palpable, la expresión simbólica, de varias relaciones de reciprocidad tejidas a lo largo de los años entre personas, países y continentes. Agradezco a su autor por haberme incluido en ellas.

GLOSARIO

Nociones: Reciprocidad

Alianza

La Alianza es la matriz de la *amistad* o de la *gracia*. Ahora bien, tales sentimientos aparecen como una *revelación de la conciencia a sí misma*, que se instituye como **Tercero** entre ambos socios de una relación de reciprocidad. La exterioridad del Tercero le confiere el carácter de la trascendencia, y como no existe conciencia preexistente a su advenimiento, aparece como un *comienzo*.

Sólo el Tercero «habla», y la Palabra parece estar *en los orígenes*. El Tercero profiere entonces la Alianza como su condición de emergencia y perennidad, y como un *mandato*.

Alteridad

En un primer sentido, el *otro* es uno de los posibles que cada uno podría tener la oportunidad de devenir. El reconocimiento del *otro*, desde entonces, es el reconocimiento de este *posible* de sí mismo en el *otro*.

En un segundo sentido, el *otro* es el sujeto de una Alteridad radical e incomunicable, lo Absoluto de una **conciencia afectiva** cuya singularidad no se puede conocer. Es posible, en cambio, emprender con este Otro una relación de reciprocidad generadora de un Tercero que relativizará, en una experiencia común, lo que era anteriormente irreducible del Uno al Otro. Esta metamorfosis es el nacimiento del Espíritu.

Antagonismo de civilización

Noción que permite estudiar la confrontación de las sociedades organizadas tradicionalmente a partir del Principio de reciprocidad con la sociedad occidental que practica el librecambio.

Charis

Nombre griego del mas alto valor político producido por la *reciprocidad binaria colectiva*, entre el ciudadano y la sociedad que practica el librecambio.

Coexistencia pacífica de sistemas antagonistas

Proposición de la Declaración del Grupo de reflexión de Lima (Perú, 1975) de considerar los territorios amerindios (propiedad comunitaria, reciprocidad, redistribución) fuera de la problemática occidental (interés privado, librecambio, acumulación capitalista), privilegiando la *coexistencia pacífica* entre dos sistemas antagonistas, gracias a **interfaces de sistemas**, sobre la lucha armada.

Confianza

Sentimiento ético nacido de una estructura de reciprocidad colectiva (estructura binaria colectiva, como el *reparto* y la *comunión*, o estructura ternaria colectiva, como la *redistribución*) en la cual la cara del otro es invisible o indistinta.

Consejo

Forma de *democracia directa* de las comunidades de Amazonía, con la que diversos pueblos de la Amazonía sustituyen el cacicazgo, a partir de los años 1970.

Contacto directo

Proposición de la Declaración del Grupo de reflexión de Lima (Perú, 1975) de instituir un derecho de palabra de los Consejos indígenas, independiente de toda intermediación occidental por tutelas ideológicas, económicas, antropológicas y misioneras, y organizaciones no gubernamentales.

Contrato con dos precios

El primer precio es el precio local del país exportador, pagado al contado. El segundo («precio de retorno»), el precio indexado al valor reconocido en el sistema del país importador.

Cuadripartición

Sistema en el cual las *mitades* de una **organización dualista** son desdobladas en *dos mitades* enemigas y *dos mitades* amigas. Los miembros de las unas son los mismos que los miembros de las otras, pero repartidos de otro modo. Por ejemplo, los habitantes del valle están en relación de reciprocidad positiva con los de la montaña, pero los habitantes de la vertiente Este están en relación de reciprocidad negativa con los de la vertiente Oeste.

Declaración del Grupo de reflexión de Lima

En los años 70 del siglo XX, las comunidades de Amazonía fueron interpretadas como sociedades arcaicas y sobreexplotadas. La lucha contra su explotación pasaba por su integración (a veces forzada) a la lucha de clases. Esta tesis fue todavía defendida por los antropólogos organizadores del segundo Simposio de Barbados, pero le fue opuesta la idea que las comunidades «indias» obedecían a otros principios

476

diferentes que los del sistema del intercambio, y de la lucha de clases. Este tema fue desarrollado en Perú en el transcurso de numerosos encuentros informales entre casi la totalidad de los que intervinieron en ellos: antropólogos, sociólogos, médicos, etc., interactuando en aquella época con las comunidades de la Amazonía peruana, y que redactaron la *Declaración del Grupo de reflexión de Lima*, en 1975.

Dialéctica del don

La *dialéctica del don* se debe a la competencia por la fama más grande, y motiva así la sobrepuja de cada don.

La fórmula de la economía primitiva: *Si para ser, hay que dar, para dar, hay que producir*, se vuelve: *Si para ser el más grande, hay que dar más; para dar más, hay que producir más*. La dialéctica del don engendra así un crecimiento económico, al punto que se puede hablar de «sociedades de abundancia».

El ciclo de la producción-consumo, inducido por el don, es polarizado en sentido contrario del intercambio colocado bajo la égida de la acumulación privatizada.

La dialéctica del don puede llegar a ser totalitaria cuando impone su imaginario a la reciprocidad misma y, en este caso, se descalifica a los que no se hallan en estado de dar. Estos «excluidos» son considerados, entonces, como esclavos.

Economicidio

El *economicidio* es la destrucción de las estructuras de producción del sistema de reciprocidad, en provecho de las estructuras de producción del sistema de librecambio.

Esclavitud

En las sociedades primitivas, se supone que aquel que no participa, o no puede participar, de una relación de reciprocidad positiva, negativa o simétrica, se queda en un estado de naturaleza biológica y puede solo integrarse en la comunidad como esclavo doméstico.

Estructura estrellada

Cuando las relaciones de **reciprocidad binaria** son practicadas con diferentes socios, en «estrella», constituyen una estructura intermediaria entre la estructura binaria simple y la estructura ternaria generalizada o centralizada, ya que de una estructura binaria a la otra, el socio común puede jugar el papel de *tercero intermediario*.

Estructuras elementales de reciprocidad

El principio de reciprocidad se traduce por diferentes **estructuras elementales** definidas según el número, la posición y el estatuto de sus diversos participantes. Distinguiremos:

– Las **estructuras binarias**, que ponen cara a cara a dos contrapartes que pueden ser iguales o desiguales. Podemos distinguir el cara a cara singular, y el cara a cara colectivo: invitación, reparto, comunión (uno para todos, todos para uno, o todos para todos).

– Las **estructuras ternarias**, que ponen en relación un número indeterminado de socios (una estructura ternaria basta para revelar sus características). Podemos distinguir la relación ternaria simple, generalizada (el mercado), centralizada (la redistribución).

Cada una de las estructuras elementales de reciprocidad es generadora de un sentimiento de humanidad específico: la reciprocidad binaria es la matriz del sentimiento de **amistad** (la philia); la reciprocidad ternaria unilateral, del sentimiento de **responsabilidad**; la reciprocidad ternaria bilateral, del sentimiento de **justicia**; etc.

Diferentes estructuras de reciprocidad pueden articularse entre sí para formar **sistemas de reciprocidad**.

Estructuras semi-complejas de la reciprocidad

Una estructura de base puede articularse con otra estructura de base para constituir una estructura semi-compleja, por ejemplo, la *reciprocidad en dominó* de las comunidades Shuar de Perú y Ecuador, o la reciprocidad en forma de *estrella* de los mercados populares en los Andes.

Fetichismo

Quien da adquiere una fama proporcional a su don. Esta fama, que puede reconocerse por un objeto que atestigua su valor, se atribuirá a este objeto. El don de los valores de uso engendra la notoriedad, pero este principio tiene como consecuencia que nadie puede aspirar al prestigio sin dar. Adquirir prestigio, ser honrado, se vuelve una obligación formal. El don de valor de fama obliga al don de los valores de uso.

Esta inversión es semejante a la que MARX describió en el sistema del intercambio: de la misma manera que el trabajo genera el valor de cambio y que cuando encuentra su expresión en una mercancía privilegiada (el oro o el dinero) se vuelve el motor del intercambio de las mercancías, del mismo modo el don genera prestigio que, una vez fijado en un objeto privilegiado, se vuelve el motor del don.

Filiación

La Filiación es la expresión original de la **reciprocidad ternaria**, así como la Alianza es la expresión de la reciprocidad binaria. Es la matriz del sentimiento de *responsabilidad*.

479

Es asociada con el «Nombre-de-la-Madre» porque la madre es el significante inmediatamente dado por la naturaleza; luego, es atribuido al «Nombre-del-Padre» cuando lo simbólico exige ser diferenciado del imaginario. Así, promovida como Principio, se vuelve «filiación divina».

Cuando la reciprocidad ternaria se vuelve bilateral, gracias al **mercado**, llega a ser la matriz de la justicia y de la razón.

Formas de reciprocidad

Positiva, negativa y simétrica son las **tres formas** de la reciprocidad.

El *prestigio* es el imaginario en el que se expresa el sentimiento de humanidad creado por la **reciprocidad positiva**.

El *honor* es el imaginario en el que se expresa el sentimiento de humanidad creado por la **reciprocidad negativa**.

Lo *ético* es la creación de la **reciprocidad simétrica**.

Función simbólica y reciprocidad

En una **relación de reciprocidad**, cada contraparte es a la vez agente y paciente, sede de dos conciencias elementales que se relativizan la una a la otra, engendrando una sensación de sí mismo para el uno como para el otro, y que da **sentido** a lo que está puesto en juego entre los socios. Desde entonces, la reciprocidad no es solamente la matriz del sentimiento de la humanidad, sino también del sentido de las cosas.

La función simbólica es el medio por el cual el sentimiento o el sentido nacido de una situación contradictoria se expresa en una forma no-contradictoria (la Palabra).

Génesis del valor

El valor (ético) no es innato, tampoco viene de un más allá, es producido de modo sistemático por las **estructuras** y **sistemas** de reciprocidad.

Honor

Las categorías de *actualización* y de *potencialización* de la Lógica de lo contradictorio pueden aplicarse a la violencia. El Principio de antagonismo conjunto la actualización de la injuria, sufrida realmente, con la potencialización de su contrario (la *imagen* de la venganza), y viceversa, una injuria cumplida en lo real (la venganza) con la desaparición de su representación y la adquisición de la imagen de sufrir la venganza del otro. Adquirimos un alma de venganza sufriendo la violencia, y la cambiamos por una imagen inversa de muerte *potencial* cuando practicamos la violencia. La conciencia, en la **reciprocidad negativa**, ata estas imágenes entre sí de manera que adquieran sentido una con relación a la otra.

Iluminación

Refiriéndose a la *Teoría del conocimiento* de Stéphane LUPASCO, que se deduce de la Lógica de lo contradictorio, por poco que la reciprocidad simétrica oscile alrededor de su eje, las conciencias elementales en exceso forman un horizonte objetivo para la conciencia de conciencia.

Cuando la reciprocidad integra simultáneamente todas las actividades humanas (las *prestaciones totales* de MAUSS), el mundo es iluminado simultáneamente. Como dice LÉVI-STRAUSS, desde el origen, el universo significó de golpe.

Imaginario

La Palabra se encuentra sometida a las imágenes de la naturaleza movilizada por la obligación de reactualizar las condiciones de su nacimiento. Que ella se exima de lo real, pero que le interprete a través de las imágenes a las cuales da sentido, circunscribe el campo del imaginario. Lo imaginario proyecta sobre la realidad una coherencia lógica que calca a la de la naturaleza.

La apropiación de las categorías de la reciprocidad por la *sintaxis* liberará la Palabra de esta sujeción y permitirá el acceso a lo simbólico puro.

Individuación

Mientras que en la reciprocidad binaria la conciencia nace *entre* los socios, y se revela en el *espejo* que le ofrece la cara del *otro*, la conciencia nacida de la reciprocidad ternaria es forzada a revelarse sin apoyo de ningún espejo que le permita reconocerse objetivamente. Implica que se revela como Sujeto de la Palabra de modo individual. Sin embargo, el *otro* debe ser postulado como Otro para que la matriz quede, y esta obligación es la **responsabilidad**.

Intercambio

Dado que la reciprocidad es una relación intersubjetiva, surge un problema semántico cuando está mediada por un objeto simbólico. La palabra «don» se utiliza para definir este objeto, al menos para la reciprocidad positiva. Este objeto está tan estrechamente ligado a la persona que simboliza la acción que depende de ella, y se ha dicho, como hace MAUSS, que el objeto dado no se enajena (o más bien que no enajena su contenido simbólico) sino que, por el contrario, exige su devolución en forma de contra-regalo, o la sumisión del dador.

El término «reciprocidad» no se utiliza para la circulación de estos objetos, sino, la mayoría de las veces, «intercambio de regalos», en lugar de «reciprocidad de regalos». Esto da lugar a frecuentes confusiones, ya que, por definición, cuando se intercambia algo, no se da.

Interfaz

La noción de «interfaz» es una proposición de la Declaración del Grupo de reflexión de Lima (1975) de considerar los territorios amerindios como territorios sobre los cuales el **antagonismo de sistema** (de reciprocidad y de intercambio) reemplaza a la lucha de clases.

Justicia

El sentimiento ético nace de una situación que debe satisfacer al equilibrio de diferentes relaciones de reciprocidad (**reciprocidad ternaria generalizada**).

Kakarma

Tercero incluido del sistema de **reciprocidad negativa** entre los Shuar (Perú, Ecuador).

Las dos Palabras

Cuando se habla de la Palabra, se emplea el singular refiriéndose a nuestra Tradición. Y cuando se habla de la función simbólica, se imagina sólo una sola modalidad, que LÉVI-STRAUSS describe bajo el nombre de **principio de oposición**.

Sin embargo, en otras Tradiciones, la actualización de la Palabra es ilustrada por imágenes que reenvían a dos modalidades de la función simbólica.

La Lógica dinámica de lo contradictorio permite poner en evidencia la segunda modalidad de la función simbólica, antagonista del principio de oposición: el principio o **Palabra de unión**.

Lazo social

En la teoría liberal, el lazo social es la complementariedad de los intereses rivales puestos en relación por el librecambio.

En la teoría de la reciprocidad, el lazo social es formado por los **valores éticos** engendrados por las relaciones de reciprocidad.

Libertad

La conciencia que emerge dentro de las estructuras simétricas de reciprocidad se libera de cualquier mundo imaginario y se traduce en un sentimiento de libertad.

Mana

Según la Lógica de lo contradictorio, el Tercero incluido de las *prestaciones totales*.

Mercado de reciprocidad

El mercado de reciprocidad resulta de la **reciprocidad ternaria generalizada**, pero conjuga a menudo varias estructuras de reciprocidad tales como el *cara a cara*, el *reparto*, la *estructura estrellada*, y no excluye otros tipos de relaciones como el trueque, el robo o el intercambio.

Mercado de reciprocidad negativa

Mercado donde los precios de la oferta son asimilados a *rescates* e interpretados en términos de venganza.

Mercado de reciprocidad positiva

Mercado de reciprocidad donde los precios son determinados por la necesidad de los menos favorecidos, y donde los equivalentes de reciprocidad son generalmente acompañados de un don (*yapa* en los Andes, por ejemplo).

Moneda de fama o de renombre

Símbolo de una relación de reciprocidad positiva que demuestra la fama del donador.

Los dones del «nombre» (moneda de renombre) son unos dones materiales (objetos raros y preciosos) y fama subjetiva (a la efigie del donador). Doquiera que ellos vayan, se llevan consigo la autoridad del *nombre*, que les confiere una potencia atractiva, en provecho del donador.

Moneda de reciprocidad

Símbolo del valor producido por una relación de reciprocidad.

Organización dualista

El nombre de «organizaciones dualistas» viene de que una comunidad se organiza en *mitades* de reciprocidad positiva y a veces de reciprocidad positiva y negativa.

Es posible, pues, contemplarlas como si hubiera dos mitades que se ayudan mutuamente, amigas, y dos mitades que se oponen, enemigas.

Organización monista

Organización social a partir de la **Palabra de unión**, análoga de la organización dualista constituida a partir de la Palabra de oposición.

Palabra

Según la *teoría del conocimiento* que se deduce de la Lógica de lo contradictorio, los dinamismos antagonistas de una relación contradictoria confrontados en la reciprocidad se consumen en su relativización y se metamorfosean en una resultante en ella misma contradictoria, fuera de toda naturaleza física o biológica: el **Tercero incluido** de la Lógica de lo contradictorio, la conciencia.

La desaparición de los dinamismos naturales, en el transcurso de esta génesis de lo espiritual, hizo creer que éste nacía de la nada y asumía su propio comienzo.

Palabra de oposición

La Palabra de oposición traduce lo *contradictorio* por la oposición relativa de dos términos opuestos, o dualidad complementaria (lo Alto y lo Bajo, el Este y el Oeste, la Sombra y la Claridad, la puna y el valle, etc.).

Palabra de unión

La Palabra de unión enfoca el **Tercero** en la unidad de la totalidad.

La Palabra de unión se expresa por un solo término (el Medio, el Centro, el Eje, la Mezcla, el Gris, el Corazón, el Todo, la Cumbre, el Hermaphrodite, el Ambiguo, la Duda, el Ecuador, el Solsticio, la Esfera, la Boca, la Mezcla, el Neutro...

Philia

Nombre griego del *valor* producido por la reciprocidad binaria.

Precio de retorno

La diferencia entre el precio local y el precio calculado a partir del país importador, es restituida a la comunidad productora, deducción hecha del margen de ganancias del país importador. (ver *supra*: **contrato con dos precios**).

Prestaciones totales

La «reciprocidad primordial» interesa a la mayor parte de las actividades humanas (las *prestaciones totales* de MAUSS) que, investidas de su fuerza espiritual (el *mana*), toman sentido en la comunidad.

Luego, las relaciones de reciprocidad se distinguen las unas de las otras y se convierten en relaciones de parentesco, don, venganza, etc.

Prestigio

Las categorías de *actualización* y de *potencialización* de la Lógica de lo contradictorio pueden ser aplicadas al don y a su representación. Así, el don de la riqueza será una actualización conjunta por el Principio de antagonismo a la potencialización de una riqueza recibida (el prestigio), y viceversa, una adquisición de riqueza será una actualización conjunta a la potencialización de una riqueza perdida (la vergüenza).

En relación con la conciencia de conciencia, estas potencializaciones o conciencias elementales toman sentido una con relación a la otra para constituir lo imaginario del prestigio. Adquirimos prestigio dando y perdemos la cara recibiendo (si no se vuelve a dar).

487

Principio de cruce

Cuando ambas mitades de una organización dualista se desdoblan en dos mitades positivas (amigas) y dos mitades negativas (enemigas), hablamos de *cuadripartición*. Ambas mitades positivas forman un par unívoco que debe estar confrontado con un par unívoco antagonista para reestablecer el equilibrio contradictorio: este principio del *redoblamiento antagonista*, lo llamamos «principio de cruce».

Principio de liminalidad

Si la Palabra puede decirse por un solo término (Palabra de unión), ella se dice *Él* para todos: *Él* se proyecta sobre un círculo liminal de la Totalidad en su encuentro con la Nada, para constituir, de esta relación, una nueva *situación contradictoria*.

El *principio de liminalidad* corresponde a lo que, a partir de la Palabra de oposición, ha sido llamado *principio de cruce*.

Principio de lo contradictorio

En la matriz de la **reciprocidad simétrica**, la conciencia se revela a sí misma en una prueba de su esencia afectiva. El sentimiento de sí es también el de una libertad pura. A partir de la Lógica de lo contradictorio podemos llamar este postulado Principio de lo contradictorio.

Principio de oposición

La primera modalidad de la función simbólica, el principio de oposición, traduce un sentimiento nacido de una *situación contradictoria* por una oposición entre dos términos, uno que no puede existir sin el otro, como el Este y el Oeste, el tío y el sobrino, etc. (la oposición correlativa o la complementariedad de ARISTÓTELES).

Considerada como la primera modalidad de la función simbólica, lo ilustramos por el significante Tú-Yo.

Principio de reciprocidad

La reciprocidad obliga aquél que actúa sobre el otro a sufrir esta misma acción, y el que sufre a actuar. Reproduce en sentido opuesto la situación de uno en relación con la del otro y así, la percepción de cada uno se redobla de la percepción (opuesta) del que esta en frente.

Entre estas dos percepciones antagónicas aparece el «justo medio» de ARISTÓTELES, el **Tercero incluido** de LUPASCO en la Lógica dinámica de lo contradictorio.

Principio de unión

El principio de unión es la segunda modalidad de la función simbólica, que permite expresar el sentimiento nacido de una situación contradictoria bajo la representación no-contradictoria de la *unidad* que reúne términos opuestos. Lo ilustramos por el significante: *Él*.

Principio dualista

El principio dualista hace que las mitades de una organización dualista sean al mismo tiempo mitades amigas y mitades enemigas. Este *equilibrio contradictorio* se evidencia muy bien en la definición que LÉVI-STRAUSS propone de las organizaciones dualistas:

«Este término define un sistema en el cual los miembros de una comunidad –tribu o pueblo– son repartidos en dos divisiones que mantienen relaciones complejas que van desde la hostilidad declarada hasta una intimidad muy estrecha, y donde diversas formas de rivalidad y de cooperación se encuentran habitualmente asociadas». (Lévi-Strauss, 1967: 80).

Principio monista

Principio organizador de la vida material y espiritual que tiene una función análoga al principio dualista: preservar o restaurar lo *contradictorio* en el seno de las comunidades. Reestablece el equilibrio necesario a lo *contradictorio* a partir del redoblamiento de la unidad en sentido contrario. El movimiento centrípeto de los bienes (la cosecha, por ejemplo) es redoblada de la distribución centrífuga.

Quid pro quo Histórico

Si uno *da* para crear amistad o establecer su autoridad de prestigio suponiendo que el otro practica la reciprocidad de los dones, pero si éste otro *agarra* tanto como puede y retorna lo menos posible, porque interpreta toda prestación como un intercambio, necesariamente, el *quid pro quo*, entre el intercambio y la reciprocidad, transfiere todos los bienes materiales en provecho de uno, sin retorno para el otro.

Real, imaginario, simbólico

Los *tres niveles* de actualización del **Principio de reciprocidad**.

Lo **real** convoca las actividades biológicas: alimentarse, reproducirse, etc., y la reciprocidad que moviliza estas actividades produce los primeros sentimientos revelados como conciencia humana y referencias comunes a todos los socios de reciprocidad.

La expresión de estos sentimientos por la Palabra sobrepone a lo real la segunda esfera de relaciones tributarias del **imaginario** en la cual se despliega la Palabra.

La relativización del imaginario conduce a valores universales: es el tercer nivel de lo **simbólico**.

Reciprocidad binaria

En la reciprocidad binaria, la conciencia nacida de la confrontación de las conciencias elementales de ambos socios encuentra inmediatamente su reflejo en la cara del otro. La cara y la mirada del otro resplandecen del sentimiento que uno mismo siente. Así, el otro no es solo el mediador del sentimiento de la humanidad, sino su espejo.

Pero la reciprocidad binaria no se limita al cara a cara de dos sujetos, distinguiremos pues la forma simple (cara a cara) y la forma colectiva (uno para todos, todos para uno), donde podemos también distinguir la *invitación* (uno, frente a todos, cada uno por turno), el *reparto* (todos aportan una parte y reciben una parte: la cooperación), y finalmente la *comunión* (todo está puesto en común).

Reciprocidad centralizada

Cuando un solo intermediario interviene entre todos los miembros de una sociedad de reciprocidad, se vuelve a la vez sacerdote, juez y regidor. De ahí que los valores de los otros se encuentran modificados: *confianza* hacia el intermediario común, y *solidaridad* los unos hacia los otros. Podemos llamar esta estructura: la **redistribución**.

Reciprocidad espiral

Cuando la *invitación* vuelve a cargo del primer donador, obliga a una nueva distribución superior. En las sociedades de los Andes, esta estructura es acoplada con la **estructura estrellada** (varias relaciones binarias simples para un socio) que permite preparar el capital para una nueva distribución. Éste depende entonces del número de las relaciones binarias. El valor producido aumenta a cada ciclo.

Reciprocidad generalizada

Cada socio puede tener varias relaciones de reciprocidad ternaria y varios socios diferentes, de modo que se constituye una *red*, que es el origen del **mercado de reciprocidad**.

Reciprocidad helicoidal

La articulación de una estructura de **reciprocidad binaria** y de una estructura de **reciprocidad ternaria** puede engendrar un sistema **helicoidal**. Por ejemplo, la invitación (cada uno se hace cargo de todos los demás por turno) se reproduce de modo que cuando la obligación está de nuevo a cargo del primer donador, es asegurada por la generación siguiente: entre los miembros de esta generación la reciprocidad ternaria es unilateral (filiación).

Reciprocidad horizontal

En las sociedades de reciprocidad horizontal, cada donador sobrepuja el don del otro para engendrar el crecimiento, pero ninguno domina al otro por una distribución superior.

Reciprocidad negativa

El equilibrio inicial entre la amistad y la enemistad de las organizaciones sociales antiguas, es relativo: si la enemistad prevalece, se desarrolla un sistema de *reciprocidad negativa* dónde la venganza, será la matriz del **honor**.

Pero en la reciprocidad negativa, él que sufre es el primero en poseer una *conciencia de conciencia*, mientras que en la reciprocidad positiva, es al contrario quien actúa.

Reciprocidad positiva

El equilibrio entre la amistad y la enemistad de las organizaciones sociales antiguas, es relativo: cuando la amistad prevalece, se desarrolla un sistema de *reciprocidad positiva* dónde el don (bajo distintas formas) domina. La enemistad, se transforma en simple competición entre los unos y los otros, animando una «lucha» para ser «el más grande» en términos de **prestigio**. Así pues, la reciprocidad de origen se transforma en **dialéctica del don** de carácter agonístico (*agón*: lucha).

Reciprocidad simétrica

La reciprocidad es llamada *simétrica* cuando el imaginario del uno se encuentra con el imaginario del otro y que de su relativización recíproca nace el *respeto*. Una fuerza superior a la del imaginario se impone pues: la **razón ética**.

La reciprocidad simétrica puede desplegarse como tal desde el inicio o resultar de una relativización sea de la reciprocidad positiva sea de la reciprocidad negativa. En este caso, el imaginario deja el lugar a la «razón práctica» cuyo juicio se refiere solo a *valores éticos* puros.

Reciprocidad ternaria bilateral

La reciprocidad ternaria es llamada bilateral cuando, por ejemplo, el don retorna por el mismo camino: el sentimiento de **responsabilidad** de cada socio está confrontado a la obligación de reproducir y equilibrar los dones y contra-dones de los demás.

Tal obligación transforma el sentimiento de responsabilidad en sentimiento de **justicia**.

493

Reciprocidad ternaria unilateral

Desde los orígenes, aparece con la Filiación una relación de reciprocidad donde cada uno es el intermediario entre dos otros, sufriendo por un lado y actuando por el otro: la reciprocidad ternaria entonces es unilateral.

Así, como en la reciprocidad binaria, ambas operaciones antagonistas de *dar* y *recibir* engendran una resultante que da sentido a ambas operaciones (de dar y de recibir) pero cada socio no tiene a alguien al frente que le reenviaría una imagen de su propio sentimiento. Por lo tanto, cada uno debe responder por todos ellos, y el ciclo no puede ser interrumpido. El sentimiento de humanidad producido se traduce entonces en la responsabilidad.

La conciencia que se reconoce a partir de su experiencia como consciente de ella misma sin apoyo exterior, está sola para volverse (por la Palabra) un «Sujeto en el ser». Por lo tanto podemos también hablar de **Individuación**.

Reciprocidad vertical

En las sociedades de reciprocidad donde uno recibe más riqueza que la que produce para dar, la obligación del contra-don se transforma en *deuda*. Los símbolos de la autoridad adquirida por el don se desdoblan entonces para simbolizar también la necesidad de recibir. Esta obligación fetichizada confiere a estos objetos (**moneda de fama**) la fuerza que obliga al más débil al tributo.

Redistribución

Sistema de **reciprocidad ternaria centralizada**. Todas las relaciones ternarias pasan por el mismo intermediario.

Responsabilidad

El sentimiento que nace de una relación de **reciprocidad ternaria**, que responde para otro de su contribución a la reciprocidad.

Sacrificio

Lo imaginario de los hombres pone en escena, en el sacrificio, la consumación de las fuerzas de la homogeneización y de la heterogeneización, de la vida y de la muerte, necesaria para el génesis de la *conciencia de conciencia*.

Sentido

En los estados intermediarios entre las conciencias elementales por una parte, y por otra parte la conciencia de conciencia perfecta (Tercero incluido), la conciencia elemental que domina la otra aparece como un límite objetivo (un horizonte no-contradictorio) alrededor del Tercero incluido. La llamamos **conciencia objetiva**.

En una relación de reciprocidad asimétrica, una conciencia objetiva prevalece sobre la otra para uno de los socios, y la conciencia objetiva inversa para el otro.

Las *conciencias objetivas opuestas* de una relación de reciprocidad son unidas, sin embargo, por la misma conciencia de conciencia que se revela de manera *afectiva*. Esta **afectividad**, les da su sentido a la una y a la otra.

Sistema de reciprocidad

Las **estructuras elementales** de reciprocidad (binaria y ternaria) pueden ser compatibles pero son a veces incompatibles: la estructura ternaria simple y la estructura binaria son compatibles en la estructura ternaria bilateral; la estructura ternaria centralizada y la estructura ternaria unilateral son incompatibles. En ese caso, pueden ser «articuladas», en tiempos o espacios diferentes, para formar sistemas de reciprocidad semi-complejos, por ejemplo, el *sistema helicoidal* o el *sistema espiral.*

Situación contradictoria

LÉVI-STRAUSS puso en evidencia que, sea al nivel de la realidad (el encuentro de bandas nambikwara) sea en el lenguaje, el primer contacto humano se realiza mediante una *situación contradictoria* que la función simbólica trasciende o desata ofreciendo una solución no-contradictoria expresada por la palabra.

Solidaridad

Sentimiento ético que ata entre sí a los miembros de una comunidad regida por la **redistribución**, frente al centro.

Sujeción

El Tercero incluido de toda estructura de reciprocidad es eficiente al igual que las energías no-contradictorias. Esta eficiencia es percibida como un mandato. El mandato crea la *sujeción* de aquellos a quienes se dirige.

Sólo el conocimiento racional del *principio de reciprocidad* permite relativizar sino el mandato mismo, por lo menos su fuente presunta, y por consiguiente, librarse de toda sujeción.

Tercero incluido de la reciprocidad

En una relación de reciprocidad simétrica, el «justo medio» se revela *en sí contradictorio* puesto que se encuentra al centro de dos dinámicas contrarias: es el Tercero incluido de la

Lógica dinámica de lo contradictorio. Se manifiesta al hombre como la sensación que la conciencia tiene de ella misma, y se expresa independientemente de la existencia del uno o del otro de los dos contrarios.

El Tercero de la reciprocidad simétrica, liberado de cualquier imaginario, no perteneciendo más a nadie, funda el *deseo* de los unos y de los otros. Sólo se despliega, sin embargo, si no está fetichizado en un imaginario, o sepultado en el poder.

Transfiguración

La revelación de la conciencia a sí misma se traduce por la Palabra, pero también por su efecto sobre su significante: la *belleza*.

El cuerpo, y más precisamente la cara, como primer significante de la Palabra es entonces transfigurado. El adorno subraya esta transfiguración y tan pronto como esté separado de su soporte biológico para ser referida a lo espiritual que expresa, se vuelve la *máscara*.

Valores de la reciprocidad

El Tercero incluido, engendrado por cada una de las estructuras de reciprocidad, se traduce en los diferentes valores fundamentales de la Ética: la libertad, la amistad (*philia*), la responsabilidad, la justicia, la solidaridad, la confianza.

Venganza

El sentimiento de ser humano no es engendrado solamente por la reciprocidad de alianza, la reciprocidad de parentesco, la reciprocidad de los dones, lo es también por la reciprocidad de venganza donde el rapto responde al rapto, la injuria a la injuria, el homicidio al homicidio. Lo que importa, en esta forma de reciprocidad, no es tanto vengarse como construir con otro una relación generadora de una conciencia común, con el fin de ser reconocido por el otro como ser humano aunque como enemigo.

*

Nociones: Lógica de lo contradictorio

Actualización/potencialización

LUPASCO caracteriza la dinámica de todo fenómeno como *actualización* y, por extensión, podemos decir que todo fenómeno físico o biológico polarizado por la no-contradicción es una actualización que se manifiesta como la realidad.

El **principio de antagonismo** liga a toda *actualización* la *potentialización* de su contrario: la actualización de la homogeneización potencializa la heterogeneización, y la actualización de la heterogeneización potentializa la homogeneización. La relativización de uno por el otro pone de manifiesto la tercera conjunción cuyo resultante es en sí mismo contradictorio. Son las *conjunciones contradiccionelas de base* de la lógica de lo contradictorio.

Conciencia afectiva

Según el principio de lo contradictorio, la *conciencia de conciencia* que emerge de la reciprocidad simétrica es la experiencia de una **libertad** que sería una experiencia de la Nada si no se revelaría como la **conciencia afectiva**.

La conciencia afectiva es una conciencia sin ningún horizonte objetivo que podría reducirla en cualquier tipo de imaginario, un sentimiento que resulta ser diferente según la estructura de reciprocidad que lo genera : la reciprocidad ternaria traduce este sentimiento como *responsabilidad*, la estructura ternaria bilateral como *justicia*, etc.

Conciencia de conciencia

Las *conciencias elementales* antagónicas pueden relativizarse entre sí y generar lo que Stéphane LUPASCO llama un estado **T** o «conciencia de conciencia», que se puede decir el Ser. La conciencia de conciencia es la conciencia en el sentido habitual.

Conciencia elemental

Las conciencias elementales son las *potencializaciones* conjuntas por el **principio de antagonismo** con las *actualizaciones* de la materia y de la energía.

NEWTON se preguntaba cómo un cuerpo celeste podía conocer la distancia que lo separaba de otro para calcular la fuerza de atracción que ejercía en su lugar. El *principio de equivalencia* entre la masa y la energía resuelve este problema: la masa es la energía potencializada, y la energía una masa potencializada. LUPASCO creó las nociones de actualización y de potencialización que permiten generalizar el principio de equivalencia.

Conciencia objetiva

Según la *teoría del conocimiento* deducida de la Lógica de lo contradictorio, entre las conciencias elementales y la revelación de la conciencia de conciencia perfecta, los momentos intermediarios son caracterizados por la superioridad de una conciencia elemental sobre la otra, de modo que la parte de lo contradictorio que se revela bajo el modo de la afectividad tiene como límite esta conciencia elemental que se vuelve su horizonte objetivo.

La afectividad (o *quantum de antagonismo*) llega a ser la luz del sentido para la *conciencia objetiva*.

Contradialéctica

Término empleado por el teólogo Bernard MOREL para seleccionar en las **paradialécticas** de la Tabla de las Deducciones de la Lógica dinámica de lo contradictorio aquellas que tienen una actualización de segundo nivel, de signo inverso al signo de la actualización de primer nivel.

Dando la cifra (1) a la implicación positiva, y la cifra (2) a la implicación negativa, las paradialécticas (2-1) y (1-2) son contradialécticas.

Contradictorio

Para la Física clásica, lo contradictorio es sólo un punto virtual situado entre dos contrarios.

A partir de la física cuántica apareció, en los límites de las actualizaciones no-contradictorias de cada contrario (relaciones de HEISENBERG), la evidencia de lo *contradictorio en sí* (el vacío cuántico), desde entonces real.

Función contradictorial

Una vez reconocido que la reciprocidad primordial es organizada según el **principio de lo contradictorio**, y que esta forma de reciprocidad es la matriz del *ser conciente*, podemos conceder al *ser mismo* la potencia de organizar *el equilibrio de las fuerzas antagonistas* necesario a su matriz.

El principio de lo contradictorio se vuelve una *función del ser:* esta función, la llamamos la «función contradictorial». Ella se reproduce en cada una de ambas Palabras por **principio de cruce** y **principio de liminalidad**.

Homogeneización/heterogeneización

Términos escogidos por Stéphane LUPASCO para ilustrar ambos polos antagonistas de una *relación contradictoria*, que hacen alusión al *principio de entropía* de CARNOT-CLAUSIUS y al *principio de exclusión* de PAULI; de modo más prosaico, a la *muerte* y a la *vida*, y en lenguaje antropológico, a la Identidad y la Diferencia.

Implicación positiva/negativa

Según la **Lógica de lo contradictorio**, una implicación lógica polarizada por una no-contradicción que se actualiza es atada por el **principio de antagonismo** a una implicación polarizada por la no-contradicción antagonista que se potencializa, de donde el nombre de implicación *positiva* y *negativa*. Aquí, el término *negativa* significa lo «contrario» de *positiva*.

Lógica

La lógica de identidad, invalidada hoy por la física a partir de un cierto nivel de precisión, permanece como uno componente de una lógica más completa. A partir del momento en el cual esta lógica universal (**la Lógica dinámica de lo contradictorio**) es revelada por la experiencia, debe ser considerada como una lógica real y no solamente formal.

A partir de esta lógica, parece posible construir una teoría del conocimiento que garantice una imagen exacta de la realidad. Se puede también conciliar la *razón teórica* y la *razón práctica (ética)*.

Lógica dinámica de lo contradictorio

Lógica generalizada descubierta por Stéphane LUPASCO a partir de una reflexión filosófica sobre las tesis de KANT y de BERGSON, luego de una búsqueda epistemológica sobre la física relativista, la física cuántica y la biología contemporánea.

LUPASCO satisface en un primer tiempo dos orientaciones antagonistas del devenir lógico, pero la *formalización* de esta lógica pone de manifiesto un sistema tripolar, la tercera polaridad constituida por el *desarrollo contradictorial* (cf. *Le principe d'antagonisme et la logique de l'énergie*).

Niveles

Noción elaborada por Basarab NICOLESCU para establecer una correspondencia entre la Lógica de identidad y la Lógica dinámica de lo contradictorio.

Al *nivel de la realidad*, que aprehende la Física y la Lógica clásica, no permanece ningún sitio para lo *contradictorio*. NICOLESCU propone llevar lo contradictorio a otro nivel de realidad. A este nivel, las actualizaciones no-contradictorias de lo contradictorio (**paradialécticas** de LUPASCO) pueden ser aprehendidas por la lógica usual pero su *momento contradictorio* tiene que ser referido de nuevo a otro nivel de realidad…

Los niveles de realidad pueden recibir como contenido aquellos de lo **real,** lo **imaginario** y lo **simbólico**.

Ortodialéctica

Según la **Lógica dinámica de lo contradictorio**, una **implicación** que se manifiesta según el mismo signo lógico que la caracteriza ceba una dialéctica que, si ella se prosigue del mismo modo, es una «ortodialéctica»: por ejemplo, una heterogeneización que se actualiza de nuevo por heterogeneización.

Paradialéctica

Según la **Lógica dinámica de lo contradictorio**, una implicación que se manifiesta según un signo diferente del que la caracteriza, por ejemplo, una *heterogeneización* que se manifiesta de modo *homogéneo*.

Principio de antagonismo

El principio de antagonismo estipula que todo fenómeno está vinculado a un anti-fenómeno, de tal manera que la actualización de uno es también la potencialización del otro, y esto de forma recíproca. Stéphane LUPASCO da a la potentialización el estatuto de **conciencia elemental**.

Lupasco interpreta cualquier actualización física o biológica como lo real. Y llama a lo potencializado la *conciencia elemental* de lo actualizado. Este postulado abre el camino a una teoría de la conciencia y del conocimiento, ya que los momentos intermedios entre las actualizaciones/ potencializaciones antagónicas deben interpretarse como conocimientos de conocimientos.

Principio de complementariedad

Principio imaginado por Niels BOHR para dar cuenta del hecho que la actualización de una medida no-contradictoria transforma el acontecimiento inicial y no da cuenta de su verdadera naturaleza.

BOHR propone efectuar sobre acontecimientos presuntos tan semejantes como posible medidas de sus transformaciones inversas. Por ejemplo, una medida que registra la expresión discontinua de la luz, luego una medida que registra la expresión continua. Propone asociar contradictoriamente estas dos representaciones con el fin de reconstituir una aprehensión más objetiva de la luz. En cuanto a ambas representaciones que permanecen cada una no-contradictoria pero contradictorias entre ellas, las dice «complementarias» para satisfacer a la lógica de no-contradicción de la física clásica.

Principio de lo contradictorio

Si las actualizaciones antagonistas de la materia y de la energía, y sus conciencias elementales conjuntas, se relativizan totalmente, la resultante de ellas, que es *en sí contradictoria*, se despliega sin horizonte o límite objetivo.

¿Qué estatuto conceder en este *momento contradictorio en sí mismo* sino el de una «liberación» de las actualizaciones de la naturaleza puestas en juego, y el de una *conciencia de conciencia* que se desarrolla por la relativización de sus conciencias elementales?

¿Pero cómo ella podría conocerse de otro modo que por el sentimiento de sí misma y revelarse bajo un modo que le sea propio? La experiencia prueba que este modo es el de la afectividad.

Tercero incluido de la Lógica dinámica de lo contradictorio

La *relativización de los contrarios* da origen a una resultante contradictoria en sí mismo, que corresponde a la sola eventualidad que permanece excluida de todas las lógicas de no-contradicción.

Lo *contradictorio*, en la Lógica dinámica de lo contradictorio, ata todas las soluciones posibles de no-contradicción a su contrario por el **Principio de antagonismo**, de donde su nombre de *Tercero incluido*.

Cuando el cociente de lo contradictorio se despliega a costa de las actualizaciones no-contradictorias, se constituye en *energía contradictorial*. Stéphane LUPASCO reconoció en esta energía, la **energía psíquica**.

504

BIBLIOGRAFÍA DEL TOMO III

AFRICAN RIGHTS,
1995   «Not so innocent: when women become killers», London.

1994   «Rwanda. Death, Despair and Defiance», London.

AGANBEGUIAN Abel G.,
1987   *Perestroïka. Le double défi soviétique*, Paris: Economica.

ALDEEB ABU-SAHLIEH Sami A.,
1998   « Les ONG de défense des droits de l'homme en quête de légitimité en droit árabe », *Transnational Associations*, 1, p. 12-27.

ALDUNATE DEL SOLAR Carlos,
1978   *Cultura mapuche*, Departamento de Extensión Cultural del Ministerio de Educación, Santiago de Chile: Editorial Gabriela Mistral, 2ª edición corregida y aumentada, 1986.

ALQUIÉ Françoise,
1979   *La conscience affective*, Paris: Vrin.

ARISTOTE,
1998   *Éthique à Nicomaque*, (traduction, préface et notes par Jean Voilquin), Paris: Garnier. [1ª ed. 1940].

BAUDOT Geoges, TODOROV Tzvetan,
1983   *Récits aztèques de la Conquête*; (textos traducidos del nahuatl por Georges Baudot, y del español por Pedro de Córdoba), Paris: Seuil.

BAYART Jean-François,
1989   *L'État en Afrique: la politique du ventre*, Paris: Fayard.

BELLONCLE Guy,
1982   *La question paysanne en Afrique noire*, Paris: Karthala.

507

BENVENISTE Émile,
1966-1974 *Problèmes de linguistique générale* (2 vol.) t. I (1966), t. II (1974), Paris: Gallimard.

BERTEN André, DA SILVEIRA Pablo, POURTOIS Hervé,
1997 *Libéraux et communautariens*, Paris: PUF.

BONFIL BATALLA Guillermo,
1987 *México Profundo: Una civilisacion negada*, México: Secretaría de Educación Pública y del Centro de Investigaciones y Estudios Superiores en Antropología Social; reed. Ed. Grijalbo, 1989.

BOURDIEU Pierre,
2000 *Esquisse d'une théorie de la pratique*, Paris: Seuil. [1e éd. 1972].

BRADOL Jean-Hervé,
1995 « Rwanda, avril-mai 1994. Limites et ambiguïtés de l'action humanitaire. Crises politiques, massacres et exodes massifs », *Les Temps Modernes*, n° 583, juillet-août, p. 126-148.

CADOGAN León,
1959 *Ayvu Rapyta: Textos míticos de los Mbyá-Guaraní del Guairá*, Biblioteca Paraguaya de Antropología, vol. XVI, Asunción: CEADUC-CEPAG.

CARDONNEL Jean,
1996 *J'accuse l'Église*, Paris: Calman-Lévy.

CARTER William, MAMANI P. Mauricio,
1982 *Irpa Chico. Individuo y comunidad en la cultura aymara*, La Paz, Bolivia: Juventud.

CASSIRER Ernst,
1997 *Trois essais sur le symbolique*, Œuvres VI, Paris: Éditions du Cerf.

508

CERECEDA Verónica,
1978 « Sémiologie des tissus andins: les *talegas* d'Isluga », *Annales*, année 33, vol. 34, n° 5-6, p. 1017-1035, Paris: Armand Colin.

2010 Versión en castellano: «Semiología de los textiles andinos: las talegas de Isluga», *Revista de Antropología Chilena*, Universidad de Tarapacá, vol. 42, n° 1, p. 181-198.

CERECEDA Verónica, DÁVALOS Johnny, MEJÍA Jaime,
1993 *Una diferencia, un sentido: los diseños de los textiles Tarabuco y Jalq'a*, Sucre (Bolivia): Ed. ASUR Antropólogo del Surandino.

CLASTRES Pierre,
1976 Prefacio, en Marshall SAHLINS, *Âge de pierre, âge d'abondance*, Paris: Gallimard.

CLAVERO Bartolomé, MELIÀ Bartomeu (*et al.*),
2008 *Los Aché del Paraguay: Discusión de un Genocidio*, IWGIA (Groupo Internacional de Trabajo sobre Asuntos Indigenas), Buenos Aires: Ennio Ayosa Impresores.

COLOMB Christophe,
1989 *La découverte de l'Amérique*, vol. I. *Le journal de bord 1492-1493*, vol. II. *Relations de voyage 1493-1504*, Paris: Éd. La Découverte.

COURTOIS Gérard,
1984 « Le sens et la valeur de la vengeance chez Aristote et Sénèque », en VERDIER, R., *La vengeance*, vol. 4 *La Vengeance dans la pensée occidentale*, Paris: Cujas, p. 91-124.

DEJEAN Xavier,
1979 « L'Art Shipibo: un art debout », Introduction au Catalogue de l'exposition: *Art Shipibo d'Amazonie Péruvienne*, Musée Fabre, Montpellier, déc. 1979-janv. 1980. Photographies: Charles Camberoque. Anduze: AZ Offset Arts Graphiques, 43 p.

DESHAYES Patrick, KEIFEMHEIM Barbara,
1994   *Penser l'Autre chez les indiens Huni Kuin de l'Amazonie*, Paris: L'Harmattan.

DUNBAR ORTIZ, Roxanne,
1986   *La Cuestión Miskita en la Revolución Nicaragüense*, México: Editorial Línea.

DUVIGNAUD Jean (dir.),
1972   *La sociologie. Guide alphabétique*, Paris: Éditions Denoël.
1977   *Le don du rien. Essai d'anthropologie de la fête*, Paris: Stock, coll. «Le Monde ouvert».

ELIAS Michel,
1995   « Burundi: une nation pétrifiée dans ses peurs », *Les Temps Modernes*, n° 583, juillet-août, p. 34-62.

ESCOBAR Turcio,
1980-1984 *Una interpretación de las artes visuales en el Paraguay* (2 vol.), Asunción: Centro Cultural Paraguayo Americano (col. de Las Américas).

EVANS-PRITCHARD Edward Evans,
1994   *Les Nuer. Description des modes de vie et des institutions politiques d'un peuple nilote*, Paris: Gallimard (1968). [1ª ed. *The Nuer*, 1940].

FRANCHE Dominique,
1995   « Généalogie du génocide rwandais. Hutu et Tutsi: Gaulois et Francs ? », *Les Temps Modernes*, n° 582, mai-juin, p. 1-58.

FRIEDLÄNDER Saul,
1997-2008 *L'Allemagne nazi et les juifs*, t. 1 *Les années de persécution 1933-1939*, (1997), t. 2 *Les années d'extermination 1939-1945*, (2008), Paris: Seuil.

GASARABWE Édouard,
1978   *Le Geste Rwanda*, Paris: Union Générale d'Éditions 10/18.

GILLET Éric,
1995   « Le génocide devant la justice », *Les Temps Modernes*, n° 583, juillet-août, p. 228-271.

GORBATCHEV Mikhaïl,
1987   *Perestroïka. Vues neuves sur notre pays et le monde*, Paris: Flammarion.

GRUNBERG Georg, GRUNBERG Friedl,
1975   *Proyecto "Paî Tavyterã", Programa de Desarrollo de Comunidades Indígenas*, Asunción del Paraguay: C. C.

GUILLOT Philippe, CARRERE Violaine, EISSAUTIER Charles, TEMPLE Dominique, INKA MEA,

1992   «El Arte Cerámico Shipibo», *La Revue de la Céramique et du Verre*, Supplemento, Vendin-le-Vieil, n° 64, mai-juin (versión en francés y en castellano).

HARNER Michael J.,
1977   *Les Jivaros: Peuples des cascades sacrées*, Paris: Payot. [1ª ed. *The Jivaro*, 1972].

HENRY Michel,
1963   *L'essence de la manifestation*, Paris: PUF.

1965   *Philosophie et phénoménologie du corps*, Paris: PUF.

1965   *C'est moi la vérité. Pour une philosophie du christianisme*, Paris: Seuil.

HEUSCH Luc (de),
1994   « Anthropologie d'un génocide: le Rwanda », *Les Temps Modernes*, n° 579, décembre, p. 1-19.

1995   « Rwanda. Les responsabilités d'un génocide », *Le Débat*, n° 84, mars-avril, p. 24-32.

HOBBES Thomas,
1971   *Léviathan*, (trad. de Jean Tricau), Paris: Sirey. [1ª ed. 1651].

HYDE Lewis,
1983   *The Gift: Imagination and the Erotic Life of Property*, New York:
Vintage Books, Random House.

JAULIN Robert,
1994   Préface, dans DESHAYES Patrick et KEIFEMHEIM Barbara,
Penser l'Autre chez les indiens Huni Kuin de l'Amazonie, Paris:
L'Harmattan, (p. 5-27).

1970   *La Paix blanche: introduction à l'ethnocide*, Paris: Seuil.

1974   *La Décivilisation: politique et pratique de l'ethnocide,* (textos
seleccionados por Robert Jaulin), Bruxelles: Editions
Complexe, Paris: PUF.

KARABAYINGA Théo, KAGABO José,
1995   « Les réfugiés, de l'exil au retour armé », *Les Temps
Modernes*, n° 583, juillet-août, p. 63-90.

KAGABO José,
1995   « Après le génocide. Notes de voyage », *Les Temps modernes*,
n° 583, juillet-août, p. 102-105.

LAS CASAS Bartolomé (de),
2022   *Histoire des Indes*, (trad. de J.-P. Clément y J.-M. Saint-Lu),
3 vol., Paris, Éd. du Seuil. [1ª ed. *Historia de las Indias
(1527-1559)*, Madrid, 1875].

LEENHARDT Maurice,
1985   *Do kamo. La personne et le mythe dans le monde mélanésien*, Paris:
Gallimard, coll. « Tel ». [1ª ed. 1947]

LÉVI-BRUHL Lucien,
1976   *La mentalité primitive*, Paris: La bibliothèque du CEPL. [1ᵉ
éd. Paris: Félix Alcan, 1922].

LÉVI-STRAUSS Claude,
1948   « La vie familiale et sociales des Indiens Nambikwaras »,
Journal de la Société des Américanistes, vol. 37, n° 37, p. 1-132 .

1991 « Introduction à l'œuvre de Marcel Mauss », dans MAUSS, Marcel, *Sociologie et Anthropologie*, Paris: PUF, p. IX-LII. [1e éd. 1950].

1967 *Les Structures élémentaires de la parenté*, 2e éd. révisée et corrigée, Paris-La Haye: Mouton & Co. [1e éd. Paris: PUF, 1949].

1971 *Mythologiques: L'homme nu*, Paris: Plon.

1984 *Paroles données*, Paris: Plon.

LUPASCO Stéphane,
1951 *Le principe d'antagonisme et la logique de l'énergie. Prolégomènes à une science de la contradiction*, Paris: Hermann, coll. « Actualités scientifiques et industrielles », n° 1133; 2e éd. Monaco: Le Rocher, coll. « L'esprit et la matière », 1987.

MALINOWSKI Bronislaw,
1963 *Les Argonautes du Pacifique occidental*, Paris: Gallimard. [1^a ed. *Argonauts of the Western Pacific* (preface by John Frazer), 1922.]

MAMANI N. Sebastián, MICHAUX Jacqueline,
1989 «El matrimonio aymara y la mujer en el mundo andino», *Raymi*, n° 6, La Paz: Centro Cultural Jayma.

MAUSS Marcel,
1923-1924 « Essai sur le don. Forme et raison de l'échange dans les sociétés archaïques », *L'Année sociologique*, 2e série, vol. 1., rééd. dans *Sociologie et Anthropologie* (1950), 1989.

1989 *Sociologie et Anthropologie*, (Préface de Claude Lévi-Strauss), Paris: PUF. [1e éd. 1950].

MARTENS Francis,
1975 « À propos de l'oncle maternel ou "modeste proposition" pour repenser le mariage des cousins croisés », *L'Homme* (Revue française d'Ethnologie), Vol. XV (3-4), p. 155-175.

MARX Karl,
1972   *Manuscrits de 1844*, « Économie politique et philosophie »,
Paris: Éditions sociales.

MELIÀ Bartomeu,
1969   *La Création d'un Langage Chrétien dans les Réductions des Guaranis
au Paraguay*, (Tesis miméog.), 2 vol., Université de
Strasbourg.

1986   *El guaraní Conquistado y Reducido. Ensayos de etnohistoria*,
Biblioteca paraguaya de antropología, vol. 5, Asunción:
Centro de Estudios Antropológicos de la Universidad
Católica; 2ª ed. 1988.

1988   *Una nación, Dos culturas*, Asunción del Paraguay: Ed.
CEPAG.

1989   «Culturas indígenas y evangelización. Desafíos para una
misión liberadora», Ponencia presentada en la *IV Semana
de estudios interdisciplinarios*, São Paulo: Linha 2-CNBB, 16 al
20 de octubre 1989.

1989   «La tierra-sin-mal de los Guaraní: Economía y profecía»,
América Indígena, Vol. XLIX, n° 3, México.

MELIÀ Bartomeu, TELESCA Ignacio,
1997   «Los pueblos indígenas en el Paraguay: Conquistas legales
y problemas de tierra», *Horizontes antropológicos*, Porto
Alegre, año 3, n° 6, p. 85-110.

MELIÀ Bartomeu, MÜNZEL Christine,
1971   «Ratones y Jaguares. Reconstrucción de un genocidio a la
manera del de los Axé-Guayaki», *Suplemento Antropológico de
la Revista del Ateneo Paraguayo*, vol. 6, n° 1-2, Asunción del
Paraguay, p. 101-147.

MELIÀ Bartomeu, MIRAGLIA Luigi, MÜNZEL Mark, MÜNZEL
Christine,
1973   *La agonía de los Aché-Guayakí. Historia y cantos*, Asunción:
Centro de Estudios Antropológicos, Universidad Católica
"Nuestra Señora de la Asunción".

514

MELIÀ Bartomeu, GRÜNBERG Georg, GRÜNBERG Friedl,
  1976   *Los Paî Tavyterã. Etnografía guaraní del Paraguay contemporaneo*, Asunción: Centro de Estudio Antropológico de la Universidad Católica.

MELIÀ Bartomeu, TEMPLE Dominique,
  2004   *El don, la venganza y otras formas de economía guaraní*, Asunción: Centro de Estudios Paraguayos "Antonio Guasch".

  2017   Traducción y publicación en francés del capítulo «El nombre que viene por la venganza: la reciprocidad negativa entre los Tupinambá», en *La réciprocité négative. Les Tupinamba*, coll. «Réciprocité», n° 5, Francia: Lulu Press, Inc.

METRAUX Alfred,
  1959   « La Révolution de la Hache », *Diogène*, n° 25, janv.-mars, p. 32-45.

MONTOYA Antonio Ruiz (de),
  1996   *La Conquista espiritual del Paraguay, Hecha por los religiosos de la compañía de Jesús en las provincias de Paraguay, Paraná, Uruguay y Tape*, Asunción del Paraguay: El Lector. [1ª ed. Madrid, 1639].

MURATORI Ludovico Antonio,
  1983   *Relation des missions du Paraguai*, Paris: La Découverte / Maspero. [1ª ed. 1754].

NECKER Louis,
  1979   *Indiens Guarani et chamanes franciscains: Les Premières réductions du Paraguay (1580-1800)*, Université de Genève, Faculté de Droit (Thèse mimeog.). Paris: Anthropos.

  1974   « La réaction des Indiens Guarani à la Conquête espagnole du Paraguay, un des facteurs de la colonisation de l'Argentine à la fin du XVIe siècle », *Bulletin de la Société Suisse des Américanistes*, n° 38, p. 71-80.

  1983   Versión en español: «La reacción de los Guaraní frente a la conquista española del Paraguay: Movimientos de resistencia indígena», *Suplemento Antropológico*, Vol. XVIII, Asunción: Universidad Católica, p. 7-29.

NKUNDABAGENZI Fidèle,
1962   *Rwanda Politique 1958-1960*, Centre de Recherche et d'Information Socio-Politiques, Bruxelles: CRISP.

PLATT Tristan,
1978   « Symétries en miroir. Le concept de Yanantin chez les Macha de Bolivie », *Annales*, coll. Persée, 33ᵉ année, n° 5-6, Paris: Armand Colin, p. 1081-1107.

1980   Versión en español: «Espejos y maíz: el concepto de Yanantin entre los Macha de Bolivia», en *Parentesco y matrimonio en los Andes*, Capítulo 4, Lima: Pontifica Universidad Católica del Perú, p. 139-182.

PFEFFERKORN Roland,
1996   « Fantasmes eugénistes d'hier et aujourd'hui », *Chimères*, n° 28, Printemps-été, p. 111-133.

Provinciales Latinoamericanos de la Compañía de Jesús,
1996   *Neoliberalismo en América Latina. Aportes para una reflexión común*, Documento de trabajo, 14 de noviembre de 1996, México; 2ª ed. *TEMAS*, n° 10, p. 88-100, abril-junio 1997.

RADCLIFFE-BROWN Alfred Reginald,
1922   *The Andaman Islanders, a study in social anthropology*, London: Cambridge University press.

RAWLS John,
1987   *Théorie de la justice*, (trad. por C. Audard), Paris: Seuil. [1ª ed. *A theory of justice*, 1971].

1993   *Justice et démocratie*, articles réunis et traduits par Catherine Audard, Paris, Seuil.

2006   *Paix et démocratie, le droit des peuples et la raison publique*, (traduit par par Bertrand Guillarme), Paris: La découverte.

RIVIÈRE Gilles,
1983   « Quadripartition et idéologie dans les communautés aymaras de Carangas (Bolivie) », *Bulletin de l'Institut Français des Etudes Andines*, t. 12, n° 3-4, p. 41-62, Lima.

SAHLINS Marshall,
1976   *Âge de pierre, âge d'abondance: L'économie des sociétés primitives*, (préface de Pierre Clastres), Paris: Gallimard. [1ª ed. *Stone Age Economics*, 1972].

SCHMIDL Ulrich,
1997   *Viaje al Río de la Plata (1534-1554)*, Buenos Aires: Emecé Editores. [1ª ed. Francfort, 1567].

SMITH Adam,
1976   *Recherches sur la nature et les causes de la richesse des nations*, Paris: Gallimard. [1ª ed. *An Inquiry into the Nature and Causes of the Wealth of Nations*, 1776.].

SMITH Richard Chase,
1977   *Delivrance from chaos for a song: a social and religious interpretation of the ritual perfomance of amuesha music*, (Tese de doutorado em antropologia cultural), Cornell University, Ithaca (USA).

STADEN Hans,
1983   *Verdadera historia y descripción de un país de salvajes desnudos*, Barcelona: Argos Vergara, Biblioteca del Alfil. [1ª ed. Marbourg, 1557].

SUSNIK Branislava,
1965-1971 *El indio colonial del Paraguay*, vol. 1 *El Guaraní colonial* (1965), vol. 2 *Los Trece pueblos guaraníes de las misiones 1767-1803* (1966), vol. 3 *El Chaqueño* (1971), Asunción: Museo etnográfico "Andrés Barbero".

TCHERKÉZOFF Serge,
1980   « Vengeance et hiérarchie ou comment un roi doit être nourri », en R. VERDIER, *La vengeance*, vol. 2, Paris: Cujas, p. 41-59.

TEMPLE Dominique,

1997 « Lévistraussique: La réciprocité et l'origine du sens »,
Transdisciplines, Paris, L'Harmattan, p. 9-42.

1983 *La dialectique du don*, Paris: Diffusion Inti. Traducción en
castellano: *La dialéctica del don*, La Paz: Hisbol, 1986, 2ª
edición 1995, 3ª ed. 2003.

1982 « Échange inégal ou ethnodéveloppement? Le cas des
indiens Shipibo d'Amazonie péruvienne », *Pluriel-Débat*,
n° 29, p. 63-73.

1976 «El ethnocidio: teoría indígena del desarrollo»,
Contribuciones al etnodesarrollo, Sète (Francia): L'Estampaire.

1987 «El economicidio», *IFDA Dossier*, n° 60, julio-agosto,
Suisse: *International Foundation for Development Alternatives*. 2ª
ed. *El Gallo Ilustrado* (Semanario de *El Día*), México,
n° 1216, 24 y 31 de enero de 1988.

1997 « L'impasse génocidaire », *La revue du M.A.U.S.S.*, sem.
n° 10, 2ᵈ sem., p. 269-277. 2ª edición en:

2020 *L'espoir dans la région des Grands Lacs*, collection
« Réciprocité », n° 21, France: Lulu Press, Inc.

1995 « Ethnocide, économicide et génocide au Rwanda »,
Transdisciplines, n° 13-14, Paris, L'Harmattan. 2ª ed. en
L'espoir dans la région des Grands Lacs, coll. «Réciprocité»,
n° 21, Lulu Press, Inc., 2020.

1999 « Génocide au Rwanda: une analyse des responsabilités »,
La revue du M.A.U.S.S., n° 13, révision et réédition dans *La
revue du M.A.U.S.S.* n° 14, 1999. 2ª edición en:

1998 « Le principe du contradictoire et les structures
élémentaires de la réciprocité », *La Revue du M.A.U.S.S.*,
n° 12, 2ᵈ sem., p. 234-243; 2ª edición en:

2019 *Principe de réciprocité*, collection «Réciprocité», n° 19,
France: Lulu Press, Inc., 2019.

TEMPLE Dominique, CHABAL Mireille,

1995 *La réciprocité et la naissance des valeurs humaines*, Paris,
L'harmattan.

TODOROV Tzvetan,

1983   *Récits aztèques de la Conquête*. (Textos reunidos y presentados por Georges Baudot y Tzvetan Todorov, traducidos del nahuatl por G. Baudot, y del español por Pedro de Córdoba), Paris: Seuil.

VERDIER Raymond (dir.),

1980-1984 *La Vengeance. Études d'Ethnologie, d'Histoire et de Philosophie*, vol. 1 *La vengeance dans les sociétés extra occidentales* (1980), vol. 2 *La vengeance dans les sociétés extra occidentales* (1980), vol. 3 *Vengeance, pouvoir et idéologies dans quelques civilisations de l'Antiquité* (1984), vol. 4 *La vengeance dans la pensée occidentale* (1984), Paris: Éditions Cujas.

VIDAL Claudine, LE PAPE Marc (dir.),

1995   « Les Politiques de la haine: Rwanda, Burundi (1994-1995) », *Les Temps modernes*, 50ᵉ année, n° 583, juillet-août, p. 6-33.

www.ingramcontent.com/pod-product-compliance
Lightning Source LLC
Chambersburg PA
CBHW050328270326
41926CB00016B/3355